POLISH PHRASEBOOK
AND DICTIONARY

HIPPOCRENE LANGUAGE STUDIES

POLISH PHRASEBOOK AND DICTIONARY

Iwo C. Pogonowski

Complete Phonetics for English Speakers
Pronunciation as in Common Everyday Speech

HIPPOCRENE BOOKS
New York

CONTENTS

CONTENTS: Polish Conversations for Americans

GUIDE TO PRONUNCIATION

A FEW COMMENTS ON POLISH GRAMMAR

(PRONUNCIATION AS IN COMMON, EVERYDAY SPEECH)

In the phonetic transcription all words are printed in capital letters and subdivided into syllables.

In multi-syllable words the stressed syllables are printed in bold letters.

Polish vowels are pure and consist of one sound only.

Polish vowels are never drawled as happens often in English.

<u>Polish vowels:</u>

A, a	as in:	father, car ah	in phonetic guide:	A
E, e,	as in:	let, met, get;	-"-	: E
I, i,	as in:	feel, keel;	-"-	: EE
O, o,	as in:	bought, note;	-"-	: O
U, u,	as in:	you, too;	-"-	: OO
Y, y,	as in:	it, big, bib;	-"-	: I

The two <u>Polish nasalized vowels</u> can not be exactly described by English sounds.

The two nasalized vowels:

Ą, ą, shown in the phonetic guide as: <u>OWN</u> = <u>French sound of "on."</u>

it is a single nasalized sound composed of:

a clear "O" like in "bought" followed by "W"

and ending with a trace of "N"

Ę, ę, shown in the phonetic guide as: <u>AN</u> = <u>French sound of "un."</u>

it is a single nasalized sound composed of:

a clear "E" like in "pen" and ending with

a trace of "N"

3

POLISH CONSONANTS

Most Polish consonants are to be read as in English.
Voiced consonants at the end of any Polish word become unvoiced.
There are no silent Polish letters, except "c" in "ch".

UNVOICED CONSONANTS:
(without sounding the vocal cords)

p = P

t = T

k = K

k in kie = Ḱ

f = F

s = S

ś = ŚH

sz = SH

c = TS

ć = ĊH

cz = CH

h & ch = KH

VOICED CONSONANTS:
(with sounding the vocal cords)

b = B

d = D

g = G

g in gie = Ġ

w = V

z = Z

ź = ŻH

ż = ZH

dz = DZ

dź = DŻH

dż = DZH

l = L

NASALS:

m = M

n = N

ń & ni = Ṅ

GLIDES:

r = R

j = Y

ł = W

Note: Throughout this book pronunciation is shown in capital letters.
Polish spelling above is printed in lower case.

4

PRONUNCIATION OF POLISH PALATAL CONSONANTS

Polish palatal consonants are pronounced by touching the upper palate with the tongue.

They are:
ć = ĊH with a dot over the "C" - pronounced like "t" in nature.

dź = DŻH with a dot over the "Z" - pronounced like "dz" while touching the tooth ridge.

dż = DZH without a dot   - pronounced like "dzh" while touching the upper palate.

ś = ṠH with a dot over the "S" - pronounced like "sh" while touching the tooth ridge.

ź = ŻH with a dot over the "Z" - pronounced like "zh" while touching the upper palate, or like the "s" in measure.

śċ = ṠHĊH with dots over "S" and "C" - two consonants produced by touching the ridge of the teeth ridge with the tongue while pronouncing each consonant separately.

PRONUNCIATION OF POLISH CONSONANTS

WHICH ARE

SPELLED OR VOICED DIFFERENTLY THAN IN ENGLISH

cz = CH in the phonetic guide - it is pronounced exactly like "ch" in English.

sz = SH in the phonetic guide - it is pronounced exactly like "sh" in English.

szcz = SHCH pronounced exactly like "fresh cheese" in English.

h & ch = KH pronounced like in Scottish "loch."

ń & ni = Ṅ with a dot - a nasal consonant as in "onion," or Spanish "ñ" in "manana". It occurs in Polish when "n" is followed by the vowel "i."

j = Y - a gliding consonant - pronounced exactly like "y" in the English word "yes."

ł = W - a gliding consonant - pronounced like "w" in English.

r = R - a gliding consonant - it is trilled with the tip of the tongue.

g = G - in Polish it is always pronounced as in the English word "good."

gie = Ġ with a dot indicates a trace of an "EE" sound after "g" and before "e," like in "let."

kie = Ḱ with a dot indicates a trace of an "EE" sound after "k" and before "e," like in "pet."

5

GENDER AND FAMILIARITY

USE OF THE PICTURE CODE

The English language is unique among the languages of Europe in the simplicity of forms pertaining to gender as well as to familiarity in personal conversation.

English contains male and female forms, which pertain only to people and animals. In English, inanimate objects are generally referred to in neutral forms. In other languages, however, the three gender forms are based on a much weaker logical convention. In the Polish language the gender of a noun is often determined by the sound of its ending.

In other European languages, and in particularly in Polish, the combination of gender forms and of degree of familiarity is often puzzling to speakers of English. For this reason the following picture code is used in this book:

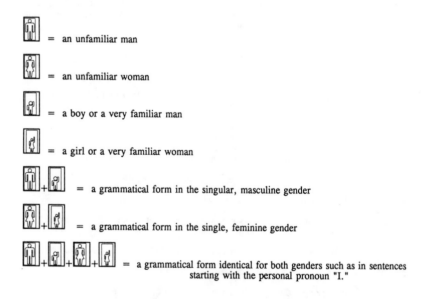

= an unfamiliar man

= an unfamiliar woman

= a boy or a very familiar man

= a girl or a very familiar woman

= a grammatical form in the singular, masculine gender

= a grammatical form in the single, feminine gender

= a grammatical form identical for both genders such as in sentences starting with the personal pronoun "I."

6

For example:

<u>Could you fix it?</u>

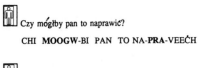 Czy mógłby pan to naprawić?

CHI **MOOGW**-BI PAN TO NA-**PRA**-VEEĆH

Czy mogłaby pani to naprawić?

CHI **MOG**-WA-BI **PA**-NEE TO NA-**PRA**-VEEĆH

Czy mógłbyś to naprawić?

CHI **MOOGW**-BIŚH TO NA-**PRA**-VEEĆH

Czy mogłabyś to naprawić?

CHI **MO**-GWA-BIŚH TO NA-**PRA**-VEEĆH

A simpler expression, correct for both genders, is:

<u>Please, fix it for me.</u>

Proszę mi to naprawić.

PRO-SH<u>AN</u> MEE TO NA-**PRA**-VEEĆH

7

PART ONE

USEFUL EXPRESSIONS

WYRAŻENIA PRZYDATNE

VI-RA-**ZHE**-ŃA PSHI-**DAT**-NE

Attention! Yes. No.

Uwaga!   Tak.   Nie.

OO-VA-GA   TAK   ŃE

[Usually, in the Polish language, the gender and the degree of familiarity with the addressed person are recognized. For this reason the following picture code is used in this book (singular forms only):

= an unfamiliar man

= an unfamiliar woman

= boy or a very familiar man.

= girl or a very familiar woman.]

Good day.

Dzień dobry.

DŻHEŃ DOB-RI

Good day to you.
[A morning and an afternoon greeting used in Poland.]

 Dzień dobry panu.

DŻHEŃ DOB-RI PA-NOO

Dzień dobry pani.

DŻHEŃ DOB-RI PA-ŃEE

 Dzień dobry ci.

DŻHEŃ DOB-RI ĆHEE

Good evening to you.

Dobry wieczór panu.

DOB-RI **VYE**-CHOOR PA-NOO

Dobry wieczór pani.

DOB-RI **VYE**-CHOOR PA-ŃEE

Dobry wieczór ci.

DOB-RI **VYE**-CHOOR ĆHEE

Good night to you.

Dobranoc panu.

DOB-**RA**-NOTS **PA**-NOO

Dobranoc pani.

DOB-**RA**-NOTS **PA**-ŃEE

Dobranoc ci.

DOB-**RA**-NOTS ĆHEE

Please.   Excuse me.   Thanks.

Proszę.   Przepraszam.   Dziękuję.

PRO-SH<u>AN</u>   PSHE-**PRA**-SHAM
              DZH<u>AN</u>-**KOO**-Y<u>AN</u>

Thank you.

Dziękuję panu.

DŹH<u>AN</u>-**KOO**-Y<u>AN</u>   **PA**-NOO

Dziękuję pani.

DŹH<u>AN</u>-**KOO**-Y<u>AN</u>   **PA**-ŃEE

Dziękuję ci.

DŹH<u>AN</u>-**KOO**-Y<u>AN</u>   ĆHEE

Excuse me, sir.

Przepraszam pana.

PSHE-**PRA**-SHAM   **PA**-NA

Excuse me, madam.

Przepraszam panią.

PSHE-**PRA**-SZAM   **PA**-Ń<u>OWN</u>

Excuse me. [A familiar form.]

Przepraszam cię.

PSHE-**PRA**-SHAM   ĆH<u>AN</u>

Yes.   No.   Perhaps.

Tak.   Nie.   Może.

TAK   ŃE   **MO**-ZHE

Thank you very much.   You are
                       welcome.

Dziękuję bardzo.   Proszę bardzo.

DŹH<u>AN</u>-**KOO**-Y<u>AN</u> **BAR**-DZO
              PRO-SH<u>AN</u> **BAR**-DZO

Do you speak English?

Czy pan mówi po angielsku?

CHI PAN **MOO**-VEE PO
                   AN-**ĠEL**-SKOO

Czy pani mówi po angielsku?

CHI PA-ŃEE MOO-VEE PO
AN-ĠEL-SKOO

🧍 🧍 Czy ty mowisz po angielsku?

CHI TI MOO-VEESH PO
AN-ĠEL-SKOO

Yes I do.   Sorry, I do not.

Tak jest.   Niestety nie.

TAK YEST   ŃE-STE-TI ŃE

I speak only Polish (French).

Mówię tylko po polsku (francusku).

MOO-VI<u>AN</u> TIL-KO PO
POL-SKOO (FRAN-TSOO-SKOO)

Spanish. Italian. German.

Po hiszpańsku. Po włosku.
Po niemiecku.

PO HEE-SHPAŃ-SKOO
PO VWOS-KOO
PO ŃE-MYE-TSKOO

I am from the United States.

Jestem z Ameryki.

YES-TEM Z A-ME-RI-KEE

He is from...She is from...

On jest z... Ona jest z...

ON YEST Z   O-NA YEST Z

My mailing adress is...

Mój adres pocztowy jest...

MOOY AD-RES POCH-TO-VI
YEST

I understand. I do not understand.

Rozumiem.   Nie rozumiem.

RO-ZOO-MYEM
ŃE RO-ZOO-MYEM

Again. Also. Now. Right away.

Jeszcze raz. Także. Teraz. Zaraz.

YESH-CHE RAZ   TAK-ZHE
TE-RAZ   ZA-RAZ

Please, write it down.

Proszę napisać.

PRO-SH<u>AN</u> NA-PEE-SAĆH

Repeat it, please.

Proszę powtórzyć.

PRO-SH<u>AN</u> PO-VTOO-ZHIĆH

Please speak more slowly.

Proszę mówić wolniej.

PRO-SH<u>AN</u> MOO-VEEĆH
VOL-ŃEY

What do you wish?

10

Czego pan sobie życzy?

CHE-GO PAN SO-BYE **ZHI**-CHI

Czego pani sobie życzy?

CHE-GO PA-ŃEE SO-BYE
ZHI-CHI

Czego ty sobie życzysz?

CHE-GO TI SO-BYE **ZHI**-CHISH

Where are you going?

Dokąd pan idzie?

DO-K<u>OWN</u>T PAN EE-DŻHE

Dokąd pani idzie?

DO-K<u>OWN</u>T PA-ŃEE EE-DŻHE

Dokąd ty idziesz?

DO-K<u>OWN</u>T TI EE-DŻHESH

Where have you been?

Gdzie pan był?

GDŻHE PAN BIW

Gdzie pani była?

GDŻHE PA-ŃEE BI-WA

Gdzie ty byłeś?

GDŻHE TI **BI**-WEŚH

Gdzie ty byłaś?

GDŻHE TI **BI**-WAŚH

Where did you come from?

Skąd pan przybył?

SK<u>OWN</u>T PAN **PSHI**-BIW

Skąd pani przybyła?

SK<u>OWN</u>T PA-ŃEE PSHI-**BI**-WA

Skąd ty przybyłeś?

SK<u>OWN</u>T TI PSHI-**BI**-WEŚH

Skąd ty przybyłaś?

SK<u>OWN</u>T TI PSHI-**BI**-WAŚH

Please, wait a moment.

Proszę zaczekać chwilkę.

PRO-SH<u>AN</u> ZA-**CHE**-KAĆH
KHVEEL-K<u>AN</u>

How much is it?

Ile to kosztuje?

EE-LE TO KOSH-**TOO**-YE

It is all right. It is not all right.

To jest w porządku.

To nie jest w porzadku.

TO YEST V PO-ZHOWND-KOO

TO ŃE YEST V
PO-ZHOWND-KOO

Who? What? Why? When?

Kto? Co? Dlaczego? Kiedy?

KTO TSO DLA-CHE-GO ĶE-DI

How? How far? How long?

Jak? Jak daleko? Jak długo?

YAK YAK DA-LE-KO

YAK DWOO-GO

Where is..? Where are..?

Gdzie jest..? Gdzie są..?

GDŻHE YEST GDŻHE SOWN

Toilet. Washroom.

Toaleta. Ustęp.

TO-A-LE-TA OOS-TANP

Here. There. Everywhere.

Tu. Tam. Wszędzie.

TOO TAM VSHAN-DŻHE

May I come in? Come in, please.

Czy mogę wejść? Proszę wejść.

CHI MO-GAN VEYŚHĆH
PRO-SHAN VEYŚHĆH

In. On. Above. Near. Far

W or We. Na. Nad. Blisko. Daleko.

V VE NA NAD BLEES-KO
DA-LE-KO

Under. Beside. Inside. Outside.

Pod. Obok. Wewnątrz. Zewnątrz.

POD O-BOK VEV-NOWNTSH
ZEV-NOWNTSH

In front of. Behind. Below.

Z przodu. Z tyłu. Poniżej

Z PSHO-DOO Z TI-WOO
PO-ŃEE-ZHEY

To. From. Together. With.

Do. Z or Ze. Razem. Z or Ze.

DO Z ZE RA-ZEM Z ZE

Many. Few. Full. Empty.

Wiele. Pare. Pełne. Puste.

VYE-LE PA-RE PEW-NE
POOS-TE

That is all. That is not all.

To wszystko. To nie wszystko.

TO **VSHIST**-KO

TO ŃE **VSHIST**-KO

It is new.   It is old.

To jest nowe.   To jest stare.

TO YEST NO-VE

TO YEST STA-RE

Much.   Much more.   More.   Less.

Dużo. Dużo więcej. Więcej. Mniej.

DOO-ZHO

DOO-ZHO **VYAN**-TSEY

VYAN-TSEY   MŃEY

More or less.   Approximately.

Mniej więcej.   W przybliżeniu.

MŃEY **VYAN**-TSEY

V PSHI-BLEE-**ZHE**-ŃOO

A little more.   A little less.

Trochę więcej.   Trochę mniej.

TRO-KH**AN** **VYAN**-TSEY

TRO-KH**AN** MŃEY

Too much.   Too little.   Enough.

Za dużo.   Za mało.   Dosyć.

ZA DOO-ZHO ZA MA-WO

DO-SIĆH

Much.   Many.   Almost enough.

Dużo.   Wiele.   Prawie dosyć.

DOO-ZHO VYE-LE   PRA-VYE

DO-SIĆH

Good.   Better.   Better than.

Dobrze. Lepiej.   Lepiej niż.

DOB-ZHE   **LE**-PYEY

LE-PYEY ŃEEZH

Good man. Better.   Better than.

Dobry człowiek. Lepszy. Lepszy od.

DOB-RY **CHWO**-VYEK **LEP**-SHI

LEP-SHI OD

Good woman. Better. Better than.

Dobra kobieta. Lepsza. Lepsza od.

DOB-RA KO-**BYE**-TA   **LEP**-SHA

LEP-SHA   OD

Good child. Better. Better than.

Dobre dziecko. Lepsze. Lepsze od.

DOB-RE **DŻHETS**-KO   **LEP**-SHE

LEP-SHE   OD

Bad.   Worse.   Worse than.

Źle.   Gorzej.   Gorzej niż.

ŹHLE   **GO**-ZHEY

GO-ZHEY ŃEEZH

Bad man.   Worse.   Worse than.

Zły człowiek. Gorszy. Gorszy od.

13

ZWI **CHWO**-VYEK **GOR**-SHI
                          GOR-SHI OD

Bad woman. Worse. Worse than.

Zła kobieta. Gorsza. Gorsza od.

ZWA KO-**BYE**-TA **GOR**-SHA
                          GOR-SHA OD

Bad child. Worse. Worse than.

Złe dziecko. Gorsze. Gorsze od.

ZWE **DŻHETS**-KO **GOR**-SHE
                          GOR-SHE OD

Anything. Something. Nothing.

Cokolwiek. Coś. Nic.

TSO-**KOL**-VYEK TSOŚH ŃEETS

Just now.   Immediately.

Właśnie teraz.   Natychmiast.

VWAŚH-ŃE TE-RAZ
                   NA-**TIKH**-MYAST

Soon.   As soon as possible.

Zaraz.   Jak najszybciej.

ZA-RAZ   YAK NAY-**SHIB**-ĆHEY

Late. Later. At the latest.

Późno. Później. Najpóźniej.

POOŻH-NO **POOŻH**-ŃEY
                   NAY-**POOŻH**-ŃEY

It is late.   It is too late.

Jest późno.   Jest za późno.

YEST **POOŻH**-NO
                   YEST ZA **POOŻH**-NO

It is early.   It is too early.

Jest wcześnie.   Jest za wcześnie.

YEST **VCHEŚH**-ŃE
                   YEST ZA **VCHEŚH**-ŃE

Slow.   Slower.   Too slow.

Wolno. Wolniej. Zbyt wolno.

VOL-NO   **VOL**-ŃEY
                   ZBIT **VOL**-NO

Quickly.   Faster.   Too fast.

Szybko. Szybciej. Zbyt szybko.

SHIB-KO   **SHIB**-ĆHEY
                   ZBIT **SHIB**-KO

Hurry up!   I am in a hurry.

Spiesz się.   Ja się śpieszę.

ŚHPYESH ŚH<u>AN</u>
                   YA ŚH<u>AN</u> ŚHPYE-SH<u>AN</u>

I am not in a hurry.   I have time.

Ja się nie śpieszę.   Mam czas.

YA ŚH<u>AN</u> ŃE ŚHPYE-ŚH<u>AN</u>
                   MAM CHAS

14

I am cold.   I am hungry.

Jest mi zimno. Jestem głodny.

YEST MEE ŻHEEM-NO
                 YES-TEM GWOD-NI

 Jestem głodna.

                 YES-TEM GWOD-NA

I am warm.   I am sleepy.

Jest mi gorąco. Jestem śpiący.

YEST MEE GO-ROWN-TSO
                 YES-TEM SHPYOWN-TSI

 Jestem śpiąca.

                 YES-TEM SHPYOWN-TSA

I am thirsty.   I am tired.

Mam pragnienie. Jestem zmęczony.

MAM PRAG-ŃE-ŃE
                 YES-TEM ZMAN-CHO-NI

 Jestem zmęczona.

                 YES-TEM ZMAN-CHO-NA

I am ill.   I am lost.

 Jestem chory. Zgubiłem się.

YES-TEM KHO-RI
          ZGOO-BEE-WEM ŚHAN

 Jestem chora. Zgubiłam się.

YES-TEM KHO-RA
          ZGOO-BEE-WAM ŚHAN

I am busy.   I am getting ready.

 Jestem zajęty.   Przygotowuję się.

YES-TEM ZA-YAN-TI
          PSHI-GO-TO-VOO-YAN ŚHAN

 Jestem zajęta.

YES-TEM ZA-YAN-TA

What happened?

Co się stało?

TSO ŚHAN STA-WO

What happened to you?

 Co się panu stało?

TSO ŚHAN PA-NOO STA-WO

 Co się pani stało?

TSO ŚHAN PA-ŃEE STA-WO

 Co ci się stało?

TSO ĆHEE ŚHAN STA-WO

Why did it happen?

Dlaczego się to stało?

DLA-CHE-GO ŚHAN TO STA-WO

What is the matter?

Co się dzieje?

TSO ŚHAN DŻHE-YE

Look out!   Attention!

Uważaj!   Uwaga!

OO-VA-ZHAY   OO-VA-GA

Fire!   Thief!   Help!

Pożar!   Złodziej!   Pomocy!

PO-ZHAR   ZWO-DŻHEY
                        PO-MO-TSI

Look here.   Listen.   Help.

Patrz.   Słuchaj.   Pomóż.

PATSH   SWOO-KHAY
                         PO-MOOSH

Please, help me.

Proszę mi pomóc.

PRO-SHAN MEE PO-MOOTS

Please tell me...

Proszę mi powiedzieć.

PRO-SHAN MEE
                    PO-VYE-DŻHEĆH

May I..?   I should like...

Czy mógłbym..?   Chciałbym

CHI MOOGW-BIM
                    KHĆHAW-BIM

Czy mogłabym..?
                        Chciałabym...

CHI MO-GWA-BIM
                    KHĆHA-WA-BIM

Could you recommend..?

Czy mógłby pan polecić..?

CHI MOOGW-BI PAN
                    PO-LE-ĆHEEĆH

Czy mogłaby pani polecić..?

CHI MO-GWA-BI PA-ŃEE
                    PO-LE-ĆHEEĆH

Czy mógłbys polecić..?

CHI MOOGW-BIŚH PO-LE-ĆHEEĆH

Czy mogłabyś polecic..?

CHI MO-GWA-BIŚH PO-LE-ĆHEEĆH

Would you like...?

Czy chciałby pan..?

CHI KHĆHAW-BI PAN

16

Czy chciałaby pani..?

CHI **KHĆHA**-WA-BI **PA**-ŃEE

Czy chciałbyś..?

CHI **KHĆHAW**-BIŚH

Czy chciałabyś..?

CHI **KHĆHA**-WA-BIŚH

Do you want..?

Czy pan chce..?

CHI PAN KHTZE

Czy pani chce..?

CHI **PA**-ŃEE KHTSE

Czy ty chcesz..?

CHI TI KHTSESH

Whose fault is it?

Czyja to wina?

CHI-YA TO **VEE**-NA

It is not my fault.

To nie moja wina.

TO ŃE **MO**-YA **VEE**-NA

It is your fault.

To jest pańska wina.

TO YEST **PAŃ**-SKA **VEE**-NA

To jest pani wina.

TO YEST **PA**-ŃEE **VEE**-NA

To jest twoja wina.

TO YEST **TVO**-YA **VEE**-NA

I know.	I do not know.
Wiem.	Nie wiem.
VYEM	ŃE **VYEM**

I am sorry.	I am glad.

Jest mi przykro.

Jestem zadowolony.

YEST MEE **PSHI**-KRO

YES-TEM ZA-DO-VO-**LO**-NI

Jestem zadowolona.

YES-TEM ZA-DO-VO-**LO**-NA

Przepraszam.

PSHE-**PRA**-SHAM

I think so.	I do not think so.

Tak sądzę.   Ja tak nie sądzę.

TAK **SOWN**-DZ<u>AN</u>

YA TAK ŃE **SOWN**-DZ<u>AN</u>

I imagine that.. I can not imagine...

Wydaje mi się że...   Nie mogę sobie
wyobrazić

VI-**DA**-YE MEE ŚH<u>AN</u> ZHE
NE **MO**-G<u>AN</u> **SO**-BYE
VI-O-**BRA**-ŻHEEĆH

What is this for? What is that for?

Po co to?   Po co jest tamto?

PO TSO TO
PO TSO YEST **TAM**-TO

How do you write this?

Jak się to pisze?

YAK ŚH<u>AN</u> TO **PEE**-SHE

How do you spell this?

Jak się to literuje?

YAK ŚH<u>AN</u> TO LEE-TE-**ROO**-YE

Please, spell it out.

Proszę to przeliterować.

PRO-SH<u>AN</u> TO
PSHE-LEE-TE-**RO**-VAĆH

I am under a spell.

Jestem oczarowany.

YES-TEM O-CHA-RO-**VA**-NI

Jestem oczarowana.

YES-TEM O-CHA-RO-**VA**-NA

How do you say correctly...?

Jak się mówi poprawnie...?

YAK ŚH<u>AN</u> **MOO**-VEE
PO-**PRAV**-NE

How do you pronounce...?

Jak się wymawia...?

YAK ŚH<u>AN</u> VI-**MAV**-YA

PASSPORT CONTROL

Kontrola paszportowa.

KON-**TRO**-LA PASH-POR-**TO**-VA

Excuse me, where is the passport control?

Przepraszam, gdzie jest kontrola
paszportowa?

PSHE-**PRA**-SHAM   GDŻHE   YEST
KON-**TRO**-LA PASH-PORT-**TO**-VA

The passport control booth is straight ahead.

Kontrola paszportowa znajduje się tam
na wprost.

KON-**TRO**-LA   PASH-POR-**TO**-VA
ZNAY-**DOO**-YE ŚH<u>AN</u> TAM
NA VPROST

Your passport, please.

Proszę o pański paszport.

**PRO-SH<u>AN</u> O PAŃ-SKEE
PASH-PORT**

 Proszę o pani paszport.

PRO-SH<u>AN</u> O PA-ŃEE PASH-PORT

 Proszę o twój paszport.

PRO-SH<u>AN</u> O TVOOY PASH-PORT

Here is my passport.

Oto mój paszport.

O-TO MOOY PASH-PORT

Thank you, your visa is in order.

Dziękuję, pana wiza jest w porządku.

**DŻH<u>AN</u>-KOO-Y<u>AN</u> PA-NA
VEE-ZA YEST V PO-ZH<u>OW</u>ND-KOO**

Dziękuję, pani wiza jest w porządku.

**DŻH<u>AN</u>-KOO-Y<u>AN</u> PA-ŃEE VEE-ZA
YEST V PO-ZH<u>OW</u>ND-KOO**

Dziękuję, twoja wiza jest
w porządku.

**DŻH<u>AN</u>-KOO-Y<u>AN</u> TVO-YA
VEE-ZA YEST V PO-ZH<u>OW</u>ND-KOO**

MONEY EXCHANGE

WYMIANA PIENIĘDZY

WI-MYA-NA PYE-Ń<u>AN</u>-DZI

Could you tell me where to exchange
my money vouchers?

Czy mógłby pan mi powiedzieć gdzie
mogę zrealizować kwit wymiany?

**CHI MOOGW-BI PAN MEE
PO-VYE-DŻHEĆH GDŻHE MO-G<u>AN</u>
ZRE-A-LEE-ZO-VAĆH KVEET
VI-MYA-NI**

Czy mogłaby pani mi powiedzieć
gdzie...?

**CHI MO-GWA-BI PA-ŃEE MEE
PO-VYE-DŻHEĆH GDŻHE**

Czy mógłbyś mi powiedzieć gdzie...?
**CHI MOOGW-BIŚH MEĘ
PO-VYE-DŻHEĆH GDŻHE**

Czy mogłabyś mi powiedzieć gdzie...?

**CHI MO-GWA-BIŚH MEE
PO-VYE-DŻHEĆH GDŻHE**

The exchange counter is inside on your right.

Wymiana waluty jest wewnątrz
po prawej stronie.

**VI-MYA-NA VA-LOO-TI YEST
VEV-N<u>OW</u>NTSH PO PRA-VEY
STRO-ŃE**

Thank you.

Dziękuję.

19

DŻHAN-KOO-YAN

Please, exchange my voucher.

Proszę zrealizować mój kwit wymiany.

PRO-SHAN ZRE-A-LEE-ZO-VAĆH
MOOY KVEET VI-MYA-NI

I would like to change a fifty-dollar bill.

Chciałbym wymienić banknot
pięćdziesięciodolarowy.

KHCHAW-BIM VI-MYE-ŃEEĆH
BANK-NOT PYANĆH-DŻHE-SHAN-ĆHO
DO-LA-RO-VI

Chciałabym wymienić...

KHĆHA-WA-BIM VI-MYE-ŃEEĆH

Here is your exchange receipt.

Oto pański dowód wymiany.

O-TO PAŃ-SKEE DO-VOOT
VI-MYA-NI

Oto pani dowód wymiany.

O-TO PA-ŃEE DO-VOOT
VI-MYA-NI

Oto twój dowód wymiany.

O-TO TVOOY DO-VOOT VI-MYA-NI

Here is your money.

Oto pańskie pieniądze.

O-TO PAŃ-SĆE PYE-ŃOWN-DZE

Oto pani pieniądze.

O-TO PA-ŃEE PYE-ŃOWN-DZE

Oto twoje pieniądze.

O-TO TVOYE PYE-ŃOWN-DZE

Thank you.

Dziękuję panu.

DŻHAN-KOO-YAN PA-NOO

Dziękuję pani.

DŻHAN-KOO-YAN PA-ŃEE

Dziękuję ci.

DŻHAN-KOO-YAN ĆHEE

AT THE AIRPORT : CUSTOMS

NA LOTNISKU : CŁO

NA LOT-ŃEES-KOO TSWO

Please, remember that you will need your
receipt later during your stay in Poland.

Proszę pamiętać, że dowód wymiany
będzie panu potrzebny później, w czasie
pobytu w Polsce.

PRO-SHAN PA-MYAN-TAĆH ZHE

DO-VOOT VI-**MYA**-NI B**AN**-DŻHE
PA-NOO PO-TSHEB-NI POOŹH-ŃEY,
V CHAŚHE PO-BI-TOO V POLS-TSE

Proszę pamiętać, że dowód wymiany
będzie pani potrzebny …

PRO-SH**AN** PA-**MYAN**-TAĆH ZHE
DO-VOOT VI-**MYA**-NI B**AN**-DŹHE
PA-ŃEE PO-TSHEB-NI

Proszę pamiętać, że dowód wymiany
będzie ci potrzebny…

PRO-SH**AN** PA-**MYAN**-TAĆH ZHE
DO-VOOT VI-**MYA**-NI B**AN**-DŻHE
ĆHEE PO-TSHEB-NI

I am glad that you told me that.

Dziękuję, że mi pan to powiedział.

DŻH**AN**-KOO-Y**AN** ZHE MEE PAN TO
PO-**VYE**-DŻHAW

Dziękuję że, mi pani to powiedziała.

DŻH**AN**-KOO-Y**AN** ZHE MEE PA-ŃEE
TO PO-**VYE**-DŻHA-WA

Dziękuję że, mi to powiedziałeś.

DŻH**AN**-KOO-Y**AN** ZHE MEE TO
PO-**VYE**-DŻHA-WEŚH

Dziękuję że, mi to powiedziałaś.

DŻH**AN**-KOO-Y**AN** ZHE MEE TO
PO-**VYE**-DŻHA-WAŚH

Have a good time.

Życzę przyjemnego pobytu.

ZHI-CH**AN** PSHI-YEM-NE-GO
PO-BI-TOO

Thank you.

Dziękuję.

DŻH**AN**-KOO-Y**AN**

BANK

BANK

BANK

Where is the nearest bank?

Gdzie jest najbliższy bank?

GDŻHE YEST NAY-**BLEEZH**-SHI

BANK

At which window can I cash this?

Przy którym oknie mogę wymienić to?

PSHI **KTOO**-RIM OK-ŃE MO-G**AN**
VI-**MYE**-ŃEEĆH TO

Will you cash a check?

Czy mogę spieniężyć czek?

CHI MO-G**AN** SPYE-Ń**AN**-ZHIĆH
CHEK

Can you cash a personal check?

21

Czy mogę zrealizować osobisty czek?

CHI **MO-G**A**N** **ZRE-A-LEE-ZO-VA**Ć**H**
 O-SO-BEES-TI CHEK

What is the exchange rate?

Jaki jest kurs?

YA-KEE YEST KOORS

Do not give me large bills.

Proszę mi nie dawać wysokich banknotów.

PRO-SHA**N MEE** Ń**E DA-VA**Ć**H**
 VI-SO-KEEKH BANK-NO-TOOF

I want to change some dollars.

Proszę wymienić mi kilka dolarów.

PRO-SHA**N VI-MNYE-**Ń**EE**Ć**H ME**
 KEEL-KA DO-LA-ROOF

A traveler's check. A credit card.

Czek podróżny. Karta kredytowa.

CHEK PO-DROOZH-NI
 KAR-TA **KRE-DI-TO-**VA

An introduction from...

Referencje od...

RE-FE-RENTS-YE OD

A letter of credit.

List kredytowy.

LEEST KRE-DI-TOVI

Check that again, please.

Proszę to jeszcze raz sprawdzić.

PRO-SH A **N TO YESH-**CHE R A **S**
 SPRAV-DŻHEEĆH

CUSTOMS

CŁO

TSWO

Where is customs?

Gdzie jest odprawa celna?

GDŻHE YEST **ODPRA-**VA **TSEL-NA**

You will find customs near the exit.

Odprawa celna jest przy wyjściu.

OD-PRA-VA **TSEL-NA YEST PSHI**
 VIY-ŚHĆHOO

I will see you later.

Do widzenia.

DO VEE-DZE-Ń**A**

Here is my baggage.

Oto mój bagaż.

O-TO **MOOY BA-GASH**

Do you have anything to declare?

Czy ma pan coś do oclenia?

CHI MA PAN TSOŚH DO
O-TSLE-ŃA

Czy ma pani coś do oclenia?

CHI MA PA-ŃEE TSOŚH DO
O-TSLE-ŃA

Czy masz coś do oclenia?

CHI MASH TSOŚH DO O-TSLE-ŃA

No I have only personal items.

Nie, mam tylko rzeczy osobiste.

ŃE, MAM TIL-KO ZHE-CHI
O-SO-BEES-TE

Please, open this suitcase!

Proszę otworzyć tę walizkę!

PRO-SHAN OT-VO-ZHIĆH TAN
VA-LEEZ-KAN

What is in this package?

Co jest w tym zawiniątku?

TSO YEST V TIM
ZA-VEE-ŃOWNT-KOO

A small gift, a toy for a child.

Mała zabawka, podarunek dla dziecka.

MA-WA ZA-BAV-KA,
PO-DA-ROO-NEK DLA DŻHETS-KA

You may close your suitcase.

Może pan zamknąć walizkę.

MO-ZHE PAN ZAMK-NOWNĆH
VA-LEEZ-KAN

Może pani zamknąć...

MO-ZHE PA-ŃEE ZAMK-NOWNĆH

Możesz zamknąć...

MO-ZHESH ZAMK-NOWNĆH

What do you have in this bag?

Co ma pan w tej torbie?

TSO MA PAN V TEY TOR-BYE

Co ma pani w tej torbie?

TSO MA PA-ŃEE V TEY TOR-BYE

Co masz w tej torbie?

TSO MASH V TEY TOR-BYE

Mainly small personal things, magazines and a book.

Głównie drobne rzeczy osobiste, czasopisma
i ksiażkę.

GWOOV-ŃE DROB-NE ZHE-CHI
O-SO-BEES-TE CHA-SO-PEES-MA
EE KSHOWNZH-KAN

Thank you, you may proceed.

Dziękuję, może pan iść.

DŻHAN-KOO-YAN, MO-ZHE PAN
EEŚHĆH

Dziękuję, może pani iść.

DŻHAN-KOO-YAN, MO-ZHE PA-ŃEE
EEŚHĆH

Dziękuję, możesz iść.

DŻHAN-KOO-YAN, MO-ZHESH
EEŚHĆH

Porter, please, take my luggage to a taxi.

Bagażowy, proszę zanieść mój bagaż do
taksówki.

BA-GA-ZHO-VI, PRO-SHAN
ZA-ŃEŚHĆH MOOY BA-GASH
DO TAK-SOOV-KEE

Here you have.

Proszę, to dla pana.

PRO-SHAN TO DLA PA-NA

Proszę, to dla pani.

PRO-SHAN TO DLA PA-ŃEE

Proszę, to dla ciebie.

PRO-SHAN TO DLA ĆHE-BYE

POST OFFICE

POCZTA

POCH-TA

Where is the post office?

Gdzie jest urząd pocztowy?

GDŻHE YEST OO-ZHOWNT
POCH-TOVI

A letter to... A postcard to...

List do...   Pocztówka do...

LEEST DO   POCH-**TOOV**-KA DO

By airmail.   Parcel post.

Pocztą lotniczą. Pocztą zwyczajną.

POCH-TOWN LOT-ŃEE-CHOWN
POCH-TOWN ZVI-**CHAY**-NOWN

Registered.   Special delivery.

List polecony.   Expres.

LEEST PO-LE-**TSO**-NI   **EX**-PRES

Is there anything dutiable in this?

Czy jest na to cło?

CHI YEST NA TO TSWO

There is nothing dutiable in this.

Na to niema cła.

NA TO ŃE-MA CWA

24

Give me a receipt, please.

Proszę o pokwitowanie.

PRO-SH<u>AN</u> O PO-KVEE-TO-VA-ṄE

Will this go out today?

Czy to odejdzie dzisiaj?

CHI TO **ODEY**-DŻHE **DŻHEE**-ŚHAY

I want to send a money order.

Chcę wysłać przekaz pieniężny.

KHTS<u>AN</u> **VI**-SWAĊH **PSHE**-KAZ
PYE-**Ṅ<u>ANZH</u>**-NI

To which window do I go?

Do którego okienka mam się udać?

DO KTOO-**RE**-GO O-**ḰEN**-KA MAM
ŚH<u>AN</u> OO-DAĊH

What time does the post office open?

O której godzinie otwiera się poczta?

O **KTOO**-REY GO-**DŻHEE**-ṄE
OT-**VYE**-RA ŚH<u>AN</u> POCH-TA

What time does the post office close?

O której zamyka się poczta?

O **KTOO**-REY ZA-**MI**-KA ŚH<u>AN</u>
POCH-TA

Where is the general delivery?

Gdzie jest poste restante?

GDŻHE YEST POST **RES**-TANT

Is there any mail for me?

Czy są jakieś listy dla mnie?

CHI S<u>OWN</u> YA-KEŚH **LEES**-TI
DLA MṄE

My name is...

Moje nazwisko jest...

MO-YE NAZ-**VEES**-KO YEST

Here is my passport.

Oto mój paszport.

O-TO MOOY **PASH**-PORT

TELEGRAMS AND CABLEGRAMS

TELEGRAMY I KABLOGRAMY

TE-LE-**GRA**-MI EE KAB-LO-**GRA**-MI

Where can I send a telegram?

Gdzie mogę nadać telegram?

GDŻHE **MO**-G<u>AN</u> NA-DAĊH
TE-LE-GRAM

One can send a telegram from the post office.

Telegram można nadać na poczcie.

TE-LE-GRAM **MOZH**-NA NA-DAĊH
NA **POCH**-ĊHE

25

What is the rate per word to...?

Ile kosztuje jedno słowo do...?

EE-LE KOSH-TOO-YE **YED-**NO
SWO-VO DO

It is one thousand zloties.

To kosztuje tysiąc złotych.

TO KOSH-**TOO-**YE **TI-**SH<u>OWN</u>TS
ZWO-TIKH

Urgent.   By cable.

Pilne.   Kablogramem.

PEEL-NE   KAB-LO-**GRA-**MEM

Where are the forms?

Gdzie są formularze?

GDŻHE S<u>OWN</u> FOR-MOO-**LA-**ZHE

When will it arrive?

Kiedy to dojdzie?

K̇E-DI TO **DOY-**DŻHE

I wish to pay for the reply.

Chcę opłacić odpowiedź?

KHTS<u>AN</u> O-**PWA-**ĊHEEĊH
OD-**PO-**VYEDŻH

How much does it cost?

Ile to kosztuje?

EE-LE TO KOSH-**TOO-**YE

How much is it?

Ile to kosztuje?

EE-LE TO KOSH-**TOO-**YE

DIFFICULTIES

TRUDNOŚCI.

TROOD-**NOŚH-**ĊHEE

What am I to do?

Co mam zrobić?

TSO MAM **ZRO-**BEEĊH

I was robbed.

Okradziono mnie.

O-KRA-**DŻHO-**NO MŃE

I was mugged.

Zostałem napadnięty.

ZO-**STA-**WEM NA-PAD-**ŃAN-**TI

Zostałam napadnięta.

ZOS-**TA-**WAM NA-PAD-**ŃAN-**TA

I am lost.

Zabłądziłem.   Zabłądziłam.

ZA-BW<u>OWN</u>-**DŻHEE-**WEM
ZA-BW<u>OWN</u>-**DŻHEE-**WAM

My wallet was stolen.

26

Uradziono mój portfel.

OO-KRA-DŻHO-NO MOOY PORT-FEL

I lost my money.

 Zgubiłem pieniądze.

ZGOO-BEE-WEM
PYE-ŃOWN-DZE

Zgubiłam pieniądze.

ZGOO-BEE-WAM
PYE-ŃOWN-DZE

I lost my keys

Zgubiłem klucze.

ZGOO-BEE-WEM KLOO-CHE

Zgubiłam klucze.

ZGOO-BEE-WAM KLOO-CHE

I forgot my money.

Zapomniałem pieniędzy.

ZA-POM-ŃA-WEM PYE-ŃAN-DZI

Zapomniałam pieniędzy.

ZA-POM-ŃA-WAM PYE-ŃAN-DZI

I forgot my keys.

Zapomniałem kluczy.

ZA-POM-ŃA-WEM KLOO-CHI

Zapomniałam kluczy.

ZA-POM-ŃA-WAM KLOO-CHI

I forgot my purse.

Zgubiłam torebkę.

ZGOO-BEE-WAM TO-REB-KAN

I missed my bus.

Spóźniłem się na autobus.

SPOOŻH-ŃEE-WEM ŚHAN NA
AU-TO-BOOS

Spoźniłam się na autobus.

SPOOŻH-ŃEE-WAM ŚHAN NA
AW-TO-BOOS

I missed my train.

Spoźniłem się na pociąg.

SPOOZH-ŃEE-WEM ŚHAN NA
PO-ĆHOWNK

Spoźniłam się na pociąg.

SPOOŻH-ŃEE-WAM ŚHAN NA
PO-ĆHOWNG

I missed my plane.

Spoźniłem się na samolot.

SPOOŻH-ŃEE-WEM ŚHAN NA

SA-MO-LOT

Spóźniłam się na samolot.

SPOOZH-ŃEE-WAM ŚH<u>AN</u>
NA SA-MO-LOT

I have lost my friend.

Zgubiłem znajomego

ZGOO-BEE-WEM ZNA-YO-ME-GO

Zgubiłam znajomego.

ZGOO-BEE-WAM ZNA-YO-ME-GO

I do not remember the street.

Nie pamiętam nazwy ulicy.

ŃE PA-MY<u>AN</u>-TAM NAZ-VI
OO-LEE-TSI

I cannot find my hotel address.

Nie mogę znaleźć adresu mojego hotelu.

ŃE MO-G<u>AN</u> ZNA-LEŻHĆH
A-DRE-SOO MO-YE-GO KHO-TE-LOO

The lost and found desk.

Biuro znalezionych rzeczy.

BYOO-RO Z.NA LE-ŻHO-NIKH
ZHE-CHI

You said it would cost...

Pan powiedział że to kosztuje...

PAN PO-VYE-DŻHAW
ZHE TO KOSH-TOO-YE

Pani powiedziała...

PA-ŃEE PO-VYE-DŻHA-WA

Powiedziałeś...

PO-VYE-DŻHA-WEŚH

Powiedziałaś...

PO-VYE-DŻHA-WAŚH

They are bothering us.

Oni nam przeszkadzają.

O-ŃEE NAM PSHE-SHKA-DZA-Y<u>OWN</u>

He is bothering me.

On mi przeszkadza.

ON MEE PSHE-SHKA-DZA

Go away.

Odejdź.

O-DEYDŻH

Where is the police station?

Gdzie jest posterunek policji?

GDŻHE YEST PO-STE-ROO-NEK

28

PO-LEETS-YEE

ŚHE-DEM   O-ŚHEM
    DŻHE-VYAŃCH

I will call the police.

Zawołam policję.

ZA-VO-WAM PO-LEETS-YAN

I was robbed of...

Ukradziono mi...

OO-KRA-DŻHO-NO MEE

Help!

Pomocy!

PO-MO-TSI

NUMBERS

LICZBY

LEECH-BI

One. Two. Three.

Jeden. Dwa. Trzy.

YE-DEN DVA TSHI

Four. Five. Six.

Cztery. Pięć. Sześć.

CHTE-RI PYAŃCH SHEŚHĆH

Seven. Eight. Nine.

Siedem. Osiem. Dziewięć.

Ten.   Eleven.   Twelve.

Dziesięć. Jedenaście. Dwanaście.

DŻHE-ŚHAŃCH
    YE-DE-NAŚH-ĆHE
    DWA-NAŚH-ĆHE

Thirteen. Fourteen. Fifteen.

Trzynaście. Czternaście. Piętnaście.

TSHI-NAŚH-ĆHE CHTER-NAŚH-ĆHE
    PYANT-NAŚH-ĆHE

Sixteen. Seventeen. Eighteen.

Szesnaście. Siedemnaście. Osiemnaście.

SHES-NAŚH-ĆHE ŚHE-DEM-NAŚH-ĆHE
    O-ŚHEM-NAŚH-ĆHE

Nineteen. Twenty. Twenty-one.

Dziewiętnaście. Dwadzieścia.
    Dwadzieścia jeden.

DŻHE-VYANT-NAŚH-ĆHE
    DVA-DŻHEŚH-ĆHA
    DVA-DŻHEŚH-ĆHA YE-DEN

Twenty-two. Thirty. Thirty-one.

Dwadzieścia dwa. Trzydzieści.
    Trzydzieści jeden.

DVA-DŻHEŚH-ĆHA DVA
    TSHI-DŻHEŚH-ĆHEE
    TSHI-DŻHEŚH-ĆHEE YE-DEN

Forty. Fifty. Sixty.

Czterdzieści. Pięćdziesiąt. Sześćdziesiąt.

CHTER-**DŻHEŚH**-ĆHEE
PY<u>AN</u>-**DŻHE**-SH<u>OWN</u>T
SHEŚH-**DŻHE**-SH<u>OWN</u>T

Seventy. Eighty. Ninety.

Siedemdziesiąt. Osiemdziesiąt.
Dziewięćdziesiąt.

SHE-DEM-**DŻHE**-ŚH<u>OWN</u>T
O-SHEM-**DŻHE**-ŚH<u>OWN</u>T
DŻHE-VY<u>AN</u>-**DŻHE**-ŚH<u>OWN</u>T

One hundred. One hundred and one.

Sto. Sto jeden.

STO STO **YE**-DEN

Two hundred. One thousand. Two thousand.

Dwieście. Tysiąc. Dwa tysiące.

DVYE-ŚHĆHE **TI**-ŚH<u>OWN</u>TS
DVA TI-**ŚH<u>OWN</u>**-TSE

One million. Two million.

Milion. Dwa miliony.

MEEL-YON DVA **MEEL**-YO-NI

Year 1991.

Rok tysiąc dziewięćset dziewięćdziesiąt jeden.

ROK **TI**-ŚH<u>OWN</u>TS DŻHE-**VY<u>AN</u>Ć**-SET
DŻHE-VY<u>AN</u>-**DŻHE**-SH<u>OWN</u>T **YE**-DEN

First. Second. Third.

Pierwszy. Drugi. Trzeci.

PYERV-SHI **DROO**-GEE **TSHE**-ĆHEE

Fourth. Fifth. Sixth.

Czwarty. Piąty. Szósty.

CHVAR-TI PY<u>OWN</u>-TI **SHOOS**-TI

Seventh. Eighth. Ninth.

Siódmy. Ósmy. Dziewiąty.

SHOOD-MI OOS-MI DŻHEV-Y<u>OWN</u>-TI

Tenth. Eleventh. Twelfth.

Dziesiąty. Jedenasty. Dwunasty.

DŻHE-**SH<u>OWN</u>**-TI YE-DE-**NAS**-TI
DVOO-**NAS**-TI

Twentieth. Thirtieth. One hundreth.

Dwudziesty. Trzydziesty. Setny.

DVOO-**DŻHES**-TI TSHI-**DŻHES**-TI
SET-NI

MEASUREMENTS AND WEIGHTS

MIARY I WAGI

MYA-RI EE **VA**-GHEE

How much does it weigh?

Ile to waży?

30

EE-LE TO VA-ZHI

How much is it per meter?

Ile kosztuje metr?

EE-LE KOSH-**TOO**-YE METR

What is the weight?

Jaka jest waga?

YA-KA YEST VA-GA

What size is it?

Jaki rozmiar?

YA-KEE ROZ-MYAR

I weigh seventy kilograms.

Ważę siedemdziesiąt kilogramów.

VA-ZH**AN** ŚHE-DEM-**DŻHE**-ŚH**OWNT**
       KEE-LO-**GRA**-MOOF

It is two by three meters.

To jest dwa na trzy metry.

TO YEST DVA NA TSHI **MET**-RI

It weighs twenty grams.

To waży dwadzieścia gramów.

TO VA-ZHI DVA-**DŻHEŚH**-ĊHA
       GRA-MOOF

It is four meters long.

To jest cztery metry długie.

TO YEST **CHTE**-RI **MET**-RI DWOO-**ĠE**

One gram. One kilogram.

Jeden gram. Jeden kilogram.

YE-DEN GRAM
       YE-DEN KEE-LO-GRAM

It is five meters long.

To ma pięć metrów długości.

TO MA PY**AN**ĊH **MET**-RO**OF**
       DWOO-**GOŚH**-ĊHEE

How long is it?

Jaka długość?

YA-KA DWOO-**GOŚHĊH**

How wide is it?

Jaka szerokość?

YA-KA SHE-**RO**-KOŚHĊH

Heavy. Light. Medium.

Ciężkie. Lekkie. Średnie.

ĊH**ANZH**-ĖE LEK-ĖE ŚHRED-ŃE

High. Low.

Wysoko. Nisko.

VI-**SO**-KO ŃEES-KO

31

A pair.   A dozen.

Para.   Tuzin.

PA-RA   TOO-ŻHEEN

Half a dozen.

Pół tuzina.

POOW TOO-ŻHEE-NA

Half a meter.

Poł metra.

POOW   MET-RA

Different.   Alike.

Różne.   Jednakowe.

ROOZH-NE   YED-NA-KO-VE

COLORS

KOLORY

KO-LO-RI

A darker shade.   A lighter shade.

Ciemniejszy odcień.   Jaśniejszy odcień.

ĆHEM-ŃEY-SHI   OD-ĆHEŃ
        YAŚH-ŃEY-SHI   OD-ĆHEŃ

I want a darker shade.

Chcę ciemniejszy odcień.

KHTS<u>AN</u>   ĆHEM-ŃEY-SHI   OD-ĆHEŃ

Light.   Dark.

Jasny.   Ciemny.

YAS-NI   ĆHEM-NI

Black.   Blue.   Brown.

Czarny.   Niebieski.   Brązowy

CHAR-NI   ŃE-BYES-KEE
                BR<u>OWN</u>-ZO-VI

Cream.   Gray.   Green.

Kremowy.   Szary.   Zielony.

KRE-MO-VI   SHA-RI   ŻHE-LO-NI

Orange.   Pink.   Red.

Pomarańczowy.   Różowy.   Czerwony.

PO-MA-RAŃ-CHO-VI   ROO-ZHO-VI
                             CHER-VO-NI

Violet.   White.   Yellow.

Fioletowy.   Biały.   Żółty.

FYO-LE-TO-VI   BYA-WI   ZHOOW-TI

A distinct color.

Wyraźny kolor.

VI-RAŻH-NI   KO-LOR

32

PART TWO

USEFUL EXPRESSIONS

WYRAŻENIA PRZYDATNE

VI-RA-**ZHE**-ŇA PSHI-**DAT**-NE

TAXI RIDE AND TRAVEL

JAZDA TAKSÓWKĄ I PODRÓŻ

YAZ-DA TAK-**SOOF**-K<u>OWN</u>
EE **POD**-ROOSH

Please get me a taxi.

Proszę mi zawołać taksówkę.

PRO-SH<u>AN</u> MEE ZA-**VO**-WAĆ
TAK-**SOOF**-K<u>AN</u>

Where is the...?

Gdzie jest...?

GDŹHE YEST

The airport. The bus station.

Lotnisko.   Dworzec autobusowy.

LOT-**ŇEES**-KO
DVO-ZHETS AW-TO-BOO-**SO**-VI

The dock. The railroad station.

Dok.   Stacja kolejowa.

DOK   **STA**-TSYA KO-LE-**YO**-VA

I want to go to the airline office.

Chcę pójść to biura linii lotniczej.

KHTS<u>AN</u> POOYŚHĆH DO **BYOO**-RA
LEEŇ-YEE LOT-**ŇEE**-CHEY

I want to go to the travel office.

Chcę pojść do biura podróży.

KHTS<u>AN</u> POOYŚHĆH DO **BYOO**-RA
POD-**ROO**-ZHI

I want to go to the Hotel Forum.

Chcę jechać do Hotelu Forum.

KHTS<u>AN</u> **YE**-KHAĆH DO
KHO-**TE**-LOO **FO**-ROOM

Do you know where it is?

Czy pan wie gdzie to jest?

CHI PAN VYE GDŹHE TO YEST

Czy pani wie gdzie to jest?

CHI **PA**-ŇEE VYE GDŹHE TO YEST

33

+ Czy wiesz gdzie to jest?

CHI VYESH GDŻHE TO YEST

Of course!

Oczywiście!

O-CHI-**VEEŚH**-ĆHE

How long it will take us to go to...?

Jak długo jedzie się do...?

YAK **DWOO**-GO **YE**-DŻHE ŚH**AN** DO

When will we arrive at...?

Kiedy przyjedziemy do...?

ĆE-DI PSHI-YE-**DŻHE**-MI DO

How much will it cost?

Ile to będzie kosztowało?

EE-LE TO **BAN**-DŻHE
KOSH-TO-VA-WO

That is too much.

To jest za dużo.

TO YEST ZA **DOO**-ZHO

What do you charge per kilometer?

Jaka jest taryfa za kilometr?

YA-KA YEST TA-**RI**-FA ZA
KEE-**LO**-METR

What do you charge per hour?

Jaka jest taryfa za godzinę?

YA-KA JEST TA-**RI**-FA ZA
GO-**DŻHEE**-N**AN**

I wish to drive around.

Chcę się tylko przejechać.

KHTS**AN** ŚH**AN** **TIL**-KO PSHE-**YE**-KHAĆH

Please drive more slowly.

Proszę jechać wolniej.

PRO-SH**AN** **YE**-KHAĆH **VOL**-ŃEY

Please drive more carefully.

Proszę jechać ostrożniej.

PRO-SH**AN** **YE**-KHAĆH OS-**TROZH**-ŃEY

Stop here.

Proszę stanąć.

PRO-SH**AN** STA-N**OWN**ĆH

Wait for me.

Proszę zaczekać na mnie.

PRO-SH**AN** ZA-**CHE**-KAĆH NA MŃE

How much do I owe?

Ile się należy?

EE-LE ŚH**AN** NA-LE-ZHI

Do you speak English?

Czy pan mówi po angielsku?

34

CHI PAN **MOO**-VEE PO AN-ĠEL-SKOO

Czy pani mówi po angielsku?

CHI **PA**-ŇEE **MOO**-VEE PO AN-ĠEL-SKOO

+ Czy mówisz po angielsku?

CHI **MOO**-VEESH PO AN-ĠEL-SKOO

I speak a little English; please speak slowly.

Mówię trochę po angielsku; proszę mówić
powoli.

MOOV-YAN **TRO**-KHAN PO
AN-ĠEL-SKOO; **PRO**-SHAN
MOO-VEEĊH PO-VO-LEE

How far it is it to the hotel?

Jak daleko jest do hotelu?

YAK DA-**LE**-KO YEST DO KHO-TE-LOO

Almost half an hour's ride, about ten kilometers.

Prawie pół godziny jazdy, około dziesięciu
kilometrów.

PRA-VYE POOW GO-**DŹHEE**-NI
YAZ-DI, O-**KO**-WO DŹHE-**SHAN**-ĊHOO
KEE-LO-**MET**-ROOF

How much is the fare?

Ile kosztuje przejazd?

EE-LE KOSH-**TOO**-YE **PSHE**-YAZD

The fare is a hundred fifty zloties.

Opłata za przejazd wynosi sto pięćdziesiąt
złotych.

O-**PWA**-TA ZA **PSHE**-YAZD
VI-**NO**-ŚHEE STO
PY**AN**ĊH-D**Ż**HE-ŚH**OW**NT ZWO-TIKH

Please, get in.

Proszę wsiadać.

PRO-SHAN VŚHA-DAĊH

Here is your money.

Proszę, to dla pana.

PRO-SHAN, TO DLA **PA**-NA

Proszę, to dla pani.

PRO-SHAN TO DLA **PA**-ŇEE

+ Proszę, to dla ciebie.

PRO-SHAN TO DLA ĊHE-BYE

Keep the change.

Proszę zatrzymać resztę.

PRO-SHAN ZA-**TSHI**-MAĊH
RESH-TAN

I like your service, how can I reach you again?

Jestem zadowolony, jak można pana znaleźć?

YES-TEM ZA-DO-VO-**LO**-NI YAK
MOZH-NA **PA**-NA ZNA-**LEŻ**HĊH

...zadowolona...panią znaleźć...

35

ZA-DO-VO-**LO**-NA **PA**-ŇOWN
        ZNA-LEŻHĆH

My telephone number is two zero zero thirty.

Mój numer telefonu jest dwa zero zero
        trzydzieści.

MOOY **NOO**-MER TE-LE-**FO**-NOO
       YEST DVA **ZE**-RO **ZE**-RO
       TSHI-**DŻHEŚH**-ĆHEE

<u>TRAVELLING: EXPRESSIONS</u>

WYRAŻENIA W PODRÓŻY

VI-RA-**ZHE**-ŇA V POD-**ROO**-ZHĮ

The travel office.

Biuro podróży.

BYOO-RO POD-**ROO**-ZHI

The ticket office.

Kasa biletowa.

KA-SA BEE-LE-**TO**-VA

A ticket. A timetable.

Bilet. Rozkład jazdy.

BEE-LET **ROZ**-KWAT **YAZ**-DI

Entrance. Exit.

Wejście. Wyjście.

VEYŚH-ĆHE **VIYŚH**-ĆHE

A porter. The check room.

Bagażowy. Przechowalnia.

BA-GA-**ZHO**-VI PSHE-KHO-**VAL**-ŇA

A passage. The platform.

Przejście. Peron.

PSHEYŚH-ĆHE **PE**-RON

Can I reserve a seat?

Czy mogę zarezerwować miejsce?

CHI **MO**-GAN ZA-RE-ZER-**VO**-VAĆH
        MYEYS-TSE

Is this seat taken?

Czy to miejsce jest zajęte?

CHI TO **MYEYS**-TSE YEST
        ZA-**YAN**-TE

A seat near the window.

Miejsce przy oknie.

MYEYS-TSE PSHI **OK**-ŇE

How does one go there?

Jak się tam jedzie?

YAK ŚHAN TAM **YE**-DŻHE

Is this a direct way to...?

Czy to jest bezpośrednia droga do...?

CHI TO YEST BEZ-PO-**ŚHRED**-ŇA
        DRO-GA DO

Where do I turn?

Gdzie mam skręcić?

GDŻHE MAM SKRAN-ĆHEEĆH

To the west. To the east.

Na zachód. Na wschód.

NA **ZA**-KHOOT NA **VSKHOOT**

To the north. To the south.

Na północ. Na południe.

NA **POOW**-NOTS NA PO-**WOOD**-ŃE

Forward. Back.

Naprzód. W tył.

NA-PSHOOT V TIW

To the right. To the left.

W prawo. W lewo.

V **PRA**-VO V **LE**-VO

Straight ahead.

Prosto naprzód.

PRO-STO NA-PSHOOT

Street. Place. A house.

Ulica. Plac. Dom.

OO-**LEE**-TSA PLATS DOM

Do I have to change?

Czy mam się przesiąść?

CHI MAM ŚH<u>AN</u> **PSHE**-ŚH<u>OWN</u>ŚHĆH

Please point it out.

Proszę mi wskazać.

PRO-SH<u>AN</u> MEE **VSKA**-ZAĆH

IN THE HOTEL

W HOTELU

V KHO-**TE**-LOO

Which hotel is good?

Który hotel jest dobry?

KTOO-RI **KHO**-TEL YEST **DOB**-RI

Which hotel is inexpensive?

Który hotel jest niedrogi?

KTOO-RI **KHO**-TEL YEST ŃE-**DRO**-GEE

The best hotel.

Najlepszy hotel.

NAY-**LEP**-SHI **KHO**-TEL

Not too expensive.

Nie zbyt drogi.

ŃE ZBIT **DRO**-GEE

I do not want to stay here.

Nie chcę się tu zatrzymać.

ŃE KHTS<u>AN</u> ŚH<u>AN</u> TOO ZA-**TSHI**-MAĊH

I want to be in the center of town.

Chcę być w centrum miasta.

KHTS<u>AN</u> BIĆH V **TSEN**-TROOM **MYAS**-TA

37

I have a reservation for a room.

Mam zarezerwowany pokój.

MAM ZA-RE-ZER-V0-VA-NI **PO**-KOOY

Please, write this number here.

Proszę mi ten numer tu zapisać.

PRO-SH**AN** MEE TEN **NOO**-MER TO**O**
ZA-**PEE**-SA**Ć**H

Thank you very much.

Dziękuję bardzo.

D**Ż**H**AN**-**KOO**-Y**AN** **BAR**-DZO

Goodbye.

Do widzenia.

DO-VEE-**DZE**-**Ń**A

I want to make a reservation for...

Proszę zarezerwować dla mnie...

PRO-SH**AN** ZA-RE-ZER-V0-VA**Ć**H
DLA M**Ń**E

I have a reservation here.

Mam tu rezerwacje.

MAM TOO RE-ZER-VA-TSY**AN**

What is your name?

Jakie jest pana nazwisko?

YA-**Ḱ**E YEST **PA**-NA NAZ-**VEES**-KO

Jakie jest pani nazwisko?

YA-**Ḱ**E YEST **PA**-**Ń**EE NAZ-**VEES**-KO

+ Jakie jest twoje nazwisko?

YA-**Ḱ**E YEST **TVO**-YE NAZ-**VEES**-KO

My name is Jimmy Carter.

Nazywam się Jimmy Carter.

NA-**ZI**-VAM **Ś**H**AN** **DZHI**-MI **KAR**-TER

I have a room for you.

Mam dla pana pokój.

MAM DLA **PA**-NA **PO**-KOOY

Mam dla pani pokój.

MAM DLA **PA**-**Ń**EE **PO**-KOOY

+ Mam dla ciebie pokój.

MAM DLA **Ć**HE-BYE **PO**-KOOY

Please register.

Proszę się zarejestrować.

PRO-SH**AN** **Ś**H**AN** ZA-RE-YES-**TRO**-VA**Ć**H

You can pick up your passport tomorrow.

Może pan odebrać paszport jutro.

MO-ZHE PAN O-**DEB**-RA**Ć**H
PASH-PORT **YOOT**-RO

Może pani odebrać paszport jutro.

MO-ZHE **PA**-**Ń**EE O-**DEB**-RA**Ć**H
PASH-PORT **YOOT**-RO

+ Możesz odebrać paszport jutro.

MO-ZHESH O-DEB-RAĆH PASH-PORT
 YOOT-RO

Porter, room two zero two for Mister Carter.

Portier, pokój dwa zero dwa dla pana Kartera.

POR-TYER **PO**-KOOY DVA **ZE**-RO
 DVA DLA **PA**-NA KAR-**TE**-RA

The room is on the third floor.

Pokój jest na trzecim piętrze.

PO-KOOY YEST NA **TSHE**-ĆHEEM
 PY**AN**T-SHE

Let us take the elevator.

Pojedźmy windą.

PO-**YEDŻH**-MI VEEN-D**OWN**

After you, madam.

Pani pierwsza.

PA-ŃEE **PYERV**-SHA

Press the button, please.

Proszę przycisnąć guzik.

PRO-SH**AN** PSHI-**ĆHEES**-N**OWN**ĆH
 GOO-ŻHEEK

Open the door, please.

Proszę otworzyć drzwi.

PRO-SH**AN** OT-**VO**--ZHIĆH DZHVEE

Let us go left, then right.

Chodźmy na lewo a potem na prawo.

KHOĆH-MI NA **LE**-VO A **PO**-TEM NA
 PRA-VO

Here is the bath and here is the closet.

Tu jest łazienka a tu jest szafa.

TOO YEST WA-**ŻHEN**-KA A TOO
 YEST **SHA**-FA

The telephone is beside the TV.

Tu jest telefon obok telewizora.

TOO YEST TE-**LE**-FON **O**-BOK
 TE-LE-VEE-**ZO**-RA

Press this button for the maid.

Proszę przycisnąć ten guzik aby wezwać
 pokojową.

PRO-SH**AN** PSHI-**ĆHEES**-N**OWN**ĆH TEN
 GOO-ŻHEEK A-BI **VEZ**-VAĆH
 PO-KO-**YO**-V**OWN**

Here is your key.

Oto pański klucz.

O-TO **PAŃ**-SKEE KLOOCH

Oto pani klucz.

O-TO **PA**-ŃEE KLOOCH

+ Oto twój klucz.

O-TO T**F**OOY KLOOCH

Please, show me the soap and the towels.

Proszę mi pokazać mydło i ręcznik.

PRO-SH**AN** MEE PO-**KA**-ZAĆH **MID**-WO

EE R<u>AN</u>CH-ŃEEK

<u>May I have my suit dry cleaned here in the hotel?</u>

Czy mogę oddać moje ubranie do pralni
    chemicznej tu w hotelu?

CHI **MO-G<u>AN</u>** **OD**-DAĆ **MO**-YE
      OO-**BRA**-ŃE DO **PRAL**-ŃEE
      KHE-**MEECH**-NEY TOO
        V KHO-**TE**-LOO

<u>I want my shoes shined.</u>

Proszę mi wyczyścić buty.

PRO-SH<u>AN</u> MEE VI-**CHIŚH**-ĆHEEĆH
            BOO-TI

<u>May I have my suit pressed.</u>

+ Chciałbym mieć wyprasowane ubranie.

KHĆHAW-BIM MYEĆH
     VI-PRA-SO-**VA**-NE OO-**BRA**-ŃE

+ Chciałabym mieć...

KHĆHA-WA-BIM MYEĆH

<u>I would like to have my shirts washed.</u>

+ Chciałbym mieć koszule wyprane.

KHĆHAW-BIM MYEĆH
      KO-**SHOO**-LE VI-**PRA**-NE

+ Chciałabym...
KHĆHA-WA-BIM

HOTEL AND APARTMENT EXPRESSIONS

HOTEL I MIESZKANIE - WYRAŻENIA

KHO-TEL EE MYESH-**KA**-ŃE VI-RA-**ZHE**-ŃA

<u>Please, make me a reservation for...</u>

Proszę zarezerwować dla mnie...

PRO-SH<u>AN</u> ZA-RE-ZER-VO-VAĆH DLA
                   MŃE

<u>I want a room with meals.</u>

Proszę o pokój z utrzymaniem.

PRO-SH<u>AN</u> O **PO**-KOOY
       Z OO-TSHI-**MA**-ŃEM

<u>I want a single room.</u>

Proszę o pojedynczy pokój.

PRO-SH<u>AN</u> O PO-YE-**DIN**-CHI **PO**-KOOY

<u>I want a double room.</u>

Proszę o pokój dwuosobowy.

PRO-SH<u>AN</u> O **PO**-KOOY
         DVOO-O-SO-**BO**-VI

<u>A suit. A window. A balcony.</u>

Apartament. Okno. Balkon.

A-PAR-**TA**-MENT OK-N0 **BAL**-KON

<u>A single bed or twin beds?</u>

Jedno łóżko lub dwa pojedyncze?

YED-NO **WOOZH**-KO LOOP DVA
        PO-YE-**DIN**-CHE

<u>With shower or bath?</u>

Z tuszem czy z wanną.

40

Z **TOO**-SHEM CHI Z **VAN**-N<u>OWN</u>

A front room. A back room.

Pokój frontowy. Pokój w oficynie.

PO-KOOY **FRON**-**TO**-VI
PO-KOOY V O-FEE-**TSI**-ŃE

For tonight. For two days.

Na jedną noc. Na dwa dni.

NA **YED**-N<u>OWN</u> NOTS
NA DVA DŃEE

For one person. For....persons.

Dla jednej osoby. Dla....osób.

DLA **YED**-NEY O-**SO**-BI
DLA.....O-SOOP

What is the daily rate?

Ile kosztuje jeden dzień?

EE-LE KOSH-**TOO**-YE YE-DEN DŻHEŃ

A week. A month.

Tydzień. Miesiąc

TI-DŻHEŃ MYE-ŚH<u>OWN</u>TS

Good evening, sir.
Dobry wieczór panu.
DOB-RI **VYE**-CHOOR **PA**-NOO

Good evening, madam.
Dobry wieczór pani.

DOB-RI **VYE**-CHOOR **PA**-ŃEE

Follow me, please.

Proszę iść za mną.

PRO-SH<u>AN</u> EEŚHĆH ZA MN<u>OWN</u>

SWIMMING POOL

PŁYWALNIA

PWI-**VAL**-ŃA

or

BASEN KĄPIELOWY

BA-SEN K<u>OWN</u>-PYE-**LO**-VI

Is there a swimming pool in this hotel?

Czy jest w tym hotelu basen kąpielowy?

CHI YEST V TIM HO-**TE**-LOO **BA**-SEN
K<u>OWN</u>-PYE-**LO**-VI

Yes, there is a swimming pool in the basement.

Tak, basen kąpielowy jest w podziemiu.

TAK **BA**-SEN K<u>OWN</u>-PYE-**LO**-VI YEST V
POD-**ŻHEM**-YOO.

The swimming pool is open from 6 a.m. to 10 p.m.

Basen kąpielowy jest otwarty od szóstej rano
do dziesiątej wieczorem.

BA-SEN K<u>OWN</u>-PYE-**LO**-VI YEST
OT-**VAR**-TI OD **SHOOS**-TEY **RA**-NO DO
DŻHE-**SH<u>OWN</u>**-TEY VYE-**CHO**-REM.

DAYS OF THE WEEK

DNI TYGODNIA

DŃEE TI-**GOD**-ŃA

Sunday. A day of rest.

Niedziela. Dzień odpoczynku.

ŃE-DŻHE-LA DŻHEŃ OD-PO-CHIN-KOO

Monday. Tuesday.

Poniedziałek. Wtorek.

PO-ŃE-DŻHA-WEK VTO-REK

Wednesday. Thursday.

Środa. Czwartek.

ŚHRO-DA CHVAR-TEK

Friday. Saturday.

Piątek. Sobota.

PYOWN-TEK SO-BO-TA

MONTHS, SEASONS AND WEATHER

MIESIĄCE, PORY ROKU I POGODA

MYE-ŚHOWN-TSE PO-RI RO-KOO

EE PO-GO-DA

January. February.

Styczeń. Luty.

STI-CHEŃ LOO-TI

March. April.

Marzec. Kwiecień.

MA-ZHETS KVYE-ĆHEŃ

May. June.

Maj. Czerwiec.

MAY CHER-VYETS

July. August.

Lipiec. Sierpien.

LEE-PYETS ŚHER-PYEŃ

September. October.

Wrzesień. Październik.

VZHE-ŚHEŃ PAŻH-DŻHER-ŃEEK

November. December.

Listopad. Grudzień.

LEES-TO-PAD GROO-DŻHEŃ

Spring. Summer.

Wiosna. Lato.

VYOS-NA LA-TO

Autumn. Winter.

Jesień. Zima.

YE-ŚHEŃ ZHEE-MA

It is warm. It is cold.

Jest ciepło. Jest zimno.

YEST ĆHEP-WO YEST ŻHEEM-NO

It is fair. It is nice.

Jest pogodnie. Jest przyjemnie.

YEST PO-GOD-ŃE YEST PSHI-YEM-ŃE

42

It is raining. It is snowing.

Pada deszcz. Pada śnieg.

PA-DA DESHCH **PA**-DA ŚHŃEK

It is good. It is bad.

Jest dobrze. Jest źle.

YEST **DOB**-ZHE YEST ŻHLE

TIME AND TIME EXPRESSIONS

CZAS

CHAS

What time is it?

Która godzina?

KTOO-RA GO-**DŻHEE**-NA

It is eight o'clock a.m.

Jest ósma rano.

YEST **OOS**-MA **RA**-NO

It is one o'clock p.m.

Jest pierwsza po południu.

YEST **PYERV**-SHA PO PO-**WOOD**-ŃOO

It is thirty minutes before...

Jest w pół do...

YEST VPOOW DO

It is a quarter past...

Jest kwadrans po...

YEST **KVAD**-RANS PO

It is a quarter to...

Jest za kwadrans...

YEST **ZA** KVAD-RANS

At ten minutes to...

Za dziesięć...

ZA **DŻHE**-ŚH**AN**ĆH

At ten minutes past...

Dziesięć po...

DŻHE-ŚH**AN**ĆH PO

In the morning. In the evening.

Rano. Wieczorem.

RA-NO VYE-**CHO**-REM

In the afternoon. At noon.

Po południu. W południe.

PO PO-**WOOD**-ŃOO V PO-**WOOD**-ŃE

Day. Night. Midnight.

Dzień. Noc. Północ.

DŻHEŃ NOTS **POOW**-NOTS

Yesterday. Last night.

Wczoraj. Wczoraj wieczorem.

VCHO-RAY **VCHO**-RAY VYE-**CHO**-REM

Today. Tonight. Tomorrow.

Dzisiaj. Dzisiaj wieczorem. Jutro.

DŻHEE-ŚHAY DŻHEE-ŚHAY
VYE-CHO-REM   **YOO**-TRO

The day before yesterday.

Przedwczoraj.

PSHED-VCHO-RAY

Next week. Next Tuesday.

Następny tydzień. Następny wtorek.

NAS-**TANP**-NI **TI**-DŻHEŃ
NAS-**TANP**-NI **VTO**-REK

Last month. Last year.

Zeszłego miesiąca. Zeszłego roku.

ZE-**SHWE**-GO MYE-**ŚHOWN**-TSA
ZE-**SHWE**-GO **RO**-KOO

Three days ago.

Trzy dni temu.

TSHI DŃEE **TE**-MOO

A week ago. A year ago.

Tydzień temu. Rok temu.

TI-DŻHEŃ **TE**-MOO ROK **TE**-MOO

PHOTOGRAPHY

FOTOGRAFOWANIE

FO-TO-GRA-FO-VA-ŃE

I need a roll of film for slides.

Potrzeba mi rolkę filmu na slajdy.

PO-**TSHE**-BA MEE **ROL**-KAN
FEEL-MOO NA **SLAY**-DI

I want a roll of color film.

Proszę o rolkę kolorowego filmu.

PRO-SHAN O **ROL**-KAN
KO-LO-RO-**VE**-GO **FEEL**-MOO

The size is 35 millimeters.

Rozmiar jest 35 milimetrów.

ROZ-MYAR YEST TSHI-**DŻHEŚH**-ĆHEE
PYANĆH MEE-LEE-**MET**-ROOF
or:
Trzydziesto·piecio·milimetrowy film.

TSHI-**DŻHES**-TO **PYAN**-ĆHO
MEE-LEE-ME-**TRO**-VI FEELM

For this camera.

Do tego aparatu.

DO **TE**-GO A-PA-**RA**-TOO

Movie film.

Film dla aparatu do filmowania.

FEELM DLA A-PA-**RA**-TOO
DO FEEL-MO-VA-ŃA

Video tape. Audio tape.

Taśma wideo. Taśma magnetofonowa.

TAŚH-MA VEE-**DE**-O
TAŚH-MA MAG-NE-TO-FO-**NO**-VA

What is the charge for developing a roll?

Ile kosztuje wywołanie filmu?

EE-LE KOSH-**TOO**-YE

VI-VO-WA-ŃE FEEL-MOO

For one print of each.

Za jedną odbitkę z każdego.

ZA YED-NOWN OD-BEET-KAN
        Z KAZH-DE-GO

I want one print of each.

Proszę o jedną odbitkę z każdego.

PRO-SHAN O YED-NOWN
   OD-BEET-KAN Z KAZH-DE-GO

For an enlargement.

Do powiększenia.

DO PO-VYANK-SHE-ŃA

The camera is out of order.

Aparat się zepsuł.

A-PA-RAT ŚHAN ZE-PSOOW

When will they be ready?

Kiedy będą gotowe?

ĶE-DI BAN-DOWN GO-TO-VE

When will it be ready?

Kiedy to będzie gotowe?

ĶE-DI TO BAN-DŻHE GO-TO-VE

Do you rent cameras?

Czy wypożyczacie aparaty?

CHI VI-PO-ZHI-CHA-ĆHE A-PA-RA-TI

I should like one for Tuesday.

+ Chciałbym aparat na wtorek.

KHĆHAW-BIM A-PA-RAT NA VTO-REK

+ Chciałabym aparat na ...

KHĆHA-WA-BIM A-PA-RAT NA

What is the daily rate?

Ile kosztuje wypożyczenie na jeden dzień?

EE-LE KOSH-TOO-YE VI-PO-ZHI-CHE-ŃE
     NA YE-DEN DŻHEŃ

LAUNDRY AND DRY CLEANING

PRALNIA I
CZYSZCZENIE CHEMICZNE

PRAL-ŃA EE
CHISH-CHE-ŃE KHE-MEECH-NE

Please, tell me where is the nearest laundry.

Proszę mi powiedzieć gdzie jest najbliższa
               pralnia.

PRO-SHAN MEE PO-VYE-DŻHEĆH
  GDŻHE YEST NAY-BLEEZH-SHA
          PRAL-ŃA

To be washed. To be mended.

To jest do prania. To jest do naprawienia.

TO YEST DO PRA-ŃA
   TO YEST DO NA-PRA-VYE-ŃA

To be cleaned. To be pressed.

To jest do czyszczenia. To jest do prasowania.

TO YEST DO CHISH-CHE-ŃA
   TO YEST DO PRA-SO-VA-ŃA

Be very careful.

Bardzo ostrożnie, proszę.

BAR-DZO OS-**TROZH**-ŃE **PRO**-SH<u>AN</u>

Do not wash this in hot water.

Proszę nie prać tego w gorącej wodzie.

PRO-SH<u>AN</u> ŃE PRA<u>Ć</u>H **TE**-GO
V GO-**R<u>OWN</u>**-TSEY VO-DŹHE

Use cold water. Use lukewarm water.

Proszę użyć zimnej wody.
　　　　　Prosze użyć letniej wody.

PRO-SH<u>AN</u> **OO**-ZHI<u>Ć</u>H **ZHEEM**-NEY **VO**-DI
PRO-SH<u>AN</u> **OO**-ZHI<u>Ć</u>H **LET**-ŃEY **VO**-DI

Use warm water.

Proszę użyć ciepłej wody.

PRO-SH<u>AN</u> **OO**-ZHI<u>Ć</u>H
　　　　　　　　ĆHEP-WEY **VO**-DI

Do not dry this in the sun.

Proszę nie suszyć tego na słońcu.

PRO-SH<u>AN</u> ŃE **SOO**-SHI<u>Ć</u>H
　　　　　　TE-GO NA **SWOŃ**-TSOO

Do not starch the collars.

Proszę nie krochmalić kołnierzy.

PRO-SH<u>AN</u> ŃE KROKH-MA-LEE<u>Ć</u>H
　　　　　　　　　　KOW-ŃE-ZHI

When will it be ready?

Kiedy to będzie gotowe?

ĆE-DI TO **B<u>AN</u>**-DŹHE GO-**TO**-VE

Here is the list.

Tutaj jest spis.

TOO-TAY YEST SPEES

The tie is missing.

Brakuje krawata.

BRA-**KOO**-YE KRA-VA-TA

The belt is missing.

Zgubiono pasek.

ZGOO-**BYO**-NO **PA**-SEK

CLOTHING

ODZIEŻ

O-DŹHESH

Apron. Bathing cap.

Fartuch. Czepek kąpielowy.

FAR-TOOKH **CHE**-PEK K<u>OWN</u>-PYE-**LO**-VI

Bathing suit. Bathrobe.

Kostium kąpielowy. Płaszcz kąpielowy.

KOS-TYOOM K<u>OWN</u>-PYE-**LO**-VI
　　　　　　PWASHCH K<u>OWN</u>-PYE-**LO**-VI

Blouse. Brassiere. Coat.

Bluzka. Biustonosz. Palto.

BLOOZ-KA BYOO-**STO**-NOSH **PAL**-TO

46

Collar. Diapers. Dress.

Kołnierz. Pieluszki. Suknia.

KOW-ŃESH PYE-LOOSH-KEE SOOK-ŃA

Garters. Gloves. Gown.

Podwiązki. Rękawiczki. Suknia.

**POD-VYOWNZ-KEE RAN-KA-VEECH-KEE
SOOK-ŃA**

Handkerchief. Hat. Hose.

Chusteczka. Kapelusz. Pończochy.

**KHOOS-TECH-KA KA-PE-LOOSH
POŃ-CHO-KHI**

Jacket. Necktie. Nightgown.

Kurtka. Krawat. Koszula nocna.

**KOORT-KA KRA-VAT
KO-SHOO-LA NOTS-NA**

Overcoat.   Pajamas.

Płaszcz.   Piżama.

PWASHCH   PEE-JA-MA

Panties. Petticoat.

Majtki.   Halka.

MAYT-KEE   KHAL-KA

Raincoat. Riding clothes

Płaszcz deszczowy. Ubranie do konnej jazdy.

**PWASHCH DESH-CHO-VI
OO-BRA-ŃE DO KON-NEY YAZ-DI**

Robe. Shirt. Shorts.

Podomka. Koszula. Kalesony.

PO-DOM-KA KO-SHOO-LA KA-LE-SO-NI

Undershirt. Slip.

Podkoszulka. Koszula damska.

**POD-KO-SHOOL-KA
KO-SHOO-LA DAM-SKA**

Slippers. Socks. Panty hose.

Pantofle ranne. Skarpetki. Rajstopy.

**PAN-TOF-LE RAN-NE SKAR-PET-KEE
RAY-STO-PI**

Stockings. Nylon hose.

Pończochy. Nylonowe pończochy.

**POŃ-CHO-KHI
NI-LO-NO-VE POŃ-CHO-KHI**

Suit. Suspenders. Sweater.

Kostium. Szelki. Sweter.

KOST-YOOM SHEL-KEE SVE-TER

Trousers. Underwear. Vest.

Spodnie. Bielizna. Kamizelka.

**SPOD-ŃE BYE-LEEZ-NA
KA-MEE-ZEL-KA**

FABRICS

MATERIAŁY

MA-TER-YA-WI

What is it made of?

Z jakiego materiału to jest?

Z YA-ḰE-GO MA-TER-YA-WOO TO YEST

Cambric. Camel-hair. Chiffon.

Batyst. Moher. Szyfon.

BA-TIST MO-KHER SHI-FON

Corduroy. Cotton. Felt.

Sztruks. Bawełna. Filc.

SHTROOKS BA-VEW-NA FEELTS

Flannel. Gaberdine. Lace.

Flanela. Gabardyna. Koronka.

FLA-NE-LA GA-BAR-DI-NA KO-RON-KA

Leather. Linen. Nylon.

Skora. Płótno. Nylon.

SKOO-RA PWOOT-NO NI-LON

Pique. Poplin. Rayon.

Pika. Popelina. Sztuczny jedwab.

PEE-KA PO-PE-LEE-NA
SHTOOCH-NI YED-VAB

Rubber. Satin. Serge.

Materiał podgumowany. Atłas. Serża.

MA-TER-YAW POD-GOO-MO-VA-NI
AT-WAS SER-ZHA

Silk. Suede. Taffeta.

Jedwab. Zamsz. Tafta.

YED-VAB   ZAMSH   TAF-TA

Towelling. Tulle. Tweed.

Forte. Tiul. Tłid.

FOR-TE   TYOOL   TWEED

Velvet.   Velveteen.

Aksamit.   Plusz.

AK-SA-MEET   PLOOSH

Wool.   Worsted.

Wełna.   Samodział.

VEW-NA   SA-MO-DŻHAW

SIZE OF CLOTHING

ROZMIARY ODZIEŻY

ROZ-MYA-RI O-DŻHE-ZHI

My size is 42.

Mój rozmiar jest czterdzieści dwa.

MOOY ROZ-MYAR YEST
CHTER-DŻHEŚH-ĆHEE DVA

I have forgotten my size.

Zapomniałem mojego rozmiaru.
ZA-POM-ŃA-WEM MO-YE-GO
ROZ-MYA-ROO

Our sizes are different at home.

U nas jest inna numeracja.

OO NAS YEST **EEN**-NA NOO-ME-**RATS**-YA

I don't know the Polish sizes.

Nie znam polskiej numeracji.

ŃE ZNAM **POL**-SĶEY
        NOO-ME-**RATS**-YEE

Could you measure me?

Czy może pan mnie zmierzyć?

CHI **MO**-ZHE PAN MŃE **ZMYE**-ZHIĊH

Czy może pani ...

CHI **MO**-ZHE **PA**-ŃEE

+ Czy możesz...

CHI **MO**-ZHESH

We do not use Polish sizes.

Nie używamy polskiej numeracji.

ŃE OO-ZHI-**VA**-MI **POL**-SĶEY
        NOO-ME-**RATS**-YEE

SHOES

OBUWIE

O-**BOO**-VYE

I want a pair of shoes.

Proszę o parę butów.

PRO-SH**AN** O **PA**-R**AN** **BOO**-TOOF

I want a pair of boots.

Proszę o parę wysokich butów.

PRO-SH**AN** O **PA**-R**AN**
    VI-**SO**-KEEKH **BOO**-TOOF

I want a pair of sandals.

Proszę o parę sandałów.

PRO-SH**AN** O **PA**-R**AN** SAN-DA-WOOF

These are too narrow (too wide, large, small).

Te są za wąskie (za szerokie, duże, małe).

TE S**OWN** ZA **VOWN**-SĶE
ZA SHE-**RO**-ĶE **DOO**-ZHE MA-WE

I want a bigger size.

Proszę o większy numer.

PRO-SH**AN** O **VY**A**NK**-SHI **NOO**-MER

I want the same in an other color.

Proszę o takie same w innym kolorze.

PRO-SH**AN** O **TA**-ĶE SA-ME
    V **EEN**-NIM KO-**LO**-ZHE

I want these shoes repaired.

Proszę naprawić te buty.

PRO-SH**AN** NA-**PRA**-VIEEĊH TE **BOO**-TI

I want new heels and soles.

Proszę o nowe obcasy i podeszwy.

PRO-SH**AN** O **NO**-VE OB-**TSA**-SI
    EE PO-**DESH**-FI

When will they be ready?

Kiedy będą gotowe?

ḰE-DI **BAN**-DOWN GO-TO-VE

ADDITIONAL ACCESSORIES
AND CLOTHES

DODATKOWE CZĘŚCI GARDEROBY

DO-DAT-**KO**-VE **CHANŚH**-ĆHEE
GAR-DE-**RO**-BI

Bikini. Bow tie. Bra.

Kostium bikini. Muszka. Stanik.

KOST-YOOM BEE-**KEE**-ŇEE **MOOSH**-KA
STA-ŇEEK

Kostume. Dinner jacket.

Kostium. Smoking.

KOS-TYOOM **SMO**-KEENG

Dressing gown. Evening dress.

Szlafrok. Suknia wieczorowa.

SHLAF-ROK **SOOK**-ŇA VYE-CHO-**RO**-VA

Frock. Fur coat. Girdle.

Sukienka. Futro. Majtki elastyczne.

SOO-ḰEN-KA **FOOT**-RO
MAYT-KEE E-LAS-**TICH**-NE

Gloves. Raincoat

Rękawiczki. Płaszcz od deszczu.

RAN-KA-**VEECH**-KEE PWASHCH OD
DESH-CHOO

Gym shoes. Jeans. Knickers.

Trampki. Dzinsy. Ciepłe majtki.

TRAMP-KEE **DZHIN**-SI
ĆHEP-WE **MAYT**-KEE

Lingerie. Mackintosh.

Bielizna. Płaszcz nieprzemakalny.

BYE-**LEEZ**-NA PWASHCH
ŇE-PSHE-MA-**KAL**-Ní

Neglige. Night dress. Overalls.

Peniuar. Koszula nocna. Kombinezon.

PEN-**YOO**-AR KO-**SHOO**-LA **NOTS**-NA
KOM-BEE-NE-ZON

Pants. Pulover. Pajamas.

Spodnie. Pulower. Piżama.

SPOD-ŇE POO-**LO**-VER PEE-**ZHA**-MA

Rubber boots. Sandals. Scarf.

Buty gumowe. Sandały. Szalik.

BOO-TI GOO-**MO**-VE **SHA**-LEEK

Skirt. Slip. Sports jacket.

Spodnica. Halka. Marynarka sportowa.

SPOOD-ŇEE-TSA **KHAL**-KA
MA-RI-**NAR**-KA SPOR-**TO**-VA

Suit (man's). Suit (woman's).

Garnitur. Kostium.

GAR-ŇEE-TOOR **KOST**-YOOM

Suspender belt.   Swimsuit.

Pasek do podwiązek. Kostium kąpielowy.

PA-SEK DO POD-VYOWN-ZEK
          KOST-YOOM **KOWN**-PYE-**LO**-VI

T-shirt.   Tennis shoes.

Koszulka trykotowa. Tenisówki.

KO-**SHOOL**-KA TRI-KO-**TO**-VA
          TE-**ÑEE-SOOV**-KEE

Tie.   Tights.   Twin set.

Krawat. Rajstopy. Bliźniak.

KRA-VAT RAY-**STO**-PI **BLEEŻH**-ÑAK

Underpants (men's).   Belt.

Kalesony.   Pasek.

KA-LE-**SO**-NI   **PA**-SEK

Buckle. Button. Collar. Elastic.

Klamra. Guzik. Kołnierzyk. Gumka.

KLAM-RA **GOO**-ŻHEEK KOW-**ÑE**-ZHIK
                    GOOM-KA

Lapel. Pocket. Sleeve. Zipper.

Klapa. Kieszeń. Rękaw. Zamek błyskawiczny.

KLA-PA   **ĶE**-SHEÑ **RAN**-KAV
          ZA-MEK BWIS-KA-**VEECH**-NI

FITTING CLOTHES

PRZYMIERZANIE UBRANIA

PSHI-MYE-**ZHA**-ÑE OO-**BRA**-ÑA

Can I try it on?

Czy mogę to przymierzyć?

CHI **MO**-GAN TO PSHI-**MYE**-ZHIĆH

Please, hand it to me.

Proszę mi to podać.

PRO-SHAN MEE TO **PO**-DAĆH

Where is the fitting room?

Gdzie jest przymierzalnia?

GDŻHE YEST PSHI-MYE-**ZHAL**-ÑA

Is there a mirror?

Gdzie jest lustro?

GDŻHE YEST **LOOST**-RO

Does it fit?

Czy pasuje?

CHI PA-**SOO**-YE

It fits very well.

Bardzo dobrze leży.

BAR-DZO **DOB**-ZHE **LE**-ZHI

It is too short (too long, too tight, too loose).

To jest za krótkie (za długie, za ciasne,
                              za luźne).

TO YEST ZA **KROOT**-ĶE
          ZA **DWOO**-ĜE   ZA **CHAS**-NE
                    ZA **LOOŻH**-NE

It does not fit.

51

Nie pasuje.

ŇE PA-**SOO**-YE

Do you make alterations?

Czy robicie poprawki?

CHI RO-**BEE**-ĆHE PO-**PRAV**-KEE

How long will it take to alter?

Ile czasu zajmie poprawka?

EE-LE **CHA**-SOO **ZAY**-MYE PO-**PRAV**-KA

May I help you with something else?

Czy mogę czymś więcej służyć?

CHI **MO**-G<u>AN</u> CHIMŠH **VY<u>AN</u>**-TSEY
                        SWOO-ZHIĆH

I want something like this.

Proszę o coś w tym rodzaju.

PRO-SH<u>AN</u> O TSOŠH V TIM
                        RO-**DZA**-YOO

I like the one in the display.

Podoba mi się taki jak na wystawie.

PO-**DO**-BA MEE ŠH<u>AN</u> **TA**-KEE YAK
                        NA VI-**STA**-VYE

How much is it?

Ile to kosztuje?

EE-LE TO KOSH-**TOO**-YE

BARBER SHOP AND BEAUTY PARLOR

ZAKŁAD FRYZJERSKI

I SALON KOSMETYCZNY

ZA-KWAD FRI-**ZYER**-SKEE

EE SA-LON KOS-ME-**TICH**-NI

Where is there a good barber?

Gdzie jest dobry fryzjer?

GDŽHE YEST **DOB**-RI **FRIZ**-YER

I do not speak much Polish.

Słabo mówię po polsku.

SWA-BO **MOO**-VY<u>AN</u> PO **POL**-SKOO

I want a haircut, please.

Proszę mnie ostrzyc.

PRO-SH<u>AN</u> MŇE **OST**-SHITS

I want a shave.

Proszę mnie ogolić.

PRO-SH<u>AN</u> MŇE O-**GO**-LEEĆH

Not too short.

Nie za krótko.

ŇE ZA **KROOT**-KO

Scissors only, please.

Proszę tylko nożyczkami.

PRO-SH<u>AN</u> **TIL**-KO NO-**ZHICH**-KA-MEE

I part my hair on the side.

Czeszę się na przedział.

CHE-SHAN ŚHAN NA PSHE-DŻHAW

In the middle.

Pośrodku.

PO - ŚHROD-KOO

The water is too cold (too hot).

Woda jest za zimna (za gorąca)

VO-DA YEST ZA ŻHEEM-NA
ZA GO-ROWN-TSA

A razor cut, please.

Proszę o strzyżenie brzytwą.

PRO-SHAN O STSHI-ZHE-ŃE
BZHIT-VOWN

Do not use the clippers.

Bez nożyczek.

BES NO-ZHI-CHEK

A little more off the top (back, neck, sides).

Proszę trochę więcej ściąć na górze
(z tyłu, na karku, na bokach).

PRO-SHAN TRO-KHAN VYAN-TSEY
ŚHĆHOWNĆH NA GOO-ZHE
Z TI-WOO NA KAR-KOO NA BO-KAKH

Just a trim, please.

Proszę tylko przystrzyc.

PRO-SHAN TIL-KO PSHIS-TSHITS

That is enough off.

Proszę więcej nie ścinać.

PRO-SHAN VYAN-TSEY
ŃE ŚHĊHEE-NAĊH

Would you please trim my beard (moustache,
eyebrows)

Proszę przystrzyc mi brodę (wąsy, brwi).

PRO-SHAN PSHIS-TSHITS MEE
BRO-DAN VOWN-SI BRVEE

I want a shampoo.

Chcę umyć głowę.

KHTSAN OO-MIĆH GWO-VAN

I want my shoes shined.

Proszę mi wyczyścić buty.

PRO-SHAN MEE VI-CHIŚH-ĊHEEĆH
BOO-TI

Shoes are shined by room service in
the hotel.

Buty czyści pokojowa w hotelu.

BOO-TI CHIŚH-ĊHEE PO-KO-YO-VA
V KHO-TE-LOO

A finger wave. A permanent.

Układanie włosów. Trwała.

OO-KWA-DA-ŃE VWO-SOOF TRVA-WA

Ladies' hairdressing.

Fryzjer damski.

FRIZ-YER DAM-SKEE

Is there a beauty salon here in the hotel?

Czy jest fryzjer damski tu w hotelu?

CHI YEST **FRIZ**-YER **DAM**-SKEE TOO
V KHO-**TE**-LOO

A manicure. A pedicure. A face-pack.

Manicure. Pedicure. Maseczka.

MA-ŇEE-KEER PE-**DEE**-KEER
MA-**SECH**-KA

Can I make appointment for tomorrow?

Czy mogę umówić się na jutro?

CHI **MO**-GAN OO-**MOO**-VEEĆH ŚHAN
NA **YOO**-TRO

I'd like it cut and shaped.

Proszę podciąć i ułożyć.

PRO-SHAN **POD**-ĆHOWNĆH
EE OO-WO-ZHIĆH

A fringe. A page-boy style. A bun.

Grzywka. Na pazia. Kok.

GZHIV-KA NA **PA**-ŻHA KOK

A ringlet. To bleach. A color rinse.

Loczek. Rozjaśnić. Płukanka koloryzująca.

LO-CHEK ROZ-**YAŚH**-ŇEEĆH
PWOO-**KAN**-KA KO-LO-RI-ZOO-**YOWN**-TSA

To dye. To touch up. A hairspray.

Farbować. Poprawić fryzurę. Lakier.

FAR-**BO**-VAĆH
PO-**PRA**-VEEĆH FRI-**ZOO**-RAN
LA-ŘER

The same color. Darker. Lighter.

Ten sam kolor. Ciemniejszy. Jaśniejszy.

TEN SAM **KO**-LOR ĆHEM-ŇEY-SHI
YAŚH-ŇEY-SHI

A color chart. A re-style.

Próbki kolorów. Zmiana fryzury.

PROOB-KEE KO-**LO**-ROOF
ZMYA-NA FRI-**ZOO**-RI

COMMON OBJECTS

PRZEDMIOTY CODZIENNEGO UŻYTKU

PSHED-**MYO**-TI CO-**DŻHEN**--**NE**-GO
OO-**ZHIT**-KOO

An armchair. Ash tray. A handbag.

Fotel. Popielniczka. Torebka.

FO-TEL PO-PYEL-**ŇEECH**-KA TO-**PEB**-KA.

A board. Boarding house. A business.

Deska. Pensjonat. Przedsiębiorstwo.

DES-KA PEN-**SYO**-NAT
PSHED-ŚHAN-**BYOR**-STVO

Bobby pins. A box. A box office. A billfold.

Szpilki do włosów. Skrzynka. Kasa. Portfel

SHPEEL-KEE DO **VWO**-SOOF
SKSHIN-KA **KA**-SA **PORT**-FEL

Candy. Chocolate bar.

Czekoladka. Tabliczka czekolady.

CHE-KO-**LAD** KA

54

TAB-**LEECH**-KA CHE-KO-LA-DI

A can. A can opener. A cane.

Puszka. Klucz do puszek. Laska.

PUSH-KA KLOOCH DO **POO**-SHEK
LAS-KA

Chewing gum. Chewing tobacco.

Guma do żucia. Tytoń do żucia.

GOO-MA DO **ZHOO**-ĆHA
TI-TOŃ DO **ZHOO**-ĆHA

A Comb. Corn. Cork. Corkscrew. Cot.

Grzebień. Ziarno. Korek. Korkociag. Leźak.

GZHE-BYEŃ **ŻHAR**-NO **KO**-REK
KOR-KO-ĆHǪWNG
LE-ZHAK

Cotton. Linen. Silk. Wool.

Bawełna. Płótno. Jedwab. Wełna.

BA-**VEW**-NA **PWOOT**-NO **YED**-VAB
VEW-NA

Couch. Counter. Coupon. Cushion.

Sofa. Lada. Kupon. Poduszka.

SO-FA LA-DA KOO-PON PO-**DOOSH**-KA

Dandruff. Debt. Defect. Doll.

Łupież. Dług. Wada. Lalka.

WOO-**PYESH** DWOOK VA-DA **LAL**-KA

Ear. Earphone. Earrings. Flashlight.

Ucho. Słuchawka. Kolczyki. Latarka.

OO-KHO SWOO-**KHAF**-KA KOL-**CHI**-KEE
LA-**TAR**-KA

A Glass. Glasses. Sunglasses.

Szklanka. Okulary. Okulary słoneczne.

SZKLAN-KA O-KOO-LA-RI
O-KOO-LA-RI SWO-**NECH**-NE

Glue. Gold. Gold-plated.

Klej. Złoto. Plater złoty.

KLEY **ZWO**-TO **PLA**-TER **ZWO**-TI

Hair net. Hairdo. Hair brush.

Siatka do włosów. Fryzura. Szczotka do włosów.

SHAT-KA DO **VWO**-SOOF FRI-**ZOO**-RA
SHCHOT-KA DO **VWO**-SOOF

Flatiron. Jewelry. Lace. Shoelace.

Żelazko. Biżuteria. Koronka. Sznurowadło.

ZHE-**LAS**-KO BEE-ZHOO-**TER**-YA
KO-**RON**-KA SHNOO-RO-**VAD**-WO

Leather. Light bulb. Linen. Net.

Skóra. Żarowka. Płótno. Siatka.

SKOO-RA ZHA-**ROOF**-KA **PWOOT**-NO
SHAT-KA

Nail. Nail file. Necklace. Needle.

Paznokieć. Pilnik do paznokci. Naszyjnik. Igła.

PAZ-NO-**KĘĆH** PEEL-**ŃEEK** DO
PAZ-**NOK**-ĆHEE NA-**SHIY**-ŃEEK **EEG**-WA

Notebook. Padlock. Pail. Penknife.

55

Notatnik. Kłódka. Wiadro. Scyzoryk.

NO-**TAT**-ŃEEK **KWOOD**-KA **VYAD**-RO
       STSI-**ZO**-RIK

Perfume. Pin. Ornamental pin. Radio.

Perfuma. Szpilka. Broszka. Radio.

PER-**FOO**-MA **SHPEEL**-KA **BROSH**-KA
              RAD-YO

Ribbon. Rifle. Ring. A signet ring. Rubbers.

Wstążka. Karabin. Pierścionek. Sygnet. Kalosze.

VS**TOWNZH**-KA KA-**RA**-BEEN
PYER**SH**-**CHO**-NEK **SIG**-NET
          KA-**LO**-SHE

Safety pin. Scissors. Screw. Silver.

Agrafka. Nożyczki. Śruba. Srebro.

A-**GRAF**-KA NO-**ZHICH**-KEE **SHROO**-BA
            SREB-RO

Stone. Precious stone. Strap. Straw.

Kamień. Szlachetny kamień. Pasek. Słoma.

KA-**MYEŃ** SHLA-**KHET**-NI KA-**MYEŃ**
     PA-SEK **SWO**-MA

Thimble. Thread. Tick. Typewriter.

Naparstek. Nitka. Kleszcz. Maszyna do pisania.

NA-**PAR**-STEK **ŃEET**-KA KLESHCH
    MA-**SHI**-NA DO PEE-**SA**-ŃA

Tub. Umbrella. Uniform. Vase.

Wanna. Parasol. Mundur. Wazon.

VAN-NA PA-**RA**-SOL **MOON**-DOOR

Virus. Visa. Voice. Wafer.

Wirus. Wiza. Głos. Opłatek.

VEE-ROOS **VEE**-ZA GWOS O-**PWA**-TEK

Wall. Wardrobe. Warehouse. Washer.

Ściana. Szafa na ubranie. Magazyn. Uszczelka.

SHĆHA-NA **SHA**-FA NA OO-**BRA**-ŃE
   MA-**GA**-ZIN OOSH-**CHEL**-KA

Watch. Whiskbroom. Wire. Wood.

Zegarek. Szczotka. Drut. Drzewo.

ZE-**GA**-REK SH**CHOT**-KA DROOT
            DZHE-VO

Wool. Wool thread. Word. World.

Wełna. Nitka wełniana. Słowo. Świat.

VEW-NA **ŃEET**-KA VEW-**ŃA**-NA SWO-VO
              SHVYAT

Worm. Wrapper. Wreck. Yacht.

Robak. Opakowanie. Wrak. Jacht.

RO-BAK O-PA-KO-**VA**-ŃE VRAK
             YAKHT

Yogurt. Yolk. Zip code. Zipper.

Jogurt. Żółtko. Numeracja pocztowa
miejscowości. Zamek błyskawiczny.

YO-GOORT **ZHOOWT**-KO
NOO-ME-**RATS**-YA POCH-**TO**-VA
     MYEYS-TSO-**VOSH**-ĆHEE
     ZA-MEK BWIS-KA-**VEECH**-NI

TELEPHONE CALLS

ROZMOWY TELEFONICZNE

ROZ-**MO**-VI TE-LE-FO-**Ń**EECH-NE

Where can I make a telephone call?

Skąd mogę zatelefonować?

SK**OWN**T MO-G**AN**
ZA-TE-LE-FO-NO-VA**Ć**H

Operator, how do I make a telephone
call outside the hotel?

Proszę mi powiedzieć jak się mogę
połączyć z miastem?

PRO-**SHAN** MEE PO-**VYE**-D**ŻHEĆH** Y**AK**
SHAN MO-G**AN** PO-W**OWN**-CHI**ĆH**
Z **MYAS**-TEM

Please, dial nine and then the number you need.

Proszę wykręcić dziewiątkę a potem numer
panu potrzebny.

PRO-**SHAN** VI-**KRAN**-**Ć**HEE**Ć**H
D**ŻH**EV-**YOWN**T-K**AN** A PO-TEM
NOO-MER PA-NOO PO-**TSHEB**-NI

...numer pani potrzebny.

NOO-MER PA-**Ń**EE PO-**TSHEB**-NI

+ ...numer ci potrzebny

NOO-MER **Ć**HEE PO-**TSHEB**-NI

University, may I help you?

Uniwersytet, słucham?

OO-**Ń**EE-**VER**-SI-TET SWOO-KHAM

Extention seven two one, please?

Proszę wewnętrzny siedem dwa jeden.

PRO-SH**AN** O VEV-N**ANTSH**-NI
ŚHE-DEM DVA YE-DEN

Good morning, may I talk to Mr.Barski?

Dzień dobry, czy mogę mówić z panem
Barskim?

D**ŻH**E**Ń** **DOB**-RI CHI MO-G**AN**
MOO-VEE**Ć**H Z PA-NEM BARS-KEEM

Barski speaking, who is calling?

Mówi Barski, kto przy telefonie?

MOO-VEE **BARS**-KEE KTO PSHI
TE-LE-**FO**-**Ń**E

This is Jimmy Parker.

Przy telefonie Jimmy Parker.

PSHI TE-LE-FO-**Ń**E JIMMY PARKER

Oh, how nice to hear from you;
where are you now?

Jak to miło cię usłyszec, gdzie jesteś?

YAK TO **MEE**-WO ĆH<u>AN</u> OO-**SWI**-SHEĆH
GDŻHE **YES**-TEŚH

I am in the Hotel Forum.

Jestem w Hotelu Forum.

YES-TEM V KHO-**TE**-LOO **FO**-ROOM

What is your room number?

Jaki masz numer pokoju?

YA-KEE MASH **NOO**-MER PO-**KO**-YOO

My room number is two zero two.

Mam pokój numer dwa zero dwa.

MAM **PO**-KOOY **NOO**-MER DVA **ZE**-RO
DVA

Are you free this morning?

Czy masz czas dziś rano?

CHI MASH CHAS DŻHEEŚH **RA**-NO

Yes, I am free.

+ Tak, jestem wolny.

TAK **YES**-TEM **VOL**-NI

+ Tak, jestem wolna.

TAK **YES**-TEM **VOL**-NA

Could we get together for a few minutes?

Czy moglibyśmy spotkać się na parę minut?

CHI **MOG**-LEE-BISH-MI **SPOT**-KAĆH
ŚH<u>AN</u> NA **PA**-R<u>AN</u> **MEE**-NOOT

Fine.

Bardzo dobrze.

BAR-DZO **DOB**-ZHE

I would like to invite you to my apartament or
I can come to your hotel.

Chciałbym cię zaprosić do mego mieszka-
nia, albo mogę przyjść do twojego hotelu.

KHCHAW-BIM ĆH<u>AN</u> ZA-**PRO**-ŚHEEĆH
DO **ME**-GO MYESH-**KA**-ŇA, **AL**-BO
MO-GH<u>AN</u> PSHIYŚHĆH DO TVO-**YE**-GO
KHO-**TE**-LOO

Chciałabym ...

KHĆHA-WA-BIM

Since I do not know my way around, could you
come to the hotel?

Ponieważ nie znam miasta, czy mógłbyś
przyjść do hotelu ?

PO-**ŇE**-VASH ŇE ZNAM **MYAS**-TA
CHI **MOOGW**-BIŚH PSHIYŚHĆH DO
KHO-**TE**-LOO

...czy mogłabyś przyjść...?

CHI MO-**GWA**-BIŚH PSHIYŚHĆH

With pleasure.

Z przyjemnością.

Z PSHI-YEM-**NOŚH**-ĆH<u>OWN</u>

58

I shall be at your hotel at ten thirty a.m.

Będę u ciebie w hotelu o dziesiątej trzydzieści.

BAN-DAN OO CHEB-YE V KHO-TE-LOO
O DŻHE-SHOWN-TEY
TSHI-DŻHESH-CHEE

I can not wait to see you, Ed.

Nie mogę się doczekać żeby cię zobaczyć Edziu.

ŃE MO-GAN ŚHAN DO-CHE-KAĆH
ZHE-BI ĆHAN ZO-BA-CHIĆH, E-DŻHOO

I shall see you soon, Jimmy.

Zobaczymy się wkrótce, Jimmy.

ZO-BA-CHI-MI ŚHAN VKROOT-TSE JI-MIE

Hello, room two zero two.

Halo, pokój dwa zero dwa.

KHA-LO, PO-KOOY DVA ZE-RO DVA

Yes, Parker speaking.

Tak jest, mówi Parker.

TAK YEST, MOO-VEE PAR-KER

IN THE COFFEE SHOP

W KAWIARNI

V KAV-YAR-ŃEE

Mr. Barski is waiting for you in the hotel coffee shop.

Pan Barski czeka na pana w kawiarni hotelowej.

PAN BAR-SKEE CHE-KA NA PA-NA V
KAV-YAR-ŃEE KHO-TE-LO-VEY

... czeka na panią...

CHE-KA NA PA-ŃOWN

...czeka na ciebie...

CHE-KA NA ĆHE-BYE

Thank you, please tell him that I shall come down shortly.

Dziękuję, proszę mu powiedzieć że zaraz przyjdę.

DŻHAN-KOO-YAN, PRO-SHAN MOO
PO-VYE-DŻHEĆH ZHE ZA-RAZ
PSHIY-DAN

Good morning Ed, I am glad you came.

Dzień dobry Edziu, cieszę się że przyszedłeś.

DŻHEN DOB-RI E-DŻHOO
ĆHE-SHAN ŚHAN ZHE
PSHI-SHED-WEŚH

I am glad to see you again, Jimmy.

Miło mi cię znowu zobaczyć, Jimmy.

MEE-WO MEE ĆHAN ZNO-VOO
ZO-BA-CHIĆH, JI-MIE

It must be nearly ten years since we were at school together.

Prawie dziesięć lat minęło od czasu kiedy studiowaliśmy razem.

PRA-VYE **DŻHE**-SH**AN**ĆH LAT
. **MEE**-N**AN**-WO OD **CHA**-SOO
ĆE-DI STOO-DYO-**VA**-LEEŚH-MI
RA-ZEM

Yes, the time really flies.

Tak, czas rzeczywiście leci szybko.

TAK, CHAS ZHE-CH**I**-**VEEŚH**-ĆHE
LE-ĆHEE SHIB-KO

I am glad you came to Warsaw.

🧍 Cieszę się że przyjechałeś do Warszawy.

ĆHE-SH**AN** ŚH**AN** ZHE
PSHI-YE-**KHA**-WEŚH DO
VAR-**SHA**-VI

🧍 ...przyjechałaś do...

PSHI-YE-**KHA**-WAŚH DO

Let us sit down.

Usiądźmy.

OO-**SHOWND**ŹH-MI

You might find Polish coffee rather strong, so you might want a lot of cream.

🧍 Polska kawa może ci się wydać zbyt mocna, tak że może będziesz chciał sporo śmietanki.

POLS-K**A** **KA**-VA **MO**-ZHE ĆHEE
ŚH**AN** VI-**DA**-VAĆH ZBIT
MOTS-NA, TAK . ZHE **MO**-ZHE
BAN-DŻHESH KHĆHAW SPO-RO

ŚHMYE-**TAN**-KEE

🧍 ... będziesz chciała...

BAN-DŻHESH KH**Ć**HA-WA

I would love to try Polish coffee.

🧍 + 🧍 Bardzo chciałbym spróbować polskiej kawy.

BAR-DZO **KH**ĆHAW-BIM
SPROO-**BO**-VAĆH **POLS**-ĆEY
KA-VI

🧍 + 🧍 ...chciałabym spróbować...

KHĆHA-WA-BIM SPROO-**BO**-VAĆH

Strong coffee might help you get over the jet lag.

🧍 Mocna kawa może panu pomóc przystosować się do zmiany godzin.

MOTS-NA **KA**-VA **MO**-ZHE
PA-NOO **PO**-MOOTS
PSHI-STO-**SO**-VAĆH ŚH**AN** DO
ZMYA-NI GO-**DŻHEEN**

🧍 ...może pani...

MO-ZHE **PA**-ŃEE

🧍 + 🧍 ...może ci...

MO-ZHE ĆHEE

POLISH ETIQUETTE

POLSKA ETYKIETA

POL-SKA E-TI-ḰE-TA

Miss, would you give us two small, black coffees?

Proszę o dwie małe kawy.

PRO-SH**AN** O DV'YE **MA**-WE
CHAR-NE **KA**-VI

Would you like anything else?

Czy państwo pozwolą coś jeszcze?

CHI **PAŃ**-STVO POZ-**VO**-L**OWN**
TSOŚH **YESH**-CHE

Czy pan pozwoli...?

CHI PAN POZ-**VO**-LEE

Czy pani pozwoli...?

CHI **PA**-ŃEE POZ-**VO**-LEE

No, thank you.

Nie, dziękuję.

ŃE D**ŻH**AN-KOO-Y**AN**

Jimmy, my wife and I would like to have you over for dinner.

Jimmy, zapraszamy cię na kolację do nas dziś wieczór.

JI-MIE, ZA-PRA-**SHA**-MI ĊH**AN**
NA KO-**LATS**-Y**AN** DO NAS
D**ŻH**EEŚH **VYE**-CHOOR

That is a splendid idea.

To wspaniały pomysł.

TO VSPA-ŃA-WI **PO**-MISW

Janka can not wait to meet my old school friend.

Janka nie może się doczekać żeby poznać mego przyjaciela ze studiów.

YAN-KA ŃE MO-ZHE ŚH**AN**
DO-**CHE**-KAĊH **ZHE**-BI
POZ-NAĊH ME-GO
PSHI-YA-Ċ**HE**-LA ZE
STOOD-YOOF

...moją przyjaciółkę...

MO-Y**OWN** PSHI-YA-Ċ**HOOW**-K**AN**

Edward, you have to help me to overcome the language and custom barriers.

Edward, musisz mi pomóc radzić sobie z różnicami w mowie i zwyczajach.

ED-VARD **MOO**-ŚHEESH MEE
PO-MOOTS RA-D**ŻH**EEĊH
SOB-YE Z ROOZH-ŃE-**TSA**-MEE
V **MO**-VYE EE ZVI-**CHA**-YAKH

You are smart, Jimmy to notice these differences.

To dowcipnie a twojej strony ze zauważyleś te różnice.

TO DOV-**CHEEP**-ŃE Z **TVO**-YEY
STRO-NI ZHE
ZA-OO-VA-**ZHI**-WEŚH T**AN**
ROOZH-**ŃEE**-TS**AN**

... ze zauważyłaś...

ZHE ZA-OO-VA-**ZHI**-WAŚH

61

I remember how you used to ask me about such things in America.

Pamiętam jak o takie rzeczy pytałeś mnie w Ameryce.

PA-**MYAN**-TAM YAK O **TA**-ḰE
ZHE-CHI PI-**TA**-WESH MŃE
V A-ME-**RI**-TSE

...pytałaś mnie ...

PI-**TA**-WAŚH MŃE

Now we have a chance to talk about them in Poland.

Teraz mamy okazję porozmawiać o nich w Polsce.

TE-RAZ **MA**-MI O-**KAZ**-YAN
PO-ROZ-**MAV**-YAĆH O ŃEEKH
V **POLS**-TSE

I notice that people in Poland do not use the family name with the word "mister" as we do in America.

Zauważyłem że w Polsce nie używa się nazwiska ze słowem 'pan', tak jak to się robi w Ameryce.

ZA-OO-VA-**ZHI**-WEM ZHE
V **POLS**-TSE ŃE OO-**ZHI**-VA
ŚHAN NAZ-**VEES**-KA ZE
SWO-VEM PAN TAK YAK TO
ŚHAN **RO**-BEE V A-ME-**RI**-TSE

+ Zauważyłam że...

ZA-OO-VA-**ZHI**-WAM ZHE

You are right.

Masz rację.

MASH **RATS**-YAN

In Poland it sounds unpleasantly official to use the family name with the word "mister."

W Polsce używanie nazwiska ze słowem "pan" brzmi zbyt oficjalnie.

W **POLS**-TSE OO-**ZHI**-VA-ŃE
NAZ-**VEES**-KA ZE **SWO**-VEM
PAN BZHMEE ZBIT
O-·FEE-**TSYAL**-ŃE

In America it is impolite to call anyone "mister" without using his family name.

W Ameryce jest niegrzecznie mówić do kogoś per pan i jednocześnie nie wymieniać jego nazwiska.

V A-ME-**RI**-TSE YEST
ŃE-**GZHECH**-ŃE **MOO**-VEEĆH
DO **KO**-GOŚH PER PAN EE
YED-NO-**CHEŚH**-ŃE ŃE
VI-**MYE**-ŃAĆH YE-GO
NAZ-**VEES**-KA

In a conversation in Poland the words "Mister," "Mrs.," and "Miss" are used without the family name.

W Polsce w rozmowie słowa pan, pani i panna są używane bez nazwiska.

V **POLS**-TSE V ROZ-**MO**-VYE
SWO-VA PAN , PA-ŃEE EE
PAN-NA **SOWN** OO-ZHI-**VA**-NE
BEZ NAZ-**VEES**-KA

How do you say politely in Polish :
Please, pass me the coffee.

Jak się grzecznie mówi po polsku :
Proszę podać mi kawę.

YAK ŚHAN GZHECH-ŃE
MOO-VEE PO POLS-KOO :
PRO-SHAN PO-DAĆH MEE
KA-VAN

You said it correctly.

🁢 + 🁢 Twoje wyrażenie jest poprawne.

TVO-YE VI-RA-ZHE-ŃE YEST
PO-PRAV-NE

It depends on who is being addressed.

🁢 + 🁢 Zależy z kim rozmawiasz.

ZA-LE-ZHI Z KEEM
ROZ-MAV-YASH

Miss, could you pass me the coffee?

🁢 Czy mogłaby pani podać mi kawę?

CHI MOG-WA-BI PA-ŃEE
PO-DAĆH MEE KA-VAN

Waiter, could you pass me the coffee?

🁢 Czy mógłby pan podać mi kawę?

CHI MOOGW-BI PAN PO-DAĆH
MEE KA-VAN

Little girl, could you pass me the coffee?

🁢 Dziewczynko, czy mogłabyś podać mi kawę?

DŽHEV-CHIN-KO CHI
MOG-WA-BIŚH PO-DAĆH MEE
KA-VAN

Little boy, could you pass me the coffee?

🁢 Chłopczyku, czy mógłbyś podać mi

kawę?

KHWOP-CHI-KOO, CHI
MOOGW-BIŚH PO-DAĆH MEE
KA-VAN

The Polish word "pan" is used like English "you", "Mister" and "Sir"

Polskie słowo "pan" używa się jak w angielskim "you", "Mister" i "Sir"

POLS-ĆE SWO-VO PAN
OO-ZHI-VA ŚHAN YAK V
AN-ĠELS-KEEM YOU, MIS-TER
EE SIR

I hope that these tips will help me make a good impression at your dinner party.

Mam nadzieję że te wskazówki pomogą mi zrobić dobre wrażenie na przyjęciu u ciebie.

MAM NA-DŹHE-YAN ZHE TE
VSKA-ZOOF-KEE PO-MO-GOWN MEE
ZRO-BEEĆH DOB-RE VRA-ZHE-ŃE NA
PSHI-YAN-ĆHOO OO ĆHE-BYE

What are some other common Polish customs?

Jakie są inne typowe polskie zwyczaje?

YA-ĆE SOWN EEN-NE TI-PO-VE
POLS-ĆE ZVI-CHA-YE

Cut flowers are always an acceptable gift in Poland.

W Polsce bukiet kwiatów jest zawsze dobrze widziany.

V POLS-TSE BOO-ĆET
KVYA-TOOF YEST ZAV-SHE
DOB-ZHE VEE-DŹHA-NI

In Poland the guest may compliment the hostess directly about her beauty, her dress or her cooking.

W Polsce gość może wprost mówić
komplementy pani domu o jej urodzie, jej sukni
czy też jej gotowaniu.

V POLS-TSE GOŚHĆH MO-ZHE VPROST
MOO-VEEĆH KOM-PLE-MEN-TI PA-ŃEE
    DO-MOO O YEY OO-RO-DŹHE YEY
        SOOK-ŃEE CHI TESH YEY
            GO-TO-VA-ŃOO

<u>In America we usually tell the husband
about the beauty and elegance of his
wife.</u>

W Ameryce my zwykle mówimy mężowi o
piękności i elegancji jego żony.

V A-ME-RI-TSE MI ZVIK-LE
MOO-VEE-MI MAN-ZHO-VEE O
    PY ANK-NOŚH-ĆHEE EE
E-LE-GANTS-YEE YE-GO ZHO-NI

<u>What about table manners in Poland?</u>

Jakie są polskie zwyczaje przy stole?

YA-ĆE SOWN POLS-ĆE
ZVI-CHA-YE PSHI STO-LE

<u>The guest of honor sits at the head of table.</u>

Gość honorowy siada na pierwszym miejscu.

GOOŚHĆH KHO-NO-RO-VI
ZA-ŚHA-DA NA PYERV-SHIM
        MYEYS-TSOO

<u>Within the family the lady of the house sits at
the head of the table.</u>

W rodzinie pani domu zasiada na pierwszym
miejscu.

V RO-DŻHEE-ŃE PA-ŃEE DO-MOO
ZA-ŚHA-DA NA PYERV-SHIM
        MYEYS-TSOO

<u>The host pours the drinks.</u>

Pan domu nalewa napoje.

PAN DO-MOO NA-LE-VA NA-PO-YE

<u>The guest of honor is the first to be served.</u>

Gościowi honorowemu podaje się jedzenie jako
pierwszemu.

GOŚH-ĆHO-VEE KHO-NO-RO-VE-MOO
PO-DA-YE ŚHAN YE-DZE-ŃE YA-KO
        PYERV-SHE-MOO

<u>Within the family the lady of the house serves
herself first.</u>

W rodzinie pani domu pierwsza nakłada
sobie jedzenie.

V RO-DŻHEE-ŃE PA-ŃEE DO-MOO
PYERV-SHA NA-KWA-DA SOB-YE
       YE-DZE-ŃE

<u>Everyone takes as much as he is sure to eat.</u>

Każdy bierze tyle jedzenia ile zje.

KAZH-DI BYE-ZHE TI-LE YE-DZE-ŃA
      EE-LE ZYE

<u>That makes sense.</u>

To jest słuszne.

TO YEST SWOOSH-NE

<u>In Poland it is considered impolite to leave any
quantity of food on one's plate.</u>

W Polsce nie należy do dobrych manier
zostawiać jedzenie na talerzu.

V POLS-TSE ŃE NA-LE-ZHI DO
DOB-RIKH MA-ŃER ZOS-TAV-YAĆH

YE-DZE-ŃE NA TA-LE-ZHOO

In Poland you may use your fork with either
your right or your left hand.

W Polsce można używać widelca prawą lub lewą
ręką.

V **POLS**-TSE **MOZH**-NA OO-**ZHI**-VAĊH
VEE-**DEL**-TSA **PRA**-V**OWN** LOOP
LE-V**OWN** R**AN**-K**OWN**

Most Americans hold the fork in their left hand
while cutting food, then transfer the fork to their
right hand to take the food to their mouths.

Amerykanie jedzą widelcem tylko prawą ręką.

A-ME-RI-**KA**-Ńe YE-DZ**OWN**
VEE-**DEL**-TSEM TIL-KO **PRA**-V**OWN**
R**AN**-K**OWN**

It is funny how these habits differ.

Ciekawe jak się zwyczaje różnią.

ĊHE-**KA**-VE YAK ŚH**AN** ZVI-**CHA**-YE
ROOZH-Ń**OWN**

I hope I will remember what you have told me.

Mam nadzieję że zapamietam co mi
powiedziałeś.

MAM NA-**DŻHE**-Y**AN** ZHE
ZA-PA-**MYAN**-TAM TSO M**EE**
PO-VYE-**DŻHA**-WEŚH

...mi powiedziałaś.

MEE PO-VYE-**DŻHA**-WAŚH

What time should I arrive?

O której godzinie powinienem przyjść?

O **KTOO**-REY GO-**DŻHEE**-ŃE
PO-VEE-**ŃE**-NEM PSHIYŚHĊH

+ O której godzinie powinnam przyjść?

O **KTOO**-REY GO-**DŻHEE**-ŃE
PO-**VEEN**-NAM PSHIYŚHĊH

You are invited for seven p.m.

Jesteś zaproszony na siódmą wieczorem.

YES-**TEŚH** ZA-PRO-**SHO**-NI NA
ŚHOOD-M**OWN** VYE-**CHO**-REM

Jesteś zaproszona...

YES-**TEŚH** ZA-PRO-**SHO**-NA

Usually, guests are fifteen minutes late.

Zwykle goście spóźniają się piętnaście minut.

ZVIK-LE GO**ŚH**-ĊHE SPO**OŹH**-Ń**A**-Y**OWN**
ŚH**AN** PY**ANT**-NAŚH-ĊHE MEE-NOOT

That gives the hostess an extra quarter of an
hour.

To daje pani domu dodatkowy kwadrans.

TO **DA**-YE **PA**-ŃEE DO-MOO
DO-DAT-**KO**-VI **KVAD**-RANS

It is not polite to be much more than
fifteen minutes late.

Nie jest uprzejmie spóźniać się więcej niż
kwadrans.

ŃE YEST OO-**PSHEY**-MYE
SPOO**ŹH**-ŃAĊH ŚH**AN** VY**AN**-TSEY
ŃEESH **KVAD**-RANS

That is good to know.

65

To dobrze wiedzieć.

TO **DOB**-ZHE **VYE**-DŻHEĆH

<u>In America at dinner parties we try to avoid
discussing politics ,religion and women.</u>

W Ameryce na przyjęciu unikamy rozmów o
polityce, religii i kobietach.

V A-**ME**-**RI**-TSE NA PSHI-**YAN**-ĆHOO
OO-ŃEE-**KA**-MI **ROZ**-MOOF O
PO-**LEE**-TI-TSE RE-**LEEG**-YEE
EE KO-**BYE**-TAKH

<u>Is there such a custom in Poland?</u>

Czy jest taki zwyczaj w Polsce?

CHI YEST **TA**-KEE **ZVI**-CHAY
V **POLS**-TSE

<u>In Poland conversation starts light and then turns
to more serious subjects.</u>

W Polsce rozmowa zaczyna się lekko a potem
zwraca się do poważniejszych tematów.

V **POLS**-TSE ROZ-**MO**-VA ZA-**CHI**-NA
ŚHAN **LEK**-KO A **PO**-TEM **ZVRA**-TSA
ŚHAN DO PO-VAZH-**ŃEY**-SHIKH
TE-**MA**-TOOF

<u>You have to be tactful.</u>

Musisz być taktowny.

MOO-**ŚHEESH** BIĆH TAK-**TOV**-NI

Musisz być taktowna.

MOO-**ŚHESH** BIĆH TAK-**TOV**-NA

<u>Your Polish ladies seem most attractive.</u>

Polskie kobiety wydają się bardzo interesujące.

POLS-ĶE KO-**BYE**-TI VI-**DA**-Y<u>OWN</u> ŚH<u>AN</u>
BAR-DZO EEN-TE-RE-SOO-**Y**<u>**OWN**</u>-TSE

<u>Polish woman have a reputation for choosing
clothes to enhance their best features.</u>

Polskie kobiety są znane z dobrego doboru
twarzowych sukienek.

POLS-ĶE KOB-**YE**-TI S<u>OWN</u> **ZNA**-NE Z
DOB-**RE**-GO DO-**BO**-ROO TVA-**ZHO**-VIKH
SOO-**ĶE**-NEK

<u>Yes, I have not seen anybody walking around in
hair curlers.</u>

Tak, nie widziałem nikogo na ulicy w
papilotach.

TAK, ŃE VEE-**DŻHA**-WEM ŃEE-**KO**-GO
NA OO-**LEE**-TSI V PA-PEE-**LO**-TAKH

<u>You have good sight-seeing weather today.</u>

Masz dziś dobrą pogodę do
zwiedzania.

MASH DŹHEEŚH **DO**-BR<u>OWN</u>
PO-**GO**-D<u>AN</u> DO ZVYE-**DZA**-ŃA

<u>I would like to go on a general tour of the
capital, first.</u>

Chciałbym naprzód ogólnie zwiedzić
stolicę.

KHĆHAW-BIM NA-**PSHOOT** O-**GOOL**-ŃE
ZVYE-DŻHEEĆH STO-**LEE**-TS<u>AN</u>

Chciałabym ...

KHĆHA WA-BIM

<u>You can join a guided tour here at the hotel.</u>

⌷ + ⌷ Możesz przyłączyć się do wycieczki z przewodnikiem tu w hotelu.

MO-ZHESH PSHI-**WOWN**-CHIĆH ŚH**AN**
    DO VI-**ĆHECH-KEE** Z
    PSHE-VOD-**ŇEE-ĶEM** TOO
    V KHO-**TE**-LOO

That is convenient.

To wygodnie.

TO VI-**GOD**-ŇE

The ORBIS travel agency handles the tours here at the hotel.

Agencja "Orbis" tu w hotelu załatwia sprawy wycieczek.

A-**GENTS**-YA "**OR-BEES**" TOO
    V KHO-**TE**-LOO ZA-**WAT**-VYA
    SPRA-VI VI-**ĆHE**-CHEK

I hope they have English speaking guides.

Mam nadzieję że mają przewodników mówiących po angielsku.

MAM NA-**DŻHE**-Y**AN** ZHĘ **MA**-Y**OWN**
    PSHE-VOD-**ŇEE**-KOOF
    MOOV-**YOWN**-TSIKH PO
    AN-**ĠELS**-KOO

Most guides speak English.

Większość przewodników mówi po angielsku.

VY**ANK**-SHOŚHĆH PSHE-VO**D-ŇEE**-KOOF
    MOO-VEE PO AN-**ĠELS**-KOO

Let us go to ORBIS.

Chodźmy do "Orbisu".

KHODŻH-MI DO OR-**BEE**-SOO

ORBIS is located between the coffee shop and the florist.

"Orbis" znajduje się między kawiarnią i kwiaciarnią.

OR-BEES ZNAJ-**DOO**-YE ŚH**AN**
    MYAN-DZI KA-**VYAR**-Ň**OWN** EE
    KVYA-**ĆHAR**-Ň**OWN**

Good morning.

Dzień dobry.

DŻHEŇ **DOB**-RI

May I help you?

Czym mogę służyć?

CHIM **MO**-G**AN** SWOO-ZHIĆH

I would like to go on a sight-seeng tour this afternoon.

⌷ + ⌷ Chciałbym dziś po południu zwiedzać z wycieczką.

KHĆHAW-BIM DŻHEEŚH
PO-PO-**WOOD**-ŇOO **ZVYE**-DZAĆH
    Z VI-**ĆHECH**-K**OWN**

⌷ + ⌷ Chciałabym dziś...

KHĆHA-WA-BIM DŻHEEŚH

There are seats on the Wilanow tour and on the Żelazowa Wola tour.

Są miejsca na wycieczkę do Wilanowa i Żelazowej Woli.

S**OWN** **MYEYS**-TSA NA VI-**ĆHECH**-K**AN**
    DO VEE-LA-**NO**-VA EE DO
    ZHE-LA-**ZO**-VEY VO-LEE

Which tour is more interesting?

Która wycieczka jest ciekawsza?

KTOO-RA VI-**ĆHECH**-KA YEST
ĆHE-KAV-SHA

That depends on you.

To zależy od pana.

TO ZA-**LE**-ZHI OD **PA**-NA

To zależy od pani.

TO ZA-**LE**-ZHI OD **PA**-ŃEE

+ To zależy od ciebie.

TO ZA-**LE**-ZHI OD ĆHE-BYE

The tour to Zelazowa Wola is longer.

Wycieczka do Żelazowej Woli jest dłuższa.

VI-**ĆHECH**-KA DO ZHE-LA-**ZO**-VEY
VO-LEE YEST DWOOZH-SHA

Żelazowa Wola is the birhplace of Chopin.

Żelazowa Wola jest miejscem urodzenia
Szopena.

ZHE-LA-**ZO**-VA VO-LA YEST
MYEYS-TSEM OO-RO-**DZE**-ŃA
SHO-**PE**-NA

Wilanów palace belonged to King John III
Sobieski, the Supreme Commander
of the Allied Christan Army at Vienna
in 1683.

Pałac Wilanowski należał do króla Jana trzeciego
Sobieskiego, naczelnego wodza zjednoczonej
armii chrzescijańskiej pod Wiedniem w tysiac
sześćset osiemdziesiątym trzecim roku.

PA-WATS VEE-LA-NOV-SKEE
NA-LE-ZHAW DO **KROO**-LA YA-NA
TSHE-**ĆHE**-GO SO-BYES-**ĆE**-GO
NA-CHEL-NE-GO VO-DZA
ZYED-NO-**CHO**-NEY **ARM**-YEE
KHSHESH-ĆHE-YAŃ-SĆEY POD
VYED-ŃEM V TI-**SHOWNTS**
SHESHĆH-SET O-SHEM-DŻHE-**SHOWN**-TIM
TSHE-ĆHEEM RO-KOO

Wilanów palace is one of the best examples of
Polish baroque.

Pałac Wilanowski jest jednym z najlepszych
przykładów polskiego baroku

PA-WATS VEE-LA-NOV-SKEE YEST
YED-NIM Z NAY-**LEP**-SHIKH
PSHI-**KWA**-DOOF POLS-**ĆE**-GO
BA-**RO**-KOO

I would like to go on the Wilanow tour first.

+ Chciałbym naprzód pojechać na
wycieczkę do Wilanowa.

KHĆHAW-BIM NA-PSHOOT
PO-YE-KHAĆH NA VI-ĆHECH-KAN DO
VEE-LA-NO-VA

+ Chciałabym naprzód...

KHĆHA-WA-BIM NA-PSHOOT

Your tour starts at 2 p.m.; here is your ticket.

Pańska wycieczka wyrusza o drugiej po
południu; oto pański bilet.

PAŃ-SKA VI-ĆHECH-KA VI-**ROO**-SHA O
DROO-ĠEY PO PO-**WOOD**-ŃOO, O-TO
PAŃ-SKEE **BEE**-LET

Pani wycieczka...pani bilet.

PA-ŃEE VI-ĆHECH-KA

PA-ŃEE BEE-LET

[img] + [img] Twoja wycieczka...twój bilet.

TVO-YA VI-ĆHECH-KA
TVOOY BEE-LET

AMUSEMENTS

ROZRYWKI

ROZ-RIV-KEE

Night Club. Opera. The theatre.

Nocny lokal. Opera. Teatr.

NOTS-NI LO-KAL TE-ATR

When does the performance start?

O której godzinie zaczyna się
przedstawienie?

O KTOO-REY GO-DŹHEE-ŃE ZA-CHI-NA
ŚHAN PSHED-STA-VYE-ŃE

Is there a matinee today?

Czy dzisiaj jest przedstawienie
popołudniowe?

CHI DŹHEE-SHAY YEST
PSHED-STA-VYE-NE PO-PO-WOOD-ŃO-VE

Where can we go to dance?

Dokąd możemy pójść potańczyć?

DO-KOWNT MO-ZHE-MI POOYŚHĆH
PO-TAŃ-CHICH

Cover charge. Minimum.

Minimum konsumcji. Minimum.

MEE-ŃEE-MOOM KON-SOOM-TSYEE
MEE-ŃEE-MOOM

A concert. Movies. Folk dances.

Koncert. Kino. Tańce ludowe.

KON-TSERT KEE-NO
TAŃ-TSE LOO DO-VE

What's on at the cinema tonight?

Co grają dziś w kinie?

TSO GRA-YOWN DŹHEEŚH
V KEE-ŃE

A good film. A comedy. A drama.

Dobry film. Komedia. Dramat.

DOB-RI FEELM KO-MED-YA DRA-MAT

A thriller. A revue. A western.

Dreszczowiec. Kabaret. Western.

DRESH-CHO-VYETS KA-BA-RET
WES-TERN

Who's playing the lead?

Kto gra główną rolę?

KTO GRA GWOOV-NOWN RO-LAN

What time does the show end?

O której godzinie się kończy?

O KTOO-REY GO-DŹHEE-ŃE
ŚHAN KOŃ-CHI

May I have a program, please?

Proszę o program.

PRO-SH<u>AN</u> O **PRO**-GRAM

<u>This is your seat.</u>

To pana miejsce.

TO **PA**-NA **MYEYS**-TSE

To pani miejsce.

TO **PA**-ŃEE **MYEYS**-TSE

+ To twoje mjejsce.

TO **TVO**-YE **MYEYS**-TSE

<u>The beach. Tennis. Horse racing.</u>

Plaża. Tenis. Wyścigi konne.

PLA-ZHA TE-ŃEES VI ŚH-ĊHEE-GEE
KON-NE

<u>A reserved seat.</u>

Miejsce zarezerwowane.

MYEYS-TSE ZA-RE-ZER-VO-VA-NE

<u>Can I see well from there?</u>

Czy będę dobrze widział stamtąd?

CHI B<u>AN</u>-D<u>AN</u> **DOB**-ZHE **VEE**-DŻHAW
STAM-T<u>OWN</u>T

<u>Not too far. Not too near.</u>

Nie za blisko. Nie za daleko.

ŃE ZA **BLEES**-KO ŃE ZA DA-LE-KO

<u>Is this the intermission.</u>

Czy to jest przerwa?

CHI TO YEST **PSHER**-VA

<u>A table for two, please.</u>

Proszę stolik na dwie osoby.

PRO-SH<u>AN</u> **STO**-LEEK NA DVYE
O-**SO**-BI

<u>I reserved a table for three.</u>

Zarezerwowałem stolik na trzy osoby.

ZA-RE-ZER-VO-VA-WEM **STO**-LEEK NA
TSHI O-**SO**-BI

<u>We haven't got a reservation.</u>

Nie mamy rezerwacji.

ŃE MA-MI RE-ZER-VA-TSYEE

<u>My name is Carter.</u>

Moje nazwisko jest Carter.

MO-YE NAZ-**VEES**-KO YEST **KAR**-TER

<u>Please, check it again.</u>

Proszę sprawdzić jeszcze raz.

PRO-SH<u>AN</u> **SPRAV**-DŻHEEĊH **YESH**-CHE
RAS

<u>In the balcony. In the orchestra.</u>

Na balkonie. Na parterze.

NA BAL-**KO**-ŃE NA PAR-**TE**-ZHE

<u>The box. The usher.</u>

Loża.   Biletowy.

LO-ZHA BEE-LE-**TO**-VI

The music is excellent.

Doskonała muzyka.

DOS-KO-NA-WA MOO-**ZI**-KA

Where can we go dancing?

Gdzie można pójść potańczyć?

GDŻHE **MAOH**-NA POOYŚ**H**CH
                PO-**TAŃ**-CHICH

There is a dance here at the hotel.

Jest bal tu w hotelu.

YEST BAL TOO V KHO-**TE**-LOO

May I have this dance?

Czy mogę prosić o ten taniec?

CHI **MO**-GA**N** **PRO**-ŚHEECH O TEN
                        TA-**Ń**ETS

This is very funny.

To jest bardzo śmieszne.

TO YEST **BAR**-DZO **ŚHMYESH**-NE

This is very interesting.

To jest bardzo ciekawe.

TO YEST **BAR**-DZO **ĆHE**-**KA**-VE

Do you play chess?

Czy pan gra w szachy?

CHI PAN GRA V **SHA**-KHI

Czy pani gra...?

CHI **PA**-ŃEE GRA

+ Czy ty grasz...?

CHI TI GRASH

The king. The queen. A castle.

Król. Królowa. Wieża.

KROOL KROO-**LO**-VA **VYE**-ZHA

The bishop. A knight. A pawn.

Laufer.   Koń.   Pionek.

LAW-FER   KOŃ   **PYO**-NEK

A GAME OF CARDS

GRA W KARTY

GRA V **KAR**-TI

An ace of spades. A king of hearts.

As pik. Król kier.

AS PEEK KROOL ḰER

A queen of diamonds. A jack of clubs.

Królowa karo. Walet trefl.

KROO-**LO**-VA **KA**-RO VA-LET TREFL

A joker. The trumps. No bid. Double.

Dżoker. Atuty. Pas. Kontra.

JO-KER A-**TOO**-TI PAS **KONT**-RA

71

SPORT

SPORT

Skiing. Skating. Soccer.

Narty. Łyżwy. Piłka nożna.

NAR-TY WIZH-VI PEEW-KA NOZH-NA

Where are the tennis courts?

Gdzie są korty tenisowe?

GDŻHE SOWN KOR-TI TE-ŃEE-SO-VE

Can I rent a racket?

Czy mogę wypożyczyć rakietę?

CHI MO-GAN VI-PO-ZHI-CHICH
RA-ĶE-TAN

What's the hourly charge?

Ile kosztuje wypożyczenie na godzinę?

EE-LE KOSH-TOO-YE VI-PO-ZHI-CHE-ŃE
NA GO-DŻHEE-NAN

A boxing match. A heavyweight fight.

Mecz bokserski. Walka w wadze ciężkiej.

MECH BOK-SER-SKEE VAĻ-KA
V VA-DZE CHANZH-ĶEY

Where is the football stadium?

Gdzie jest stadion piłki nożnej?

GDŻHE YEST STA-DYON
PIW-KEE NOZH-NEY

Who's playing today?

Kto dziś gra?

KTO DŻHEEŚH GRA

Is there good fishing near here?

Czy można niedaleko stąd pójść na ryby?

CHI MOZH-NA ŃE-DA-LE-KO STOWNT
POOYŚHĆH NA RI-BI

Skin diving equipment.

Sprzęt do nurkowania.

SPSHANT DO NOOR-KO-VA-ŃA

A canoe. A rowing boat. A tent.

Kajak. Łódz. Namiot.

KA-YAK WOODŻH NA-MYOT

A motorboat. A sailing boat.

Motorówka. Żaglówka.

MO-TO-ROOF-KA ZHAG-LOOF-KA

No bathing. Keep out.

Kąpiel wzbroniona.
　　　　Wstęp wzbroniony.

KOWNP-YEL VZBRO-ŇO-NA
VSTANP VZBRO-ŇO-NI

Winter sports. Skating rink

Sporty zimowe. Lodowisko

SPOR-TI ŻHEE-MO-VE
LO-DO-VEES-KO

I would like to go skating.

\+ Chciałbym pojeździć na łyżwach.

KHCHAW-BIM
PO-YEZH-DZHEECH NA
WIZH-VAKH

\+ Chciałabym....

KHCHA-WA-BIM

Is there a skating rink near here.

Czy jest lodowisko gdzieś niedaleko.

CHI YEST LO-DO-VEES-KO
GDZHESH NE-DA-LE-KO

I would like to rent some skates.

\+ Chciałbym wypożyczyć łyżwy.

KHCHAW-BIM VI-PO-ZHI-CHICH
WIZH-VI

\+ Chciałabym...

KHCHA-WA-BIM

Can I take skating lessons?

Czy mogę wziąć sobie lekcje jazdy na łyżwach?

CHI MO-GAN VZHOWNCH
SOB-YE LEKTS-YE YAZ-DI NA
WIZH-VAKH

What are the skiing conditions today?

Jakie warunki narciarskie są dzisiaj?

YA-KE VA-ROON-KEE
NAR-CHAR-SKE SOWN
DZHEE-SHAY

The snow is too soft.

Śnieg jest zbyt miekki.

SHNEK YEST ZBIT MYANK-KEE

Is there a ski lift?

Czy jest wyciąg?

CHI YEST VI-CHOWNK

To camp for the night.

Rozbić namioty na noc.

ROZ-BEECH NA-MYO-TI NA
NOTS

To park a trailer.

Zaparkować przyczepę.

ZA-PAR-KO-VACH PSHI-CHE-PAN

May I light a fire?

Czy mogę rozpalić ogień?

CHI MO-GAN ROZ-PA-LEECH
O-GEN

Is this drinking water?

Czy to jest woda do picia?

CHI TO YEST VO-DA DO
PEE-CHA

Camping facilities. Shopping.

Wyposażenie camping'u. Sklepy.

VI-PO-SA-**ZHE**-ŃE
    KAM-**PEEN**-GOO
        SKLE-PI

Toilets. Bath. Showers.

Toalety. Łazienki. Prysznice.

TO-A-**LE**-TI WA-**ŻHEN**-KEE
       PRISH-**ŃEE**-TSE

Camping prohibited. Keep out.

Camping wzbroniony.
      Wstęp wrbroniony.

KAM-PEENG VZBRO-**ŃO**-NI
   VST**A**NP VZBRO-**ŃO**-NI

A youth hostel. To put up for the night.

Schronisko. Przenocować.

SKHRO-**ŃEES**-KO
   PSHE-NO-**TSO**-VAĆH

A LANDSCAPE

KRAJOBRAZ

KRAY-**OB**-RAS

A bridge. A brook. A building.

Most. Potok. Budynek.

MOST **PO**-TOK BOO-**DI**-NEK

A creek. A canal. A cliff.

Strumień. Kanał. Skała.

STROO-MYEŃ KA-NAW SKA-WA

A cottage. A farm. A ferry.

Chata. Gospodarstwo. Prom.

KHA-TA GOS-PO-**DARS**-TVO
       PROM

A field. A footpath. A forest.

Pole. Ścieżka. Las.

PO-LE **ŚHĆHEZH**-KA LAS

A hamlet. A hill. A house.

Wioska. Pagórek. Dom.

VYOS-KA PA-**GOO**-REK DOM

An inn. A lake. Lakeland.

Gospoda. Jezioro. Pojezierze.

GOS-**PO**-DA YE-**ŻHO**-RO
     PO-YE-**ŻHE**-ZHE

A marsh. A mountain. A mountain range.

Bagno. Góra. Łańcuch górski.

BAG-NO **GOO**-RA WAŃ-TSOOKH
      GOOR-SKEE

A path. A peak. A pool.

Przejście. Szczyt. Staw.

PSHEYŚH-ĆHE SHCHIT STAF

A ravine. A river. A road.

Jar. Rzeka. Droga.

YAR **ZHE**-KA **DRO**-GA

74

A spring. A stream. A summit.

Źródło. Strumień. Szczyt.

ZHROOD-WO **STROO**-MYEŃ
 SHCHIT

A truck. A tree. A valley

Koleina. Drzewo. Dolina.

KO-LE-**EE**-NA **DZHE**-VO
 DO-**LEE**-NA

A village. A waterfall. A wood.

Wieś. Wodospad. Las.

VYEŚH VO-**DO**-SPAD LAS

CAMPING EQUIPMENT

SPRZĘT CAMPINGOWY

SPSH**ANT** KAM-PEEN-**GO**-VI

An axe. A bottle opener. A bucket.

Śiekierka. Otwieracz butelek. Wiadro.

ŚHE-**ḰER**-KA
 OT-**FYE**-RACH BOO-**TE**-LEK
 VYA-DRO

A camp bed. A can opener. A candle.

Składane łóżko. Otwieracz puszek.
 Świeca.

SKWA-**DA**-NE **WOOZH**-KO
 OT-**F YE**-RACH **POO**-SHEK
 ŚHF YE-TSA

A chair. A compass. A corkscrew.

Krzesło. Kompas. Korkociąg.

KSHE-SWO **KOM**-PAS
 KOR-**KO**-ĆH**OWNG**

Crockery. Cutlery. A deck chair.

Naczynia. Sztućce. Leżak.

NA-**CHI**-ŃA **SHTOOĆH**-TSE
 LE-ZHAK

A first-aid kit. Fishing tackle.

Apteczka. Sprzęt wędkarski.

AP-**TECH**-KA
 SPSH**ANT** V**AND**-**KAR**-SKEE

A flashlight. A frying pan. A hammer.

Latarka. Patelnia. Młotek.

LA-**TAR**-KA PA-**TEL**-ŃA
 MWO-TEK

A hammock. An ice bag. A kettle.

Hamak. Lodówka turystyczna.
 Czajnik.

KHA-MAK
 LO-**DOOF**-KA TOO-RIS-**TICH**-NA
 CHAY-ŃEEK

A knapsack. A lantern. Matches.

Plecak. Lampa. Zapałki.

PLE-TSAK **LAM**-PA ZA-**PAW**-KEE

A mattress. A mosquito net. A pail.

Materac. Moskitiera. Wiadro.

MA-**TE**-RATS MOS-KEE-**TYE**-RA
 VYAD-RO

A penknife. A rope. A rucksack.

Scyzoryk. Linka. Plecak.

STSI-ZO-RIK LEEN-KA
                PLE-TSAK

A saucepan. Scissors. A screwdriver.

Rondel. Nożyczki. Śrubokręt.

RON-DEL NO-ZHICH-KEE
            ŚHROO-BO-KRANT

A sheath knife. A sleeping bag.

Nóż fiński. Spiwór

NOOSH FEEŃ-SKEE
            ŚHPEE-VOOR

A stove. A folding table. A tent.

Kuchenka. Stolik składany. Namiot.

KOO-KHEN-KA
STO-LEEK SKWA-DA-NI
                NA-MYOT

A tent peg. A tent pole. Tongs.

Śledź. Maszt. Obcęgi.

ŚHLEDŻH MASHT OB-TSAN-GEE

Tool kit. Water carrier.

Zestaw narzędzi. Pojemnik na wodę.

ZE-STAV NA-ZHAN-DŻHEE
        PO-YEM-ŃEEK NA VO-DAN

Plastic cutlery. Stainless steel cutlery.

Plastykowe sztućce. Sztućce ze stali
                        nierdzewnej

PLAS-TI-KO-VE SHTOOĆH-TSE
            SHTOOĆH-TSE ZE
    STA-LEE ŃE-RDZEV-NEY

A fork. A knife. A dessert knife.

Widelec. Nóż. Nożyk.

VEE-DE-LETS NOOSH NO-ZHIK

A mug. A plate. A saucer.

Garnuszek. Talerz. Spodek.

GAR-NOO-SHEK TA-LESH
                SPO-DEK

A beaker. A cup. A food box.

Kubek. Filiżanka. Pojemnik na
                    żywność.

KOO-BEK FEE-LEE-ZHAN-KA
    PO-YEM-ŃEEK NA
            ZHIV-NOŚHĆH

PROVISIONS

ZAPASY ŻYWNOŚCI

ZA-PA-SI ZHIV-NOŚH-ĆHEE

Apples. Bananas. Biscuits. Bread.

Jabłka. Banany. Sucharki. Chleb.

YAP-KA BA-NA-NI
    SOO-KHAR-KEE KHLEP

Butter. Cakes. Cheeses. Chocolates.

Masło. Ciastka. Sery. Czekoladki.

MAS-WO ĆHAST-KA SE-RI
            CHE-KO-LAD-KEE

76

Coffee. Cookies. Crackers. Cucumbers.

Kawa. Herbatniki. Sucharki. Ogórki.

**KA-VA KHER-BAT-ṄEE-KEE
SOO-KHAR-KEE O-GOOR-KEE**

Frankfurters. French fries. Ham.

Parówki. Frytki. Szynka.

PA-ROOF-KEE FRIT-KEE SHIN-KA

Ice-cream. Lemons. Lettuce. Milk.

Lody. Cytryny. Sałata. Mleko.

**LO-DI TSI-TRI-NI SA-WA-TA
MLE-KO**

Mustard. Oranges. Pate. Pepper.

Musztarda. Pomarańcze. Pasztet.
Pieprz.

**MUSH-TAR-DA PO-MA-RAṄ-CHE
PASH-TET PYEPSH**

Pickles. Pork. Potato chips.

Marynaty. Wieprzowina. Frytki.

**MA-RI-NA-TI VYE-PSHO-VEE-NA
FRIT-KEE**

Potatoes. Rolls. Salads. Salami.

Ziemniaki. Bułki. Sałatki. Salami.

**ŻHEM-ṄA-KEE BOOW-KEE
SA-WAT-KEE SA-LA-MEE**

Sandwiches. Sausages. Spaghetti.
Sugar.

Kanapki. Kiełbasy. Makaron. Cukier.

**KA-NAP-KEE ḰEW-BA-SI MA-KA-RON
TSOO-ḰER**

Sweets. Tea. Tomatoes. Turnips.

Cukierki. Herbata. Pomidory. Rzepa.

**TSOO-ḰER-KEE KHER-BA-TA
PO-MEE-DO-RI ZHE-PA**

Garlic. Onion. Salt. Vinegar.

Czosnek. Cebula. Sól. Ocet.

CHOS-NEK TSE-BOO-LA SOOL O-TSET

CONTAINERS

POJEMNIKI

PO-YEM-ṄEE-KEE

A barrel. A bottle. A box. A can. A carton.

Beczułka. Butelka. Pudełko. Puszka. Karton.

**BE-CHOOW-KA BOO-TEL-KA
POO-DEW-KO POOSH-KA KAR-TON**

A crate. A jar. A jug. A packet. A parcel.

Skrzynka. Słoik. Dzbanek. Paczka. Pakunek.

**SKSHIN-KA SWO-EEK DZBA-NEK
PACH-KA PA-KOO-NEK**

A tin. A tube. A vacuum flask.

Puszka. Tubka. Termos.

POOSH-KA TOOB-KA TER-MOS

PART FOUR

USEFUL EXPRESSIONS

Wyrażenia przydatne.

VI-RA-**ZHE**-ŃA PSHI-**DAT**-NE

AIR TICKET

BILET LOTNICZY

BEE-LET LOT-**ŃEE**-CHI

The ticket costs 200 zloties.

Bilet kosztuje dwieście złotych.

BEE-LET KOSH-**TOO**-YE
DVYEŚH-ĆHE ZWO-TIKH

I have a thousand zloty bill.

Mam banknot tysiąc-złotowy.

MAM **BANK**-NOT
TI-SH<u>OWN</u>TS ZWO-**TO**-VI

Your change: 1000 zloties.

Pana reszta: 1000 złotych.

PA-NA **RESH**-TA:
TI-ŚH<u>OWN</u>TS ZWO-TIKH

Pani reszta: 1000 złotych.

PA-ŃEE **RESH**-TA
TI-ŚH<u>OWN</u>TS ZWO-TIKH

Twoja reszta...

TVO-YA **RESH**-TA

Does ORBIS handle air tickets?

Czy "Orbis" załatwia bilety lotnicze?

CHI **OR**-BEES ZA-**WATV**-YA
BEE-LE-TI LOT-**ŃEE**-CHE

No, the air tickets are handled by LOT.

Nie, bilety lotnicze załatwia LOT.

ŃE **BEE-LE**-TI LOT-**ŃEE**-CHE
ZA-**WAT**-VYA LOT

OBIS handles bus and railroad tickets as well as sightseeing tours.

"Orbis" załatwia bilety kolejowe i autobusowe oraz zwiedzanie.

OR-BEES ZA-**WAT**-VYA **BEE-LE**-TI
KO-LE-**YO**-VE EE AW-TO-BOO-**SO**-VE
O-RAZ ZVYE-**DZA**-ŃE

Where is the LOT office?

Gdzie jest biuro LOT-u?

GDŹHE YEST **BYOO**-RO **LO**-TOO

The LOT office is on the second floor.

Biuro LOT-u jest na drugim piętrze.

BYOO-RO **LO**-TOO YEST NA
          DROO-GEEM **PYANT**-SHE

Thank you.

Dziękuję.

DŻH<u>AN</u>-KOO-Y<u>AN</u>

Good morning to you.

Dzień dobry panu.

DŻHEŃ **DO**-BRI **PA**-NOO

Dzień dobry pani.

DŻHEŃ **DO**-BRI **PA**-ŃEE.

Dzień dobry dziewczynko.

DŻHEŃ **DO**-BRI DŻHEV-**CHIN**-KO

Dzień dobry chłopczyku.

DŻHEŃ **DO**-BRI KHWOP-**CHI**-KOO

May I help you?

Czym mogę służyć?

CHIM **MO**-G<u>AN</u> SWOO-ZHIĆH

I have an open return ticket on the Polish airlines
LOT.

Mam bilet z otwartą datą powrotu na polskie linie
lotnicze "LOT".

MAM **BEE**-LET Z OT-VAR-T<u>OWN</u>
DA-T<u>OWN</u> NA **POLS**-ǨE LEEŃ-YE
          LOT-ŃEE-CHE "LOT"

May I see your ticket?

Proszę o bilet.

PRO-SH<u>AN</u> O **BEE**-LET

Czy mogę zobaczyć pana bilet?

CHI **MO**-G<u>AN</u> ZO-**BA**-CHIĆH
          PA-NA **BEE**-LET

Czy mogę zobaczyć pani bilet?

CHI **MO**-G<u>AN</u> ZO-**BA**-CHIĆH **PA**-ŃEE
          BEE-LET

Czy mogę zobaczyć twój bilet?

CHI **MO**-G<u>AN</u> ZO-**BA**-CHIĆH TFOOY
          BEE-LET

When would you like to fly back?

Kiedy chciałby pan lecieć z powrotem?

ǨE-DI **KHĆHAW**-BI PAN **LE**-ĆHEĆH
          Z PO-**VRO**-TEM

Kiedy chciałaby pani lecieć ..

ǨE-DI **KHĆHA**-WA-BI **PA**-ŃEE **LE**-ĆHEĆH

Kiedy chciałbyś...

ǨE-DI **KHĆHAW**-BIŚH

Kiedy chciałabyś...

ǨE-DI **KHĆHA**-WA-BIŚH

I would like to fly in two weeks.

Chciałbym lecieć za dwa tygodnie.

KHĆHAW-BIM **LE**-ĆHEĆH ZA DVA
          TI-**GOD**-ŃE

Chciałabym lecieć za dwa tygodnie.

KHĆHA-WA-BIM **LE**-ĆHEĆH ZA DVA
          TI-**GOD**-ŃE

79

I will check the Saturday flight.

Sprawdzę lot w sobotę.

SPRAV-DZ<u>AN</u> LOT V SO-**BO**-T<u>AN</u>

The Saturday flight is sold out.

Sobotni lot jest wyprzedany.

SO-**BOT**-ŇEE LOT YEST
VI-PSHE-**DA**-NI

There are several passengers wait-listed for this flight.

Jest kilku pasażerów na liście oczekujących (zwolnień miejsc) na ten lot.

YEST **KEEL**-KOO PA-SA-**ZHE**-ROOF
NA **LEEŚH**-ĆHE O-CHE-KOO-**YOWN**-TSIKH
ZVOL-ŇEŇ MYEYSTS NA TEN LOT

I would like to have confirmed flight reservations.

+ Chciałbym mieć potwierdzoną rezerwację lotu.

KĆHAW-BIM MYEĆH
PO-TVYER-**DZO**-N<u>OWN</u> RE-ZER-**VATS**-Y<u>AN</u>
LO-TOO

+ Chciałabym mieć...

KĆHA-WA-BIM MYEĆH

The Friday and Sunday flights still have a few seats available.

Piątkowy i niedzielny lot mają po kilka wolnych miejsc.

PY<u>OWN</u>T-**KO**-VI EE ŇE-**DŹHEL**-NI LOT
MA-Y<u>OWN</u> PO **KEEL**-KA **VOL**-NIKH
MYEYSTS

I will take the Friday flight.

+ + + Polecę w piątek.

PO-LE-TS<u>AN</u> V **PY<u>OWN</u>**-TEK

Fine, here is the confirmation of your departure.

Dobrze, oto potwierdzenie pańskiego odlotu.

DOB-ZHE O-TO POT-VYER-**DZE**-ŇE
PAŇS-**ĶE**-GO OD-LO-TOO

... pani odlotu.

PA-**ŇEE** OD-**LO**-TOO

+ ...twojego odlotu.

TVO-**YE**-GO OD-**LO**-TOO

Have a pleasant flight.

Życzę przyjemnego lotu.

ZHI-CH<u>AN</u> PSHI-**YEM**-NE-GO **LO**-TOO

Thank you and good-bye.

Dziękuję i do widzenia.

DŻH<u>AN</u>-**KOO**-Y<u>AN</u> EE DO VEE-**DZE**-ŇA

STORE PURCHASES

ZAKUPY W SKLEPIE

ZA-**KOO**-PI V **SKLE**-PYE

It's going to rain.

Będzie padał deszcz.

BAN-DŻHE PA-DAW DESHCH

You need an umbrella.

Potrzebny jest panu parasol.

PO-**TSHEB**-NI YEST **PA**-NOO PA-**RA**-SOL

Potrzebny jest pani parasol.

PO-**TSHEB**-NI YEST **PA**-ŇEE PA-**RA**-SOL

80

[figure] + **[figure]** Potrzebny jest tobie...

PO-**TSHEB**-NI YEST **TO**-BYE

I ought to buy an umbrella.

[figure] + **[figure]** Powinienem kupić parasol.

PO-VEE-**ŃE**-NEM **KOO**-PEEĆH PA-**RA**-SOL

[figure] + **[figure]** Powinnam kupić parasol.

PO-**VEEN**-NAM **KOO**-PEEĆH PA-**RA**-SOL

Let's go to the store.

Chodźmy do sklepu.

KHODŹH-MI DO **SKLE**-POO

Excuse me.

Przepraszam.

PSHE-**PRA**-SHAM

Do you have an umbrella?

[figure] Czy ma pan parasol?

CHI MA PAN PA-**RA**-SOL

[figure] Czy ma pani ...?

CHI MA **PA**-ŃEE

[figure] + **[figure]** Czy masz ...?

CHI MASH

Certainly, sir.

Tak jest, proszę pana.

TAK YEST, **PRO**-SH**AN** **PA**-NA

Certainly, madam.

Tak jest, proszę pani.

TAK YEST, **PRO**-SH**AN** **PA**-ŃEE

I want the black umbrella.

Proszę o ten czarny parasol.

PRO-SH**AN** O TEN **CHAR**-NI PA-RA-SOL

Do you need a raincoat?

[figure] Czy jest panu potrzebny płaszcz przeciwdeszczowy?

CHI YEST **PA**-NOO PO-**TSHEB**-NI PWASHCH **PSHE**-ĆHEEF DESH-**CHO**-VI

[figure] Czy jest Pani potrzebny...?

CHI YEST **PA**-ŃEE PO-**TSHEB**-NI

[figure] + **[figure]** Czy jest tobie potrzebny..?

CHI YEST **TO**-BYE PO-**TSHEB**-NI

Yes, I need a raincoat.

[figure] + **[figure]** + **[figure]** + **[figure]** Tak, potrzeba mi płaszcza od deszczu.

TAK PO-**TSHE**-BA MEE **PWASH**-CHA OD **DESH**-CHOO

What size?

Jaki rozmiar?

YA-KEE **ROZ**-MYAR

Please try this on.

Proszę ten spróbować.

PRO-SH**AN** TEN SPROO-**BO**-VAĆH

It doesn't fit.

81

Nie pasuje mi.

ŃE PA-**SOO**-YE MEE

Let's try one size larger.

Spróbujmy o numer większy.

SPROO-**BOOY**-MI O **NOO**-MER
   VY**ANK**-SHI

I don't like the color.

Kolor mi się nie podoba.

KO-LOR MEE ŚH**AN** ŃE PO-**DO**-BA

What color do you like?

Jaki kolor panu odpowiada?

YA-ĶEE **KO**-LOR **PA**-NOO
   OD-PO-**VYA**-DA

... pani odpowiada?

PA-ŃEE OD-PO-**VYA**-DA

+ ... tobie odpowiada?

TO-BYE OD-PO-**VYA**-DA

I want a grey coat.

+ Chciałbym szary płaszcz.

KHĆ**HAW**-BIM **SHA**-RI PWASHCH

+ Chciałabym szary płaszcz.

KHĆ**HA**-WA-BIM **SHA**-RI PWASHCH

What about this one?

Jak się panu ten podoba?

YAK ŚH**AN** **PA**-NOO TEN PO-**DO**-BA

Jak się pani ten podoba?

YAK ŚH**AN** **PA**-ŃEE TEN PO-**DO**-BA

+ Jak się tobie ten podoba?

YAK ŚH**AN** **TO**-BYE TEN PO-**DO**-BA

This suits me fine.

Ten mi odpowiada.

TEN MEE OD-PO-**VYA**-DA

Very good.

Bardzo dobrze.

BAR-DZO **DOB**-ZHE

We have suits on sale.

Mamy ubrania na wyprzedaży.

MA-MI OO-**BRA**-ŃA NA VI-PSHE-**DA**-ZHI

I have heard that Polish tailors are very good.

+ Słyszałem że polscy krawcy są bardzo
   dobrzy.

SWI-**SHA**-WEM ZHE **POLS**-TSI **KRAV**-TSI
   S**OWN** **BAR**-DZO **DOB**-ZHI

+ Słyszałam że...

SWI-**SHA**-WAM ZHE

I would like to buy a jacket made in Poland.

+ Chciałbym kupić marynarkę uszytą
   w Polsce.

KHĆ**HAW**-BIM KOO-**PEEĆH**
MA-RI-NAR-K**AN** OO-**SHI**-T**OWN**
   V **POLS**-TSE

+ Chciałabym kupić...

82

KHĆHA-WA-BIM **KOO**-PEEĆH

Do you prefer wool or cotton?

[icon] Czy woli pan wełnę czy bawełnę?

CHI **VO**-LEE PAN **VEW**-N<u>AN</u>
                    CHI BA-**VEW**-N<u>AN</u>

[icon] Czy woli pani ...?

CHI **VO**-LEE **PA**-ŃEE...

[icon] + [icon] Czy wolisz...?

CHI **VO**-LEESH

I want a brown cotton jacket.

[icon] + [icon] Chciałbym mieć brazową marynarkę z
                           bawełny.

KHĆHAW-BIM **MYEĆH**
 BR<u>OWN</u>-**ZO**-V<u>OWN</u> MA-RI-**NAR**-K<u>AN</u> Z
                           BA-**VEW**-NI

[icon] + [icon] Chciałabym mieć...

KHĆHA-WA-BIM MYEĆH

We do not have one, I am sorry.

Niestety nie mamy.

ŃE-**STE**-TI ŃE **MA**-MI

Where is the sales lady?

Gdzie jest sprzedawczyni?

GDŻHE YEST SPSHE-DAV-**CHI**-ŃEE

How much is this dress?

Ile kosztuje ta suknia?

EE-LE KOSH-**TOO**-YE TA **SOOK**-ŃA

4000 zloties.

Cztery tysiące złotych.

CHTE-RI TI-**SH**<u>**OWN**</u>-TSE **ZWO**-TIKH

That is very expensive.

To jest bardzo drogo.

TO YEST **BAR**-DZO **DRO**-GO

Where are the blouses and the sweaters?

Gdzie są bluzki i swetry?

GDŻHE S<u>OWN</u> **BLOOZ**-KEE EE **SVET**-RI

Where are the shirts and the skirts?

Gdzie są koszule i spodnice?

GDŻHE S<u>OWN</u> KO-**SHOO**-LE EE
                        SPOOD-**ŃEE**-TSE

We have many hats on sale.

Mamy wiele kapeluszy na wyprzedaży.

MA-MI **VYE**-LE KA-PE-**LOO**-SHI NA
                        VI-PSHE-**DA**-ZHI

These are very cheap.

Te są bardzo tanie.

TE **SOWN** **BAR**-DZO **TA**-ŃE

Do you like these ties?

[icon] Czy podobają się panu te krawaty?

CHI PO-DO-**BA**-Y<u>OWN</u> ŚH<u>AN</u> **PA**-NOO TE
                        KRA-**VA**-TI

[icon] Czy podobają się pani...?

CHI PO-DO-**BA**-Y<u>OWN</u> ŚH<u>AN</u> **PA**-ŃEE

83

+ Czy podobają się tobie...

CHI PO-DO-**BA**-Y<u>OWN</u> ŚH<u>AN</u> TO-BYE

Are they rayon?

Czy są ze sztucznego jedwabiu?

CHI S<u>OWN</u> ZE SHTOOCH-NE-GO
YED-**VAB**-YOO

They are silk.

Są z jedwabiu.

S<u>OWN</u> Z YED-**VAB**-YOO

Do you have a jewelry department.

Czy macie dział jubilerski?

CHI MA-ĆHE DŻHAW
YOO-BEE-**LER**-SKEE

A jeweler is across the street.

Jubiler jest po drugiej stronie ulicy.

YOO-BEE-LER YEST PO **DROO**-ĠEY
STRO-ŃE OO-**LEE**-TSI

May I show you some watches?

Czy mogę panu pokazać zegarki?

CHI MO-G<u>AN</u> PA-NOO PO-KA-ZAĆH
ZE-**GAR**-KEE

Czy mogę pani pokazać...

CHI MO-G<u>AN</u> PA-ŃEE PO-KA-ZAĆH

+ Czy mogę pokazać tobie...?

CHI MO-G<u>AN</u> PO-KA-ZAĆH TO-BYE

I am looking for a diamond ring.

+ Chciałbym kupić pierścionek z
brylantem.

KH**ĆHAW**-BIM **KOO**-PEEĆH
PYERŚH-**ĆHO**-NEK Z BRI-**LAN**-TEM

+ Chciałabym kupić...

KH**ĆHA**-WA-BIM **KOO**-PEEĆH

Do you sell signet rings?

Czy sprzedajecie sygnety?

CHI SPSHE-DA-**YE**-ĆHE SIG-NE-TI

Yes, we also have an engraving service.

Tak, mamy też grawera.

TAK **MA**-MI TESH GRA-**VE**-RA

That is very good.

To bardzo dobrze.

TO **BAR**-DZO **DOB**-ZHE

STORES AND SERVICES

SKLEPY I USLUGI

SKL-PI EE OO-**SWOO**-GEE

An antique store. A bakery. A bank.

Antykwariat. Piekarnia. Bank.

AN-TI-**KVAR**-YAT PYE-**KAR**-ŃA BANK

A barber shop. A beauty parlor.

Fryzjer. Fryzjer damski.

FRIZ-YER **FRIZ**-YER **DAM**-SKEE

A bookshop. A bookstore. A butcher shop.

Księgarnia. Księgarnia. Sklep mięsny.

KŠH<u>AN</u>-GAR-ŃA. KŠH<u>AN</u>-GAR-ŃA
SKLEP MY<u>AN</u>S-NI

A camera store. A candy store. Chemist's.

Fotooptyka. Cukiernik. Apteka.

FO-TO-OP-TI-KA TSOO-ḰER-ŃEEK
AP-TE-KA

A cigar store. A clothing store. Confectioner's.

Sklep tytoniowy. Sklep odzieżowy. Cukiernia.

SKLEP TI-TO-ŃO-VI SKLEP O-DŻHE-ZHO-VI
TSOO-ḰER-ŃA

A dairy shop. Delicatessen. Department store.

Mleczarnia. Delikatesy. Dom towarowy.

MLE-CHAR-ŃA DE-LEE-KA-TE-SI
DOM TO-VA-RO-VI

A dry goods store. Dressmaker's. A drug store.

Sklep tekstylny. Zakład krawiecki. Apteka.

SKLEP TEK-STIL-NI
ZA-KWAT KRA-VYETS-KEE
AP-TE-KA

A filling station. A fish market. A florist.

Stacja benzynowa. Sklep rybny. Kwiaciarnia.

STATS-YA BEN-ZI-NO-VA SKLEP RIB-NI
KVYA-ĊHAR-ŃA

Furrier's. A garage. A greengrocer. A grocery.

Sklep z futrami. Warsztat samochodowy.
Sklep z warzywami. Sklep spożywczy.

SKLEP Z FOOT-RA-MEE
VARSH-TAT SA-MO-KHO-DO-VI
SKLEP Z VA-ZHI-VA-MEE
SKLEP SPO-ZHIV-CHI

Hairdresser. A hardware store. A hat store.

Fryzjer damski. Sklep żelazny.
Sklep z kapeluszami.

FRIZ-YER DAM-SKEE
SKLEP ZHE-LAZ-NI
SKLEP Z KA-PE-LOO-SHA-MEE

Hospital. A jewelry store. Kiosk. Laundry.

Szpital. Sklep jubilerski. Kiosk. Pralnia.

SHPEE-TAL SKLEP YOO-BEE-LER-SKEE
KYOSK PRAL-ŃA

A liquor store. A market. A meat market.

Sklep monopolowy. Targ. Rzeźnik.

SKLEP MO-NO-PO-LO-VI TARG
ZHEŻH-ŃEEK

News-stand. Optician. Pharmacy. Photo shop.

Kiosk Ruchu. Sklep optyczny. Fotooptyka.

KYOSK ROO-KHOO SKLEP OP-TICH-NI
FO-TO-OP-TI-KA

Police station. Post office. Shoemaker.

Posterunek policji. Poczta. Szewc.

POS-TE-ROO-NEK PO-LEETS-YEE
SHEFTS

Shoe repairs. Shoe shop. Souvenir shop.

Szewc. Sklep z butami. Sklep z pamiątkami.

SHEFTS SKLEP Z BOO-TA-MEE
SKLEP Z PA-MYOWNT-KA-MEE

Sporting goods store. Stationer's. Supermarket.

Sklep sportowy. Sklep z przyborami do pisania.
Sam.

SKLEP SPOR-TO-VI
SKLEP Z PSHI-BO-RA-MEE DO PEE-SA-ŃA
SAM

A tailor shop. Tobacconist's. Toy shop.

Krawiec. Sklep tytoniowy. Sklep z zabawkami.

KRA-VYETS   SKLEP TI-TO-**ŃO**-VI
          SKLEP Z ZA-BAV-**KA**-MEE

Travel agent. Veterinarian. Watchmaker.

Biuro podróży. Lecznica weterynaryjna.
                                    Zegarmistrz.

BYOO-RO POD-**ROO**-ZHI
LECH-**ŃEE**-TSA VE-TE-RI-NA-**RIY**-NA
                              ZE-**GAR**-MEESTSH

DESCRIPTION OF ARTICLES

OPIS TOWARÓW

O-PEES TO-VA-ROOF

I would like this one.

☖ + ☗ Chciałbym ten.

KHĆHAW-BIM TEN

☖ + ☗ Chciałabym ten.

KHĆHA-WA-BIM TEN

I want...

Proszę...

PRO-SHAN

Have you a...? Have you some...?

Czy jest...?   Czy są...?

CHI YEST   CHI SOWN

It is here. It is over there.

To jest tu.   To jest tam.

TO YEST TOO   TO YEST TAM

Please, show me the one in the window.

Proszę mi pokazać ten z wystawy.

PRO-SHAN MEE PO-KA-**ZAĆH** TEN
                    Z VIS-**TA**-VI

The best. Big. Cheap. Dark.

Najlepszy. Duży. Tani. Ciemny.

NAY-**LEP**-SHI **DOO**-ZHI TA-**ŃEE**
                              ĆHEM-NI

Good. Heavy. Light weight. Light color.

Dobry. Ciężki. Lekki. Jasny.

DOB-RI **ĆHANZH**-KEE **LEK**-KEE **YAS**-NI

Inexpensive. Oval. Rectangular. Round.

Niedrogi. Owalny. Prostokątny. Okrągły.

ŃE-**DRO**-GEE O-**VAL**-NI
      PROS-TO-**KOWNT**-NI O-**KROWNG**-WI

Small. Square. Stout. Straight.

Mały. Kwadratowy. Mocny. Prosty.

MA-WI KVA-DRA-**TO**-VI **MOTS**-NI
                              PROS-TI

It is cheaper. Better. Larger. Smaller.

To jest tańsze. Lepsze. Większe. Mniejsze.

TO YEST TAŃ-SHE **LEP**-SHE
                  VYANK-SHE **MŃEY**-SHE

Of better quality. Of poorer quality.

Lepszej jakości. Gorszej jakości.

LEP-SHEY YA-**KOŚH**-ĆHEE
              GOR-SHEY YA-**KOŚH**-ĆHEE

Please, show me some more...

Proszę mi pokazać więcej...

86

PRO-SH<u>AN</u> MEE PO-**KA**-ZA**Ć**H
VY<u>AN</u>-TSEY

Please, write down the price for me.

Prosze napisać mi cenę.

PRO-SH<u>AN</u> NA-**PEE**-SAĆH MEE TSE-N<u>AN</u>

I do not want to spend more than $100.

Nie chcę wydać więcej niż sto dolarów.

Ń**E** KHTS<u>AN</u> **VI**-DAĆH **VY<u>AN</u>**-TSEY
NEESH STO DO-**LA**-ROOF

I can not decide right now.

Nie mogę się zdecydować w tej chwili.

Ń**E** **MO**-G<u>AN</u> **ŚH<u>AN</u>** ZDE-TSI-**DO**-VAĆH
V TEY **KHVEE**-LEE

This is just what I want.

Właśnie to chcę.

VWAŚH-ŃE TO KHTS<u>AN</u>

This is not quite what I want.

+ Nie całkiem to co chciałem.

Ń**E** **TSAW**-ĆEM TO TSO **KHĆHA**-WEM

+ ... co chciałam.

TSO **KHĆHA**-WAM

I'll take it. I will not take it.

Wezmę to. Nie wezmę tego.

VEZ-M<u>AN</u> TO ŃE **VEZ**-M<u>AN</u> TE-GO

As soon as possible.

Jak najszybciej.

YAK NAY-**SHIB**-ĆHEY

Do you accept credit cards?

Czy przyjmuje się tu karty kredytowe?

CHI PSHIY-**MOO**-YE **ŚH<u>AN</u>** TOO
KAR-TI KRE-DI-**TO**-VE

We do not accept credit cards.

Nie przyjmujemy kart kredytowych.

Ń**E** PSHIY-**MOO**-YE-MI KART
KRE-DI-**TO**-VIKH

Please, wrap it. I need a receipt.

Proszę to zapakować. Proszę o paragon.

PRO-SH<u>AN</u> TO ZA-PA-**KO**-VAĆH
PRO-SH<u>AN</u> O PA-**RA**-GON

How many do you want?

Ile pan chce?

EE-LE PAN KHTSE

Ile pani chce?

EE-LE **PA**-ŃEE KHTSE

+ Ile ty chcesz?

EE-LE TI KHTSESH

Of what quality? What size? What shape?

Jakiej jakości? Jakiej wielkości? Jakiego kształtu?

YA-ĘEY **YA**-**KOŚH**-ĆHEE
YA-ĘEY **VYEL**-**KOŚH**-ĆHEE
YA-ĘE-GO KSHTAW-TOO

In what color? In what size?

W jakim kolorze? W jakim wymiarze?

V YA-KEEM KO-**LO**-ZHE
      V YA-KEEM VI-**MYA**-ZHE

I am sorry, we are out of stock.

Niestety wszystko sprzedane.

ŃE-**STE**-TI V**SHIST**-KO SPSHE-**DA**-NE

I want to return this. Here is my receipt.

+ Chciałbym to zwrócić. Oto moj paragon.

KH**CHAW**-BIM TO Z**VROO**-ĆHEEĆH
       O-TO MOOY PA-**RA**-GON

+ Chcialabym....

KH**CHA**-WA-BIM

A refund. A receipt. A return of merchandise.

Zwrot pieniędzy. Paragon. Zwrot towaru.

ZVROT PYE-Ń**AN**-DZI PA-**RA**-GON
       ZVROT TO-**VA**-ROO

AUTOMOBILE

SAMOCHÓD

SA-**MO**-KHOOT

Your driver's license, please.

Proszę o pana prawo jazdy.

PRO-SH**AN** O **PA**-NA
    PRA-VO **YAZ**-DI

Proszę o pani prawo jazdy.

PRO-SH**AN** O PA-ŃEE
    PRA-VO **YAZ**-DI

+ Proszę o twoje...

PRO-SH**AN** O T**VO**-YE

I have an international driver's license.

Mam międzynarodowe prawo jazdy.

MAM MY**AN**-DZI-NA-RO-**DO**-VE **PRA**-VO
        YAZ-DI

Driver's licence. Passport. Car insurance.

Prawo jazdy. Paszport. Polisa ubezpieczeniowa.

PRA-VO **YAZ**-DI **PASH**-PORT
PO-**LEE**-SA OO-BES-PYE-CHE-ŃO-VA

A SERVICE STATION

STACJA BENZYNOWA

STATS-YA BEN-ZI-**NO**-VA

Where is the nearest gas station?

Gdzie jest najbliższa stacja benzynowa?

G**DŻHE** YEST NAY-**BLEEZH**-SHA
    STATS-YA BEN-ZI-**NO**-VA

I want 50 liters, please.

Proszę pięćdziesiąt litrów.

PRO-SH**AN** PY**AN**-**DŻHE**-ŚH**OWN**T
      LEET-ROOF

Standard gas or premium gas?

Benzyna nisko oktanowa czy wysoko oktanowa?

BEN-**ZI**-NA ŃEES-KO OK-TA-**NO**-VA
    CHI VI-**SO**-KO OK-TA-**NO**-VA

Fill it up, please.

Proszę napełnić bak.

PRO-SH**AN** NA-**PEW**-ŃEEĆH BAK

Is the road good?

Czy ta droga jest dobra?

CHI TA **DRO**-GA YEST **DOB**-RA

Is it hard or dirt surface?

Czy to jest asfaltowa czy polna droga?

CHI TO YEST AS-FAL-**TO**-VA CHI
POL-NA **DRO**-GA

Where does that road go?

Dokąd prowadzi ta droga?

DO-K<u>OWN</u>T PRO-**VA**-DŻHEE TA **DRO**-GA

What town is this?

Co to za miasto?

CO TO ZA **MYAS**-TO

You have a flat tire.

Pan ma przebitą dętkę.

PAN MA PSHE-**BEE**-T<u>OWN</u> D<u>ANT</u>-K<u>AN</u>

Pani ma przebitą dętkę.

PA-ŃEE MA PSHE-**BEE**-T<u>OWN</u>
D<u>ANT</u>-K<u>AN</u>

+ Masz przebitą...

MASH PSHE-**BEE**-T<u>OWN</u>

Can you fix a flat tire?

Czy może pan naprawić oponę?

CZI MO-ZHE PAN NA-**PRA**-VEEĆH
O-PO-N<u>AN</u>

Czy możesz naprawić...?

CHI **MO**-ZHESH NA-**PRA**-VEEĆH

I can put on the spare tire.

Mogę założyć zapasową oponę.

MO-G<u>AN</u> ZA-WO-ZHIĆH ZA-PA-SO-V<u>OWN</u>
O-PO-N<u>AN</u>

How much is gas a liter?

Ile kosztuje litr benzyny?

EE-LE KOSH-**TOO**-YE LEETR BEN-**ZI**-NI

I need gasoline.

Potrzebuję benzyny.

PO-TSHE-**BOO**-Y<u>AN</u> BEN-**ZI**-NI

Where is a gasoline pump?

Gdzie jest pompa benzynowa?

GDŻHE YEST **POM**-PA
BEN-ZI-**NO**-VA

A self-service pump.

Pompa somoobsługowa.

POM-PA SA-MO-OB-SWOO-**GO**-VA

Change the oil, please.

Proszę zmienić olej.

PRO-SH<u>AN</u> ZMYE-ŃEEĆH O-LEY

Give me six liters of oil.

Proszę sześć litrów oleju.

PRO-SH<u>AN</u> SHEŚHĆH **LEET**-ROOF
O-LE-YOO

Would you clean the windshield?

Proszę wyczyścić przednią szybę.

PRO-SH<u>AN</u> VI-**CHIŚH**-ĆHEEĆH
PSHED-Ṅ<u>OWN</u> SHI-B<u>AN</u>

Side and back windows.

Szyby boczne i szyba tylna.

SHI-BI **BOCH**-NE EE **SHI**-BA TIL-NA

Where are the toilets?

Gdzie są toalety?

GDŻHE S<u>OWN</u> TO-A-**LE**-TI

Do you have a road map of this district?

Czy ma pan mapę samochodową tych
okolic?

CHI MA PAN **MA**-P<u>AN</u>
SA-MO-KHO-**DO**-V<u>OWN</u> TIKH
O-**KO**-LEETS

Czy ma pani...?

CHI MA **PA**-ṄEE

+ Czy masz...?

CHI MASH

Please, show me where I am on this map.

Proszę pokazać mi na mapie gdzie teraz jestem.

PRO-SHAN PO-KA-**ZA**ĆH MEE NA
MA-PYE GDŻHE **TE**-RAS **YES**-TEM

You are on the wrong road.

Pan jedzie nie tą szosą.

PAN **YE**-DŻHE ṄE T<u>OWN</u> SHO-S<u>OWN</u>

Pani jedzie ....

PA-ṄEE **YE**-DŻHE

+ Ty jedziesz...

TI **YE**-DŻHESH

Go to the first stop light.

Proszę jechać do pierwszego światła.

PRO-SH<u>AN</u> **YE**-KHA<u>Ć</u>H DO
PYERV-SHE-GO SH**VYAT**-W<u>A</u>

Go straight ahead.

Proszę jechać prosto.

PRO-SH<u>AN</u> **YE**-KHAĆH **PRO**-STO

Go left. Go right.

Proszę jechać na lewo. Proszę jechać na prawo.

PRO-SH<u>AN</u> **YE**-KHAĆH NA **LE**-VO.
PRO-SH<u>AN</u> **YE**-KHAĆH NA **PRA**-VO

Go that way to the crossroads.

Proszę jechać tędy do skrzyżowania.

PRO-SH<u>AN</u> **YE**-KHAĆH T<u>AN</u>-DI DO
SKSHI-ZHO-**VA**-ṄA

You are going the wrong way.

Pan jedzie w złym kierunku.

PAN **YE**-DŻHE V ZWIM ĆE-**ROON**-KOO

Pani jedzie....

PA-ṄEE **YE**-DŻHE

+ Jedziesz w złym kierunku.

YE-DŻHESH V ZWIM ĆE-**ROON**-KOO

Where does this road lead to?

Dokąd prowadzi ta droga?

DO-KOWNT PRO-VA-DŻHEE TA DRO-GA

How far is it from here?

Jak daleko jest to stąd?

YAK DA-LE-KO YEST TO STOWNT

Excuse me. One more question.

Przepraszam. Jeszcze jedno pytanie.

PSHE-PRA-SHAM. YESH-CHE YED-NO
PI-TA-ŃE

Could you tell me the way to...

Jak dojechać do...?

YAK DO-YE-KHAĆH DO

Please, put water in the battery.

Proszę wlać wodę do akumulatora.

PRO-SHAN VLAĆH VO-DAN DO
A-KOO-MOO-LA-TO-RA

Will you lubricate the car?

Proszę naoliwić moje auto.

PRO-SHAN NA-O-LEE-VEEĆH MO-YE
AW-TO

Please, wash my car.

Proszę wymyć moje auto.

PRO-SHAN VI-MIĆH MO-YE AW-TO

AT THE GARAGE

W WARSZTACIE SAMOCHODOWYM

V VAR-SHTA-ĆHE SA-MO-KHO-DO-VIM

Where is the garage?

Gdzie jest garaż?

GDŻHE YEST GA-RASH

The nearest garage is in Warsaw.

Najbliższy warsztat jest w Warszawie.

NAY-BLEEZH-SHI VARSH-TAT YEST V
VAR-SHA-VYE

Can you help me?

Czy może mi pan pomóc?

CHI MO-ZHE MEE PAN PO-MOOTS

Czy może mi pani pomóc?

CHI MO-ZHE MEE PA-ŃEE PO-MOOTS

+ Czy możesz mi...

CHI MO-ZHESH MEE PO-MOOTS

There is something wrong with my car.

Coś jest zepsute w moim aucie.

TSOŚH YEST ZEP-SOO-TE V MO-YEEM
AW-ĆHE

My car does not work properly.

Mój samochód źle działa.

MOOY SA-MO-KHOOT ŹHLE DŻHA-WA

I don't know what's wrong with it.

Nie wiem co się zepsuło.

ŃE VYEM TSO ŚHAN ZEP-SOO-WO

What is wrong?

Co się stało?

TSO ŚHAN STA-WO

91

I think there is something wrong with the gears.

Wydaje mi się, że popsuły mi się biegi.

VI-**DA**-YE MEE SH<u>AN</u> ZHE PO-**PSOO**-WI
        MEE SH<u>AN</u> **BYE**-GEE

There is a grinding noise.

Tam jest zgrzyt.

TAM YEST ZGZHIT

There is a knocking noise.

Tam stuka.

TAM **STOO**-KA

There is a leak.

Tam jest wyciek.

TAM YEST **VI**-ĊHEK

May I park here for a while?

Czy mogę postawić tu auto na chwilę?

CHI **MO**-G<u>AN</u> PO-**STA**-VEEĊH TOO
        AW-TO NA **KHVEE**-L<u>AN</u>

The engine overheats.

Motor przegrzewa się.

MO-TOR PSHE-**GZHE**-VA SH<u>AN</u>

The engine stalls.

Motor gaśnie.

MO-TOR **GAŚH**-ŃE

The car won't start.

Samochód nie chce zapalić.

SA-**MO**-KHOOT ŃE KHTSE ZA-**PA**-LEEĊH

The keys are locked inside the car.

Klucze są zamknięte w samochodzie.

KLOO-CHE S<u>OWN</u> ZAM-**KŃAN**-TE V
        SA-MO-**KHO**-DŻHE

The fan belt is too slack.

Pasek klinowy jest obluzowany.

PA-SEK KLEE-**NO**-VI YEST
        OB-LOO-ZO-**VA**-NI

The radiator is leaking.

Przecieka chłodnica.

PSHE-**ĊHE**-KA KHWOD-**ŃEE**-TSA

The steering wheel is too loose.

Jest za duży luz w kierownicy.

YEST ZA **DOO**-ZHI LOOS V
        ĶE-ROV-**ŃEE**-TSI

The idle needs adjusting.

Należy wyregulować zapłon.

NA-**LE**-ZHI VI-RE-GOO-**LO**-VAĊH
        ZA-PWON

The suspension is too weak.

Amortyzator jest za słaby.

A-MOR-TI-**ZA**-TOR YEST ZA **SWA**-BI

The left wiper is smearing.

Lewa wycieraczka rozmazuje brud.

LE-VA VI-ĊHE-**RACH**-KA
        ROZ-MA-**ZOO**-YE BROOT

The pedal needs adjusting.

Trzeba wyregulować pedał.

TSHE-BA VI-RE-GOO-LO-VAĆH PE-DAW

The clutch needs adjusting.

Trzeba wyregulować sprzęgło.

TSHE-BA VI-RE-GOO-LO-VAĆH SPSHANG-WO

I have to find out what's wrong.

Trzeba sprawdzić co się zepsuło.

TSHE-BA SPRAV-DŹHEEĆH TSO ŚHAN ZEP-SOO-WO

I want to leave here my car for the night.

Chcę zostawić auto na noc w warsztacie.

KHTSAN ZO-STA-VEEĆH AW-TO NA NOTS V VAR-SHTA-ĆHE

When does it open? When does it close?

Kiedy się otwiera. Kiedy się zamyka.

ĆE-DI ŚHAN OT-VYE-RA ĆE-DI SHAN ZA-MI-KA

How long will it take to repair?

Jak długo będzie trwała reperacja?

YAK DWOO-GO BAN-DŹHE TRVA-WA RE-PE-RATS-YA

May I come back tomorrow?

Czy mogę przyjść jutro?

CHI MO-GAN PSHIYŚHĆH YOOT-RO

Can you give me a ride to town?

Czy może pan mnie podwieść do miasta?

CHI MO-ZHE PAN MŃE POD-VYEŻHĆH DO MYAS-TA

Czy może pani...?

CHI MO-ZHE PA-ŃEE

+ Czy możesz...?

CHI MO-ZHESH

Can I stay nearby?

Czy mogę przenocować gdzieś blisko?

CHI MO-GAN PSHE-NO-TSO-VAĆH GDŹHEŚH BLEES-KO

May I use your phone?

Czy mogę skorzystać z telefonu?

CHI MO-GAN SKO-ZHIS-TAĆH Z TE-LE-FO-NOO

Is there anything else wrong?

Czy jeszcze coś trzeba naprawić?

CHI YESH-CHE TSOŚH TSHE-BA NA-PRA-VEEĆH

It is bad. It is broken. It is burnt.

To jest zepsute. To jest popsute. To jest spalone.

**TO YEST ZE-PSOO-TE
TO YEST PO-PSOO-TE
TO YEST SPA-LO-NE**

It is cracked. It is damaged. It is defective.

To jest pęknięte. To jest uszkodzone. To jest wadliwe.

**TO YEST PANK-ŃAN-TE
TO YEST OOSH-KO-DZO-NE
TO YEST VAD-LEE-VE**

It is disconnected. It is dry. It is frozen.

To nie kontaktuje. To jest suche. To jest zamarznięte.

TO ŃE KON-TAK-**TOO**-YE
TO YEST **SOO**-KHE
TO YEST ZA-MARZ-Ń<u>AN</u>-TE

It is jammed. It is knocking. It is leaking.

To jest zablokowane. To stuka. To cieknie.

TO YEST ZA-BLO-KO-**VA**-NE
TO **STOO**-KA TO **Ć**HEK-ŃE

It is loose. It is misfiring. It is misplaced.

To jest obluzowane. To przerywa. To jest
zgubione.

TO YEST OB-LOO-ZO-**VA**-NE
TO PSHE-**RI**-VA
TO YEST ZGOO-**BYO**-NE

It is noisy. It does not work. It is overheating.

To hałasuje. To nie działa. To przegrzewa.

TO KHA-WA-**SOO**-YE TO ŃE **DŻHA**-WA
TO PSHE-**GZHE**-VA

It is short-circuiting. It is slack. It is slipping.

W tym jest krótkie spięcie. To jest za luźne. To
się ślizga.

V TIM YEST **KROOT**-ĶE SPY<u>AN</u>-ĆHE
TO YEST ZA **LOOŻ**H-NE
TO ŚH<u>AN</u> **ŚHLEEZ**-GA

It is stuck. It is torn. It is vibrating.

To jest zablokowane. To jest rozdarte. To drży.

TO JEST ZA-BLO-KO-**VA**-NE
TO YEST ROZ-**DAR**-TE TO DRZHI

It is weak. It is worn. It is wrecked.

To jest słabe. To jest zużyte. To jest zniszczone.

TO YEST **SWA**-BE
TO YEST ZOO-**ZHI**-TE
TO YEST ŹŃEESH-**CHO**-NE

TOOLS AND EQUIPMENT

NARZĘDZIA I EKWIPUNEK

NA-**ZH<u>AN</u>**-DŻHA EE E-KVEE-**POO**-NEK

Chain. Hammer. Jack. Key. Pliers. Rope.

Łańcuch. Młot. Podnośnik. Klucz. Sznur.

WAŃ-TSOOKH MWOT POD-**NOŚH**-ŃEEK
KLOOCH SHNOOR

Screwdriver. Tire pump. Washer. Wrench.

Śrubokręt. Pompa. Podkładka. Klucz francuski.

ŚHROO-**BO**-KR<u>AN</u>T **POM**-PA
POD-**KWAD**-KA
KLOOCH FRAN-**TSOOS**-KEE

PARTS OF THE CAR

CZĘŚCI AUTA

CH<u>AN</u>ŚH-ĆHEE AW-TA

Accelerator. Battery. Bolt. Brakes. Bulbs.

Przyśpiesznik. Akumulator. Sworzeń. Hamulce.
Żarówki.

PSHI-**ŚHPYESH**-ŃEEK
A-KOO-MOO-**LA**-TOR
SVO-ZHEN KHA-**MOOL**-TSE
ZHA-**ROOF**-KEE

Clutch. Cooling system. Contact. Dynamo.

Sprzęgło. Układ chłodniczy.
Połączenie elektryczne. Prądnica.

SPSH<u>AN</u>G-WO
OOK-WAT KHWOD-ŃEE-CHI
PO-W<u>OWN</u>-**CHE**-ŃE E-LEK-**TRICH**-NE
PR<u>OWN</u>D-ŃEE-TSA

Electrical system. Engine. Gears. Hand brake.
Układ elektryczny. Silnik. Biegi. Hamulec
ręczny.

OOK-WAT E-LEK-**TRICH**-NI

ŚHEEL-ŃEEK BYE-GEE
KHA-MOO-LETS R<u>A</u>NCH-NI

Headlights. Horn. Ignition system. Indicator.

Światła przednie. Sygnał. Układ zapłonowy.
Kierunkowskaz.

ŚHVYAT-WA PSHED-ŃE SIG-NAW
OOK-WAT ZA-PWO-NO-VI
ŃE-ROON-KO-VSKAS

Left turn indicator. Right turn indicator.

Lewy kierunkowskaz. Prawy kierunkowskaz.

LE-VI ŃE-ROON-KO-V<u>S</u>KAS
PR<u>A</u>-VI ŃE-ROON-KO-VSKAS

Lights. Brake light. Back up lights. Tail lights.

Światła. Hamulec. Światła przy jeździe wstecz.
Światła tylne.

ŚHVYAT-WA KHA-MOO-LETS
ŚHVYAT-WA PSHI YEŹH-DŻHE VSTECH
ŚHVYAT-WA TIL-NE

Lubrication system. Nut. Pedal. Reflectors.

Układ smarowania. Nakrętka. Pedał. Reflektory.

OO-KWAT SMA-RO-VA-ŃA
NA-KR<u>A</u>NT-KA PE-DAW RE-FLEK-TO-RI

Spark plugs. Spring. Starter. Steering.

Świece. Resor. Starter. Układ sterowania.

ŚHVYE-TSE RE-SOR STAR-TER
OOK-WAT STE-RO-VA-ŃA

Steering wheel. Suspension. Tire. Tube.

Kierownica. Amortyzator. Opona. Dętka.

ŃE-ROV-ŃEE-TSA A-MOR-TI-Z<u>A</u>-TOR
O-PO-NA D<u>A</u>NT-KA

Spare tire. Transmission. Wheels. Front wheel.

Opona zapasowa. Przekładnia. Koła. Przednie
koło.

O-PO-NA ZA-PA-SO-VA PSHE-KWAD-ŃA
KO-WA PSHED-ŃE KO-WO

Back wheel. Left wheel. Right wheel. Wipers.

Tylne koło. Lewe koło. Prawe koło. Wycieraczki.

TIL-NE KO-WO LE-VE KO-WO
PRA-VE KO-WO VI-ĆHE-RACH-KEE

HELP ON THE ROAD

POMOC W DRODZE

PO-MOTS V DRO-DZE

I am sorry to trouble you.

Przepraszam pana.

PSHE-PRA-SHAM PA-NA

Przepraszam panią.

PSHE-PRA-SHAM PA-Ń<u>OWN</u>

+ Przpraszam cię.

PSHE-PRA-SHAM ĆH<u>AN</u>

My car is out of gas.

Skończyła mi się benzyna.

SKOŃ-CHI-WA MEE ŚH<u>AN</u> BEN-ZI-NA

If at all possible, please, give me some gas.

Jeśli to możliwe to proszę dać mi trochę
benzyny.

YEŚH-LEE TO MOZH-LEE-VE TO
PRO-SH<u>AN</u> DAĆH MEE TRO-KH<u>AN</u>
BEN-ZI-NI

My car has broken down.

Moje auto się zepsuło.

MO-YE AW-TO ŚH<u>AN</u> ZE-**PSOO**-WO

Can you tow my car?

Czy pan może pociągnąć moje auto?

CHI **MO**-ZHE PAN
PO-**CH<u>OW</u>NG**-N<u>OWN</u>ĆH MO-YE AW-TO

Czy może pani...?

CHI **MO**-ZHE PA-ŃEE

+ Czy możesz...?

CHI **MO**-ZHESH

Please, push my car.

Proszę popchnąć moje auto.

PRO-SH<u>AN</u> **POP**-KHN<u>OWN</u>ĆH MO-YE
AW-TO

Please, help me jack my car.

Proszę mi pomóc założyć podnośnik pod autem.

PRO-SH<u>AN</u> MEE PO-M<u>OO</u>TS
ZA-WO-ZHIĆH POD-**NOŚH**-ŃEEK
POD AW-TEM

Could you help me put on the spare tire?

Czy może mi pan pomóc założyć oponę
zapasową?

CHI **MO**-ZHE MEE PAN **PO**-MOOTS
ZA-WO-ZHIĆH O-**PO**-N<u>AN</u>
ZA-PA-**SO**-V<u>OWN</u>

Please give me a ride to a garage.

Proszę mnie zawieźć do warsztatu
samochodowego.

PRO-SH<u>AN</u> MŃE **ZA**-VYEŻHĆH DO
VAR-**SHTA**-TOO SA-MO-KHO-DO-**VE**-GO

Which road goes to Cracow?

Która droga prowadzi do Krakowa?

KTOO-RA **DRO**-GA PRO-VA-**DŻHEE** DO
KRA-**KO**-VA

Please, do not drive so fast.

Proszę nie jechać tak szybko.

PRO-SH<u>AN</u> ŃE YE-KHAĆH TAK **SHIB**-KO

The road is good.

Droga jest dobra.

DRO-GA YEST **DOB**-RA

The road is steep.

Droga jest bardzo stroma.

DRO-GA YEST **BAR**-DZO **STRO**-MA

Here is the garage.

Tu jest warsztat samochodowy.

TOO YEST **VAR**-SHTAT
SA-MO-KHO-**DO**-VI

Do you have a tow truck?

Czy ma pan ciagnik?

CHI MA PAN **ĆH<u>OW</u>NG**-ŃEEK

Czy ma pani...?

CHI MA PA-ŃEE

Can you tow my car in?

Czy może pan przyholować moje auto?

CHI **MO**-ZHE PAN PSHI-KHO-**LO**-VAĆH
MO-YE AW-TO

96

To take in tow. To have in tow. To be in tow.

Wziąć na hol. Ciągnąć za sobą. Być holowanym.

VŹHOWNĆH NA KHOL
    CHOWNG-NOWNĆH ZA SO-BOWN
             BIĆH KHO-LO-VA-NIM

Have you found the trouble?

Czy znalazł pan defekt?

CHI ZNA-LAZW PAN DE-FEKT

Czy znalazła pani...?

CHI ZNA-LAZ-WA PA-ŃEE

Czy znalazłeś...?

CHI ZNA-LAZ-WEŚH

Czy znalazłaś...?

CHI ZNA-LAZ-WAŚH

Can you fix it?

Czy może pan to naprawić?

CHI MO-ZHE PAN TO NA-PRA-VEEĆH

Is that serious?

Czy to coś poważnego?

CHI TO TSOŚH PO-VAZH-NE-GO

Can it be done now?

Czy może to być zrobione teraz?

CHI MO-ZHE TO BIĆH ZRO-BYO-NE
             TE-RAS

How much is it going to cost?

Ile to będzie kosztowało?

EE-LE TO BAN-DŹHE KOSH-TO-VA-WO

Do you have all the necessary parts?

Czy ma pan wszystkie potrzebne części?

CHI MA PAN VSHIST-ĶE PO-TSHEB-NE
          CHANSH-ĆHEE

Automobile parts. Spare parts.

Części samochodowe. Części zamienne.

CHANSH-ĆHEE SĄ-MO-KHO-DO-VE
    CHANSH-ĆHEE ZA-MYEN-NE

Why can't you fix it?

Dlaczego nie może pan tego naprawić?

DLA-CHE-GO ŃE MO-ZHE PAN TE-GO
          NA-PRA-VEEĆH

Dlaczego nie może pani...?

DLA-CHE-GO ŃE MO-ZHE PA-ŃEE

+ Dlaczego nie możesz...?

DLA-CHE-GO ŃE MO-ZHESH

It is necessary to get the spare parts.

Trzeba sprowadzić części zamienne.

TSHE-BA SPRO-VA-DŹHEEĆH
CHANSH-ĆHEE ZA-MYEN-NE

How much time will it take?

Ile czasu to zajmie?

EE-LE CHA-SOO TO ZAY-MYE

Where is the nearest garage that can fix it?

Gdzie jest najbliższy warsztat, który może to
                      naprawić?

GDŹHE YEST NAY-**BLEEZH**-SHI
VAR-SHTAT **KTOO**-RI MO-**ZHE**
TO NA-**PRA**-VEEĆH

Is everything fixed?

Czy wszystko jest naprawione?

CHI **VSHIST**-KO YEST NA-PRA-**VYO**-NE

How much do I owe?

+ Ile jestem winien?

EE-LE **YES**-TEM **VEE**-ŃEN

+ Ile jestem winna?

EE-LE **YES**-TEM **VEEN**-NA

I want to ckeck the bill.

Chcę sprawdzić rachunek.

KHTS**AN** **SPRAV**-DŹHEEĆH
RA-**KHOO**-NEK

Please itemize the bill.

Proszę wyszczególnić wszystkie pozycje.

PRO-SH**AN** VI-SHCHE-**GOOL**-ŃEEĆH
VSHIST-ĆE PO-**ZITS**-YE

Where is the service department?

Gdzie jest dział obsługi?

GDŹHE YEST DŻAW OB-**SWOO**-GEE

Can you lubricate my car?

Czy może pan naoliwić moje auto?

CHI **MO**-ZHE PAN NA-O-**LEE**-VEEĆH
MO-YE **AW**-TO

Light oil. Medium oil. Heavy oil.

Lekka oliwa. Średnia oliwa. Ciężka oliwa.

LEK-KA O-**LEE**-VA
ŚHRED-NA O-**LEE**-VA
ĆHANZH-KA O-**LEE**-VA

Put water in the battery.

Proszę wlać wodę do akumulatora.

PRO-SH**AN** VLAĆH **VO**-D**AN** DO
A-KOO-MOO-LA-**TO**-RA

Tighten the brakes.

Proszę przykręcić hamulce.

PRO-SH**AN** PSHI-**KRAN**-ĆHEEĆH
KHA-**MOOL**-TSE

Will you check the tires?

Proszę sprawdzić opony.

PRO-SH**AN** **SPRAV**-DŹHEEĆH O-**PO**-NI

Can you fix the flat tire?

Czy może pan naprawić oponę?

CHI **MO**-ZHE PAN NA-**PRA**-VEEĆH
O-**PO**-N**AN**

A puncture in the right rear tire.

Dziura w prawej tylnej oponie.

DŹHOO-RA V **PRA**-VEY **TIL**-NEY
O-**PO**-ŃE

This door does not work well.

Te drzwi nie działają dobrze.

TE DZHVEE ŃE DŻHA-**WA**-**YOWN**
DOB-ZHE

This pedal does not work well.

Ten pedał nie działa dobrze.

TEN **PE**-DAW Ñ̇E **DŻHA**-WA **DOB**-ZHE

Thank you for your time.

Dziękuję za pański czas.

DŻH<u>AN</u>-KOO-Y<u>AN</u> ZA **PAŃ**-SKEE CHAS

...pani czas.

PA-Ñ̇EE CHAS

+ ...twoj czas.

TVOOY CHAS

Thank you for your help

Dziękuję za pomoc.

DŻH<u>AN</u>-KOO-Y<u>AN</u> ZA **PO**-MOTS

This is for you.

To dla pana.

TO DLA **PA**-NA

To dla pani.

TO DLA **PA**-Ñ̇EE

+ To dla ciebie.

TO DLA **Ć̇HE**-BYE

RENTING A CAR.

WYNAJEM AUTA

VI-NA-YEM AW-TA

I want to rent a car.

+ Chciałbym wynająć samochód.

KH**Ć̇HAW**-BIM VI-**NA**-Y<u>OWN</u>Ć̇H
SA-**MO**-KHOOT

+ Chciałabym...

KH**Ć̇HA**-WA-BIM

How much does it cost to rent a car?

Ile kosztuje wynajęcie samochodu?

EE-LE KOSH-**TOO**-YE VI-NA-**Y<u>AN</u>**-Ć̇HE
SA-MO-**KHO**-DOO

Twenty dollars per day.

Dwadzieścia dolarów dziennie.

DVA-**DŻHESH**-Ć̇HA DO-**LA**-ROOF
DŻHEN-Ñ̇E

Which car do you like?

Który samochód panu się podoba?

KTOO-RI SA-MO-KHOOT **PA**-NOO SH<u>AN</u>
PO-**DO**-BA

Który samochód się pani podoba?

KTOO-RI SA-MO-KHOOT **PA**-Ñ̇EE SH<u>AN</u>
PO-**DO**-BA

+ ...ci się podoba.

Ć̇HEE SH<u>AN</u> PO-**DO**-BA

I like this blue Fiat.

Podoba mi się ten niebieski Fiat.

PO-**DO**-BA MEE SH<u>AN</u> TEN
Ñ̇E-**BYES**-KEE FYAT

Let us go and fill out the rental contract.

Chodźmy spisać kontrakt wynajmu.

KHOĆH-MI **SPEE**-SAĆH **KON**-TRAKT
VI-**NAY**-MOO

For how many days?

Na ile dni?

NA **EE**-LE DŇEE

Do you want complete insurance?

Czy chce pan pełne ubezpieczenie?

CHI KHTSE PAN **PEW**-NE
OO-BEZ-PYE-**CHE**-ŇE

Czy chce pani...?

CHI KHTSE **PA**-ŇEE

+ Czy chcesz...?

CHI KHTSESH

I need a road map.

Potrzebna mi jest mapa samochodowa.

PO-**TSHEB**-NA MEE YEST **MA**-PA
SA-MO-KHO-**DO**-VA

You start with a full tank.

Zaczyna pan z pełnym bakiem.

ZA-**CHI**-NA PAN Z **PEW**-NIM **BA**-ĶEM

Zaczyna pani...

ZA-**CHI**-NA **PA**-ŇEE

+ Zaczynasz...

ZA-**CHI**-NASH

What town are we in?

W jakim mieście jesteśmy?

V YA-KEEM **MYEŚH**-ĆHE YES-**TEŚH**-MI

You are in Poznan.

Jesteście państwo w Poznaniu.

YES-**TEŚH**-ĆHE **PAŇ**-STVO V
POZ-NA-ŇOO

Jest Pan w Poznaniu.

YEST PAN V POZ-NA-ŇOO

Jest Pani w ...

YEST **PA**-ŇEE V

+ Jesteś w...

YES-TEŚH V

No parking.

Zakaz postoju.

ZA-KAZ POS-**TO**-YOO

Please don't close the window.

Proszę nie zamykać okna.

PRO-SH<u>AN</u> ŇE ZA-**MI**-KAĆH OK-NA

Can you recommend a mechanic?

Proszę polecić mechanika.

PRO-SH<u>AN</u> PO-LE-**ĆHEEĆH**
ME-KHA-**ŇEE**-KA

How much is gas a liter?

Ile kosztuje litr benzyny?

EE-LE KOSH-**TOO**-YE LEETR BEN-**ZI**-NI

Give me ten liters.

Proszę mi dać dziesięć litrów.

PRO-SHAN ME DAĊH DŻHE-ŚHAŃĊH
LEET-ROOF

Please add oil.

Proszę dodać oliwy.

PRO-SHAN DO-DAĊH O-LEE-**VI**

The rented car does not work well.

Wynajęte auto nie działa dobrze.

VI-NA-**YAN**-TE **AW**-TO ŃE DŻHA-WA
DOB-ZHE

The engine overheats.

Motor przegrzewa się.

MO-TOR PSHE-**GZHE**-VA ŚH**AN**

A grinding. A leak. A noise.

Zgrzyt. Wyciek. Hałas.

ZGZHIT VI-ĊHEK **KHA**-WAS

ROAD SIGNS

ZNAKI DROGOWE

ZNA-KEE DRO-**GO**-VE

Go. Stop. No passing. Steep grade.

Jedź. Stój. Nie mijać. Stromo.

YEDŻH STOOY ŃE **MEE**-YAĊH
STRO-MO

Boulevard. Bypass. High tension lines.

Bulwar. Objazd. Linie wysokiego napięcia.

BOOL-VAR **OB**-YAZD
LEEN-YE VI-SO-ĶE-GO NA-**PYAN**-ĊHA

Narrow road. Narrow bridge.

Wąska droga. Wąski most.

V<u>**OWN**</u>**S**-KA DRO-GA V<u>OWN</u>S-KEE MOST

Road repairs. Road closed.

Naprawa drogi. Droga zamknięta.

NA-**PRA**-VA **DRO**-GEE
DRO-GA ZAMK-Ń**AN**-TA

Detour. Hidden intersection.

Objazd. Niewidoczne skrzyżowanie.

OB-YAZD
ŃE-VEE-**DOCH**-NE SKZHI-ZHO-VA-ŃE

Exit. Entrance. Closed.

Wjazd. Wyjazd. Zamknięte.

VYAZD **VI**-YAZD ZAM-KŃ**AN**-TE

Winding road. Dip. Curve.

Serpentyna. Wgłębienie. Zakręt.

SER-PEN-**TI**-NA VGW<u>AN</u>-**BYE**-ŃE
ZA-KR**ANT**

Keep right. Sharp turn.

Po prawej. Ostry zakręt.

PO **PRA**-VEY **OST**-RI ZA-KR**ANT**

RR Crossing. School. Stop!

Przejazd kolejowy. Szkoła. Stój!

PSHE-YAZD KO-LE-**YO**-VI **SHKO**-WA
STOOY

Parking. No parking.

Postój aut. Postój aut wzbroniony.

PO-STOOY AWT **PO**-STOOY AWT
VZBRO-ŃO-NI

Slow down. Use second gear.

Zwolnić. Jechać na drugim biegu.

ZVOL-ŃEEĆH YE-KHAĆH NA
DROO-GEEM **BYE**-GOO

Danger. Look. Listen.

Niebezpieczeństwo. Patrz. Słuchaj.

ŃE-BEZ-PYE-**CHEŃ**-STVO
PATSH SWOO-KHAY

Drive carefully. Put seat belts on.

Jechać ostrożnie. Zapiąć pasy.

YE-KHAĆH OST-**ROZH**-ŃE
ZA-PY**OWN**ĆH PA-SI

No turns. No left turn.

Nie skręcać. Nie ma skrętu w lewo.

ŃE **SKRAN**-TSAĆH ŃE-MA **SKRAN**-TOO
V **LE**-VO

Keep out. One way.

Wstęp wzbroniony. Droga jednokierunkowa.

VST**ANP** VZBRO-**ŃO**-NI **DRO**-GA
YED-NO-ĆE-ROON-KO-VA

Men.   Ladies.

[icon] Panowie.   [icon] Panie.

PA-NO-VYE   PA-ŃE

No smoking. Filling station.

Palenie wzbronione. Stacja obsługi.

PA-:LE-ŃE VZBO-ŃO-NE **STATS**-YA
OB-**SWOO**-GEE

STRTEETCAR AND BUS

TRMAWAJ I AUTOBUS

TRAM-VAY EE AW-**TO**-BOOS

Local bus. A streetcar.

Miejscowy autobus. Tramwaj.

MYEYS-**TSO**-VI AW-TO-BOOS **TRAM**-VAY

Excuse me. Where is the bus stop?

Przepraszam. Gdzie jest przystanek autobusowy.

PSHE-**PRA**-SHAM GDŻHE YEST
PSHI-**STA**-NEK AW-TO-BOO-**SO**-VI

The driver. Ticket.

Kierowca. Bilet.

ĆE-**ROV**-TSA BEE-LET

What bus do I take to Poznań.

Jaki autobus mam wziąć do Poznania.

YA-KEE AW-TO-**BOOS** MAM
VŻH**OWN**ĆH DO POZ-NA-ŃA

Where does the bus for Krakow stop?

Gdzie się zatrzymuje autobus do Krakowa

GDŻHE ŚH**AN** ZA-TSHI-**MOO**-YE
AW-**TO**-BOOS DO KRA-KO-VA

Do you go near the center?

[icon] Czy dojeżdża pan do centrum?

CHI DO-**YEZH**-DZHA PAN DO
TSEN-TROOM

How much is the fare?

Ile kosztuje bilet?

EE-LE KOSH-**TOO**-YE **BEE**-LET

102

Two more stops.

Jeszcze dwa przystanki.

YESH-CHE DVA PSHI-STAN-KEE

Get off at the next stop.

Następny przystanek.

NAS-TANP-NI PSHI-STA-NEK

A transfer. Non-stop.

Przesiadka. Bezpośredni.

PSHE-SHAD-KA BEZ-POSH-RED-ŃEE

Be careful.

Proszę uważać.

PRO-SHAN OO-VA-ZHAĆH

The motel is on the next corner.

Motel jest na następnym rogu.

MO-TEL YEST NA NAS-TANP-NIM
          RO-GOO

GENERAL CONVERSATION

ROZMÓWKI OGÓLNE

ROZ-MOOF-KEE O-GOOL-NE

I do not understand any Polish.

Wcale nie rozumiem po polsku.

VTSA-LE ŃE RO-ZOOM-YEM
          PO POLS-KOO

I understand a little Polish.

Rozumiem trochę po polsku.

RO-ZOOM-YEM TRO-KHAN
          PO POLS-KOO

I speak little Polish.

Mało mówię po polsku.

MA-WO MOOV-YAN PO POLS-KOO

Please speak slowly.

Proszę mówić powoli.

PRO-SHAN MOO-VEEĆH PO-VO-LEE

Are you from America?

Czy jesteście państwo z Ameryki?

CHI YES-TESH-ĆHE PAŃS-TVO
                    Z A-ME-RI-KEE

Czy jest Pan z Ameryki?

CHI YEST PAN Z A-ME-RI-KEE

Czy jest Pani z Ameryki.

CHI YEST PA-ŃEE Z A-ME-RI-KEE

Czy jesteś z Ameryki?

CHI YES-TESH Z A-ME-RI-KEE

RAILROAD

POCIĄG

PO-ĆHOWN K

Where is the railroad station?

Gdzie jest dworzec kolejowy?

GDŹHE YEST DVO-ZHETS KO-LE-YO-VI

It isn't nearby.

Nie jest blisko.

ŃE YEST BLEES-KO

103

Where is the bus stop?

Gdzie jest przystanek autobusowy?

GDŻHE YEST PSHI-STA-NEK
              AW-TO-BOO-SO-VI

Does this bus go to the railroad station?

Czy ten autobus dojeżdża do dworca kolejowego?

CHI TEN AW-TO-BOOS DO-YEZH-DZHA
    DO DVOR-TSA KO-LE-YO-VE-GO

What is the fare?

Ile kosztuje bilet?

EE-LE KOSH-TOO-YE BEE-LET

Do you want a one-way or a round-trip ticket?

Czy chce pan bilet w jedną stronę czy
                    powrotny?

CHI KHTSE PAN BEE-LET V
YED-NOWN STRO-NAN CHI PO-VROT-NI

Czy chce pani...?

CHI KHTSE PA-ŃEE

+ Czy chcesz...?

CHI KHTSESH

Do you have a timetable?

Czy ma pan rozkład jazdy?

CHI MA PAN ROZ-KWAT YAZ-DI

Czy ma pani...?

CHI MA PA-ŃEE

+ Czy masz...?

CHI MASH

What time does the train for Gdansk leave?

Kiedy odjeżdża pociag do Gdańska?

ĶE-DI OD-YEZH-DZHA PO-ĊHOWNK DO
              GDAŃ-SKA

Please tell me where to get off.

Proszę mi powiedzieć, gdzie mam wysiąść?

PRO-SHAN MEE PO-VYE-DŻHEĊH
    GDŻHE MAM VI-SHOWNŚHĊH

What time does the train from Lublin arrive?

Kiedy przyjeżdża pociąg z Lublina?

ĶE-DI PSHI-YEZH-DZHA PO-ĊHOWNK
              ZLOOB-LEE-NA

Is this seat occupied?

Czy to miejsce jest zajęte?

CHI TO MYEYS-TSE YEST ZA-YAN-TE

No, please sit down.

Nie, proszę usiąść.

ŃE PRO-SHAN OO-ŚHOWNŚHĊH

Please open the window.

Proszę otworzyć okno.

PRO-SHAN OT-VO-ZHIĊH OK-NO

Please, close the window.

Proszę zamknąć okno.

PRO-SHAN ZAMK-NOWNĊH OK-NO

SMOKING

PALENIE PAPIEROSÓW

PA-LE-ŃE PA-PYE-RO-SOOF

Where is the nearest cigar store?

Gdzie jest najbliższy sklep tytoniowy

GDŹHE YEST NAY-**BLEEZH**-SHI SKLEP
TI-TO-**ŃO**-VI

I want a pack of cigarettes.

Proszę o paczkę papierosów.

PRO-SH<u>AN</u> O **PACH**-K<u>AN</u>
PA-PYE-**RO**-SOOF

I need five cigars.

Potrzebuję pięć cygar.

PO-TSHE-**BOO**-Y<u>AN</u> PY<u>AN</u>CH TSI-GAR

"No smoking."

Nie palić. = Palenie wzbronione.

ŃE PA-LEEĆH = PA-**LE**-ŃE
VZBRO-**ŃO**-NE

I would like to smoke a cigarette.

Chciałbym zapalić papierosa.

KHĆHAW-BIM ZA-**PA**-LEEĆH
PA-PYE-**RO**-SA

Chciałabym zapalić...

KHĆHA-WA-BIM ZA-**PA**-LEEĆH

Do you have a cigarette?

Czy ma pan papierosa?

CHI MA PAN PA-PYE-**RO**-SA

Czy ma pani...?

CHI MA **PA**-ŃEE

+ Czy masz...?

CHI MASH

Do you have matches?

Czy ma pan zapałki?

CHI MA PAN ZA-**PAW**-KEE

Czy ma pani...?
CHI MA **PA**-ŃEE

Do you see the "no smoking" sign?

Czy widzi pan napis "palenie wzbronione"?

CHI **VEE**-DŻHEE PAN NA-PEES
PA-**LE**-ŃE VZBRO-**ŃO**-NE

Czy widzi pani...?

CHI **VEE**-DŻHEE **PA**-ŃEE

+ Czy widzisz...?

CHI **VEE**-DŻHEESH

Too bad, I just have to smoke.

Trudno, ja po prostu muszę palić.

TROOD-NO YA PO **PROS**-TOO
MOO-SH<u>AN</u> PA-LEEĆH

I need a lighter.

Proszę o zapalniczkę.

PRO-SH<u>AN</u> O ZA-PAL-ŃEECH-K<u>AN</u>

A pipe. Flint. Fluid. Matches.

Fajka. Krzemień. Benzyna. Zapałki.

FAY-KA **KSHE**-MYEŃ BEN-**ZI**-NA
ZA-**PAW**-KEE

Pipe tobacco. A pouch.

Tytoń do fajki. Woreczek na tytoń.

TI-TOŃ DO **FAY**-KEE VO-**RE**-CHEK NA
 TI-TOŃ

WRITING

PISANIE

PEE-**SA**-ŃE

Please write it down.

Proszę zapisać.

PRO-SH<u>AN</u> ZA-**PEE**-SAĆH

Do you have a pen?

Czy ma pan pióro?

CHI MA PAN **PYOO**-RO

Czy ma pani pióro?

CHI MA **PA**-ŃEE **PYOO**-RO

+ Czy masz...?

CHI MASH

I lost my pen.

+ Zgubiłem moje pióro.

ZGOO-**BEE**-WEM **MO**-YE **PYOO**-RO

+ Zgubiłam...

ZGOO-**BEE**-WAM

Do you have a pencil?

Czy ma pan ołówek?

CHI MA PAN O-**WOO**-VEK

Czy ma pani...?

CHI MA **PA**-ŃEE

+ Czy masz ...?

CHI MASH

Here is pencil and paper.

Oto ołówek i papier.

O-TO O-**WOO**-VEK EE **PA**-PYER

Thank you.

Dziękuję.

DŻH<u>AN</u>-**KOO**-Y<u>AN</u>

To spell. Correct spelling.

Literować. Ortografia.

LEE-TE-**RO**-VAĆH OR-TO-**GRAF**-YA

Please, spell it out.

Proszę powiedzieć litera po literze.

POR-SH<u>AN</u> PO-**VYE**-DŻHEĆH LEE-TE-RA
 PO LEE-TE-ZHE

Where is there a stationer's?

Gdzie tu jest sklep materiałów piśmiennych?

**GDŻHE TOO YEST SKLEP
 MA-TER-YA-WOOF PEEŚH-MYEN-NIKH**

Where is there a newsstand?

Gdzie tu jest kiosk z gazetami?

**GDŻHE TOO YEST KYOSK Z
 GA-ZE-TA-MEE**

Writing paper. Ink. Blotter. A pencil.

Papier do pisania. Atrament. Ołówek.

PA-PYER DO PEE-SA-ŃA A-**TRA**-MENT
O-**WOO**-VEK

A fountain pen. An eraser. Carbon.

Wieczne pióro. Gumka. Kalka.

VYECH-NE **PYOO**-RO **GOOM**-KA
KAL-KA

Tissue paper. Wrapping paper. Strong string.

Bibułka. Papier do pakowania. Mocny sznurek.

BEE-**BOOW**-KA   **PA**-PYER DO
PA-KO-**VA**-ŃA **MOTS**-NI SHNOO-REK

An envelope. Airmail envelopes. A map.

Koperta. Koperty lotnicze. Mapa.

KO-**PER**-TA KO-**PER**-TI LOT-**ŃEE**-CHE
MA-PA

Greeting cards. Postcards. Playing cards.

Karty z powinszowaniami. Pocztówki.
Karty do gry.

KAR-TI Z PO-VEEN-SHO-VA-**ŃA**-MEE
POCH-**TOOF**-KEE **KAR**-TI DO GRI

A handbook. A dictionary. A guidebook.

Podręcznik. Słownik. Przewodnik.

POD-**RANCH**-ŃEEK **SWOV**-ŃEEK
PSHE-**VOD**-ŃEEK

Newspapers. Magazines. Weeklies.

Gazety. Czasopisma. Tygodniki.

GA-**ZE**-TI CHA-SO-**PEES**-MA
TI-GOD-**ŃEE**-KEE

Excuse me. Where can one buy some magazines?

Przepraszam, gdzie można kupić czasopisma?

PSHE-**PRA**-SHAM GD**Ż**HE **MOZH**-NA
KOO-PEECH CH.A-SO-**PEES**-MA

POLISH ALPHABET

POLSKI ALFABET

POL-SKEE AL-**FA**-BET

A,a=A,   A,ą=<u>OWN</u>   B,b=BE,   C,c=TSE,
Ć,ć=ĆH, D,d=DE, E,e=E, E,ę=<u>AN</u>, F,f=EF,
G,g=GE, H,h=KHA, I,i=EE, J,j=YOT, K,k=KA,
L,l=EL, Ł,ł=EW, M,m=EM, N,n=EN, O,o=O,
Ó,ó=OO, P,p=PE, R,r=ER, S,s=ES, Ś,ś=SH,
T,t=TE, U,u=OO, W,w=VOO, Y,y=I like in "it",
Z,z=ZET, Ż,ż=ZH, Ź,ź=ŹH

Please, spell the word "Krakow."

Prosze przeliterować słowo "Kraków."

PRO-SH<u>AN</u> PSHE-LEE-TE-**RO**-VAĆH
SWO-VO **KRA**-KOOF

KEY AR AY KEY O DOUBLE U

KA ER A KA OO VOO

What does this mean?

Co to znaczy?

TSO TO **ZNA**-CHI

What does that mean?

Co tamto znaczy?

TSO **TAM**-TO **ZNA**-CHI

What do you call this?

Jak się to nazywa?

YAK ŚH<u>AN</u> TO NA-**ZI**-VA

What do you call that?

YAK ŠH<u>AN</u> TAM-TO NA-ZI-VA

What is his first name?

+ Jak się on nazywa?

YAK ŠH<u>AN</u> ON NA-ZI-VA

+ Jak ona się nazywa?

YAK O-NA ŚH<u>AN</u> NA-ZI-VA

or

+ Jak on ma na imię?

YAK ON MA NA EE-MY<u>AN</u>

+ Jak ona ma na imię?

YAK O-NA MA NA EE-MY<u>AN</u>

First name. Last name. Initials.

Imię. Nazwisko. Inicjały.

EE-MY<u>AN</u> NAZ-VEES-<u>K</u>O
EE-NEE-**TSYA**-WI

SIMPLE QUESTIONS

PROSTE PYTANIA

PROS-TE PI-TA-ŇA

What? Who? To whom? Why? Why now?

Co? Kto? Do kogo? Dlaczego? Dlaczego
teraz?

TSO KTO DO **KO**-GO DLA-**CHE**-GO
DLA-**CHE**-GO TE-RAS

Where? Where is? Where are? When?

Gdzie? Gdzie jest? Gdzie są? Kiedy?

GDŽHE GDŽHE YEST GDŽHE S<u>OWN</u>
KE-DI

Which man? Which woman? Which child?

Który mężczyzna? Która kobieta?
Które dziecko?

KTOO-RI M<u>AN</u>SH-**CHIZ**-NA
KTOO-RA KO-**BYE**-TA
KTOO-RE DŽHETS-KO

Which house? Which spoon? Which tree?

Który dom? Która łyżka? Które drzewo?

KTOO-RI DOM KTOO-RA WIZH-KA
KTOO-RE DZHE-VO

Why me? Why so much? Why not?

Dlaczego ja? Dlaczego tak dużo? Dlaczego nie?

DLA-**CHE**-GO YA DLA-**CHE**-GO TAK
DOO-ZHO
DLA-**CHE**-GO ŇE

How? How much? How many? How is it?

Jak? Jak dużo? Jak dużo? Jak to jest?

YAK TAK **DOO**-ZHO YAK **DOO**-ZHO
YAK TO YEST

How many girls? How many boys? How many
children?

Ile dziewczynek? Ilu chłopcow? Ile dzieci?

EE-LE DŽEV-**CHI**-NEK
EE-LOO KHWOP-TSOOF
EE-LE DŽHE-ČHEE

May I? Can I? Is it permissible? Is it very important?

Czy mogę? Czy mogę? Czy można? Czy to jest bardzo
ważne?

CHI **MO**-G<u>AN</u> CHI **MO**-G<u>AN</u> CHI MOZH-NA
CHI TO YEST BAR-DZO **VAZH**-NE

Is there? Are there? Is it? Is it missing?

Czy jest? Czy są? Czy to jest? Czy tego nie ma?

CHI YEST   CHI SOWN   CHI TO YEST
                          CHI TE-GO ŃE MA

There is. There are. It is. It is not so.

Jest. Są. To jest. To nie jest tak.

YEST SOWN TO YEST TO ŃE YEST TAK

There isn't any. There aren't any.

Nie ma.   Nie ma.

ŃE MA   ŃE MA

There isn't... There aren't....

Nie ma...   Nie ma...

ŃE MA   ŃE MA

It is important. It is not important.

To ważne.   To nie ważne.

TO VAZH-NE   TO ŃE VAZH-NE

It is urgent. It is not urgent.

To pilne.   To nie jest pilne.

TO PEEL-NE   TO ŃE YEST PEEL-NE

SOME OPPOSITES

NIEKTÓRE PRZECIWSTAWIENIA

ŃE-KTOO-RE PSHE-ĊHEEV-STA-VYE-ŃA

(Masculine gender, singular form.)

Big - Small. Beautiful - Ugly. Better - Worse.

Duży - Mały. Piękny - Brzydki. Lepszy - Gorszy.

DOO-ZHI MA-WI PYANK-NI BZHIT-KEE
                       LEP-SHI GOR-SHI

Cheap - Expensive. Early - Late. Easy - Difficult.

Tani - Drogi. Wczesny - Późny. Łatwy - Trudny.

TA-ŃEE DRO-GEE VCHES-NI POOŻH-NI
                      WAT-VI TROOD-NI

Full - Empty. Good - Bad. Heavy - Light.

Pełny - Pusty. Dobry - Zły. Ciężki - Lekki.

PEW-NI POOS-TI DOB-RI ZWI
                 CHANZH-KEE LEK-KEE

Hot - Cold. Inside - Outside. Large - Small.

Gorący - Zimny. Wewnętrzny - Zewnętrzny.
                           Duży - Mały.

GO-ROWN-TSI ŻHEEM-NI
       VEV-NANTSH-NI ZEV-NANTSH-NI
                    DOO-ZHI MA-WI

Near - Far. Old - new. Old - Young.

Bliski - Daleki. Stary - Nowy. Stary - Młody.

BLEES-KEE DA-LE-KEE STA-RI NO-VI
                      STA-RI MWO-DI

Open - Shut. Polite - Impolite. Right - Wrong.

Otwarty - Zamknięty. Grzeczny - Niegrzeczny.
                       Słuszny - Niesłuszny.

OT-VAR-TI ZAMK-ŃAN-TI
        GZHECH-NI ŃE-GZHECH-NI
        SWOOSH-NI ŃE-SWOOSH-NI

Stiff - Soft. Strong - Weak. Tasty. Not tasty.

Sztywny - Miękki. Silny - Słaby. Smaczny.
                       Niesmaczny.

SHTIV-NI MYANK-KEE ŚHEEL-NI SWA-BI
              SMACH-NI ŃE-SMACH-NI

In good taste. In bad taste. Upper - Lower.

W dobrym guście. W złym guście. Górny - Dolny.

V DOB-RIM GOOŚH-ĊHE
              V ZWIM GOOŚH-ĊHE

109

Here - There. Up - Down. Before - After.

Tutaj - Tam. Do góry - Na dół. Przed - Po.

TOO-TAY TAM DO **GOO**-RI NA DOOW PSHET PO

To - From. Now - Then. Perhaps - Certainly.

Do - Z. Teraz - Potem. Może - Na pewno.

DO Z TE-RAS **PO**-TEM MO-ZHE NA **PEV**-NO

With - Without. Something - Nothing. Some - None.

Z - Bez. Coś - Nic. Jakiś - Żaden.

Z BES TSOŚH ŃEETS YA-KEEŚH ZHA-DEN

Soon - Later. Very - At all. Also. And. Or. Not.

Wnet - Później. Bardzo - Wcale. Także. I. Lub. Nie.

VNET **POOŻH**-ŃEY **BAR**-DZO **VTSA**-LE **TAK**-ZHE EE LOOP ŃE

ILLNESS AND THE DOCTOR

CHOROBA I LEKARZ

KHO-**RO**-BA EE **LE**-KASH

I need a doctor, quickly.

Proszę prędko wezwać lekarza.

PRO-SHAN **PRAND**-KO **VEZ**-VAĆH LE-**KA**-ZHA

Hurry up!

Niech się pan pośpieszy.

ŃEKH ŚHAN PAN PO-**ŚHPYE**-SHI

Niech się pani pośpieszy.

ŃEKH ŚHAN **PA**-ŃEE PO-**ŚHPYE**-SHI

Pośpiesz się.

PO-ŚHPYESH ŚHAN

Are you sick?

Czy źle się pan czuje?

CHI ŻHLE ŚHAN PAN **CHOO**-YE

Czy źle się pani czuje?

CHI ŻHLE ŚHAN **PA**-ŃEE **CHOO**-YE

Czy się źle czujesz?

CHI ŻHLE ŚHAN **CHOO**-YESH

I am sick in my stomach.

Jest mi niedobrze.

YEST MEE ŃE **DOB**-ZHE

I feel nauseous.

Mam nudności = nudzi mnie

MAM NOOD-**NOŚH**-ĊHEE = **NOO**-DŻHEE MŃE

I need a doctor, quickly.

Proszę prędko wezwać lekarza.

PRO-SHAN **PRAND**-KO **VEZ**-VAĊH LE-**KA**-ZHA

Please call the doctor.

Proszę wezwać lekarza.

PRO-SHAN **VEZ**-VAĊH LE-**KA**-ZHA

Is there a doctor in the hotel?

Czy jest lekarz w hotelu?

CHI YEST **LE**-KASH V KHO-TE-LOO

I wish to see a specialist.

Chcę pójść do specjalisty.

KHTS<u>AN</u> POOYŚHĆH DO SPE-TSYA-LEES-TI

An American doctor. A doctor who speaks English.

Amerykański doktór. Lekarz mówiący po angielsku.

A-ME-RI-KAŃ-SKEE DOK-TOOR ˌLE-KASH
MOO-VY<u>OWN</u>-TSI PO AN-ĠEL-SKOO

Doctor's office. Office hours.

Gabinet lekarski. Godziny przyjęć.

GA-BEE-NET LE-KAR-SKEE GO-DŹḤEE-NI
PSHI-Y<u>AN</u>CH

What time can the doctor come?

O ktòrej godzinie może przyjechać lekarz?

O KTOO-REY GO-DŻEE-ŃE MO-ZHE
PSHI-YE-KHAĆH LE-KASH

How do you feel?

Jak się pan czuje?

YAK ŚH<u>AN</u> PAN CHOO-YE?

Jak się pani czuje?

YAK ŚH<u>AN</u> PA-ŃEE CHOO-YE

Jak się czujesz?

YAK ŚH<u>AN</u> CHOO-YESH

I have a stomachache.

Boli mnie żołądek.

BO-LEE MŃE ZHO-W<u>OWN</u>-DEK

How long have you had the trouble.

Jak długo pan niedomaga?

YAK DWOO-GO PAN ŃE-DO-MA-GA

Jak długo pani niedomaga?

YAK DWOO-GO PA-ŃEE ŃE-DO-MA-GA

Jak długo nie domagasz?

YAK DWOO-GO ŃE DO-MA-GASH

I have felt sick since last Monday.

Choruję od zeszłego poniedziałku.

KHO-ROO-Y<u>AN</u> OD Z̧E-SHWE-GO
PO-ŃE-DŻHAW-KOO

I do not sleep well.

Nie śpię dobrze.

ŃE ŚHPY<u>AN</u> DOB-ZHE

My head aches. My neck hurts.

Głowa mnie boli. Kark mnie boli.

GWO-VA MŃE BO-LEE KARK MŃE BO-LEE

Where does it hurt?

Gdzie pana boli?

GDŻHE PA-NA BO-LEE

Gdzie panią boli?

GDŻHE PA-Ǹ<u>OWN</u> BO-LEE

Gdzie cię boli?

GDŻHE ĆH<u>AN</u> BO-LEE

Roll up your sleeve.

Proszę zawinąć rękaw?

PRO-SH<u>AN</u> ZA-VEE-N<u>OWN</u>CH R<u>AN</u>-KAV

Please, undress down to the waist.

Proszę się rozebrać do pasa.

PRO-SH<u>AN</u> ŚH<u>AN</u> RO-**ZEB**-RAĆH DO **PA**-SA

Please, take off your pants.

Proszę zdjąć spodnie.

PRO-SH<u>AN</u> ZDY<u>OW</u>NĆH **SPOD**-ŃE

Please lie down over here.

Proszę się tu położyć.

PRO-SH<u>AN</u> ŚH<u>AN</u> TOO PO-WO-**ZHI**ĆH

Open your mouth. Breathe deeply.

Proszę otworzyć usta. Proszę oddychać głęboko.

PRO-SH<u>AN</u> OT-VO-**ZHI**ĆH **OOS**-TA
PRO-SH<u>AN</u> OD-**DI**-KHAĆH GW<u>AN</u>-**BO**-KO

Please, turn. Cough, please.

Proszę się obrócić. Proszę zakaszleć.

PRO-SH<u>AN</u> ŚH<u>AN</u> OB-**ROO**-ĊHEEĊH
PRO-SH<u>AN</u> ZA-**KASH**-LEĊH

I need specimens of your stool and urine.

Potrzebuję próbkę stolca i moczu.

PO-TSHE-**BOO**-Y<u>AN</u> **PROOB**-K<u>AN</u> **STOL**-TSA EE
MO-CHOO

To take the temperature. To take the blood pressure.

Zmierzyć temperaturę. Zmierzyć ciśnienie.

ZMYE-ZHIĊH TEM-PE-RA-**TOO**-R<u>AN</u>
ZMYE-ZHIĊH ĊHEESH-**ŃE**-ŃE

An abscess. Asthma. Appendicitis. A blister.

Wrzód. Astma. Wyrostek robaczkowy. Otarcie.

VZHOOT **AST**-MA
VI-**ROS**-TEK RO·BACH-**KO**-VI
O-**TAR**-ĊHE

A boil. A burn. Chills. A cold. Constipation.

Czyrak. Sparzenie. Dreszcze. Przeziębienie. Obstrukcja.

CHI-RAK SP<u>A</u>-**ZHE**-ŃE **DRESH**-CHE
PSHE- ŻH<u>AN</u>-**BYE**-ŃE OB-**STROOK**-TSYA

Convulsions. A cough. A cramp. Diarrhoea.

Konwulsje. Kaszel. Skurcz. Rozwolnienie.

KON-**VOOL**-SYE **KA**-SHEL SKOO<u>R</u>CH
ROZ-VOL-**ŃE**-ŃE

Dysentery. An earache. A fever. Food poisoning.

Dyzenteria. Ból ucha. Gorączka. Zatrucie żołądka.

DI-ZEN-**TER**-YA **BOOL** OO-KHA
GO-R<u>OW</u>NĊH-KA
ZA-**TROO**-ĊHE ZHO-W<u>OWN</u>D-KA

Haemorrhoids. Hay fever. Hernia. Hoarseness.

Hemeroidy. Katar sienny. Przepuklina. Chrypka.

KHE-ME-**ROY**-DI KA-TAR ŚH<u>EN</u>-NI
PSHE-POO-**KLEE**-NA **KHRIP**-KA

Indigestion. Inflammation. Influenza. Nausea.

Niestrawność. Zapalenie. Grypa. Nudności.

ŃE-**STRAV**-NOŚHĊH ZA-PA-**LE**-ŃE **GRI**-PA
NOOD-**NOŚH**-ĊHEE

Stiff neck. Pneumonia. Rheumatism. A sore throat.

Sztywność karku. Zapalenie płuc. Reumatyzm. Ból
gardła.

SHTIV-NOŚHĊH **KAR**-KOO
ZA-PA-**LE**-ŃE PWOOTS RE-OO-MA-TIZM
BOOL **GARD**-WA

Sore. Chafed. A sprain. Sunburn. Sunstroke.

112

Ranka. Otarcie. Nadwyrężenie. Oparzenie słońcem.

**RAN-KA O-TAR-ĆHE NAD-VI-RAN-ZHE-ŃE
O-PA-ZHE-ŃE SWOŃ-TSEM**

Tonsilitis. Typhoid fever. An ulcer. To vomit.

Zapalenie migdałków. Tyfus. Wrzód. Wymiotować.

ZA-PA-LE-ŃE MEEG-**DAW**-KOOF **TI**-FOOS
VI-MYO-TO-VAĆH

Whooping cough. To prescribe some medicine.

Koklusz.   Przypisać lekarstwo.

KOK-LOOSH   PSHI-**PEE**-SAĆH LE-**KAR**-STVO

What am I to do?

Co mam robić?

TSO MAM **RO**-BEEĆH

You must stay in bed.

Musi pan pozostać w łóżku.

MOO-SHEE PAN PO-**ZOS**-TAĆH V
WOOSH-KOO

Musi pani...

MOO-SHEE PA-ŃEE

+ Musisz...

MOO-SHEESH

Do I have to go to a hospital?

Czy muszę iść do szpitala?

CHI **MOO**-SHAN EESHĆH DO SHPEE-**TA**-LA

It's nothing to worry about.

To nic poważnego.

TO ŃEETS PO-**VAZH**-NE-GO

You must stay in bed for two days.

Trzeba poleżeć przez dwa dni.

TSHE-BA PO-LE-ZHEĆH PSHES DVA DŃEE

You have high fever.

Pan ma wysoką gorączkę.

PAN MA VI-SO-KOWN GO-**ROWNCH**-KAN

Pani ma...

PA-ŃEE MA

+ Ty masz...

TI MASH

You are smoking too much.

Pan za dużo pali.

PAN ZA **DOO**-ZHO PA-LEE

Pani za dużo pali.

PA-ŃEE ZA **DOO**-ZHO PA-LEE

+ Za dużo palisz.

ZA **DOO**-ZHO PA-LEESH

To go to a hospital for a general check-up.

Iść do szpitala na badania.

EESHĆH DO SHPEE-**TA**-LA NA BA-**DA**-ŃA

To prescribe an antibiotic.

Przepisać antybiotyki.

PSHI-**PEE**-SAĆH AN-TI-BEE-YO-**TI**-KEE

When do you think I'll be better?

113

Kiedy będę się czuł lepiej?

ḰE-DI B<u>AN</u>-D<u>AN</u> ŚH<u>AN</u> CHOOW LE-PYEY

May I get up? I feel better?

Czy mogę wstać. Czuję się lepiej.

CHI MO-G<u>AN</u> VSTAĆH CHOO-Y<u>AN</u> ŚH<u>AN</u>
                       LE-PYEY

I am diabetic. A dose of insulin.

Mam cukrzycę.   Dawka insuliny.

MAM TSOO-KSHI-TS<u>AN</u> DAV-KA
              EEN-SOO-LEE-NI

I have a heart condition.

Cierpię na serce.

ĆHER-PY<u>AN</u> NA SER-TSE

I have had a heart attack.

Miałem atak serca.

MYA-WEM A-TAK SER-RTSA

A wound. A swelling. A sting. A rash. A lump.

Rana. Opuchlizna. Ukąszenie. Wysypka. Guz.

RA-NA O-POOKH-LEEZ-NA OO-K<u>OWN</u>-SHE-ṄE
           VI-SIP-KA GOOS

Could you have a look at this bruise?

Czy może pan mi coś poradzić na to stłuczenie?

CHI MO-ZHE PAN MEE TSOŚH
PO-RA-DŻEEĆH NA TO STWOO-CHE-ṄE

Czy może pani...

CHI MO-ZHE PA-ṄEE

+ Czy możesz...

CHI MO-ZHESH

I am allergic to ...My usual medicine is...

Jestem uczulony na... Zwykle biorę...

YES-TEM OO-CHOO-LO-NI NA
              ZVIK-LE BYO-R<u>AN</u>

To have a slipped disc.

Mieć wypadnięty dysk.

MYEĆH VI-PAD-Ṅ<u>AN</u>-TI DISK

A broken arm. A sprained ankle.

Złamana ręka. Zwichnięta kostka.

ZWA-MA-NA R<u>AN</u>-KA ZVEEKH-N<u>AN</u>-TA
              KOST-KA

To give an antiseptic.

Dać środek antyseptyczny.

DAĆH ŚHRO-DEK AN-TI-SEP-TICH-NI

I cannot move my toe.

Nie mogę ruszać palcem u nogi.

ṄE MO-G<u>AN</u> ROO-SHAĆH PAL-TSEM OO
              NO-GEE

You need an X-ray.

Trzeba się dać prześwietlić.

TSHE-BA ŚH<u>AN</u> DAĆH PSHE-ŚHVYET-LEEĆH

You should come back and see me in three days.

Musi pan jeszcze przyjść do mnie za trzy dni.

MOO-ŚHEE PAN YESH-CHE PSHIYŚHĆH DO
             MṄE ZA TSHI DṄEE

Musi pani...

MOO-ŚHEE PA-ŃEE

+ Musisz...

MO-ŚHEESH

Nervous tension. Anti-depressant. Sedative

Wyczerpanie nerwowe. Środek antydepresyjny. Środek uśmierzający.

VI-CHER-PA-ŃE NER-VO-VE
ŚHRO-DEK AN-TI-DE-PRE-SIY-NI
ŚHRO-DEK OO-ŚHMYE-ZHA-YOWN-TSI

Nightmares. Sleeping pills. A pill. A drop.

Złe sny. Tabletki nasenne. Pigułka. Kropla.

ZWE SNI TAB-LET-KEE NA-SEN-NE
PEE-GOOW-KA KROP-LA

A teaspoon. Hot water. Warm water. Cold water.

Łyżeczka. Gorąca woda. Ciepła woda. Zimna woda.

WI-ŻHECH-KA GO-ROWN-TSA VO-DA
ĆHEP-WA VO-DA ŻHEEM-NA VO-DA

Ice. Medicine. Prescription. Twice a day.

Lód. Lekarstwo. Recepta. Dwa razy dziennie.

LOOT LE-KARS-TVO RE-TSEP-TA
DVA RA-ZI DŻHEN-ŃE

Every hour. Before meals. After meals.

Co godzinę. Przed jedzeniem. Po jedzeniu.

TSO GO-DŻHEE-NAN PSHET YE-DZE-ŃEM
PO YE-DZE-ŃOO

On going to bed. On getting up. To take a pill.

Przed pójściem spać. Rano. Zażywać pigułkę.

PSHET POOYŚH-ĆHEM SPAĆH RA-NO
ZA-ZHI- VAĆH PEE-GOOW-KAN

At night. Four times a day. Once a day.

Wieczorem. Cztery razy dziennie. Raz dziennie.

VYE-CHO-REM CHTE-RI RA-ZI DŻHEN-ŃE
RAS DŻHEN-ŃE

I cannot move my finger. A pulled muscle.

Nie mogę ruszać palcem. Naciągnięty mięsień.

ŃE MO-GAN ROO-SHAĆH PAL-TSEM
NA-ĆHOWNG-ŃAN-TI MYAN-ŚHEŃ

Do you feel better?

 Czy czuje się pan lepiej?

CHI CHOO-YE ŚHAN PAN LE-PYEY

 Czy czuje się pani lepiej?

CHI CHOO-YE ŚHAN PA-ŃEE LE-PYEY

+ Czy czujesz sie...?

CHI CHOO-YESH ŚHAN

I feel much better.

Czuję się dużo lepiej.

CHOO-YAN ŚHAN DOO-ZHO LE-PYEY

I have had a headache since yesterday.

Boli mnie głowa od wczoraj.

BO-LEE MŃE GWO-VA OD VCHO-RAY

You can get headache pills at a "Ruch" newsstand.

 Może pan dostać proszki na ból głowy w kiosku "Ruchu".

MO-ZHE PAN DOS-TAĆH PROSH-KEE NA

BOOL GWO-VI V KYOS-KOO ROO-KHOO

Może pani dostać...

MO-ZHE PA-ŃEE DOS-TAĆH

+ Możesz dostać...

MO-ZHESH DOS-TAĆH

Headache pills and aspirin are available at a "Ruch" newsstand.

Pastylki od bólu głowy i aspirynę można dostać w kiosku "Ruchu".

PAS-TIL-KEE OD BOO-LOO GWO-VI EE
AS-PEE-RI-NAN MOZH-NA DOS-TAĆH
V KYOS-KOO ROO-KHOO

"Ruch" newsstands also sell some basic cosmetics, and shaving supplies.

Kioski "Ruchu" również sprzedają niezbędne artykuły kosmetyczne, i przybory do golenia.

KYOS-KEE ROO-KHOO ROOV-ŃEZH
SPSHE-DA-YOWN ŃEZ-BAND-NE
AR-TI-KOO-WI KOS-ME-TICH-NE EE
PSHI-BO-RI DO GO-LE-ŃA

DRUG STORE

APTEKA

AP-TE-KA

Polish drugstores sell medicines only.

Polskie apteki sprzedają wyłącznie lekarstwa.

POLS-ĆE AP-TE-KEE SPSHE-DA-YOWN
VI-WOWNCH-ŃE LE-KARS-TVA

Where is there a drug store where they understand English?

Gdzie jest apteka gdzie mówią po angielsku?

GDŻHE YEST AP-TE-KA GDŻHE
MOO-VYOWN PO AN-ĠEL-SKOO

Can you fill a prescription?

Czy może pan przygotować receptę?

CHI MO-ZHE PAN PSHI-GO-TO-VAĊH
RE-TSEP-TAN

Czy może pani...?

CHI MO-ZHE PA-ŃEE

Can you make up this prescription?

Czy zrobi pan to lekarstwo?

CHI ZRO-BEE PAN TO LE-KARS-TVO

Czy zrobi pani...?

CHI ZRO-BEE PA-ŃEE

How long will it take?

Jak długo będzie trwało?

YAK DWOO-GO BAN-DŻHE TRVA-WO

When shall I come back?

Kiedy mam przyjść?

ĆE-DI MAM PSHIYŚHĆH

Can I get it without prescription?

Czy mogę to dostać bez recepty?

CHI MO-GAN TO DOS-TAĆH BEZ
RE-TSEP-TI

I want adhesive tape.

Proszę o plaster.

PRO-SHAN O PLAS-TER

Alcohol. Antiseptic cream. Asprin.

116

Alkohol. Krem antyseptyczny. Aspiryna.

AL-KO-KHOL KREM AN-TI-SEP-**TICH**-NI
AS-PEE-**RI**-NA

Bandages. Crepe bandage. Gauze bandage.

Bandaże. Bandaż elastyczny. Bandaż z gazy.

BAN-**DA**-ZHE **BAN**-DASH E-LAS-**TICH**-NI
BAN-DASH Z GA-ZI

Band-aids. Bicarbonate of soda. Boric acid. A tooth brush.

Plaster. Soda oczyszczana. Kwas borny. Szczotka do zębów.

PLAS-TER SO-DA O-CHISH-**CHA**-NA
KVAS BOR--NI SHCHOT-KA DO ZAN-BOOF

Calcium tablets. Carbolic acid. Castor oil.

Wapno w tabletkach. Kwas karbolowy. Rycyna.

VAP-NO V TAB-**LET**-KAKH KVAS
KAR-BO-**LO**-VI RI-**TSI**-NA

Cleaning fluid. Cold cream. A comb. Contraceptives.

Płyn do czyszczenia. Krem. Grzebień. Prezerwatywy.

PWIN DO CHISH-**CHE**-ŃA KREM GZHEB-YEŃ
PRE-ZER-VA-**TI**-VI

Corn plasters. Cotton. Cough lozenges.

Plaster na odciski. Wata. Tabletki na kaszel.

PLAS-TER NA OD-**ĆHEES**-KEE TAB-**LET**-KEE
NA **KA**-SHEL

Diabetic lozenges. Disinfectant. Ear drops.

Tabletki na cukrzycę. Środek dezynfekujący. Krople do uszu.

TAB-**LET**-KEE NA TSOOK-SHI-TSAN
SHRO-DEK DE-ZIN-FE-KOO-**YOWN**-TSI
KROP-LE DO OO-SHOO

Elastoplast. An eye cup. Eye drops.

Plaster. Wanienka do oka. Krople do oka.

PLAS-TER VA-**ŃEN**-KA DO O-KA
KROP-LE DO O-KA

Foot powder. Gargle. Gauze. Hair tonic.

Puder do nóg. Płyn do płukania gardła. Pomada do włosów.

POO-DER DO NOOK
PWIN DO PWOO-**KA**-ŃA **GARD**-WA
PO-**MA**-DA DO VWO-SOOF

Insect repellent. Iodine. Iron pills. Laxative.

Płyn przeciw owadom. Jodyna. Środek na przeczyszczenie.

PWIN PSHE-ĆHEEF O-VA-DOM YO-**DI**-NA
SHRO-DEK NA PSHE-CHISH-**CHE**-ŃE

Lint. Lipstick. A medicine dropper.

Gaza. Pomadka do ust. Pipetka.

GA-ZA PO-**MAD**-KA DO OOST PEE-**PET**-KA

Mouthwash. A sanitary napkin. Peroxide.

Woda do zębow. Opaska higieniczna. Woda utleniona.

VO-DA DO ZAN-BOOF
O-**PAS**-KA KHEE-GE-**ŃEECH**-NA
VO-DA OO-TLE-**ŃO**-NA

Poison. Powder. Quinine. Vitamin pills.

Trucizna. Puder. Chinina. Witaminy

TROO-**ĆHEEZ**-NA **POO**-DER KHEE-**ŃEE**-NA
VEE-TA-**MEE**-NI

Thermometer. Toothpaste. Tooth powder.

Termometr. Pasta do zębów. Proszek do zębów.

TER-**MO**-METR **PAS**-TA DO ZAN-BOOF
PRO-SHEK DO ZAN-BOOF

Toiletry. Toilet case. Toilet paper.

Przybory toaletowe. Neseser. Papier higieniczny.

PSHI-**BO**-RI TO-A-LE-**TO**-VE NE-S**E**-SER
PA-PYER KHEE-GYE-**N**EECH-NI

Acme cream. After-shave lotion. Astringent.

Krem na wągry. Płyn po goleniu. Środek wstrzymujący.

KREM NA Y**OWN**G-RI PWIN PO GO-**LE**-**N**OO
SHRO-DEK VSTSHI-MOO-Y**OWN**-TSI

Bath cubes. Bath salts. Bath oil. Cream.

Szyszki kąpielowe. Sole kąpielowe. Oliwa kąpielowa.
Krem.

SHISH-KEE K**OWN**-PYE-**LO**-VE
SO-LE K**OWN**-PYE-**LO**-VE
O-LEE-VA K**OWN**-PYE-LO-VA KREM

Foundation cream. Hormone cream. Deodorant.

Podkład. Krem hormonalny. Dezodorant.

POD-KWAT KREM KHOR-MO-**NAL**-NI
DEZ-O-**DO**-RANT

Moisturizing cream. Night cream. Cuticle clipper.

Krem nawilżający. Krem na noc. Cążki.

KREM NA-VEEL-ZHA-Y**OWN**-TSI
KREM NA NOTS TS**OWN**ZH-KEE

Eau de Cologne. Eye liner. Eye pencil. Eye shadow.

Woda kolońska. Tusz do rzęs. Ołówek do powiek. Cień
do powiek.

VO-DA KO-**LON**-SKA TOOSH DO ZH**AN**S
O-**WOO**-VEK DO **PO**-VYEK
CHE**N** DO **PO**-VYEK

Face cream. Face pack. Face powder. Foot cream.

Krem do twarzy. Maseczka. Puder. Krem do stóp.

KREM DO **TVA**-ZHI MA-**SECH**-KA **POO**-DER

Hand cream. Hand lotion. Kleenex. Lipstick.

Krem do rąk. Płyn do rąk. Chusteczka papierowa.
Szminka.

KREM DO R**OWN**K PWIN DO R**OWN**K
KHOOS-**TECH**-KA PA-PYE-RO-VA **S**HMEEN-KA

Lipstick brush. Make-up. Make-up remover.

Pędzelek do warg. Makijaż. Płatki do zmywania
makijażu.

P**AN**-DZE-LEK DO VARG MA-**KEE**-YAZH
PWAT-KEE DO ZMI-**VA**-**N**A MA-KEE-YA-ZHOO

Nail brush. Nail clippers. Nail file.

Szczoteczka do paznokci. Cążki do paznokci. Pilnik do
paznokci.

SHCHO-**TECH**-KA DO PAZ-NOK-**C**HEE
TS**OWN**ZH-KEE DO PAZ-NOK-**C**HEE
PEEL-**N**EEK DO PAZ-NOK-**C**HEE

Nail scissors. Perfume. Powder. Powder puf. Razor

Nożyczki do paznokci. Perfumy. Puder. Puszek.
Brzytwa.

NO-**ZHICH**-KEE DO PAZ-NOK-**C**HEE
PER-**FOO**-MI **POO**-DER POO-SHEK **BZHIT**-VA

Razor blade. Rollers. Rouge. Safety pins.

Żyletka. Lokówki. Róż. Agrafki.

ZHI-**LET**-KA LO-**KOOF**-KEE ROOSH
A-**GRAF**-KEE

Shampoo. Shaving brush. Shaving cream.

Szampon. Pędzel do golenia. Krem do golenia.

SHAM-PON P**AN**-DZEL DO GO-**LE**-**N**A
KREM DO GO-LE**N**A

Shaving lotion. Shaving cream. Shaving soap. Soap.

118

Płyn do golenia. Krem do golenia. Mydło do golenia.
Mydło.

PWIN DO GO-LE-ŃA KREM DO GO-LE-ŃA
MID-WO DO GO-LE-ŃA MID-WO

Scissors. Nail lacquer. Sun-tan cream.

Nożyczki. Lakier do paznokci. Krem do opalania.

NO-ZHICH-KEE LA-ĶER DO PAZ-NOK-ĆHEE
KREM DO O-PA-LA-ŃA

Sun-tan oil. Talcum powder. Towel.

Olejek do opalania. Talk kosmetyczny. Ręcznik.

O-LE-YEK DO O-PA-LA-ŃA
TALK KOS-ME-TICH-NI RANCH-ŃEEK

Eye wash. Face cleanser.

Płyn do płukania oczu. Płyn do twrzy.

PWIN DO PWOO-KA-ŃA O-CHOO
PWIN DO TVA-ZHI

Baby supplies. Baby cream. Baby food. Baby powder.

Przybory dla dziecka. Krem dla dziecka. Jedzenie dla
dziecka. Puder dla dziecka.

PSHI-BO-RI DLA DŻHETS-KA YE-DZE-ŃE DLA
DŻHETS-KA POO-DER DLA DŻHETS-KA

Baby oil. Diapers. Rubber pants.

Oliwka dla dziecka. Pieluszki. Majtki gumowe.

O-LEEV-KA DLA DŻHETS-KA
PYE-LOOSH-KEE MAYT-KEE GOO-MO-VE

BUYING COSMETICS

KUPNO KOSMETYKÓW

KOOP-NO KOS-ME-TI-KOOF

What do you call the cosmetics supply store?

Jak się nazywają sklepy z kosmetykami?

YAK ŚHAN NA-ZI-VA-YOWN SKLE-PI
Z KOS-ME-TI-KA-MEE

"Drogeria" is the Polish word for a cosmetics supply
store.

Polskie słowo na sklep z kosmetykami jest "drogeria".

POLS-ĶE SWO-VO NA SKLEP Z
KOS-ME-TI-KA-MEE YEST DRO-GER-YA

I want to buy some toothpaste.

+ Chciałbym kupić pastę do zębów.

KHĆHAW-BIM KOO-PEEĆH PAS-TAN DO
ZAN-BOOF

+ Chciałabym kupić...

KHĆHA-WA-BIM KOO-PEEĆH

I also need a tooth brush.

Potrzebuję również szczoteczkę do zębów.

PO-TSHE-BOO-YAN ROOV-ŃEZH
SHCHO-TECH-KAN DO ZAN-BOOF

I need to buy some soap.

Potrzebuję kupić mydło.

PO-TSHE-BOO-YAN KOO-PEEĆH MID-WO

I need to buy some shampoo.

Potrzeba mi szamponu.

PO-TSHE-BA MEE SHAM-PO-NOO

PARTS OF THE BODY

CZĘŚCI CIAŁA

CHANŚH-ĆHEE ĆHA-WA

The ankle. The appendix. The arm. The back.

Kostka. Wyrostek robaczkowy. Ramię. Plecy.

KOST-KA VI-**ROS**-TEK RO-BACH-**KO**-VI
RA-MY<u>AN</u> **PLE**-TSI

The blood. The bone. The cheek. The chest.

Krew. Kość. Policzek. Piersi.

KREV KOŚHČH PO-**LEE**-CHEK **PYER**-ŚHEE

The chin. The collar bone. The ear. The elbow.

Podbródek. Obojczyk. Ucho. Łokieć.

POD-**BROO**-DEK O-**BOY**-CHIK OO-KHO
WO-ĶEĆH

The eye. The eyebrows. The eyelashes. The eyelid.

Oko. Brwi. Rzęsy. Powieka.

O-KO BRVEE **ZH<u>AN</u>**-SI PO-**VYE**-KA

The face. The finger. The foot. The forehead.

Twarz. Palec. Stopa. Czoło.

TVASH **PA**-LETS **STO**-PA CHO-WO

The hair. The hand. The head. The heart. The heel.

Włosy. Ręka. Głowa. Serce. Pięta.

VWO-SI R<u>AN</u>-KA **GWO**-VA **SER**-TSE
PY<u>AN</u>-TA

The hip. The intestines. The jaw. The joint.

Biodro. Wnętrzności. Szczęka. Staw.

BYO-DRO VN<u>AN</u>TSH-**NOŚH**-ČHEE SHCH<u>AN</u>-KA
STAF

The kidney. The knee. The leg. The lip.

Nerka. Kolano. Noga. Warga.

NER-KA KO-**LA**-NO NO-GA VAR-GA

The liver. The lung. The mouth. The muscle.

Wątroba. Płuco. Usta. Mięsień.

V<u>OWN</u>-**TRO**-BA **PWOO**-TSO OO-STA
MY<u>AN</u>-ŚHEŃ

The nail. The neck. The nerve. The nose.

Paznokieć. Kark. Nerw. Nos.

PAZ-NO-ĶEĆH KARK NERV NOS

The rib. The shoulders. The left side. The right side.

Żebro. Barki. Lewy bok. Prawy bok.

ZHEB-RO **BAR**-KEE LE-VI BOK **PRA**-VI BOK

The skin. The skull. The spine. The stomach.

Skóra. Czaszka. Kręgosłup. Żołądek.

SKOO-RA **CHASH**-KA KR<u>AN</u>-GO-SWOOP
ZHO-W<u>OWN</u>-DEK

The tooth. The thigh. The throat. The thumb. The toe.

Ząb. Udo. Gardło. Kciuk. Palec u nogi.

Z<u>OWN</u>P OO-DO **GARD**-WO KČHOOK
PA-LETS OO NO-GEE

The tongue. The tonsils. The waist. The wrist.

Język. Migdały. Talia. Przegub.

Y<u>AN</u>-ZIK MEEG-**DA**-WI **TAL**-YA **PSHE**-GOOP

AN EYE CLINIC

KLINIKA OKULISTYCZNA

KLEE-ŃEE-KA O-KOO-LEES-**TICH**-NA

An eye doctor. An optometrist or an optician.

Okulista.   Optyk.

120

O-KOO-LEES-TA   OP-TIK

I need a new prescription for my glasses.

Potrzebuję nowej recepty na okulary.

PO-TSHE-**BOO**-Y<u>AN</u> NO-VEY RE-**TSEP**-TI NA
                     O-KOO-**LA**-RI

I am short-sighted. I am long-sighted.

Jestem krótkowidzem. Jestem dalekowidzem

YES-TEM **KROOT**-KO-**VEE**-DZEM
         YES-TEM **DA**-LE-KO-**VEE**-DZEM

A short-sighted person. A long-sighted person.

Krótkowidz.   Dalekowidz.

KROOT-**KO**-VEEDZ   DA-LE-**KO**-VEEDZ

Myopia.   Presbyopia.   Glasses.

Krótkowzroczność. Dalekowzroczność. Okulary.

KROOT-KO-**VZROCH**-NOŚHĊH
DA-LE-KO-**VZROCH**-NOŚHĊH O-KOO-**LA**-RI

Testing ones vision. To prescribe glasses.

Badanie wzroku. Przypisać okulary.

BA-**DA**-ŃE **VZRO**-KOO
        PSHI-**PEE**-SAĊH O-KOO-**LA**-RI

I need a pair of glasses.

Potrzebuję okularów.

PO-TSHE-**BOO**-Y<u>AN</u> O-KOO-**LA**-ROOF

I need a pair of sunglasses.

Potrzebuję okularów słonecznych.

PO-TYSHE-**BOO**-Y<u>AN</u> O-KOO-**LA**-ROOF
                    SWO-**NECH**-NIKH

I have broken my glasses.

 Stłukłem okulary.

STWOOK-WEM O-KOO-**LA**-RI

Stłukłam okulary.

STWOOK-WAM O-KOO-**LA**-RI

Please, repair them for me.

Proszę je zreperować.

PRO-SH<u>AN</u> YE ZRE-PE-**RO**-VAĊH

Please, change the lenses.

Proszę wymienić szkła.

PRO-SH<u>AN</u> VI-**MYE**-ŃEEĊH SHKWA

I need tinted lenses.

Proszę o przyćmione szkła.

PRO-SH<u>AN</u> O PSHIĊH-**MYO**-NE SHKWA

When will they be ready?

Na kiedy będą gotowe?

NA **ĊE**-DI B<u>AN</u>-**DOWN** GO-**TO**-VE

I need contact lenses.

Potrzebuję szkieł kontaktowych.

PO-TSHE-**BOO**-Y<u>AN</u> SHĊEW KON-TAK-**TO**-VIKH

May I buy a pair of binoculars here?

Czy mogę tu kupić lornetkę.

CHI **MO**-G<u>AN</u> TOO **KOO**-PEEĊH
               LOR-**NET**-K<u>AN</u>

How much do I owe you?

Ile się należy?

EE-LE ŚH<u>AN</u> NA-LE-ZHI

To pay cash. To pay by check.

Płacić gotówką. Płacić czekiem.

PWA-ĆHEEĆH GO-TOOF-K<u>AN</u> PWA-ĆHEEĆH
CHE-ḰEM

DENTIST

DENTYSTA

DEN-TI-STA

Do you know a good dentist?

Proszę mi polecić dobrego dentystę.

PRO-SH<u>AN</u> MEE PO-LE-ĆHEEĆH DOB-RE-GO
DEN-TIS-T<u>AN</u>

Can you recommend a good dentist?

Czy może pan polecić dobrego dentystę?

CHI **MO**-ZHE PAN PO-LE-ĆHEEĆH
DOB-**RE**-GO DEN-TIS-T<u>AN</u>

Czy może pani...?

CHI **MO**-ZHE **PA**-ṄEE

Czy możesz...?

CHI **MO**-ZHESH

May I make an appointment?

Czy mogę zamówić wizytę?

CHI **MO**-G<u>AN</u> ZA-**MOO**-VEEĆH VEE-ZI-T<u>AN</u>

There is an opening on Tuesday at two.

Jest miejsce we wtorek o drugiej.

YEST **MYEYS**-TSE VE **VTO**-REK
O **DROO**-ĠEY

Please, make it earlier.

Czy możnaby wcześniej?

CHI **MOZH**-NA-BI **VCHEŚH**-ṄEY

I have lost a filling.

Zgubiłem plombę.

ZGOO-**BEE**-WEM **PLOM**-B<u>AN</u>

Zgubiłam plombę.

ZGOO-**BEE**-WAM **PLOM**-B<u>AN</u>

I have a toothache.

Boli mnie ząb.

BO-LEE MṄE Z<u>OWN</u>P

I have an abscess.

Mam ropę pod zębem.

MAM **RO**-P<u>AN</u> POD Z<u>AN</u>-BEM

This front tooth hurts.

Ten przedni ząb mnie boli.

TEN **PSHED**-ṄEE Z<u>OWN</u>P MṄE **BO**-LEE

This tooth hurts.

Boli mnie ten ząb.

BO-LEE MṄE TEN Z<u>OWN</u>P

In the front. At the back. At the top. At the bottom.

Z przodu. Z tyłu. Na górze. Na dole.

S **PSHO**-DOO S **TI**-WOO NA **GOO**-ZHE
NA **DO**-LE

I want it extracted.

Proszę wyrwać.

PRO-SH<u>AN</u> **VIR**-VA<u>Ć</u>H

I do not want it extracted.

Proszę nie wyrywać.

PRO-SH<u>AN</u> ŃE VI-**RI**-VA<u>Ć</u>H.

Can it be fixed temporarily?

Czy może być zaleczony tymczasowo.

CHI **MO**-ZHE BI<u>Ć</u>H ZA-LE-**CHO**-NI
TIM-CHA-**SO**-VO

The gum is very sore.

Boli mnie dziąsło.

BO-LEE MŃE **DŻH<u>OWN</u>S**-WO

The gum is beeding.

Krwawi mi dziąsło.

KRVA-VEE MEE **DŻH<u>OWN</u>S**-WO

This tooth must be X-rayed.

Ten ząb musi być prześwietlony.

TEN Z<u>OWN</u>P **MOO**-ŚHEE BI<u>Ć</u>H
PSHE-ŚHVYE-**TLO**-NI

DENTURES AND BRIDGES

PROTEZY I MOSTKI

PRO-**TE**-ZI EE **MOST**-KEE

Can you repair this bridge?

Czy pan może naprawić ten mostek?

CHI PAN **MO**-ZHE NA-**PRA**-VEE<u>Ć</u>H TEN
MOS-TEK

Czy pani może...?

CHI **PA**-ŃEE **MO**-ZHE

I have broken my denture.

Pękła mi proteza.

P<u>AN</u>K-WA MEE PRO-**TE**-ZA

Is this denture reparable?

Czy można naprawić tę protezę?

CHI **MOZH**-NA NA-**PRA**-VEE<u>Ć</u>H T<u>AN</u>
PRO-TE-Z<u>AN</u>

Can it be ready this week?

Czy może być gotowa w tym tygodniu?

CHI **MO**-ZHE BI<u>Ć</u>H GO-**TO**-VA V TIM
TI-**GOD**-ŃOO

How much will the repair cost?

Ile będzie kosztowała naprawa?

EE-LE B<u>AN</u>-DŻHE KOSH-TO-**VA**-WA
NA-**PRA**-VA

PART FIVE

FOOD

USEFUL EXPRESSIONS

WYRAŻENIA PRZYDATNE

VI-RA-**ZHE**-ŇA PSHI-**DAT**-NE

RESTAURANT

RESTAURACJA - JADŁODAJNIA

RES-TAW-**RATS**-YA   YAD-WO-**DAY**-ŇA

Let us go to the restaurant.

Chodźmy do restauracji.

KHODŻH-MI DO RES-TAW-**RATS**-YEE

When is the restaurant open?

Kiedy jest restauracja otwarta?

KE-DI YEST RES-TAW-**RATS**-YA
OT-**VAR**-TA

The restaurant is open from 7 a.m. to 11 p.m.

Restauracja jest otwarta od siódmej rano do jedenastej wieczorem.

RES-TAW-**RATS**-YA YEST
OT-**VAR**-TA OD **SHOOD**-MEY
RA-NO DO YE-DE-**NAS**-TEY
VYE-**CHO**-REM

Would you like to eat?

Czy chciałby pan coś zjeść?

CHI **KHĆHAW**-BI PAN
TSOŚH ZYEŚHĆH

Czy chciałaby pani coś zjeść?

CHI **KHĆHA**-WA-BI **PA**-ŇEE
TSOŚH ZYEŚHĆH

Czy chciałbyś coś zjeść?

CHI **KHĆHAW**-BIŚH TSOŚH
ZYEŚHĆH

Czy chciałabyś...

CHI **KHĆHA**-WA-BIŚH

I am hungry.

+ Jestem głodny.

YES-TEM **GWOD**-NI

+ Jestem głodna.

YES-TEM **GWOD**-NA

Let me make reservations.

Pozwól mi zrobić rezerwacje.

POZ-VOOL MEE **ZRO**-BEECH
RE-ZER-**VA**-TSYE

Here is the menu.

Proszę jadłospis.

PRO-SHAN YAD-WOS-PEES

May I reserve a table for three for dinner at 8
p.m. tonight.

⊞ + ⊞ Chciałbym zarezerwować stół na trzy
osoby na obiad dziś o ósmej wieczorem.

KHCHAW-BIM
ZA-RE-ZER-**VO**-VACH STOOW
NA TSHI O-**SO**-BI NA **OB**-YAD
DŻHEESH O **OOS**-MEY
VYE-**CHO**-REM

⊞ + ⊞ Chciałabym...

KHCHA-WA-BIM

Which waiter serves this table?

Który kelner obsługuje ten stół?

KTOO-RI **KEL**-NER
OB-SWOO-**GOO**-YE TEN STOOW

Which waitress serves this table?

Która kelnerka obsługuje ten stół?

KTOO-RA KEL-**NER**-KA
OB-SWOO-**GOO**-YE TEN STOOW

Good evening, sir.

⊞ Dobry wieczór panu.

DOB-RI **VYE**-CHOOR **PA**-NOO

What would you like?

⊞ Co pan sobie życzy?

TSO PAN **SO**-BYE **ZHI**-CHI

Good evening, madam.

⊞ Dobry wieczór pani.

DOB-RI **VYE**-CHOOR **PA**-ŃEE

⊞ Co pani sobie życzy?

TSO **PA**-ŃEE **SO**-BYE **ZHI**-CHI

⊞ + ⊞ Co sobie życzysz?

TSO **SO**-BYE **ZHI**-CHISH

Follow me please.

Proszę iść za mną.

PRO-SHAN EESHCH ZA MNOWN

What kind of cuisine do you have?

Jaki rodzaj kuchni tu prowadzicie?

YA-KEE **RO**-DZAY **KOOKH**-ŃEE
TOO PRO-VA-**DŻHEE**-CHE

MENU

JADŁOSPIS

YAD-WO-SPEES

Polish traditional and general European.

Polską tradycyjną i ogólną europejską.

POL-SK<u>OWN</u> TRA-DI-**TSIY**-N<u>OWN</u>
EE O-**GOOL**-N<u>OWN</u> E-OO-RO-**PEY**-SK<u>OWN</u>

CONSOMES

ROSOŁY

RO-**SO**-WI

What are the consommes Polish style?

Jakie są polskie zupy?

YA-ĶE S<u>OWN</u> **POLS**-ĶE **ZOO**-PI

Polish consommes are traditionally seasoned beef or chicken broth.

Polskie rosoły z wołowiny lub kury są tradycyjnie przyprawiane.

POL-SKE RO-**SO**-WI Z VO-WO-**VEE**-NI
LOOP **KOO**-RI S<u>OWN</u> TRA-DI-**TSIY**-ŃE
PSHI-PRA-**VYA**-NE

Consomme with raw egg yolk.

Rosół z żółtkiem.

RO-SOOW Z **ZHOOWT**-ĶEM

Consomme with salty biscuit.

Rosół z diablotką.

RO-SOOW Z DYAB-**LOT**-K<u>OWN</u>

Consomme in a cup.

Rosół w filiżance.

RO-SOOW V FEE-LEE-**ZHAN**-TSE

HOT SOUPS

ZUPY GORĄCE

ZOO-PI GO-**ROWN**-TSE

Polish soups cooked on bones and served with sour cream.

Polskie zupy gotowane   na kościach i podawane z kwaśną śmietaną.

POL-SĶE **ZOO**-PI GO-TO-**VA**-NE NA
KOSH-**CHAKH** EE PO-DA-**VA**-NE Z
KVASH-N<u>OWN</u> SHMYE-**TA**-N<u>OWN</u>

Polish beet-root soup and stuffed patties with meat or mushrooms.

Barszcz podany razem z pasztecikami z mięsem lub grzybami.

BARSHCH PO-**DA**-NI **RA**-ZEM
Z PASH-TE-CHEE-**KA**-MEE Z
MYAN-SEM LOOP GZHI-**BA**-MEE

Polish barley kasha soup.

Krupnik.

KROOP-ŃEEK

Yellow cheese soup with browned butter, flour and sour cream.

Neapolitańska z żółtego sera.

NE-A-PO-LEE-**TAŃ**-SKA
Z ZHOOW-**TE**-GO **SE**-RA

Polish mushroom and noodle soup.

Zupa z grzybów suszonych z lanym ciastem.

ZOO-PA Z **GZHI**-BOOF SOO-**SHO**-NIKH
Z **LA**-NIM **ĆHAS**-TEM

Polish style tomato soup with rice.

Zupa pomidorowa z ryżem.

126

ZOO-PA PO-MEE-DO-**RO**-VA Z **RI**-ZHEM

Vegetable soup.

Zupa jarzynowa.

ZOO-PA YA-ZHI-NO-VA

Pea and smoked ham soup.

Zupa grochowa na wędzonce.

ZOO-PA GRO-**KHO**-VA NA
VAN-**DZON**-TSE

Sour cabbage soup.

Kapuśniak.

KA-**POOŚH**-ŃAK

Potato soup with browned butter and flouer.

Zupa ziemniaczana.

ZOO-PA ŻHEM-ŃA-**CHA**-NA

Cauliflower soup.

Zupa kalafiorowa.

ZOO-PA KA-LA-FYO-**RO**-VA

Fermented meal soup with browned bacon.

Żur z wędzonką.

ZHOOR Z VAN-**DZON**-KOWN

Fermented meal soup with browned sausage.

Żur z kiełbasą.

ZHOOR Z ĶEW-**BA**-SOWN

Polish-Jewish bean soup with noodles.

Zupa fasolowa po żydowsku.

ZOO-PA FA-SO-**LO**-VA PO ZHI-**DOS**-KOO

Asparagus soup.

Zupa szparagowa.

ZOO-PA SHPA-RA-**GO**-VA

Chicken soup with mushrooms.

Zupa z kury z grzybami.

ZOO-PA Z **KOO**-RI Z GZHI-**BA**-MEE

Duck soup.

Zupa z kaczki.

ZOO-PA Z **KACH**-KEE

Goose soup.

Zupa z gęsi.

ZOO-PA Z GAN-ŚHEE

Minced liver soup.

Zupa z wątroby.

ZOO-PA Z VOWN-**TRO**-BI

Lobster soup.

Zupa z homara.

ZOO-PA Z KHO-**MA**-RA

Barley soup with mushrooms.

Zupa jęczmienna z grzybami.

ZOO-PA Y<u>AN</u>CH-**MYEN**-NA
          Z GZHI-**BA**-MEE

Calfs brain soup.

Zupa z móźdźku cielęcego.

ZOO-PA Z **MOOZHDZH**-KOO
          ĆHE-L<u>AN</u>-**TSE**-GO

Fish soup.

Zupa rybna.

ZOO-PA **RIB**-NA

Turtle soup.

Zupa żółwiowa.

ZOO-PA ZHOOW-**VYO**-VA

Bread soup with egg.

Zupa chlebowa.

ZOO-PA KHLE-**BO**-VA

Onion soup.

Zupa cebulowa.

ZOO-PA TSE-BOO-**LO**-VA

Lemon soup with rice.

Zupa cytrynowa.

ZOO-PA TSI-TRI-**NO**-VA

Caraway seed soup.

Zupa kminkowa.

ZOO-PA KMEEN-**KO**-VA

Tart sorrel soup with eggs.

Zupa szczawiowa z jajkami.

ZOO-PA SHCHAV-**YO**-VA Z YAY-**KA**-MEE

Lentil soup with ham.

Zupa soczewicowa z szynka.

ZOO-PA SO-CHE-VEE-**TSO**-VA
          Z **SHIN**-K<u>OWN</u>

Spring vegetable soup.

Zupa z młodych jarzyn.

ZOO-PA Z **MWO**-DIKH YA-ZHIN

Mixed vegetable soup.

Zupa jarzynowa.

ZOO-PA YA-**ZHI**-NO-VA

Dill pickle soup.

Ogórkowa zupa z koperkiem.

ZOO-PA O-GOOR-**KO**-VA Z KO-**PER**-ĆEM

Chestnut broth with vegetables.

Zupa orzechowa.

ZOO-PA O-ZHE-**KHO**-VA

Ukrainian barshch with Polish sausage.

Barszcz ukraiński z polską kiełbasą.

BARSHCH OO-KRA-**EEŃ**-SKEE
Z **POL**-SK<u>OWN</u> ĆEW-**BA**-S<u>OWN</u>

Fermented beetroot for barshch.

Kwas.

KVAS

Clear barshch with mushrooms.

Czysty barszcz z grzybami.

CHIS-TI BARSHCH Z GZHI-BA-MEE

Polish barshch with sour cream.

Polski barszcz ze śmietaną.

POL-SKEE BARSHCH ZE
SHMYE-TA-NOWN

Lenten barshch with mushrooms.

Barszcz postny z grzybami.

BARSHCH POST-NI Z GZHI-BA-MEE

Oatmeal soup with salami.

Zupa wielkanocna na salami.

ZOO-PA VYEL-KA-NOTS-NA
NA SA-LA-MEE

Beer soup with sour cream.

Zupa piwna ze śmietaną.

ZOO-PA PEEV-NA ZE SHMYE-TA-NOWN

Pumpkin soup with rice.

Zupa z dyni z ryżem.

ZOO-PA Z DI-NEE Z RI-ZHEM

Vegetable broth with egg yolk.

Rosół jarzynowy z żółtkiem.

RO-SOOW YA-ZHI-NO-VI
Z ZHOOWT-KEM

Vegetable soup with browned flour.

Zupa jarzynowa zasmażana.

ZOO-PA YA-ZHI-NO-VA ZA-SMA-ZHA-NA

Vegetable soup with sour cream.

Zupa jarzynowa ze śmietaną.

ZOO-PA YA-ZHI-NO-VA ZE
SHMYE-TA-NOWN

Kashoobyan vegetable soup

Zupa kaszubska.

ZOO-PA KA-SHOOB-SKA

Milk soup with kasha.

Zupa mleczna z kaszą.

ZOO-PA MLECH-NA Z KA-SHOWN

COLD SOUPS

ZUPY ZIMNE

ZOO-PI ŻHEEM-NE

What cold soup do you serve?

Jakie zimne zupy można dostać?

YA-KE ŻEEM-NE ZOO-PI MOZH-NA
DOS-TACH

Buttermilk soup with vegetables.

Chłodnik.

KHWOD-NEEK

129

Barshch and cucumber soup.

Zupa ogórkowa na barszczu.

ZOO-PA O-GOOR-**KO**-VA NA **BARSH**-CHOO

Apple soup with sweet cream.

Zupa jabłkowa.

ZOO-PA YAP-**KO**-VA

Blackberry soup with sour cream.

Zupa jeżynowa ze śmietanką.

ZOO-PA YE-ZHI-**NO**-VA ZE
ŚHMYE-**TAN**-KOWN

Raspberry soup.

Zupa malinowa.

ZOO-PA MA-LI-**NO**-VA

Cold almond soup.

Zimna zupa migdałowa.

ŻHEEM-NA **ZOO**-PA MEEG-DA-**WO**-VA

Plum soup with sour cream.

Zupa śliwkowa.

ZOO-PA ŚHLEEV-**KO**-VA

Fruit soup with milk and eggs.

Zupa owocowa.

ZOO-PA O-VO-**TSO**-VA

Milk soup with vanilla.

Zupa waniliowa.

ZOO-PA VA-ṄEEL-**YO**-VA

Cold tomato soup.

Chłodna zupa pomidorowa.

KHWOD-NA **ZOO**-PA PO-MEE-DO-**RO**-VA

Raspberry soup with wine.

Malinowa zupa z winem.

MA-LEE-**NO**-VA **ZOO**-PA Z **VEE**-NEM

SOUP ACCOMPANIMENTS

DODATKI DO ZUP

DO-**DAT**-KEE DO ZOOP

What accompaniments do you have with soup?

Jakie dodatki do zup można dostać?

YA-ḰE DO-**DAT**-KEE DO ZOOP
MOZH-NA **DOS**-TAĊH

Potato dumplings.

Kluski ziemniaczane.

KLOOS-KEE ŻHEM-ṄA-**CHA**-NE

Potato balls in bread crumbs.

Krokiety osmażane.

KRO-**ḰE**-TI OS-MA-**ZHA**-NE

Polish-style meat-stuffed ravioli.

Uszka nadziewane mięsem.

OOSH-KA NA-DŻHE-VA-NE MY<u>AN</u>-SEM

Polish ravioli with mushrooms.

Uszka z grzybami.

OOSH-KA Z GZHI-BA-MEE

Polish patties with meat.

Paszteciki z mięsem.

PASH-TE-ĊHEE-KEE Z MY<u>AN</u>-SEM

Polish patties with mushrooms.

Paszteciki z grzybami.

PASH-TE-ĊHEE-KEE Z GZHI-BA-MEE

Egg balls with grated cheese.

Krokiety z jajka.

KRO-ĊE-TI Z YAY-KA

Stuffed cucumbers.

Nadziewane ogórki.

NA-DŻHE-VA-NE O-GOOR-KEE

Dumplings with meat.

Pierożki z mięsem.

PYE-ROZH-KEE Z MY<u>AN</u>-SEM

Dumplings with chicken.

Pierożki z kurą.

PYE-ROZH-KEE Z KOO-R<u>OWN</u>

SEAFOOD

POTRAWY MORSKIE

PO-TRA-VI MOR-SĊE

What are the Polish fish dishes?

Jakie są polskie potrawy rybne?

YA-ĊE S<u>OWN</u> POLS-ĊE PO-TRA-VI
                          RIB-NE

Cod with horseradish sauce.

Dorsz w sosie chrzanowym.

DORSH V SO-SHE KHZHA-NO-VIM

Stuffed pike.

Szczupak faszerowany.

SHCHOO-PAK FA-SHE-RO-VA-NI

Boiled pike with horseradish sauce.

Gotowany szczupak z sosem chrzanowym.

GO-TO-VA-NI SHCHOO-PAK Z SO-SEM
                          KHSHA-NO-VIM

Haddock fillet in batter.

Łupacz w cieście.

WOO-PACH V ĊHEŚH-ĊHE

Royal carp in jelly.

Karp w galarecie.

KARP V GA-LA-RE-ĊHE

Royal carp in grey sauce.

Karp w szarym sosie.

KARP V **SHA**-RIM SO-ŚHE

Royal carp with red cabbage.

Karp w czerwonej kapuście.

KARP V CHER-**VO**-NEY KA-**POOŚH**-ĆHE

Royal carp Jewish style.

Karp po żydowsku.

KARP PO ZHI-**DOV**-SKOO

Royal carp in mushroom sauce.

Karp w sosie grzybowym.

KARP W SO-ŚHE GZHI-**BO**-VIM

Baked pike with anchovies.

Pieczony szczupak z sardelami.

PYE-**CHO**-NI **SHCHOO**-PAK Z
                    SAR-DE-**LA**-MEE

Pike Jewish style.

Szczupak po żydowsku.

SHCHOO-PAK PO ZHI-**DOV**-SKOO

Perch with white wine.

Okoń na białym winie.

O-KOŃ NA **BYA**-WIM VEE-ŃE

Perch with hard boiled eggs.

Okoń z jajkami na twardo.

O-KOŃ Z YAY-**KA**-MEE NA **TVAR**-DO

Broiled perch with mushrooms.

Okoń z rożna z grzybami.

O-KOŃ Z **ROZH**-NA Z GZHI-**BA**-MEE

Stewed eel in wine.

Duszony węgorz w winie.

DOO-SHO-NI **VAN**-GOSH V VEE-ŃE

Sole in white wine.

Sola w białym winie.

SO-LA V **BYA**-WIM VEE-ŃE

Stewed sole with tomatoes.

Duszona sola z pomidorami.

DOO-**SHO**-NA SO-LA
            Z PO-MEE-DO-**RA**-MEE

Minced cod balls in tomato sauce.

Zrazy mielone z dorsza w sosie pomidorowym.

ZRA-ZI MYE-**LO**-NE Z **DOR**-SHA V
            SO-ŚHE PO-MEE-DO-**RO**-VIM

Fried herring in bread crumbs.

Smażony śledź w bułce tartej.

SMA-**ZHO**-NI ŚHLEDŻH V **BOOW**-TSE
                        TAR-TEY

Minced cod cutlet.

Kotlet mielony z dorsza.

KOT-LET MYE-**LO**-NI Z **DOR**-SHA

132

Fillet of sole with grated cheese.

Filed z soli z tartym serem.

FEE-LET Z **SO**-LEE Z **TAR**-TIM SE-REM

Fillet of flounder with grated cheese.

Filet z flądry z tartym serem.

FEE-LET Z **FLOWND**-RI Z **TAR**-TIM
SE-REM

Trout with parsley.

Pstrąg z pietruszką.

PSTROWNG Z PYET-**ROOSH**-KOWN

Fricassee of fish with grated cheese.

Potrawka z ryby z tartym serem.

PO-**TRAV**-KA Z **RI**-BI Z **TAR**-TIM
SE-REM

Cod steamed with vegetables.

Dorsz parzony z jarzynami.

DORSH PA-**ZHO**-NI Z YA-ZHI-**NA**-MEE

Salmon in jelly.

Łosoś w galarecie.

WO-SOŚH V GA-LA-**RE**-ĊHE

Salmon with stuffing.

Łosoś nadziewany.

WO-SOŚH NA-DŹHE-**VA**-NI

Sturgeon with sour cream.

Jesiotr z kwaśną śmietaną.

YE-ŚHOTR Z **KVAŚH**-NOWN
ŚHMYE-**TA**-NOWN

Lobster with sour cream.

Homar ze śmietaną.

KHO-MAR ZE ŚHMYE-**TA**-NOWN

Oyster cakes with mushrooms and grated cheese.

Krokiety z ostryg z grzybami i z tartym serem.

KRO-**ĊE**-TI Z **OST**-RIG Z GZHI-**BA**-MEE
EE Z **TAR**-TIM SE-REM

MEAT DISHES

DANIA MIĘSNE

DA-ŃA **MYANS**-NE

What are your meat specialties?

Jakie są tu dania mięsne?

YA-ĊE SOWN TOO DA-ŃA **MYANS**-NE

Here is the menu.

Proszę, jadłospis.

PRO-SHAN YAD-**WO**-SPEES

Veal cutlets with mushrooms and white vine.

Kotlety cielęce z grzybami w białym winie.

KOT-**LE**-TI ĊHE-**LAN**-TSE Z GZHI-**BA**-MEE
EE V **BYA**-WIM **VEE**-ŃE

Veal with paprika.

Cielęcina z papryką.

ĆHE-L<u>AN</u>-ĆHEE-NA Z PAP-RI-K<u>OWN</u>

Pounded veal with bechamel sauce.

Bite zrazy cielęce z Bechamelem.

BEE-TE ZRA-ZI ĆHE-L<u>AN</u>-TSE
      Z BE-SHA-ME-LEM

Pounded veal stewed with onion.

Bite zrazy cielęce duszone z cebulą.

BEE-TE ZRA-ZI ĆHE-L<u>AN</u>-TSE
    DOO-SHO-NE Z TSE-BOO-L<u>OWN</u>

Fried minced veal patties.

Paszteciki z siekanej cielęciny.

PASH-TE-ĆHEE-KEE Z ŚHE-KA-NEY
      ĆHE-L<u>AN</u>-ĆHEE-NI

Veal patties with sour cream.

Paszteciki cielęce ze śmietaną.

PASH-TE-ĆHEE-KEE ĆHE-L<u>AN</u>-TSE
    ZE ŚHMYE-TA-N<u>OWN</u>

Veal roast with garlic.

Pieczeń cielęca z czosnkiem.

PYE-CHEŃ ĆHE-L<u>AN</u>-TSA Z CHOSN-ĶEM

Stuffed veal cutlets.

Nadziewane kotlety cielęce.

NA-DŻHE-VA-NE KOT-LE-TI ĆHE-L<u>AN</u>-TSE

Veal brain cutlets.

Kotlety z mózgu cielęcego.

KOT-LE-TI Z MOOZ-GOO
      ĆHE-L<u>AN</u>-TSE-GO

Veal steak.

Stek cielęcy

STEK ĆHE-L<u>AN</u>-TSI

Fried veal liver.

Smażona wątroba cielęca.

SMA-ZHO-NA V<u>OWN</u>-TRO-BA
      ĆHE-L<u>AN</u>-TSA

Pounded veal chops.

Bite zrazy cielęce.

BEE-TE ZRA-ZI ĆHE-L<u>AN</u>-TSE

Veal chops with mushrooms.

Zrazy cielęce w sosie grzybowym.

ZRA-ZI ĆHE-L<u>AN</u>-TSE V SO-ŚHE
      GZHI-BO-VIM

Pot roast of beef.

Pieczeń wołowa, duszona.

PYE-CHEŃ VO-WO-VA DOO-SHO-NA

Beef with horseradish sauce.

Wołowina gotowana z sosem chrzanowym.

VO-WO-VEE-NA GO-TO-VA-NA Z
    SO-SEM KHSHA-NO-VIM

Pot roast with sour cream.

134

Pieczeń wołowa ze śmietaną.

PYE-CHEŃ VO-**WO**-VA ZE
ŚHMYE-**TA**-N<u>OWN</u>

Pot roast with mushrooms.

Pieczeń wołowa z grzybami.

PYE-CHEŃ VO-**WO**-VA Z GZHI-**BA**-MEE

Beef steak with horseradish.

Befsztyk z chrzanem.

BEF-SHTIK Z **KHSHA**-NEM

Simmered beef Radecki style, with mushrooms.

Duszona wołowina Radeckiego z grzybami.

DOO-**SHO**-NA VO-WO-**VEE**-NA
RA-DETS-**ĶE**-GO Z GZHI-**BA**-MEE

Meat loaf with sour cream.

Rolada mięsna ze śmietanką.

RO-**LA**-DA MY<u>ANS</u>-NA ZE
ŚHMYE-**TAN**-K<u>OWN</u>

Meat loaf Cracow style.

Rolada mięsna po krakowsku.

RO-**LA**-DA MY<u>ANS</u>-NA PO
KRA-**KOV**-SKOO

Stuffed roast Husar style.

Pieczeń wołowa po husarsku.

PYE-CHEŃ VO-**WO**-VA PO
HOO-**SAR**-SKOO

Boiled beef with horseradish sauce.

Sztuka mięsa z sosem chrzanowym.

SHTOO-KA MY<u>AN</u>-SA Z **SO**-SEM
KHSHA-**NO**-VIM

Steak tartare.

Befsztyk po tatarsku.

BEF-SHTIK PO TA-**TAR**-SKOO

Meat loaf stuffed with eggs.

Klops nadziewany jajkami.

KLOPS NA-**DŻHE**-VA-NI YAY-**KA**-MEE

Meat loaf stuffed with sausage.

Klops nadziewany kiełbasą.

KLOPS NA-**DŻHE**-VA-NI ĶEW-**BA**-S<u>OWN</u>

Meat loaf with sour cream sauce.

Klops w sosie śmietanowym.

KLOPS V **SO**-ŚHE ŚHME-**TA**-NO-VIM

Meat loaf with mushrooms.

Klops z grzybami.

KLOPS Z GZHI-**BA**-MEE

Goulash stew.

Gulasz.

GOO-LASH

Beef tongue with carrots.

Ozór wołowy z marchewką.

135

O-ZOOR VO-WO-VI Z MAR-KHEV-KOWN

Fried tongue.

Ozór smażony.

O-ZOOR SMA-ZHO-NI

Beef chops with onions.

Zrazy wołowe z cebulą.

ZRA-ZI VO-WO-VE Z TSE-BOO-LOWN

Cooked tongue, browned in horseradish sauce.

Ozór zapiekany w sosie chrzanowym.

**O-ZOOR ZA-PYE-KA-NI V SO-ŚHE
              KHSHA-NO-VIM**

Cooked beef,browned in horseradish sauce.

Sztuka mięsa zapiekana w sosie chrzanowym.

**SHTOO-KA MYAN-SA ZA-PYE-KA-NA
              V SO-ŚHE KHSHA-NO-VIM**

PORK SPECIALTIES

POTRAWY WIEPRZOWE

PO-TRA-VI VYEP-SHO-VE

What pork products do you have?

Jakie wyroby masarskie można tu dostać?

**YA-ĸE VI-RO-BI MA-SAR-SĸE MOZH-NA
              TOO DOS-TAĊH**

We have a great variety of traditional Polish pork products.

Mamy urozmaicony wybór polskich tradycyjnych wyrobów masarskich.

**MA-MI OO-ROZ-MA-EE-TSO-NI VI-BOOR
POL-SKEEKH TRA-DI-TSIY-NIKH
VI-RO-BOOF MA-SAR-SKEEKH**

Lean ham, smoked and cooked.

Chuda szynka wędzona i gotowana.

**KHOO-DA SHIN-KA VAN-DZO-NA EE
              GO-TO-VA-NA**

Pork ribs cooked with vegetables.

Żeberka wieprzowe gotowane z jarzynami.

**ZHE-BER-KA VYEP-SHO-VE
              GO-TO-VA-NE Z YA-ZHI-NA-MEE**

Pork loin cutlets.

Kotlety schabowe.

KOT-LE-TI SKHA-BO-VE

Ground pork cutlets.

Kotlety wieprzowe mielone.

KOT-LE-TI VYEP-SHO-VE MYE-LO-NE

Pounded ham cutlets.

Bite kotlety z szynki.

BEE-TE KOT-LE-TY Z SHIN-KEE

Cold cooked ham.

Szynka gotowana na zimno.

SHIN-KA GO-TO-VA-NA NA ŻHEEM-NO

Pork chops.

Zrazy wieprzowe.

ZRA-ZI **VYEP-SHO**-VE

Stewed pork chops.

Zrazy wieprzowe duszone.

ZRA-ZI **VYEP-SHO**-VE DOO-**SHO**-NE

Minced pork chops with rice.

Siekane zrazy wieprzowe z ryżem.

ŚHE-KA-NE **ZRA**-ZI **VYEP-SHO**-VE
Z **RI**-ZHEM

Pounded minced lean pork chops - royal bitki.

Bite zrazy wieprzowe po królewsku.

BEE-TE **ZRA**-ZI **VYEP-SHO**-VE
PO KROO-**LEV**-SKOO

Lean pork meat balls with anchovies.

Krokiety wieprzowe z sardelami.

KRO-**K̇E**-TI **VYEP-SHO**-VE
Z SAR-DE-LA-MEE

Sour cabbage with pork ribs.

Żeberka wieprzowe z kiszoną kapustą.

ZHE-**BER**-KA **VYEP-SHO**-VE Z
KEE-**SHO**-N<u>OWN</u> KA-**POOS**-T<u>OWN</u>

Roast loin of pork.

Schabowa pieczeń wieprzowa.

SKHA-**BO**-VA **PYE**-CHEŃ **VYEP-SHO**-VA

Ham baked in dough.

Szynka pieczona w cieście.

SHIN-KA PYE-**CHO**-NA V **ĊHEŚH**-ĊHE

Young pork liver.

Wątróbka wieprzowa.

V<u>OWN</u>T-**ROOB**-KA **VYEP-SHO**-VA

Pork brain cutlets.

Kotlety z mózgu wieprzowego.

KOT-LE-TI Z **MOOZ**-GOO
VYEP-SHO-**VE**-GO

Pork goulash.

Gulasz wieprzowy.

GOO-LASH **VYEP-SHO**-VI

Stuffed piglet.

Prosię nadziewane.

PRO-ŚHAN NA-DŹHE-**VA**-NE

Spare ribs stewed with kohlrabi.

Żeberka wieprzowe duszone z kalarepą.

ZHE-**BER**-KA **VYEP-SHO**-VE DOO-**SHO**-NE
Z KA-LA-**RE**-P<u>OWN</u>

Ground pork chops in tomato sauce.

Mielone zrazy wieprzowe w sosie pomidorowym.

MYE-**LO**-NE **ZRA**-ZI **VYEP-SHO**-VE
V **SO**-ŚHE PO-MEE-DO-**RO**-VIM

Smoked sausage with onion sauce.

Kiełbasa wędzona w sosie cebulowym.

ĶEW-**BA**-SA V<u>AN</u>-**DZO**-NA V SO-ŚHE
          TSE-BOO-**LO**-VIM

Smoked sausage with onion sauce.

Kiełbasa' wędzona w sosie cebulowym.

ĶEW-**BA**-SA V<u>AN</u>-**DZO**-NA V SO-ŚHE
          TSE-BOO-**LO**-VIM

Sausage served hot.

Kiełbasa na gorąco.

ĶEW-**BA**-SA NA GO-R<u>OWN</u>-TSO

Franks served hot.

Parówki na gorąco.

PA-**ROOV**-KEE NA GO-R<u>OWN</u>-TSO

Pigs foot jelly.

Golonka gotowana.

GO-**LON**-KA GO-TO-**VA**-NA

Pork kidneys with groats.

Nerki wieprzowe z kaszą.

NER-KEE VYEP-**SHO**-VE Z KA-SH<u>OWN</u>

Baked bacon.

Boczek pieczony.

BO-CHEK PYE-**CHO**-NI

Pork meat loaf.

Klops z wieprzowiny.

KLOPS Z VYEP-SHO-**VEE**-NI

White pork sausage with onion.

Kiełbasa biała z cebulą.

ĶEW-**BA**-SA **BYA**-WA Z TSE-**BOO**-L<u>OWN</u>

LAMB SPECIALTIES

POTRAWY Z BARANINY

PO-**TRA**-VI Z BA-RA-**ŃEE**-NI

How about lamb?

Czy jest baranina?

CHI YEST BA-RA-**ŃEE**-NA

Lamb roast with sour cream.

Pieczeń barania z czosnkiem.

PYE-CHEŃ BA-**RA**-ŃA Z **CHOSN**-ĶEM

Fricassee of lamb.

Potrawka z baraniny.

PO-**TRAV**-KA Z BA-RA-**ŃEE**-NI

Lamb shish kebab with bacon.

Szaszłyk barani z boczkiem.

SHA SH-WIK BA-**RA**-ŃEE Z **BOCH**-ĶEM

Pounded lamb chops.

Bite zrazy baranie.

BEE-TE **ZRA**-ZI BA-RA-**ŃE**

Lamb chops with grated cheese.

138

Zrazy baranie z tartym serem.

ZRA-ZI BA-**RA**-ŇE Z **TAR**-TIM SE-REM

Marinated lamb with Polish sausage.

Marynowana baranina z polską kiełbasą.

MA-RI-NO-**VA**-NA BA-RA-**ŇEE**-NA Z
POLS-K<u>OW</u>N ḰEW-**BA**-S<u>OW</u>N

Lamb chops with mushrooms.

Zrazy baranie z grzybami.

ZRA-ZI BA-**RA**-ŇE Z GZHI-**BA**-MEE

Lamb cooked with cabbage.

Baranina gotowana z kapustą.

BA-RA-ŇEE-NA GO-TO-**VA**-NA Z
KA-**POOS**-T<u>OW</u>N

Lamb with onion sauce.

Baranina gotowana z sosem cebulowym.

BA-RA-**ŇEE**-NA GO-TO-**VA**-NA Z **SO**-SEM
TSE-BOO-**LO**-VIM

Boiled shoulder of lamb.

Lopatka barania gotowana.

WO-**PAT**-KA BA-**RA**-ŇA GO-TO-VA-NA

Ground lamb cutlets.

Kotlety baranie mielone.

KOT-**LE**-TI BA-**RA**-ŇE MYE-**LO**-NE

Lamb brisket cutlets.

Kotlety z mostka baraniego.

KOT-**LE**-TI Z **MOST**-KA BA-RA-ŇE-GO

Lamb-veal-beef meat balls in dough.

Kołduny zawijane w cieście.

KOW-**DOO**-NI ZA-VEE-**YA**-NE V
ĊHEŚH-ĊHE

Lamb stewed with tomatoes.

Baranina gotowana z pomidorami.

BA-RA-**ŇEE**-NA GO-TO-**VA**-NA
Z PO-MEE-DO-**RA**-MEE

Lamb and beans.

Baranina z fasolą.

BA-RA-**ŇEE**-NA GO-TO-**VA**-NA
Z FA-**SO**-L<u>OW</u>N

Lamb stew with potatoes.

Baranina gotowana z ziemniakami.

BA-RA-**ŇEE**-NA GO-TO-**VA**-NA
Z ŻHEM-ŇA-**KA**-MEE

Calf's liver ,veal, and pork meat loaf with bacon, eggs, and mushrooms.

Pasztet.

PASH-TET

Tripe with soup bone and vegetables.

Flaki.

FLA-KEE

Liver pudding.

Pasztet z wątroby.

PASH-TET Z V<u>OWN</u>-TRO-BI

<u>Chopped liver and pork with groats.</u>

Kiszka.

KEESH-KA

<u>Sour cabbage with diced pork, veal, beef, ham,sausage and mushrooms. Stewed, then fried.</u>

Bigos.

BEE-GOS

<u>Black pudding.</u>

Krwawa kiszka.

KRVA-VA **KEESH**-KA

POULTRY AND VENISON

DRÓB I DZICZYZNA

DROOP EE DŻHEE-**CHIZ**-NA

<u>What poultry dishes do you recommend?</u>

Jakie potrawy z drobiu pan poleca?

YA-KE PO-**TRA**-VI Z **DROB**-YOO PAN PO-**LE**-TSA

...pani poleca?

PA-**ŃEE** PO-**LE**-TSA

+ ...polecasz?

PO-**LE**-TSASH

<u>Chicken Polish style, cooked with vegetables and chopped mushrooms.</u>

Kurczę po polsku.

KOOR-CHE PO **POLS**-KOO

<u>Chicken fricassee.</u>

Potrawka z kury.

PO-**TRAV**-KA Z **KOO**-RI

<u>Fricassee of giblets.</u>

Potrawka z podróbek.

PO-**TRAV**-KA Z POD-**ROO**-BEK

<u>Chicken in dill sauce.</u>

Kurczak w sosie koperkowym.

KOOR-CHAK V SO-**ŚHE** KO-PER-KO-VIM

<u>Chicken stuffed with pea puree.</u>

Kurczę nadziewane z puree z groszku.

KOOR-CHE NA-**DŻHE**-VA-NE Z **PEE**-RE Z **GROSH**-KOO

<u>Chicken stewed with peppers.</u>

Paprykarz z kurcząt.

PAP-**RI**-KASH Z **KOOR**-CH<u>OWN</u>T

<u>Roast stuffed chicken.</u>

Pieczone kurczę nadziewane.

PYE-**CHO**-NE **KOOR**-CHE NA-**DŻHE**-VA-NE

<u>Baked chicken with sour cream.</u>

140

Kurczę pieczone ze śmietaną.

KOOR-CHE PYE-**CHO**-NE ZE
ŚHMYE-**TA**-N<u>OWN</u>

Caesar's chicken with mushrooms.

Kurczę po cesarsku z grzybami.

KOOR-CHE PO TSE-**SARS**-KOO
Z GZHI-**BA**-MEE

Chicken stewed with tomatoes.

Kurczę duszone z pomidorami.

KOOR-CHE DOO-**SHO**-NE
Z PO-MEE-DO-**RA**-MEE

Chicken breast cutlets.

Smażone kotlety z piersi kury.

SMA-**ZHO**-NE KOT-**LE**-TI Z **PYER**-ŚHEE
KOO-RI

Chicken cutlets with mushrooms.

Kotlety z kury z grzybami.

KOT-**LE**-TI Z **KOO**-RI Z GZHI-**BA**-MEE

Chicken livers with rice and cheese.

Wątróbki z kurczęcia z ryżem i serem.

V<u>OWN</u>-**TROOB**-KEE Z KOOR-**CHAN**-ĆHA
Z **RI**-ZHEM EE **SE**-REM

Fricasse of pigeon with nuts.

Potrawka z gołębi z orzechami.

PO-**TRAV**-KA Z GO-W<u>AN</u>-BEE
Z O-ZHE-**KHA**-MEE

Baked stuffed turkey with cranberries.

Pieczony nadziewany indyk z żurawinami.

PYE-**CHO**-NI NA-**DŻHE**-VA-NI **EEN**-DIK Z
ZHOO-RA-VEE-NA-MEE

Minced turkey cutlets.

Siekane kotlety z indyka.

ŚHE-**KA**-NE KOT-**LE**-TI Z EEN-**DI**-KA

Fried chicken.

Kurczak pieczony.

KOOR-CHAK PYE-**CHO**-NI

Duck stewed with cabbage and apples.

Kaczka duszona w kapuście z jabłkami.

KACH-KA DOO-**SHO**-NA V
KA-**POOŚH**-ĆHE Z YAP-**KA**-MEE

Roast goose.

Pieczona gęś.

PYE-**CHO**-NA G<u>AN</u>ŚH

Fried goose liver.

Smażona gęsia wątróbka.

SMA-**ZHO**-NA G<u>AN</u>-ŚHA
V<u>OWN</u>-**TROOB**-KA

Goose with liver stuffing.

Gęś z nadzieniem wątrobianym.

G<u>AN</u>ŚH Z NA-**DŻHE**-ŃEM
V<u>OWN</u>-TRO-**BYA**-NIM

Goose baked with apples.

Gęś pieczona z jabłkami.

GANŚH PYE-CHO-NA
    Z YAP-KA-MEE

Duck baked with apples.

Kaczka pieczona z jabłkami.

KACH-KA PYE-CHO-NA
    Z YAP-KA-MEE

Partridge baked in bacon.

Kuropatwa pieczona w słoninie.

KOO-RO-PAT-VA PYE-CHO-NA
    V SWO-ŃEE-ŃE

Roast venison with sour cream.

Dziczyzna pieczona w śmietanie.

DŻHEE-CHIZ-NA PYE-CHO-NA
    V ŚHMYE-TA-ŃE

Pounded venison chops with wine.

Bite zrazy z dziczyzny w winie.

BEE-TE ZRA-ZI Z DŻHEE-CHIZ-NI V
    VEE-ŃE

Pounded venison cutlets.

Bite kotlety z dziczyzny.

BEE-TE KOT-LE-TI Z DŻHEE-CHIZ-NI

Fried minced venison patties.

Paszteciki z siekanej dziczyzny.

PASH-TE-CHEE-KEE Z ŚHE-KA-NEY

DŻHEE-CHIZ-NI

Fricassee of hare.

Potrawka z zająca.

PO-TRAV-KA Z ZA-YOWN-TSA

Hare meat loaf with onions and bacon.

Pasztet z zająca.

PASH-TET Z ZA-YOWN-TSA

Fricassee of rabbit.

Potrawka z królika.

PO-TRAV-KA Z KROO-LEE-KA

Rabbit hunting style.

Marynowany królik po myśliwsku.

MA-RI-NO-VA-NI KROO-LEEK PO
    MIŚH-LEEV-SKOO

Marinated wild duck stew.

Dzika kaczka.

DŻHEE-KA KACH-KA

Marinated wild goose with olives.

Dzika gęś z oliwkami.

DŻHEE-KA GANŚH Z O-LEEV-KA-MEE

Baked marinated deer haunch in sour cream,
Polish style.

Udziec sarni w śmietanie po polsku.

OO-DŻHETS SAR-ŃEE V ŚHMYE-TA-ŃE
    PO POL-SKOO

142

Boar ham stewed and baked.

Pieczeń duszona z dzika.

PYE-CHEŃ DOO-SHO-NA Z DŻHEE-KA

Marinated boar cutlets.

Kotlety z dzika.

KOT-LE-TI Z DŻHEE-KA

Venison meat loaf.

Pasztet z dziczyzny.

PASH-TET Z DŻHEE-CHIZ-NI

Fricassee of venison.

Potrawka z dziczyzny.

PO-TRAV-KA Z DŻHEE-CHIZ-NI

HOT SAUCES

GORĄCE SOSY

GO-ROWN-TSE SO-SI

What sauces do you have?

Jakie ma pan sosy?

YA-ĶE MA PAN SO-SI

Jakie ma pani sosy?

YA-ĶE MA PA-ŃEE SO-SI

+ Jakie masz...

YA-ĶE MASH

Let us start with the hot sauces.

Zacznijmy od sosów gorących.

ZACH-ŃEEY-MI OD SO-SOOF
GO-ROWN-TSIKH

White sauce.

Sos mleczny.

SOS **MLECH**-NI

Cheese sauce.

Sos serowy.

SOS SE-RO-VI

Horseradish sauce.

Sos chrzanowy.

SOS KHSHA-NO-VI

Mushroom sauce.

Sos grzybowy.

SOS GZHI-BO-VI

Dried mushroom sauce.

Sos z grzybów suszonych.

SOS Z **GZHI**-BOOF SOO-SHO-NIKH

Dill sauce with sour cream.

Sos koperkowy ze śmietaną.

SOS KOP-ER-KO-VI ZE ŚHMYE-TA-NOWN

Tomato sauce with sausage.

143

Sos pomidorowy z kiełbasą.

SOS PO-MEE-DO-**RO**-VI Z ĶEW-**BA**-S<u>OWN</u>

Tomato sauce with sour cream.

Sos pomidorowy ze śmietaną.

SOS PO-MEE-DO-**RO**-VI ZE
        SHMYE-**TA**-N<u>OWN</u>

Onion sauce.

Sos cebulowy.

SOS TSE-BOO-**LO**-VI

Polish egg sauce.

Polski sos jajowy.

POL-SKEE SOS YA-**YO**-VI

Polish gray sauce.

Polski szary sos.

POL-SKEE **SHA**-RI SOS

Raisin sauce with wine.

Sos rodzynkowy z winem.

SOS RO-DZIN-**KO**-VI Z **VEE**-NEM

Mustard sauce.

Sos musztardowy.

SOS MOOSH-TAR-**DO**-VI

Pickle sauce.

Sos ogórkowy.

SOS O-GOOR-**KO**-VI

Anchovy sauce.

Sos sardelowy.

SOS SAR-DE-**LO**-VI

COLD SAUCES

SOSY ZIMNE

SO-SI **ŽHEEM**-NE

There are many good Polish cold sauces.

Jest wiele dobrych polskich zimnych sosów.

YEST **VYE**-LE **DOB**-RIKH
    POLS-KEEKH **ŽHEEM**-NIKH
        SO-SOOF

Tartare sauce.

Sos tatarski.

SOS TA-**TAR**-SKEE

Beet sauce.

Ćwikła.

ĊHVEEK-WA

Mayonnaise with wine.

Sos majonezowy z winem.

SOS MA-YO-NE-**ZO**-VI Z **VEE**-NEM

VEGETABLE DISHES

DANIA JARZYNOWE

DA-ÑA YA-ZHI-NO-VE

Vegetables served Polish style.

144

Jarzyny podane po polsku.

YA-ZHI-NI PO-DA-NE PO POLS-KOO

Polish potato dishes.

Polskie dania ziemniaczane.

POLS-ḰE DA-ṄA ŻHEM-ṄA-CHA-NE

Browned mashed young potato pies.

Smażone placki z młodych gniecionych ziemniaków.

SMA-ZHO-NE PLATS-KEE Z MWO-DIKH
GṄE-ĊHO-NIKH ŻHEM-ṄA-KOOF

Cabbage and onion dish.

Kapusta gotowana z cebulą.

KA-POOS-TA GO-TO-VA-NA Z
TSE-BOO-LOWN

Sour beans.

Fasola na kwaśno.

FA-SO-LA NA KVAŚH-NO

Green peas.

Zielony groszek.

ŻHE-LO-NI GRO-SHEK

Asparagus.

Szparagi.

SHPA-RA-GEE

String beans.

Szparagowa fasola.

SHPA-RA-GO-VA FA-SO-LA

Beets.

Buraczki.

BOO-RACH-KEE

Brussels sprouts.

Brukselka.

BROOK-SEL-KA

Kohlrabi dish.

Kalarepa.

KA-LA-RE-PA

Peas and carrots.

Marchewka z groszkiem.

MAR-KHEV-KA Z GROSH-ḰEM

Horseradish sauce.

Sos chrzanowy.

SOS KHSHA-NO-VI

Spinach with eggs.

Szpinak z jajkami.

SHPEE-NAK Z YAY-KA-MEE

Broccoli with butter.

Brokuły z masłem.

BRO-KOO-WI Z MAS-WEM

Turnips and potatoes with bacon.

Brukiew po mazursku.

BROO-ĶEV PO MA-ZOOR-SKOO

Browned turnips.

Brukiew zasmażana.

BROO-ĶEV ZA-SMA-ZHA-NA

Turnips and carrots

Brukiew z marchewką.

BROO-ĶEV Z MAR-KHEV-KOWN

Turnips with tomato sauce.

Brukiew w sosie pomidorowym.

**BROO-ĶEV V SO-ŚHE
PO-MEE-DO-RO**-VIM

Browned turnips.

Brukiew zasmażana.

BROO-ĶEV ZA-SMA-ZHA-NA

Turnips with carrots.

Brukiew z marchewką.

BROO-ĶEV Z MAR-KHEV-KOWN

Browned beets with vinegar.

Zasmażane buraki z octem.

ZAS-MA-**ZHA**-NE BOO-**RA**-KEE Z
OTS-TEM

Beets with rhubarb.

Buraki z rabarbarem.

BOO-**RA**-KEE Z RA-BAR-**BA**-REM

Onion stew with bacon.

Cebula duszona.

TSE-**BOO**-LA DOO-**SHO**-NA

Pumpkin and potatoes with bacon.

Dynia po mazursku.

DI-ŃA PO MA-**ZOOR**-SKOO

Pumpkin with Polish pickles.

Dynia z kiszonymi ogórkami.

DI-ŃA Z KEE-SHO-NI-MEE
O-GOOR-**KA**-MEE

Beans in tomato sauce.

Fasola w sosie pomidorowym.

FA-**SO**-LA V SO-ŚHE
PO-MEE-DO-**RO**-VIM

Cauliflower in sour cream sauce.

Kalafior w sosie śmietanowym.

KA-**LAF**-YOR V SO-ŚHE
ŚHMYE-TA-NO-VIM

Cauliflower with bread-crumbs.

Kalafior z bułeczką tartą.

KA-**LAF**-YOR Z BOO-**WECH**-K**OWN
TAR-T**OWN

Cauliflower and cheese in Bechamel sauce.

Kalafior z serem w sosie beszamelowym.

KA-**LAF**-YOR Z **SE**-REM V SO-ŚHE
BE-SHA-ME-**LO**-VIM

Polish style shredded cabbage with bacon and onion.

Kapusta szatkowana z cebulą na boczku.

KA-**POOS**-TA SHAT-KO-**VA**-NA Z
TSE-**BOO**-L<u>OWN</u> NA **BOCH**-KOO

Cabbage with apples and sour cream.

Kapusta z jabłkami ze śmietaną.

KA-**POOS**-TA Z Y<u>A</u>P-**KA**-MEE ZE
ŚHMYE-TA-N<u>OWN</u>

Browned cabbage with apples.

Kapusta zasmażana z jabłkami.

KA-**POOS**-TA ZA-SMA-**ZHA**-NA Z
YAP-**KA**-MEE

Sour shredded cabbage with browned onion.

Kiszona szatkowana kapusta z zasmażaną cebulą.

KEE-**SHO**-NA SHAT-KO-**VA**-NA
KA-**POOS**-TA Z ZAS-MA-**ZHA**-N<u>OWN</u>
TSE-**BOO**-L<u>OWN</u>

Browned white cabbage with tomatoes.

Kapusta biała zasmażana z pomidorami.

KA-**POOS**-TA **BYA**-WA ZAS-MA-**ZHA**-NA
Z PO-MEE-DO-**RA**-MEE

White cabbage chunks with potato.

Biała kapusta "parzybroda".

BYA-WA KA-**POOS**-TA PA-ZHI-**BRO**-DA

Red cabbage browned with apples.

Kapusta czerwona zasmażana z jabłkami.

KA-**POOS**-TA CHER-**VO**-NA
ZAS-MA-**ZHA**-NA Z YAP-**KA**-MEE

Sour cabbage with peas.

Kapusta kiszona z grochem.

KA-**POOS**-TA KEE-**SHO**-NA Z **GRO**-KHEM

Sour cabbage with mushrooms.

Kapusta kiszona z grzybami.

KA-**POOS**-TA KEE-**SHO**-NA Z
GZHI-BA-MEE

Sour cabbage shredded and boiled.

Kapusta kiszona "parzonka".

KA-**POOS**-TA KEE-**SHO**-NA PA-**ZHON**-KA

Cabbage rolls with mushrooms.

Gołąbki z grzybami.

GO-W<u>OWN</u>B-KEE Z **GZHI**-BA-MEE

Cabbage rolls with minced pork.

Gołąbki z mięsem.

GO-W<u>OWN</u>B-KEE Z MY<u>AN</u>-SEM

Carrot and potato chunks, Mazovian style.

Marchew po mazursku.

MAR-KHEV PO MA-**ZOOR**-SKOO

Carrots browned with butter and flour, Polish style.

Marchew zasmażana.

MAR-KHEV ZA-SMA-**ZHA**-NA

Carrots with turnips with marjoram, Polish style.

Marchew z brukwią.

MAR-KHEV Z **BROOK**-VY<u>OWN</u>

Carrots with kohlrlabi.

Marchew z kalarepą.

MAR-KHEV Z KA-LA-**RE**-P<u>OWN</u>

Browned tomatoes, Polish style.

Pomidory osmażane.

PO-MEE-**DO**-RI OS-MA-**ZHA**-NE

Tomatoes stuffed with pickles.

Pomidory nadziewane mizerią.

PO-MEE-**DO**-RI NA-DŹHE-**VA**-NE
MEE-**ZER**-Y<u>OWN</u>

Tomatoes stuffed with mixed vegetable salad.

Pomidory nadziewane sałatką.

PO-MEE-**DO**-RI NA-DŹHE-**VA**-NE
SA-WAT-K<u>OWN</u>

Tomatoes stuffed with cheese and chives.

Pomidory z serem i szczypiorkiem.

PO-MEE-**DO**-RI Z **SE**-REM
EE SHCHI-**PYOR**-ǨEM

Tomatoes stuffed with rice and mushrooms.

Pomidory nadziewane ryżem i grzybami.

PO-MEE-**DO**-RI NA-DŹHE-**VA**-NE **RI**-ZHEM
EE GZHI-**BA**-MEE

Tomatoes with meat filling.

Pomidory nadziewane mięsem.

PO-MEE-**DO**-RI NA-DŹHE-**VA**-NE
MY<u>AN</u>-SEM

Tomatoes in batter.

Pomidory w cieście.

PO-MEE-**DO**-RI V ĆHEŚH-ĆHE

Meat-stuffed tomatoes with sour cream.

Nadziewane pomidory ze śmietaną.

NA-DŹHE-**VA**-NE PO-MEE-**DO**-RI
ZE ŚHMYE-**TA**-N<u>OWN</u>

Celery fried in batter.

Selery smażone w cieście.

SE-**LE**-RI SMA-**ZHO**-NE V ĆHEŚH-ĆHE

Celery stewed in wine.

Selery duszone w winie.

SE-**LE**-RI DOO-**SHO**-NE V **VEE**-ÑE

Baked cucumbers stuffed with mushrooms and onions.

Pieczone ogórki nadziewane grzybami z cebulą.

PYE-**CHO**-NE O-**GOOR**-KEE
NA-DŹHE-**VA**-NE GZHI-**BA**-MEE

Z TSE-**BOO**-L<u>OWN</u>

<u>Asparagus with grated cheese.</u>

Szparagi z tartym serem.

SHPA-**RA**-GEE Z **TAR**-TIM SE-REM

<u>Asparagus with sour cream.</u>

Szparagi ze śmietaną.

SHPA-**RA**-GEE ZE **ŚHMYE**-TA-N<u>OWN</u>

<u>Browned leeks.</u>

Pory zasmażane.

PO-RI ZA-SMA-**ZHA**-NE

<u>Leeks with butter.</u>

Pory z masłem.

PO-RI Z **MAS**-WEM

<u>Boiled artichokes.</u>

Karczochy gotowane.

KAR-**CHO**-KHI GO-TO-**VA**-NE

<u>Stewed artichokes.</u>

Karczochy duszone.

KAR-**CHO**-KHI DOO-**SHO**-NE

<u>Artichokes with wine.</u>

Karczochy z winem.

KAR-**CHO**-KHI Z **VEE**-NEM

<u>Baked stuffed artichokes.</u>

Pieczone nadziewane karczochy.

PYE-**CHO**-NE NA-**DŻHE**-**VA**-NE
KAR-**CHO**-KHI

<u>Stuffed red peppers.</u>

Nadziewana czerwona papryka.

NA**DŻHE**-**VA**-NA CHER-**VO**-NA
PAP-**RI**-KA

<u>Baked stuffed yellow peppers.</u>

Pieczona nadziewana żółta papryka.

PYE-**CHO**-NA NA-**DŻHE**-**VA**-NA
ZHOOW-TA PAP-**RI**-KA

<u>Stuffed green peppers.</u>

Nadziewana zielona papryka.

NA-**DŻHE**-**VA**-NA **ŻHE**-**LO**-NA PAP-**RI**-KA

<u>Spinach with sour cream.</u>

Szpinak z kwaśną śmietaną.

SHPEE-NAK Z **KVAŚH**-N<u>OWN</u>
ŚHMYE-TA-N<u>OWN</u>

<u>Fried spinach patties.</u>

Smażone paszteciki ze szpinaku.

SMA-**ZHO**-NE PASH-TE-**ČHEE**-KEE ZE
SHPEE-NA-KOO

<u>Early spinach with butter.</u>

Szpinak wczesny z masłem.

SHPEE-NAK **VCHES**-NI Z **MAS**-WEM

149

Spinach and radishes with sour cream.

Szpinak z rzodkiewką w sosie śmietanowym.

SHPEE-NAK Z ZH**O**D-**K**EV-K<u>OWN</u>
  V SO-**Ś**HE **Ś**HMYE-TA-**NO**-VIM

Spinach with grated Parmesan.

Szpinak z tartym parmezanem.

SHPEE-NAK Z **TAR**-TIM
    PAR-ME-**ZA**-NEM

Spinach with mushroom sauce.

Szpinak w sosie grzybowym.

SHPEE-NAK V SO-**Ś**HE GZHI-**BO**-VIM

Green peas with mushrooms.

Groszek z grzybami.

GRO-SHEK Z GZHI-**BA**-MEE

Potato pancakes, Polish style.

Smażone placki ziemniaczane.

SMA-**ZHO**-NE **PLA**TS-KEE
    ŻHEM-**Ń**A-**CHA**-NE

Boiled potatoes with parsley.

Gotowane ziemniaki z pietruszką.

GO-TO-**VA**-NE **Ż**HEM-**Ń**A-KEE
    Z PYET-**ROOSH**-K<u>OWN</u>

Mashed potatoes.

Ziemniaki tłuczone.

ŻHEM-**Ń**A-KEE TWOO-**CHO**-NE

Fried potatoes.

Ziemniaki smażone.

ŻHEM-**Ń**A-KEE SMA-**ZHO**-NE

New potatoes with dill butter.

Młode ziemniaki z masłem i koprem.

MWO-DE **Ż**HEM-**Ń**A-KEE Z **MAS**-WEM
    EE **KOP**-REM

Baked potatoes.

Ziemniaki pieczone.

ŻHEM-**Ń**A-KEE PYE-**CHO**-NE

Potatoes stewed with onions and bacon.

Ziemniaki duszone "po szewsku."

ŻHEM-**Ń**A-KEE DOO-**SHO**-NE
    PO **SHEV**-SKOO

Fried potato balls.

Smażone krokiety ziemniaczane.

SMA-**ZHO**-NE KRO-**K**E-TI
    ŻHEM-**Ń**A-**CHA**-NE

Potato balls with mushrooms.

Krokiety ziemniaczane z grzybami.

KRO-**K**E-TI **Ż**HEM-**Ń**A-**CHA**-NE
    Z GZHI-**BA**-MEE

Potatoes pancakes with onions.

Placki ziemniaczane z cebulą.

PLATS-KEE **Ż**HEM-**Ń**A-**CHA**-NE
    Z TSE-**BOO**-L<u>OWN</u>

Potato-milk pancakes.

Ziemniaczane placki parzone.

ŻHEM-ŃA-CHA-NE **PLATS**-KEE
PA-**ZHO**-NE

Casserole of potato and eggs with sour cream.

Zapiekane ziemniaki z jajkami i śmietaną.

ZA-PYE-**KA**-NE ŻHEM-ŃA-KEE Z
YAY-**KA**-MEE EE ŚHMYE-**TA**-N<u>OWN</u>

Casserole of potato and eggs with mushroom sauce.

Zapiekane ziemniaki z jajkami i sosem
grzybowym.

ZA-PYE-**KA**-NE ŻHEM-ŃA-KEE Z
YAY-**KA**-MEE EE SO-SEM GZHI-**BO**-VIM

Potatoes stuffed with meat.

Ziemniaki nadziewane mięsem.

ŻHEM-ŃA-KEE NA-DŻHE-**VA**-NE
MY<u>AN</u>-SEM

Potatoes stuffed with mushrooms.

Ziemniaki nadziewane grzybami.

ŻHEM-ŃA-KEE NA-DŻHE-**VA**-NE
GZHI-**BA**-MEE

Potatoes stuffed with grated cheese.

Ziemniaki nadziewane tartym serem.

ŻHEM-ŃA-KEE NA-DŻHE-**VA**-NE
TAR-TIM SE-REM

Stewed potatoes with barley and sour cream.

Ziemniaki duszone z jęczmieniem i kwaśną

śmietaną.

ŻHEM-ŃA-KEE DOO-**SHO**-NE
Z Y<u>AN</u>CH-**MYE**-ŃEM EE
KVAŚH-N<u>OWN</u> ŚHMYE-**TA**-N<u>OWN</u>

Potato noodles stuffed with meat.

Pyzy.

PI-ZI

Potato and cheese noodles.

Kluski ziemniaczane.

KLOOS-KEE ŻHEM-ŃA-**CHA**-NE

SALADS

SAŁATKI

SA-**WAT**-KEE

Potato and milk puree.

Ziemniaki przecierane z mlekiem - puree.

ŻHEM-ŃA-KEE PSHE-ĆHE-**RA**-NE
Z **MLE**-ĶEM

Potato salad with smoked fish.

Sałatka z ziemniaków z rybą wędzoną.

SA-**WAT**-KA Z ŻHEM-ŃA-KOOF
Z RI-B<u>OWN</u> VAN-**DZO**-N<u>OWN</u>

Potato salad with onion.

Sałatka z ziemniaków z cebulą.

SA-**WAT**-KA Z ŻHEM-ŃA-KOOF
Z TSE-**BOO**-L<u>OWN</u>

Potato salad with chives and dill.

151

Sałatka z ziemniaków ze szczypiorkiem i
koprem.

SA-WAT-KA Z ŻHEM-ŃA-KOOF
ZE SHCHIP-YOR-ḰEM EE
KOP-REM

Potato salad with celery.

Sałatka z ziemniaków z selerem.

SA-WAT-KA Z ŻHEM-ŃA-KOOF
Z SE-LE-REM

Potato salad in egg sauce with lemon and wine.

Sałatka z ziemniaków w sosie jajowym.

SA-WAT-KA Z ŻHEM-ŃA-KOOF
V SO-ŚHE YA-YO-VIM

Potato salad with eggs and mushrooms.

Sałatka z ziemniaków z grzybami.

SA-WAT-KA Z ŻHEM-ŃA-KOOF
Z GZHI-BA-MEE

Potato salad with apples and capers.

Sałatka z ziemniaków z jabłkami i z kaparami.

SA-WAT-KA Z ŻHEM-ŃA-KOOF
Z YAP-KA-MEE EE Z KA-PA-RA-MEE

Potato salad with anchovies.

Sałatka z ziemniaków z sardelami.

SA-WAT-KA Z ŻHEM-ŃA-KOOF
Z SAR-DE-LA-MEE

Red beet salad with horseradish.
Ćwikła.

ĊHVEEK-WA

Herring salad with mustard.

Sałatka śledziowa z musztardą.

SA-WAT-KA ŚHLE-DŻHO-VA
Z MOOSH-TAR-DOWN

Herring salad with mayonnaise.

Sałatka śledziowa z majonezem.

SA-WAT-KA ŚHLE-DŻHO-VA
Z MA-YO-NE-ZEM.

Jellied lobster salad.

Sałatka w galarecie z homara.

SA-WAT-KA V GA-LA-RE-ĆHE
Z KHO-MA-RA

Royal salad with herring.

Królewska sałatka ze śledziem.

KROO-LEV-SKA SA-WA-TKA
ZE ŚHLE-DŻHEM

Cauliflower salad with mayonnaise.

Sałatka z kalafiora z majonezem.

SA-WAT-KA Z KA-LA-FYO-RA
Z MA-YO-NE-ZEM

Mixed cooked vegetable salad.

Mieszana sałatka jarzynowa.

MYE-SHA-NA SA-WAT-KA
YA-ZHI-NO-VA

Salad of asparagus tips.

Sałatka szparagowa.

SA-WAT-KA SHPA-RA-GO-VA

Jellied vegetable salad.

Sałatka jarzynowa w galarecie.

SA-WAT-KA YA-ZHI-NO-WA
         V GA-LA-RE-ĆHE

Tomato and grated onion salad.

Sałatka pomidorowa z cebulą.

SA-WAT-KA PO-MEE-DO-RO-VA
         Z TSE-BOO-LOWN

String bean salad.

Sałatka z fasoli szparagowej.

SA-WAT-KA Z FA-SO-LEE
         SHPA-RA-GO-VEY

Sardine salad with mustard.

Sałatka z sardynek w musztardzie.

SA-WAT-KA Z SAR-DI-NEK
         V MOOSH-TAR-DŻHE

Vegetable salad with tomatoes.

Sałatka jarzynowa z pomidorami.

SA-WAT-KA YA-ZHI-NO-VA
         Z PO-MEE-DO-RA-MEE

Sliced fruit salad with wine.

Sałatka owocowa z winem.

SA-WAT-KA O-VO-TSO-VA Z VEE-NEM

Onion salad with tarragon.

Sałatka z cebuli z estragonem.

SA-WAT-KA Z TSE-BOO-LEE
         Z ES-TRA-GO-NEM

MUSHROOMS

GRZYBY

GZHI-BI

What are the Polish mushroom dishes?

Jakie są polskie potrawy grzybowe?

YA-ĶE SOWN POLS-ĶE PO-TRA-VI
         GZHI-BO-VE

Minced mushroom cutlets.

Siekane kotlety grzybowe.

ŚHE-KA-NE KOT-LE-TI GZHI-BO-VE

Stuffed mushrooms.

Grzyby nadziewane.

GZHI-BI NA-DŻHE-VA-NE

Mushrooms stewed in sour cream.

Grzyby duszone w śmietanie.

GZHI-BI DOO-SHO-NE
         V ŚHMYE-TA-ŃE

Marinated mushrooms.

Grzyby marynowane.

GZHI-BI MA-RI-NO-VA-NE

DAIRY DISHES

POTRAWY Z NABIAŁU

PO-**TRA**-VI Z NA-**BYA**-WOO

May I see your list of dairy dishes?

🚹 + 🚹 Czy móglbym zobaczyć listę potraw z nabiału?

CHI **MOOGW**-BIM ZO-**BA**-CHIĆH
       LEES-T<u>AN</u> **PO**-TRAV
         Z NA-**BYA**-WOO

🚹 + 🚹 Czy mogłabym...

CHI **MO**-GWA-BIM

We have a list of dairy dishes right here.

Tutaj właśnie mamy listę potraw z nabiału.

TOO-TAY **VWAŚH**-ŃE MA-MI **LEES**-T<u>AN</u>
      PO-TRAV Z NA-**BYA**-WOO

Stuffed eggs.

Jajka nadziewane.

YAY-KA NA-**DŻHE**-VA-NE.

Scrambled eggs with ham.

Jajecznica z szynką.

YA-YECH-**ŃEE**-TSA Z **SHIN**-K<u>OWN</u>

Scrambled eggs with sausage.

Jajecznica z kiełbasą.

YA-YECH-**ŃEE**-TSA Z **ĆEW**-**BA**-S<u>OWN</u>

Scrambled eggs with tomatoes.

Jajecznica z pomidorami.

YA-YECH-**ŃEE**-TSA Z
        PO-MEE-DO-**RA**-MEE

Eggs sunny side up.

Jajka sadzone.

YAY-KA SA-**DZO**-NE

Soft boiled eggs in a glass.

Jajka na miękko w szklance.

YAY-KA NA **MY<u>ANK</u>**-KO V **SHKLAN**-TSE

Soft boiled eggs in an egg cup.

Jajka na miękko w kieliszku.

YAY-KA NA **MY<u>ANK</u>**-KO
       V ĆE-**LEESH**-KOO

Poached eggs in a sauce.

Jajka w koszulkach w sosie.

YAY-KA V KO-**SHOOL**-KAKH
        V **SO**-ŚHE

Poached eggs in sour cream.

Jajka w koszulkach w śmietanie.

YAY-KA V KO-**SHOOL**-ĶAKH
        V ŚHMYE-**TA**-ŃE

Egg cutlets.

Kotleciki z jajek.

KOT-LE-**ĆHEE**-KEE Z **YA**-YEK

Omelette.

Omlet naturalny.

OM-LET NA-TOO-**RAL**-NI

Omelette with spinach.

Omlet ze szpinakiem.

OM-LET ZE SHPEE-NA-ḰEM

Omelette with peas.

Omlet z groszkiem zielonym.

OM-LET Z **GROSH**-ḰEM ŻHE-LO-NIM

Omelette with cauliflower.

Omlet z kalafiorem.

OM-LET Z KA-LA-**FYO**-REM

Omelette with ham.

Omlet z szynką.

OM-LET Z SHIN-K**OWN**

Hard boiled eggs.

Jajka na twardo.

YAY-KA NA **TVAR**-DO

Eggs in horseradish sauce.

Jajka w sosie chrzanowym.

YAY-KA V SO-ŚHE KHZHA-NO-VIM

Egg noodles with ham.

Kluski na jajkach z szynką.

KLOOS-KEE NA **YAY**-KAH Z
SHIN-K**OWN**

Egg noodles with poppy seed.

Kluski na jajkach z makiem.

KLOOS-KEE NA **YAY**-KAKH
Z MA-ḰEM

Noodles with cheese and milk.

Kluski z mlekiem i serem.

KLOOS-KEE Z **MLE**-ḰEM EE SE-REM

Noodles with cottage cheese.

Kluski z białym serem.

KLOOS-KEE Z **BYA**-WIM SE-REM

Baked noodles.

Kluski pieczone.

KLOOS-KEE PYE-**CHO**-NE

Polish ravioli with cheese.

Pierogi leniwe z serem.

PYE-**RO**-GEE LE-Ñ**EE**-VE Z SE-REM

Ravioli with Cracow kasha.

Pierogi z kaszą krakowską.

PYE-**RO**-GEE Z **KA**-SH**OWN**
KRA-**KOV**-SK**OWN**

Pancakes with sour cream.

Naleśniki ze śmietaną.

NA-LEŚH-Ñ**EE**-KEE ZE ŚHMYE-TA-N**OWN**

Pancakes with cottage cheese.

155

Naleśniki z białym serem.

NA-LEŚH-ŃEE-KEE Z **BYA**-WIM
                                    SE-REM

Pancakes with yeast and sour cream.

Bliny.

BLEE-NI

Pancakes with jam.

Naleśniki z dżemem.

NA-LEŚH-ŃEE-KEE Z **JE**-MEM

Polish dumpling with prunes.

Knedle ze śliwkami.

KNED-LE ZE ŚHLEEV-**KA**-MEE

Polish dumplings with raisins.

Knedle z rodzynkami.

KNED-LE Z RO-DZIN-**KA**-MEE

Polish dumplings with apricots.

Knedle z morelami.

KNED-LE Z MO-RE-**LA**-MEE

Polish dumplings with cherries.

Knedle z czereśniami.

KNED-LE Z CHE-REŚH-**ŃA**-MEE

Polish dumplings with cream of wheat.

Knedle z grysikiem.

KNED-LE Z GRI-**ŚHEE**-ĶEM

Boiled browned flour with bacon.

Prażucha.

PRA-**ZHOO**-KHA

DESERTS

DESERY

DE-**SE**-RY

I have heard about Polish gourmet desserts.

+ Słyszałem o polskich przysmakach
deserowych.

SWI-**SHA**-WEM O **POLS**-KEEKH
PSHI-**SMA**-KAKH DE-SE-**RO**-VIKH.

+ Słyszałam...

SWI-**SHA**-WAM

Would you like to look at our list of desserts?

Czy chciałby pan popatrzeć na spis naszych
deserów?

CHI **KHĊHAW**-BI PAN PO-**PA**-TSHEĊH
NA SPEES **NA**-SHIKH DE-**SE**-ROOF

Czy chciałaby pani ...?

CHI **KHĊHA**-WA-BI **PA**-ŃEE

Yes, I would.

Z chęcią.

156

Z **KHAN**-ĊH**OWN**

Here you can choose.

Z tego może pan wybierać.

Z TE-GO MO-ŻHE PAN VI-BRAĊH

Z tego może pani wybierać.

Z TE-GO MO-ZHE PA-ŃEE VI-BRAĊH

Thank you.

Dziekuję.

DŹH**AN**-**KOO**-Y**AN**

Raisin pudding.

Budyń rodzynkowy.

BOO-DIŃ RO-DZIN-**KO**-VI

Vanilla pudding.

Budyń waniliowy.

BOO-DIŃ VA-ŃEEL-YO-VI

Almond pudding.

Budyń migdałowy.

BOO-DIŃ MEEG-DA-**WO**-VI

Nut pudding.

Budyń orzechowy.

BOO-DIŃ O-ZHE-**KHO**-VI

Milk pudding.

Budyń mleczny.

BOO-DIŃ **MLECH**-NI

Cheese pudding.

Budyń z sera.

BOO-DIŃ Z SE-RA

Chocolate pudding.

Budyń czekoladowy.

BOO-DIŃ CHE-KO-LA-**DO**-VI

Wine pudding.

Budyń winny.

BOO-DIŃ VEEN-NI

Chestnut pudding with fruit.

Kasztanowy budyń z owocami.

KASH-TA-NO-VI **BOO**-DIŃ
Z O-VO-**TSA**-MEE

Bread pudding with sour cream.

Budyń chlebowy ze śmietaną.

BOO-DIŃ KHLE-**BO**-VI
ZE ŚHMYE-TA-N**OWN**

Potato pudding.

Budyń ziemniaczany.

BOO-DIŃ ŻHEM-ŃA-**CHA**-NI

Rice pudding.

Budyń z ryżu.

BOO-DIŃ Z RI-ZHOO

Cranberry pudding.
Budyń z żurawin.

BOO-DIN Z ZHOO-RA-VEEN

Rum pudding with raspberries.
Budyń na rumie z malinami.

BOO-DIŃ NA ROO-MYE Z
MA-LEE-NA-MEE

Sherry pudding with cherries.
Budyń na winie z czereśniami.

BOO-DIŃ NA VEE-ŃE
Z CHE-REŚH-ŃA-MEE

Frozen pudding with apricots.
Mrożony budyń z morelami.

MRO-ZHO-NI BOO-DIŃ
Z MO-RE-LA-MEE

Apricot compote.
Kompot morelowy.

KOM-POT MO-RE-LO-VI

Stuffed apple compote.
Kompot z nadziewanych jabłek.

KOM-POT Z NA-DŹHE-VA-NIKH
YAB-WEK

Orange and apple compote.
Kompot z pomarańcz i jabłek.

KOM-POT Z PO-MA-RAŃCH
EE YAB-WEK

Strawberry compote with wine.
Kompot truskawkowy z winem.

KOM-POT TROOS-KAV-KO-VI
Z VEE-NEM

Rhubarb compote.
Kompot z rabarbaru.

KOM-POT Z RA-BAR-BA-ROO

Pear compote.
Kompot z gruszek.

KOM-POT Z GROO-SHEK

Blueberry compote.
Kompot z czarnych jagod.

KOM-POT Z CHAR-NIKH YA-GOOT

Marinated cherry compote.
Kompot z marynowanych czereśni.

KOM-POT Z MA-RI-NO-VA-NIKH
CHE-REŚH-ŃEE

Melon stuffed with berries.
Melon nadziewany jagodami.

ME-LON NA-DŹHE-VA-NI YA-GO-DA-MEE

Pears in wine sauce.
Gruszki w sosie winnym.

GROOSH-KEE V **SO**-ŚHE **VEEN**-NIM

Pears in rum.

Gruszki w rumie.

GROOSH-KEE V **ROO**-MYE

Stuffed peaches.

Brzoskwinie nadziewane.

BZHOS-**KVEE**-ŃE NA-DŻHE-VA-NE

Strawberries with sour cream.

Truskawki ze śmietaną.

TROOS-**KAV**-KEE ZE ŚHMYE-TA-N<u>OWN</u>

Fresh fruit salad.

Surówka owocowa.

SOO-**ROOF**-KA O-VO-**TSO**-VA

Baked apples.

Pieczone jabłka.

PYE-**CHO**-NE YAP-KA

Sour milk jelly.

Galaretka z kwaśnego mleka.

GA-LA-**RET**-KA Z KVAŚH-NE-GO
                      MLE-KA

Fried fruit juice jelly.

Galaretka ze smażonych soków owocowych.

GA-LA-**RET**-KA ZE SMA-**ZHO**-NIKH
                 SO-KOOF O-VO-**TSO**-VIKH

Currant jelly.

Galaretka porzeczkowa.

GA-LA-**RET**-KA PO-ZHECH-**KO**-VA

Boiled apple jelly.

Galaretka jabłkowa.

GA-LA-**RET**-KA YAP-**KO**-VA

Cooked cherry jelly.

Galaretka z wisien gotowanych.

GA-LA-**RET**-KA Z **VEE**-ŚHEN
                GO-TO-**VA**-NIKH

Raw raspberry jelly.

Galaretka surowa malinowa.

GA-LA-**RET**-KA SOO-**RO**-VA
                MA-**LEE**-NO-VA

Sour cream souffle.

Suflet śmietanowy.

SOOF-LET ŚHMYE-TA-**NO**-VI

Coffee souffle.

Suflet kawowy.

SOOF-LET KA-**VO**-VI

Tea souffle.

Suflet herbaciany.

SOOF-LET KHER-BA-**ĆHA**-NI

Lemon souffle.

Suflet cytrynowy.

SOOF-LET TSI-TRI-NO-VI

Wheat grain honey dessert.

Kutia.

KOOT-YA

Apple souffle.

Suflet jabłkowy.

SOOF-LET YAP-**KO**-VI

Apple slices in batter.

Krajane jabłka smażone w cieście.

KRA-YA-NE **YAP**-KA SMA-**ZHO**-NE
                    V **ĆHEŚH**-ĆHE

Grated carrots and apples.

Marchewka tarta z jabłkami.

MAR-**KHEV**-KA **TAR**-TA Z YAP-**KA**-MEE

Coffee layer cake.

Tort kawowy.

TORT KA-**VO**-VI

Chocolate layer cake.

Tort czekoladowy.

TORT CHE-KO-LA-**DO**-VI

Almond and strawberry layer cake.

Tort migdałowo truskawkowy.

TORT MEEG-DA-**WO**-VO
                    TROOS-KAV-**KO**-VI

Nut layer cake.

Tort orzechowy.

TORT O-ZHE-**KHO**-VI

Chestnut cake.

Tort kasztanowy.

TORT KASH-TA-NO-VI

Cheese layer cake.

Tort serowy.

TORT SE-**RO**-VI

Round coffee cake.

Babka.

BAB-KA

Poppy seed roll.

Makowiec.

MA-**KOV**-YETS

Fried cookies, Polish style.

Chrust = Faworki

KHROOST = FA-**VOR**-KEE

Fried batter balls.

Pączki.

POWNCH-KEE

Cherry-stuffed butter balls.

Pączki z wiśnią.

POWNCH-KEE Z VEEŚH-ŃOWN

Batter balls with preserved rose petals.

Pączki nadziewane konfiturą z róży.

POWNCH-KEE NA-DŻHE-VA-NE
KON-FEE-TOO-ROWN Z ROO-ZHI

Creamed apples.

Mus jabłkowy.

MOOS YAP-KO-VI

Creamed strawberries.

Mus truskawkowy.

MOOS TROOS-KAV-KO-VI

Lemon cream.

Krem cytrynowy.

KREM TSI-TRI-NO-VI

Strawberry cream.

Krem truskawkowy.

KREM TROOS-KAV-KO-VI

Chocolate sweet sauce.

Słodki sos czekoladowy.

SWOD-KEE SOS CHE-KO-LA-DO-VI

Sweet cream sauce.

Krem śmietanowy.

KREM ŚHMYE-TA-NO-VI

Almond sauce.

Sos migdałowy.

SOS MEEG-DA-WO-VI

Apricot sauce.

Sos morelowy.

SOS MO-RE-LO-VI

Raspberry sauce.

Sos malinowy.

SOS MA-LEE-NO-VI

Vanilla sauce.

Sos waniliowy.

SOS VA-ŃEEL-YO-VI

Fruit juice sauce.

Sos na soku owocowym.

SOS NA SO-KOO O-VO-TSO-VIM

Fruit sauce.

Sos owocowy.

SOS O-VO-TSO-VI

APPETIZERS

ZAKĄSKI

ZA-KOWN-SKEE

161

What kind of appetizers do you have?

Jakie państwo macie zakąski.

YA-ĶE PAŃS-TVO **MA-ĊHE**
ZA-K_OWN_-SKEE

Stuffed eggs, Polish style.

Jajka faszerowane po polsku.

YAY-KA FA-SHE-RO-VA-NE PO
POLS-KOO

Stuffed eggs with sauce.

Jajka faszerowane z sosem.

YAY-KA FA-SHE-RO-VA-NE Z **SO**-SEM

Eggs stuffed with herring.

Jajka nadziewane śledziem.

YAY-KA NA-DŻHE-VA-NE **ŚHLE**-DŻHEM

Eggs in horseradish sauce.

Jajka w sosie chrzanowym.

YAY-KA V **SO-ŚHE KHZHA-NO**-VIM

Eggs in mustard sauce.

Jaja w sosie musztardowym.

YAY-KA V **SO-ŚHE MOOSH-TAR-DO**-VIM

Marinated mushrooms.

Grzyby marynowane.

GZHI-BI **MA-RI-NO-VA**-NE

Marinated herring.

Śledzie marynowane.

ŚHLE-DŻHE **MA-RI-NO-VA**-NE

Herring in sour cream.

Śledzie w kwaśnej śmietanie.

ŚHLE-DŻHE V **KVAŚH**-NEY
ŚHMYE-TA-ŃE

Canapes, Polish style.

Wybór kanapek.

VI-BOOR **KA-NA**-PEK

Browned onion and mushroom ravioli.

Pierożki.

PYE-ROZH-KEE

Chicken pate.

Pasztet z kury.

PASH-TET Z **KOO**-RI

Pork pate.

Pasztet z wieprzowiny.

PASH-TET Z **VYEP-SHO-VEE**-NI

Venison pate.

Pasztet z dziczyzny.

PASH-TET Z **DŻHEE-CHIZ**-NI

Cod fish pate.

Pasztet z dorsza.

PASH-TET Z **DOR**-SHA

Smoked meat (and fish) plate.

Wędliny.

W<u>AND</u>-**LEE**-NI

REFRESHMENTS
NAPOJE ORZEŹWIAJĄCE.

NA-**PO**-YE
O-ZHEŻH-VYA-Y<u>OWN</u>-TSE

Rhubarb beverage.

Napój z rabarbaru.

NA-POOY Z RA-BAR-**BA**-ROO

Cranberry beverage.

Napój z żurawin.

NA-POOY Z ZHOO-**RA**-VEEN

Honey beverage.

Napój z miodu.

NA-POOY Z **MYO**-DOO

Mint beverage.

Napój z mięty.

NA-POOY Z **MY<u>AN</u>**-TI

Linden flower beverage.

Napój z kwiatu lipowego.

NA-POOY Z **KVYA**-TOO LEE-PO-**VE**-GO

Hot drinks.

Napoje gorące.

NA-**PO**-YE GO-**R<u>OWN</u>**-TSE

Black coffee.

Czarna kawa.

CHAR-NA **KA**-VA

Coffee with milk.

Biała kawa.

BYA-WA **KA**-VA

Coffee with cream.

Kawa ze śmietanką.

KA-VA ZE ŚHMYE-**TAN**-K<u>OWN</u>

Tea.

Herbata naturalna.

HER-**BA**-TA NA-TOO-**RAL**-NA

Cocoa.

Kakao.

KA-**KA**-O

ALCOHOLIC BEVERAGES
NAPOJE ALKOHOLOWE

NA-**PO**-YE AL-KO-KHO-**LO**-VE

Sale of alcoholic drinks.

Wyszynk.

VI-SHINK

Bison vodka.

Żubrówka.

ZHOO-**BROOF**-KA

Rye vodka.

Żytnia wódka.

ZHIT-ŇA **VOOD**-KA

Choice vodka, grain vodka.

Wódka wyborowa.

VOOD-KA VI-BO-**RO**-VA

Caraway seed vodka.

Kminkówka.

KMEEN-**KOOF**-KA

Rowanberry vodka.

Jarzębiak.

YA-**ZH<u>AN</u>B**-YAK

Sweet, after dinner vodkas.

Słodkie wódki.

SWOD-ḰE **VOOD**-KEE

Apricot vodka.

Wódka morelowa.

VOOD-KA MO-RE-**LO**-VA

Orange vodka.

Pomarańczówka.

PO-MA-RAŇ-**CHOOV**-KA

Lemon vodka.

Cytrynówka.

TSI-TRI-**NOOF**-KA

Peppercorn, vanilla, honey vodka.

Krupnik.

KROOP-ŇEEK

Sweet sedge vodka.

Ajerówka.

A-YE-**ROOF**-KA

Wine brandy.

Winiak.

VEE-ŇAK

Cherry cordial.

Wiśniówka.

VEEṠH-**ŇOOF**-KA

Plum brandy.

Śliwowica.

ṠHLEE-VO-**VEE**-TSA

Golden vodka.

Złota woda.

ZWO-TA **VO**-DA

164

Eggnog vodka.

Ajerkoniak.

A-YER-**KO**-ŃAK

Mead, honey wine.

Miód pitny.

MYOOT **PEET**-NI

Beer.

Piwo.

PEE-VO

Light beer.

Jasne piwo.

YAS-NE **PEE**-VO

Dark beer.

Ciemne piwo.

ĆHEM-NE **PEE**-VO

Hot beer with egg yolks.

Gorące piwo z żółtkami.

GO-**ROWN**-TSE **PEE**-VO Z
ZHOOWT-**KA**-MEE

Malt liquor.

Piwo słodowe.

PEE-VO SWO-**DO**-VE

Hot wine with cloves.

Gorące wino z goździkami.

GO-**ROWN**-TSE **VEE**-NO Z
GOŻH-**DŻHEE**-KA-MEE

CONCISE

POLISH-ENGLISH
ENGLISH-POLISH

DICTIONARY

POLISH-ENGLISH

a /a/ /as "a" in car/ conj. and;
or; but; then
aby /á-bi/ conj. to; in order
to
adres /ád-res/ m. address
adwokat /ad-vó-kat/ m. lawyer
afisz /á-feesh/ m. poster
akademicki /a-ka-de-méets-kee/
adj. m. academic
akt /akt/ m. deed; act; certificate; painting of a nude
akuszerka /a-koo-shér-ka/ f.
midwife
albo /á-lbo/ conj. or; else
ale /á-le/ conj. however; but;
still; yet
aleja /a-lé-ya/ f. avenue
alkohol /al-kó-khol/ m. alcohol
aluzja /a-loóz-ya/ f. hint;
allusion
ambasada /am-ba-sá-da/ f.
embassy
ambicja /am-beéts-ya/ f.
ambition
Amerykanin /A-me-ri-ká-ñeen/ m.
American
Amerykanka /A-me-ri-kán-ka/ f.
American
amerykański /a-me-ri-káñ-skee/
adj. m. American
analiza /a-na-leé-za/ f.
analysis
angielski /an-ǵél-skee/ adj.
m. English
Anglia /áñ-glya/ f. England
Anglik /áñ-gleek/ m. Englishman
ani /á-ñee/ conj. neither; nor;
no; not even
antybiotyki /an-ti-bee-yó-ti-
kee/ pl. antibiotics
apetyt /a-pé-tit/ m. appetite
apteka /ap-téch-ka/ f. pharmacy
areszt /á-resht/ m. arrest
arkusz /ár-koosh/ m. sheet
armia /árm-ya/ f. army
artykuł /ar-tí-koow/ m. article
artysta /ar-tí-sta/ m. artist
asekuracja /a-se-koo-ráts-ya/
insurance

aspiryna /as-pee-rí-na/ f.
aspirin
asygnata /a-sig-ná-ta/ f.
order /of payment/
atak /á-tak/ m. attack; charge
/fit/
atlas /át-las/ m. atlas
atom /á-tom/ m. atom
atrament /a-trá-ment/ m. ink
audycja /aw-díts-ya/ f. broadcast; program
auto /áw-to/ n. motor car
autobus /áw-to-boos/ m. bus
awans /á-vans/ m. promotion;
advancement
awantura /a-van-tóo-ra/ f.
brawl; fuss; row
aż /ash/ part. as much; up to;
till; until
ażeby /a-zhé-bi/ conj. that;
in order that; so that
babka /báb-ka/ f. grandmother;
coffee cake; sl. cutie
baczność /bách-noshćh/ f.
attention
bać się /bać sháñ/ v. fear
bagaż /bá-gash/ m. luggage
bajka /báy-ka/ f. fairy-tale;
gossip
bal /bal/ m. ball; bale; log
balkon /bál-kon/ m. balcony
bałagan /ba-wá-gan/ m. mess;
disorder
bandaż /bán-dash/ m. bandage
bank /bank/ m. bank
banknot /bánk-not/ m. banknote
barak /bá-rak/ m. barrack
bardziej /bár-dźhey/ adv. more;
/ emphatic "bardzo" /
bardzo /bár-dzo/ adv. very
barwa /bár-va/ f. color; hue
basen /bá-sen/ m. pool
bateria /ba-tér-ya/ f. battery
bawełna /ba-véw-na/ f. cotton
bawić /bá-veećh/ v. amuse;
entertain
baza /bá-za/ f. base
bąbel /bówn-bel/ m. blister
bądź /bown̂ch/ conj. either; or

bąk /bownk/ m. horse fly;
blunder; vulg.: fart
befsztyk /béf-shtik/ m. beef-
steak
benzyna /ben-zí-na/ f. gasoline
beton /bé-ton/ m. concrete
bez /bes/ prep. without
bezgotówkowy /bez-go-toov-kó-
vi/ adj. m. without cash
bezpieczeństwo /bez-pye-chéń-
stvo/ m. security; safety
bezpłatnie /bez-pwát-ñe/ adv.
free of charge
bezpiecznik /bez-pyéch-ñeek/
m. fuse
bezpośrednio /bez-po-shréd-ño/
adv. directly
bezradny /bez-rád-ni/ adj. m.
helpless
bezrobotny /bez-ro-bó-tni/
adj. m. unemployed
białko /byá-wko/ n. egg white;
protein
biały /byá-wi/ adj. m. white
biblioteka /beeb-lyo-té-ka/ f.
library
bić /beech/ v. beat; defeat/etc/
bieda /byé-da/ f. poverty;
trouble
bieg /byeg/ m. run; race
bieżący /bye-zhówn-tsi/ adj. m.
current; flowing; running
bilet /beé-let/ m. note; ticket
biodro /byód-ro/ n. hip
bitwa /beét-va/ f. battle
biuro /byoó-ro/ n. office
biżuteria /bee-zhoo-tér-ya/ f.
jewelry
blady /blá-di/ adj. m. pale
bliźni /bleéźh-ñee/ m. fellow
man
blok /blok/ m. block; pulley
blondynka /blon-dín-ka/ f.
blonde /girl/
bluzka /bloóz-ka/ f. blouse
błąd /bwownt/ m. error; slip-up;
mistake; lapse
błąkać się /bwówn-kach shań/ v.
wander; stray

błoto /bwó-to/ n. mud
bo /bo/ conj. because; for; as;
since
boczny /bóch-ny/ adj. m. later-
al side
bogaty /bo-gá-ti/ adj. m. rich
bohater /bo-khá-ter/ m. hero
boisko /bo-eés-ko/ n. stadium
bok /bok/ m. side; flank
boleć /bó-lech/ v. pain; ache
bosy /bó-si/ adj. m. barefoot
Bóg /book/ m. God
ból /bool/ m. pain
brać /brach/ v. take
brak /brak/ m. lack; need;
scarcity; shortcoming
brama /brá-ma/ f. gate; doorway
brat /brat/ m. brother
brednie /bréd-ñe/ n. pl. non-
sense
brew /brev/ f. eyebrow
broda /bró-da/ f. beard
bronić /bró-ñeech/ v. defend
broszka /brósh-ka/ f. brooch
brud /broot/ m. dirt; filth
brunetka /broo-nét-ka/ f.
brunette
brwi /brvee/ pl. eye brows
brzeg /bzhek/ m. shore; margin
brzuch /bzhookh/ m. belly
brzydki /bzhíd-kee/ adj. m. ugly
budka /boód-ka/ f. shed; booth
stand
budować /boo-dó-vach/ v. build;
construct
budzić /boó-dźheech/ v. wake up
budzik /boó-dźheek/ m. alarm
clock
burza /boó-zha/ f. tempest;
storm
but /boot/ m. boot; shoe
butelka /boo-tel-ka/ f. bottle
by /bi/ conj. in order that;
/conditional/
byc /bich/ v. be
cal /tsal/ m. inch
całkowity /tsaw-ko-veé-ti/ adj.
m. total; complete
całować /tsa-wó-vach/ v. kiss;
embrace

całus /tsá-woos/ m. kiss
cały /tsá-wi/ adj. m. whole
cegła /tség-wa/ f. brick
cel /tsel/ m. purpose; aim
cena /tsé-na/ f. price; value
charakter /kha-rák-ter/ m.
  disposition; character
chcieć /khćhećh/ v. want; wish
chęć /khǎńćh/ f. wish; desire;
  willingness
chętny /khǎńt-ni/ adj. m. willing; eager; forward
chirurg /khee-roorg/ m. sur-
  geon
chleb /khleb/ m. bread
chłop /khwop/ m. peasant; man
chłopiec /khwó-pyets/ m. boy
chmura /khmoó-ra/ f. cloud
chociaż /khó-ćhash/ conj.
  even if
chodzić /khó-dźheećh/ v. go;
  walk
chory /khó-ri/ adj. m. sick;
  ill
chować /khó-vaćh/ v. hide;
  bury
chód /khoot/ m. gait; walk
chór /khoor/ m. choir
Chrystus /khrís-toos/ m. Christ
chudy /khoó-di/ adj. m. lean;
  thin
chustka /khoóst-ka/ f. handkerchief
chwalić /khvá-leećh/ v. praise
chwila /khveé-la/ f. moment
chwycić /khví-ćheećh/ v. grasp
chyba /khí-ba/ part. maybe
chytry /khít-ri/ adj. m. sly
ci /ćhee/ pron. these; they
ciało /ćhá-wo/ n. body; substance
ciastko /ćhást-ko/ n. cake
ciągły /ćhóẃn-wi/ adj. m. un-
  ceasing; continuous; perpetual
ciąża /ćhóẃn-zha/ f. pregnancy
cicho /ćheé-kho/ adv. silently;
  noiselessly
ciekawy /ćhe-ká-vi/ adj. m.
  curious; interested

ciemny /ćhém-ni/ adj. m. dark
cień /ćheń/ m. shade
ciepło /ćhé-pwo/ adv. warm
ciepły /ćhép-wi/ adj. m. warm
cierpieć /ćhér-pyećh/ v. suffer
cierpliwość /ćher-pleé-vośhćh/
  f. patience
cierpliwy /ćher-pleé-vi/ adj.
  m. enduring
cieszyć /ćhe-shićh/ v. cheer
cieszyć się /ćhé-schićh shan/
  v. rejoice /in/; enjoy; be
  glad of
ciężar /ćhǎń-zhar/ m. weight;
  burden
ciężki /ćhǎńzh-kee/ adj. m.
  heavy
ciocia /ćhó-ćha/ f. auntie;
  aunt
cisza /ćheé-sha/ f. silence;
  calm
ciuch /ćhookh/ m. used clothing
cło /tswo/ n. customs
co /tso/ pron. part. what
codzień /tsó-dźheń/ adv. daily
cofać się /tsó-faćh śhǎń/ v.
  back up
co najmniej /tsó-nay-mńey/ adv.
  at least; at the least
coś /tsośh/ pron. something
córeczka /tsoo-rétch-ka/ f.
  little daughter
córka /tsoór-ka/ f. daughter
cud /tsoot/ m. wonder; miracle
cudzoziemiec /tsoo-dzo-żhé-
  myets/ m. alien; foreigner
cukier /tsoó-ker/ m. sugar
cyfra /tsíf-ra/ f. number
czapka /cháp-ka/ f. cap
czar /char/ m. spell; charm
czarny /chár-ni/ adj. m. black
czas /chas/ m. time
czasem /chá-sem/ adv. sometimes;
  occasionally; by any chance
cząstka /choẃnst-ka/ f.
  particle
czek /chek/ m. check
czekać /ché-kaćh/ v. wait;
  expect
czerwiec /chér-vets/ m. June

czerwony /cher-vó-ni/ adj. m.
red
czesać /ché-sach/ v. comb
czeski /ches-kee/ adj. m. Czech
cześć /cheshch/ f. honor;
respect
często /cháns-to/ adv. often
częsty /cháns-ti/ adj. m.
frequent
część /cháńshch/ f. part
człowiek /chwó-vyek/ m. man;
human being
czoło /chó-wo/ n. forehead
czterdzieści /chter-dźhéśh-
chee/ num. forty
czternaście /chter-náśh-che/
num. fourteen
cztery /chté-ri/ num. four
czterysta /chté-ri-sta/ num.
four hundred
czuć /chooch/ v. feel
czuły /choó-wi/ adj. m. tender;
affectionate; sensitive
czwartek /chvár-tek/ m. Thursday
czy /chi/ conj. if; whether
czyj /chiy/ pron. whose
czyli /chí-lee/ conj. or;
otherwise
czynić /chí-ńeech/ v. do;
render; act
czysty /chís-ti/ adj. m. clean
czyścić /chíśh-cheech/ v. clean
czytać /chí-tach/ v. read
ćwierć /chwyerch/ f. one fourth
dać /dach/ v. give
dalej /dá-ley/ adv. further;
moreover
daleki /da-lé-kee/ adj. m. distant; remote
dalszy /dál-shi/ adj. m.
farther
danie /dá-ńe/ m. serving; dish
dar /dar/ m. gift
darmo /dár-mo/ adv. free;
gratuitously
data /dá-ta/ f. date
dawno /dáv-no/ adv. long ago
dążyć /dówn-zhich/ v. aspire;
tend

dbać /dbach/ v. care; mind
defekt /dé-fekt/ m. defect
denerwować /de-ner-vó-vach/ v.
bother; make nervous
dentysta /den-tís-ta/ m.
dentist
depesza /de-pé-sha/ f. wire;
telegram
deska /dés-ka/ f. plank; board
deszcz /deshch/ m. rain
dewizy /de-vée-zi/ f. pl.
foreign money
dla /dla/ prep. for
dlaczego /dla-ché-go/ prep.
why; what for
dlatego /dla-té-go/ prep.
because; this is why; and so
dłoń /dwoń/ f. palm of the hand
dług /dwook/ m. debt
długi /dwoó-gee/ adj. m. long
do /do/ prep. to; into
dobranoc /do-brá-nots//indecl./
good-night
dobry /dób-ri/ adj. m. good
dobrze /dób-rze/ adv. well; OK
dodzwonić się /do-dzvó-ńeech
śhäń/ v. get through on the
phone; ring the door bell and
get an answer
dogodny /do-gód-ni/ adj.m.
convenient
dojechać /do-yé-khach/ v. reach;
arrive
dojście /dóy-śhche/ n. approach
dokąd /dó-kownt/ adv. where;
whither; where to?
dokładny /do-kwád-ni/ adj. m.
accurate; exact; precise
dokoła /do-kówa/ adv. round;
round about
doktor /dók-tor/ m. doctor
dokuczać /do-koó-chach/ v. vex;
annoy
dolny /dól-ni/ adj. m. lower
dom /dom/ m. house
domagać się /do-má-gach śhäń/
v. demand
domysł /dó-misw/ m. guess
dopalać /do-pá-lach/ v. after-
burn; finish smoking

dopasować /do-pa-só-vach/ v.
fit; adapt; adjust
dopiero /do-pyé-ro/ adv. only;
just; hardly; barely
dopóki /do-poó-kee/ conj. as
long; as far; while; until
dopóty /do-poó-ti/ conj. till;
until; so far; up to here
doprowadzić /do-pro-vá-dżheech/
v. lead to; cause; provoke
doradzić /do-rá-dżheech/ v.
advise /to do/
dorosły /do-rós-wy/ adj. m.
adult; grown up; mature
dosięgać /do-shán-gach/ v.
reach; attain; catch up with
doskonalić /dos-ko-ná-leech/ v.
perfect; improve; cultivate
dostać /dós-tach/ v. get;
obtain; reach; take out
dostrzec /dó-stzhets/ v. notice;
behold; perceive; spot; spy;
see
dosyć /dó-sich/ adv. enough
dość /dośhch/ adv. enough
doświadczyć /do-shvyád-chich/
v. experience; sustain; feel
dotąd /dó-townt/ adv. up till
dotknąć /dót-knownch/ v. touch
dotrzymać /do-tzhí-mach/ v.
keep; stick to one's
commitment; adhere; redeem
dotychczas /do-tíkh-chas/ adv.
up to now; hitherto; to date
do widzenia /do-vee-dzé-ña/
good bye
dowiedzieć się /do-vyé-dżhech
śhäñ/ v. get to know; find
out; learn
dowolny /do-vól-ni/ adj. m.
optional; any; whichever
dowód /dó-voot/ m. proof;
evidence; record; token
dozorca /do-zór-tsa/ m. care-
taker; watchman; overseer
drapac /drá-pach/v. scratch
drobne /dró-b-ne/ n. pl. small
change; petty cash

droga /dró-ga/ f. 1. road;
2. journey
drogi /dró-gee/ adj. m. dear;
expensive; costly; beloved
drugi /dró-gee/ num. second;
other; the other one; latter
drzewo /dshé-vo/ n. tree
drzwi /dzhvee/ n. door
dużo /dоó-zho/ adv. much; many
duży /dоó-zhi/ adj. m. big;
large; great; fair-sized
dwa /dva/ num. two
dwadzieścia /dva-dżhéśh-cha/
num. twenty
dwanaście /dva-náśh-che/ num.
twelve
dwieście /dvyéśh-che/ num. two
hundred
dworzec /dvó-zhets/ m. /rail-
way/ station
dwunasty /dvoo-nás-ti/ adj.
twelfth
dym /dim/ m. smoke; fumes
dyplom /dí-plom/ m. diploma
dyrekcja /di-rék-tsya/ f.
management; direction
dyskusja /dis-koós-ya/ f.
discussion; debate
dywan /dí-van/ m. carpet; rug
dyżurny /di-zhoór-ni/ adj. m.
on call; on duty
dziadek /dżhá-dek/ m. grand-
father
dział /dżhaw/ m. section
działać /dżhá-wach/ v. act;
work; be active; be effective
dziecko /dżhéts-ko/ n. child
dzieje /dżhé-ye/ pl. history
dzielnica /dżhel-ñee-tsa/ f.
province; quarter; section
dzielny /dżhél-ni/ adj. m.
brave; resourceful; efficient
dzieło /dżhé-wo/ n. achievement;
work; composition
dziennik /dżhén-ñeek/ m. daily-
news; daily; journal; diary
dziennikarz /dżhen-ñée-kash/ m.
reporter; journalist

dzienny /dźhén-ni/ adj. m.
daily; diurnal; day's
dzień /dźheń/ m. day
dzień dobry/dźheń-dó-bri/ exp.
good morning
dziesiąty /dźhe-shówn-ti/ num.
tenth
dziesięć /dźhé-śhańch/ num. ten
dziewczyna /dźhev-chí-na/ f.
girl; lass; wench; maid
dziewczynka /dźhev-chín-ka/ f.
/little/ girl
dziewica /dźhe-veé-tsa/ f.
virgin; maiden
dziewięć /dźhé-vyańch/ num.
nine
dziewiętnaście /dźhe-vyánt-
náśhćhe/ num. nineteen
dziękować /dźháń-kó-vach/ v.
thank; give thanks
dzisiaj /dźheé-śhay/ adv. today
dzisiejszy /dźhee-śhéy-shi/ adj.
m. today's; modern
dzis /dźheeśh/ adv. today
dziura /dźhoó-ra/ f. hole
dziwactwo /dźhee-váts-tvo/ n.
crank; fad; craze; peculiarity
dziwić /dźheé-veéch/ v.
astonish; wonder; surprise
dziwić się /dźheé-veech sháń/
v. be astonished; wonder
dziwny /dźhéev-ni/ adj. strange
dzwonek /dzvó-nek/ m. bell;
chime
dzwonić /dzvó-ńeećh/ v. ring up
someone
dzwięk /dźhvyáńk/ m. sound
dzwigać /dźhveé-gach/ v. lift;
hoist; raise; heave; erect;
carry
dżinsy /jeén-si/ pl. blue jeans
efekt /é-fekt/ m. effect
egzamin /eg-zá-meen/ m. exam;
examination
egzemplarz /eg-zém-plash/ m.
copy /sample/; specimen
ekonomia /e-ko-nóm-ya/ f.
economics; thrift; economy
ekran /ék-ran/ m. screen

ekspedient /ex-pé-dyent/ m.
salesperson
elektryczność /e-lek-trích-
nośhćh/ f. electricity
emeryt /e-mé-rit/ m. retired
person
energiczny /e-ner-geéch-ni/
adj. m. energetic; vigorous
epoka /e-pó-ka/ f. epoch
erotyczny /e-ro-tích-ni/ adj.
m. erotic
ewangelia /e-van-gé-lya/ f.
gospel
ewentualnie /e-ven-too-ál-ńe/
adv. possibly; if need be
ewolucja /e-vo-loó-tsya/ f.
evolution; development
fabryka /fa-brí-ka/ f. factory
faktycznie /fak-tích-ńe/ adv.
in fact; actually; indeed;
truly
figura /fee-goó-ra/ f. figure;
shape; form; image; big wig
filiżanka /fee-lee-zhán-ka/ f.
cup; cupful; coffee-cup
film /feelm/ m. film
formularz /for-moó-lash/ m.
/application/ form; blank
forsa /fór-sa/ f. /money;
dough; bread; tin; chink
fotel /fó-tel/ m. armchair
fotograf /fo-tó-graf/ m.
photographer
fotografia /fo-to-grá-fya/ f.
photograph
fragment /frág-ment/ m. fragment; episode; excerpt; scrap
fryzjer /fríz-yer/ m. barber;
hairdresser
fryzjerka /friz-yér-ka/ f.
hairdresser /girl/
fryzura /fri-zoó-ra/ f. nair
do; hair style
futro /foó-tro/ n fur
galareta /ga-la-ré-ta/ f. jelly
gałąź /gá-wównzh/ f. branch
garaż /gá-rash/ m. garage
garderoba /gar-de-ró-ba/ f.
wardrobe; dressing-room

gardło /gárd-wo/ n. throat
garnitur /gar-ňee-toor/ m. set;
suit; suite; assortment
garść /garśhćh/ f. handful
gasić /gá-śheećh/ v. extinguish; quench; put out; eclipse
gazeta /ga-zé-ta/ f. newspaper
gaźnik /gáźh-ňeek/ m.
carburetor
gdy /gdi/ conj. when; as; that
gdyby /gdí-bi/ conj. if
gdzie /gdźhe/ adv. conj. where
gdzie indziej /gdźhe-eén-dźhey/
adv. elsewhere
gdziekolwiek /gdźhe-kól-vyek/
adv. anywhere; wherever
gdzieś /gdźheśh/ adv. somewhere; somewhere round
generalny /ge-ne-rál-ni/ adj.
m. general; widespread
geografia /ge-o-grá-fya/ f.
geography
giąć /gyóvnćh/ v. bow; bend
gimnastykować się /geem-nas-ti-
kó-vaćh śháň/ v. do physical
exercises
ginekolog /gee-ne-kó-log/ m.
gynecologist
głęboki /gwáň-bó-kee/ adj. m.
deep; distant; remote; intense
głodny /gwód-ni/ adj. m. hungry
głos /gwos/ m. voice; sound;
tone
głośny /gwośh-ni/ adj. m. loud
głowa /gwó-va/ f. head; chief
głód /gwoot/ m. hunger; famine
główny /gwoóv-ni/ adj. m. main;
predominant; foremost
głuchy /gwoó-khi/ adj. m. deaf
głupi /gwoó-pee/ adj. m. silly;
stupid; foolish; asinine
głupota /gwoo-pó-ta/ f. stu-
pidity; imbecility; foolishness
gmach /gmakh/ m. large building
gniew /gňev/ m. anger; wrath
gniewać się /gňe-vaćh śháň/ v.
resent; be irritated by
godność /gód-nośhćh/ f. digni-
ty; name; pride; self-esteem
godzina /go-dźhee-na/ f. hour
golić /gó-leećh/ v. shave

goły /gó-wi/ adj. m. naked
gorący /go-rówň-tsi/ adj. m. hot
sultry; warm; hearty; lively
gorszy /gór-shi/ adj. m. worse
gorzki /góźh-kee/ adj. m. bitter
gospodarstwo /gos-po-dár-stvo/
n. household; farm; possessions
gospodyni /gos-po-dí-ňee/ f.
landlady; hostess; manageress
gościć /góśh-ćheéćh/ v. receive; entertain; treat; stay
at
gość /gośhćh/ m. guest; caller
gotować /go-tó-vaćh/ v. cook;
boil; get ready; prepare
gotowy /go-tó-vi/ adj. m. ready
done; complete; willing
gotówka /go-toóv-ka/ f. cash
góra /goó-ra/ f. mountain
górnik /goór-ňeek/ m. miner
górny /goór-ni/ adj. m. upper
górski /goór-skee/ adj. m.
mountainous; mountain
granica /gra-neé-tsa/ f. boundary; limit; border; range
gratulacja /gra-too-láts-ya/
f. congratulations
gromada /gro-má-da/ f. crowd;
throng; community; team
grono /gró-no/ n. bunch of
grapes; cluster; group; body
grosz /grosh/ m. penny /copper/
grób /groob/ m. grave
gruby /groó-bi/ adj. m. thick;
fat; stout; big; low-pitched
grupa /groó-pa/ f. group; class
gruźlica /grooźh-leé-tsa/ f.
tuberculosis; consumption
gryźć /griźhćh/ v. bite; torment
grzebień /gzhé-byeň/ m. comb
grzeczność /gzhéch-nośhćh/ f.
politeness; favor; attentions
grzyb /gzhip/ m. mushroom;
fungus; snuff
gwałcić /gváw-ćheećh/ v. rape;
violate; compel; coerce; force
gwałtowny /gvaw-tóv-ni/ adj. m.
outrageous; urgent

gwarancja /gva-rán-tsyá/ f.
  warranty; guarantee; pledge
gwiazda /gvyáz-da/ f. star
gwóźdź /gwoożhdźh/ m. nail
hałas /khá-was/ m. noise; din
hamować /kha-mó-vać/ v. apply
  brakes; restrain; hamper; curb
hamulec /kha-moó-lets/ m. brake
handlować /khan-dló-vać/ v.
  trade; deal; be in business
hańba /kháń-ba/ f. disgrace
herbata /kher-bá-ta/ f. tea
historia /khees-tó-rya/ f. story; history; affair; show;fuss
historyjka /khees-to-ríy-ka/ f.
  /little/ story; tale
holować /kho-ló-vać/ v. tow;
  haul; drag; tug; truck
hotel /khó-tel/ m. hotel
humor /khoó-mor/ m. humor
huta /khoó-ta/ f. metal or
  glass mill
i /ee/ conj. and; also; too
ich /eekh/ pron. their
idea /ee-dé-a/ f. idea; aim
igła /eeg-wa/ f. needle
ile /ée-le/ adv. how much
ilość /ée-lośhćh/ f. quantity
imię /ée-myáń/ n. name /given/
inaczej /ee-ná-chey/ adv. otherwise; differently; unlike
indyk /éen-dik/ m. turkey
indywidualny /een-di-vee-doo-
  ál-ni/ adj m. individual
inny /éen-ni/ adj. m. other;
  different; another /one/
instrument /een-stroó-ment/ m.
  instrument; tool; deed;
  appliance
inteligentny /een-te-lee-gén-
  tni/ adj. m. intelligent
interes /een-té-res/ m.
  interest; business
interesujący /een-te-re-soo-
  yǿwn-tsi/ adj. m. interesting
inżynier /een-zhí-ner/ m.
  engineer
istota /ees-tó-ta/ f. being;
  essence; gist; sum; entity

istotny /ees-tót-ni/ adj. m.
  real; substantial; vital
iść /eeśhćh/ v. go /on foot/;
  walk
izba /éez-ba/ f. room; chamber
ja /ya/ pron. I; /indecl/: self
jabłko /yáp-ko/ n. apple
jadać /yá-dać/ v. eat /regu-
  larly/
jadalnia /ya-dál-ña/ f. dining
  room; mess; mess-hall
jajko /yáy-ko/ n. egg /small/
jak /yak/ adv. how; as
jaki /yá-kee/ pron. m. what;
  which
jakiś /yá-keeśh/ pron. some
jakość /yá-kośhćh/ f. quality
jasny /yás-ni/ adj. m. clear;
  bright; light; shining; noble
jazda /yáz-da/ f. ride; driving
jazzowy /je-zó-vi/ adj.
  /pertaining to/ jazz
ją /yǿwn/ pron. her
jechać /yé-khać/ v. ride
jeden /yé-den/ num. one; some
jedenaście /ye-de-násh-će/
  num. eleven
jednak /yéd-nak/ conj. however;
  yet; still; but; after all;
  though
jedno /yéd-no/ n. num. one
jednocześnie /yed-no-chéśh-ñe/
  adv. simultaneously; also
jednokrotnie /yed-no-krót-ñe/
  adv. one time; once
jednostka /yed-nóst-ka/ f. unit
  individual; digit
jedność /yéd-nośhćh/ f. unity
jedzenie /ye-dzé-ñe/ n. food;
  meal; victuals; feed; eats
jego /yé-go/ pron. his; him
jej /yey/ pron. her; hers
jesień /ye-śheń/ f. autumn;
  fall
jest /yest/ v. /he,she,it/ is
jestem /yés-tem/ v. /I/ am
jeszcze /yésh-che/ adv. still;
  besides; more; yet; way back
jeść /yeśhćh/ v. eat
jezdnia /yézd-ña/ f. roadway

jezioro /ye-żhó-ro/ n. lake
jeżdżenie /yezh-dzhé-ńe/ n.
 riding; driving
jeżeli /ye-zhé-lee/ conj. if
jęk /yank/ m. groan; moan
język /yáń-zik/ m. tongue
jutro /yoó-tro/ adv. tomorrow
jutrzejszy /yoo-tshéy-shi/ adj.
 m. tomorrow's
już /yoozh/ conj. already;
 at any moment; by now; no more
kaczka /kách-ka/ f. duck
kajak /ká-yak/ m. kayak
kajuta /ka-yoó-ta/ f. ship-
 cabin
kakao /ka-ká-o/ n. cacao
kalendarz /ka-lén-dash/ m.
 calendar
kalesony /ka-le-só-ni/ pl.
 underware; drawers; under
 pants
kamień /ka-myéń/ m. stone
kamizelka /ka-mee-zél-ka/ f.
 waistcoat
kanał /ká-naw/ m. channel;duct
kanapka /ka-náp-ka/ f.
 sandwich
kapać /ká-pach/ v dribble;
 trickle; drip
kapelusz /ka-pé-loosh/ m. hat
kapitan /ka-pee-tan/ m. captain
karać /ká-rach/ v. punish
kark /kark/ m. neck
karmić /kár-meech/ v. feed;
 nourish; nurse; suckle
karoseria /ka-ro-sér-ya/ f.
 car body
karp /karp/ m. carp /fish/
karta /kár-ta/ f. card; page;
 note sheet
kasa /ká-sa/ f. cashier's desk;
 cash register; ticket office
kasjer /kás-yer/ m. cashier
kasjerka /kas-yér-ka/ f.
 woman cashier
kasza /ká-sha/ f. grits;groats;
 cereals; gruel; porridge; mess
kawa /ká-va/ f. coffee
kawiarnia /ka-vyár-ńa/ f. café
 coffee shop

kazać /ká-zach/ v. order; tell;
 preach; make sb.do something
każdy /ká-zhdi/ pron. every;
 each; respective; any; all
kąpiel /koŵn-pyel/ f. bath
kąt /kownt/ m. corner; angle
kelner /kél-ner/ m. waiter
kelnerka /kel-nér-ka/ f.
 waitress
kiedy /ké-di/ conj. when; as;
 ever; how soon? while; since
kiedy indziej /ke-di eén-dżhey/
 adv. some other time
kiedyś /ké-dish/ adv. someday;
 in the past; once; one day
kierować /ke-ró-vach/ v. steer;
 manage; run; show the way
kierowca /ke-róv-tsa/ m. driver
 chauffer
kierownik /ke-róv-ńeek/ m.
 manager; director; supervisor
kierunek /ke-roó-nek/ m.
 direction; course; trend; line
kilka /keél-ka/ num. a few; some
kilkakroc /keel-ká-kroch/ adv.
 repeatedly; again and again
kilkakrotny /keel-ka-krót-ni/
 adj. m. repeated; recurring
kilometr /kee-ló-metr/ m.
 kilometer
kino /kée-no/ n. cinema; movies
kiosk /kyosk/ m. kiosk; booth
kiszka /keésh-ka/ f. intestine
klasa /klá-sa/ f. class; class-
 room; rank; order; division
klej /kley/ m. glue; cement
klient /klee-ent/ m. customer
klientka /klee-ént-ka/ f.
 customer
klimat /klee-mat/ m. climate
klozet /kló-zet/ m. toilet
klub /kloop/ m. club; union
klucz /klooch/ m. key; wrench
kluska /kloós-ka/ f. boiled
 dough; strip; dumpling
kłamać /kwá-mach/ v. lie
kłaniać się /kwá-ńach sháń/ v.
 salute; bow; greet; worship

kłaść /kwaśhćh/ v. lay; put
down; place; set; deposit
kłopot /kwó-pot/ m. trouble
kłopotliwy /kwo-pot-leé-vi/
adj. troublesome; baffling
kłócić się /kwoó-ćheećh śhäh/
v. quarrel
kłótnia /kwoó-tňa/ f. quarrel
kłuć /kwooćh/ v. stab; prick
kobieta /ko-byé-ta/ f. woman
koc /kots/ m. blanket
kochać /kó-khach/ v. love
kochać się /kó-khaćh śhäh/ v.
be in love
kochany /ko-khá-ni/ adj. m.
beloved; loving; affectionate
kolacja /ko-láts-ya/ f. supper
kolano /ko-lá-no/ m. knee
kolega /ko-lé-ga/ m. buddy;
colleague; fellow worker
kolej /kó-ley/ f. railroad
kolejka /ko-léy-ka/ f. /wait-
ing/ line; narrow-gauge railroad; turn
kolejarz /ko-lé-yash/ m.
railwayman
kolejny /ko-léy-ni/ adj. m.
next; successive; following
koleżeństwo /ko-le-zhéň-stvo/
n. fellowship; comradeship
kolor /kó-lor/ m. color; tint;
hue
kolorowy /ko-lo-ró-vi/ adj. m.
colorful; colored
kolumna /ko-loóm-na/ f. column
koło /kó-wo/ n. wheel; circle
koło /kó-wo/ prep. around;
near; about; by; in vicinity
kołysać /ko-wí-saćh/ v. rock;
sway; toss to and fro; roll
komar /kó-mar/ m. mosquito
komiczny /ko-meéch-ni/ adj. m.
comic; amusing; funny; droll
komorne /ko-mór-ne/ n.
/apartment/ rent; rental
komplet /kóm-plet/ m. set
kompot /kóm-pot/ m. compote
komunikat /ko-moo-ňeé-kat/ m.
bulletin; communique; report

komunista /ko-moo-ňeés-ta/ m.
communist
koncert /kón-tsert/ m. concert
konferansjer /kon-fe-rán-syer/
m. master of ceremony
konduktor /kon-doók-tor/ m.
conductor;/train-ticket/in-
spector
konferencja /kon-fe-reń-tsya/
f. conference; meeting
koniec /kó-ňets/ m. end;
conclusion; tip; point; close
koniecznie /ko-ňéch-ňe/ adv.
absolutely; necessarily
konieczny /ko-ňéch-ňi/ adj. m.
indispensalbe; vital; necessary
konkretny /kon-krét-ni/ adj. m.
concrete definite; real
konsekwentny /kon-sek-vént-ni/
adj. m. consistent
konto /kón-to/ n. account
kontynuować /kon-ti-noo-ó-vaćh/
v. continue; pursue; carry on
koń /koň/ m. horse
końcowy /koň-tsó-vi/ adj. m.
final; terminal; last late
kończyc /kóň-chićh/ v. end;
finish; quit; be dying; stop
kopać /kó-paćh/ v. dig; kick
kopalnia /ko-pál-ňa/ f. mine
koperta /ko-pér-ta/ f. envelope
quilt-case; /watch/ case
korale /ko-rá-le/ pl. bead
necklace; coral beads; gills
korytarz /ko-rí-tash/ m. cor-
ridor; passage-way; lobby
korzeń /kó-zheň/ m. root; spice
korzystny /ko-zhíst-ni/ adj. m.
profitable; favorable
kosmetyczka /kos-me-tích-ka/
f. vanity bag; beautician
kosmetyk /kos-mé-tik/ m. cos-
metic; makeup
kostka /kóst-ka/ f. small bone;
ankle; knuckle; die; lump
kosz /kosh/ m. basket
koszt /kosht/ m. cost; price;
expense; charge
kosztować /kosh-tó-vaćh/ v.
cost; taste
koszula /ko-shoó-la/ f. shirt

kościół /kóśh-choow/ m. church
kość /kośhćh/ f. bone; spine
kot /kot/ m. cat
kółko /ków-ko/ m. small wheel;
  small circle; /soc./ circle
kpić /kpeećh/ v. jeer; sneer
kradzież /krá-dźheśh/ f. theft
kraj /kray/ m. country; verge;
  edge; hem of a garment; land
krajać /krá-yaćh/ v. cut; slice;
  carve; operate; hack; saw
krawat /krá-vat/ m. /neck/ tie
krawcowa /krav-tsó-va/ f.
  seamstress
krawędź /krá-vańdźh/ f. edge
kreska /krés-ka/ f. dash /line/;
  stroke; hatch; scar; accent
krew /krev/ f. blood
krewny /krév-ni/ m. relative
kroić /kró-eećh/ v. cut; slice
krok /krok/ m. step; pace;
  march
kropla /króp-la/ f. drop
krowa /kró-va/ f. cow
król /krool/ m. king
królewski /kroo-lév-skee/ adj.
  m. royal
krótki /kroó-tkee/ adj. m.
  short; brief; terse; concise
kruchy /kroó-khi/ adj. m.
  brittle; frail; tender; crisp;
  crusty
krwawić /krvá-veećh/ v. bleed
krzesło /kzhés-wo/ n. chair
krztusić się /kzhtoó-śheećh
  śháń/ v. choke; stifle
krzyczeć /kzhí-chećh/ v. shout;
  cry; scream; yell; clamor
krzywda /kzhív-da/ f. harm
krzywy /kzhí-vi/ adj. m. crook-
  ed; skew; distorted; slanting
krzyż /kzhish/ m. cross
książka /kśhoównzh-ka/ f. book
księgarnia /kśháń-gár-ńa/ f.
  bookstore; bookshop
księżyc /kśháń-zhits/ m. moon
kto /kto/ pron. who; all; those
ktoś /ktośh/ pron. somebody
którędy /ktoo-rań-di/ adv.
  which way, how to get there?

który /ktoó-ri/ pron. who;
  which; that; any; whichever
kubek /koó-bek/ m . cup
kucharz /koó-khash/ m cook
kuchnia /koókh-ńa/ f. kitchen;
  store; cooking
kultura /kool-toó-ra/ f. cul-
  ture; good manners; cultivation
kupić /koó-peećh/ v. buy
kura /koó-ra/ f. hen
kurczę /koór-cháń/ n. chicken
kurek /koó-rek/ m. tap; cock
kurz /koosh/ m. dust
kuzynka /koo-zín-ka/ f. cousin
kwadrans /kvád-rans/ m. quarter
  of an hour
kwiaciarnia /kvya-chár-ńa/ f.
  flower shop
kwiat /kvyat/ m. flower
kwiecień /kvyé-cheń/ m. April
kwit /kveet/ m. receipt
lać /laćh/ v. pour; shed;/spill/
lada /lá-da/ part. any; whatever; the least; paltry
lakier /lá-ker/ m. varnish
lalka /lál-ka/ f. doll; puppet
lampa /lám-pa/ f. lamp
las /las/ m. wood; forest;
  thicket
lata /lá-ta/ pl. years
lato /lá-to/ n. Summer
ląd /loównd/ m. land; mainland;
  continent
lądować /loówn-dó-vaćh/ v. land;
  disembark; go ashore; alight
lecieć /lé-chećh/ v. fly; run;
  hurry; wing; drift; drop; fall
lecz /lech/ conj. but; however
leczyć /lé-chićh/ v. heal;
  treat; nurse; practice medicine
ledwie /léd-vye/ adv. hardly;
  scarcely; barely; almost;nearly
legitymacja /le-gee-ti-máts-ya/
  f. ID card; identification
lekarstwo /le-kár-stvo/ n.
  medicine; drug
lekarz /lé-kash/ m. physician.
lekceważyć /lek-tse-vá-zhićh/
  v. slight; scorn; neglect
lekcja /lék-tsya/ f. lesson

lekki /lék-kee/ adj. m. light;
light-hearted; graceful; slight
leniwy /le-ňeé-vi/ adj. m. lazy
lepiej /lé-pyey/ adv. better;
rather; /feel/ better
lepszy /lép-shi/ adj. m. better
letni /lét-ňee/ adj. m. lukewarm; half-hearted; summer
lewy /lé-vi/ adj. m. left
leżeć /lé-zhech/ v. lie; /fit/
liczba /leéch-ba/ f. number;
figure; integer; group; class
liczny /leéch-ni/ adj. m. numerous; large; abundant; plentiful
liczyć /leé-chich/ v. count;
reckon; compute; calculate
linia /leé-ňya/ f. line; lane
list /leest/ m. letter; note
listonosz /lees-tó-nosh/ m.
postman
listopad /lees-tó-pad/ m.
November
liść /leeśhćh/ m. leaf; frond
litera /lee-té-ra/ f. letter
lodówka /lo-doóv-ka/ f.
refrigerator
lody /ló-di/ pl. ice cream
lokator /lo-ká-tor/ m. tenant
lot /lot/ m. flight; speed
lotnisko /lot-ňeé-sko/ n. airport; airfield; aerodrome
lód /loot/ m. ice; pl. ice cream
lub /loop/ conj. or; or else
lubić /loó-beech/ v. like;
be fond of; enjoy; be partial
ludność /loód-nośhćh/ f. population
ludzie /loó-dźhe/ pl. people
luty /loó-ti/ m. February
lżejszy /lzhéy-shi/ adj. m.
lighter
ładny /wád-ni/ adj. m. nice
ładować /wa-dó-vach/ v. load;
charge; cram; fill
łagodny /wa-gód-ni/ adj. m.
gentle; mild; soft; meek; easy
łamać /wá-mach/ v. break; crush;
quarry
łapać /wá-pach/ v. catch; snatch
łatać /wá-tach/ v. patch up
łatwy /wát-vi/ adj. m. easy

ławka /wáf-ka/ f. pew; bench
łazienka /wa-żhén-ka/ f. bath-
room
łączyć /wówn-chich/ v. join;
unite; merge; link; bind; weld
łąka /wówn-ka/ f. meadow
łokieć /wó-ќech/ m. elbow
łowić /wó-veech/ v. trap;
fish; catch; hunt; chase
łódź /woódżh/ f. boat
łóżko /woózh-ko/ n. bed
łuk /wook/ m. bow; arch; bent;
vault
łyk /wik/ m. gulp; sip; draft
łyżeczka /wi-zhéch-ka/ f. teaspoon; dessert spoon; curette
łyżka /wízh-ka/ f. spoon;
spoonful
łza /wza/ f. tear
macica /ma-ćhee-tsa/ f. uterus;
womb
magazyn /ma-gá-zin/ m. store;
warehouse; repository
magnetofon /mag-ne-tó-fon/ m.
tape-recorder
maj /may/ m. May
majątek /ma-yówn-tek/ m. fortune; estate; property; wealth
majtki /máyt-kee/ pl. panties
malarz /má-lash/ m. painter
maleńki /ma-léň-kee/ adj. m.
very small; tiny; insignificant
malować /ma-ló-vach/ v. paint;
stain; color; make up; depict
mało /má-wo/ adv. little; few;
seldom; lack; not enough
małpa /máw-pa/ f. ape; monkey
mały /má-wi/ adj. m. little;
small size; low; modest; slight
małżeństwo /maw-zhéň-stvo/ n.
married couple; wedlock
mam /mam/ v. I have /see mieć/
mama /má-ma/ f. mummy; mother
manatki /ma-nát-kee/ pl. personal belongings; traps
mandat /mán-dat/ m. mandate;
traffic ticket; fine
mapa /má-pa/ f. map; chart
marka /már-ka/ f. mark; brand;
stamp; trade mark; reputation

marnować /mar-nó-vać/ v. waste
marszczyć /márṡh-chich/ v.
wrinkle; frown; crease; ripple
martwić /márt-veech/ v. dis-
tress; grieve; vex; worry;
afflict
martwy /már-tvi/ adj. m. dead
marynarz /ma-rí-nash/ m. mariner; sailor; seaman; jack/tar/
marzec /má-zhets/ m. March
marznąć /márzh-nównch/ v. freeze
masa /má-sa/ f. bulk; mass
masło /más-wo/ n. butter
masowo /ma-só-vo/ adv. wholesale; in a mass
maszyna /ma-shí-na/ f. machine
materiał /ma-tér-yaw/ m. material; substance; stuff; cloth
matka /mát-ka/ f. mother
mądry /mówn-dri/ adj. m. sage
mąka /mówn-ka/ f. flour; meal
mąż /mównsh/ m. husband; man
mdleć /mdlech/ v. faint; weaken
mechanik /me-khá-ńeek/ m.me-
chanic; Jack of all trades
medyczny /me-dích-ni/ adj. m.
medical; medicinal
meldować /mel-dó-vach/ v.
report; register; announce
metal /mé-tal/ m. metal
metr /metr/ m. meter
metro /mét-ro/ n. subway
metryka /me-trí-ka/ f. birth-
certificate; public register
męczyć /máñ-chich/ v. bother;
torment; oppress; tire;
exhaust
męski /máńs-kee/ adj. m. masculine; manly; man's; virile;
male
mężczyzna /máñzh-chíz-na/ m. man
mgła /mgwa/ f. fog; mist; cloud
miara /myá-ra/ f. measure;
gauge; yard-stick; foot-rule;
amount; limit
miasteczko /myas-téch-ko/ n.
borough; country town
miasto /myás-to/ n. town
mieć /myech/ v. have; hold; run
miedź /myedzh/ f. copper

miejsce /myéys-tse/ n. place;
location; spot; room; space;
seat; employment; berth; scene
miejscowość /myey-stsó-voshch/
f. locality; place; town;
village
miesiąc /myé-shównts/ m. month
mieszać /myé-shach/ v. mix;
mingle; shuffle; confuse
mieszkać /myésh-kach/ v. dwell;
live; stay; have a flat; lodge
mieszkalny /myesh-kál-ni/ adj.
m. inhabitable; habitable
mieszkanie /myesh-ká-ńe/ n.
apartment; rooms; lodgings
między /myáñ-dzi/ prep. between
among; in the midst
międzynarodowy /myáñ-dzi-na-ro-
dó-vi/ adj. m. international
miękki /myáñk-kee/ adj. m. soft;
flabby; limp; supple
mięsień /myáñ-śheń/ m. muscle
mięso /myáñ-so/ n. flesh; meat
mijać /mée-yach/ v. go past;
pass by; pass away
mila /mée-la/ f. mile /1609,35m/
milczeć /méel-chech/ v. be silent; quit talking
milicja /mee-léets-ya/ f.
militia; police
miłość /mée-woshch/ f. love
miły /mée-wi/ adj. m. pleasant;
beloved; likable; nice; enjoy-
able
mimo /mée-mo/ prep. in spite of;
notwithstanding; /al/though;
adv. past; by
mina /mée-na/ f. facial expression; mine; air
minąć /mée-nównch/ v. pass by
minister /mee-ńées-ter/ m.
minister; cabinet member
ministerstwo /mee-nees-tér-stvo/
n. ministry; department of
state
minuta /mee-nóo-ta/ f. minute
miotła /myót-wa/ f. broom
miód /myoot/ m. honey
mistrz /meestsh/ m. master;
maestro; champion; expert

mleko /mlé-ko/ n. milk
młodość /mwó-dośhćh/ f. youth
młody /mwó-di/ adj. m. young
młodzież /mwó-dźhesh/ f. youth;
 young generation
młotek /mwó-tek/ m. hammer;
 tack-hammer; clapper
mniej /mney/ adv. less; fewer
mniejszy /mnéy-shi/ adj. m.
 smaller; lesser; less; minor
mnożyć /mnó-zhićh/ v. multiply
mocny /móts-ni/ adj. m. strong
moda /mó-da/ f. fashion
mogę /mó-gắh/ v. I can; I may
mokry /mók-ri/ adj. m. wet;
 moist; watery; rainy; sweaty
moment /mó-ment/ m. moment
morski /mórs-kee/ adj. m. mari-
 time ; sea; nautical; naval
morze /mó-zhe/ n. sea
most /most/ m. bridge
motać /mó-taćh/ v. reel; embroil
 entangle; intrigue; spool
motocykl /mo-tó-tsikl/ m.
 motorcycle
mowa /mó-va/ f. speech;
 language
może /mó-zhe/ adv. perhaps; maybe; very likely; how about?
możliwy /mozh-lée-vi/ adj. possible; fairly good; passable
można /mózh-na/ v. imp. it is
 possible; one may; one can
móc /moots/ v. /potentially
 to be able; be capable
mój /mooy/ pron. my; mine
mówić /moó-veećh/ v. speak;
 talk; say; tell; say things
mózg /moozk/ m. brain
mrok /mrok/ m. dusk; twilight
mróz /mroos/ m. frost
mu /moo/ pron. him
mur /moor/ m. brick wall; wall
murzyn /moó-zhin/ m.negro
musieć /moó-śhećh/ v. be obliged
 to; have to; be forced; must
muzeum /moo-zé-oom/ n. museum
muzyka /moo-zí-ka/ f. music
my /mi/ pron. we; us
myć /mićh/ v. wash

mydło /míd-wo/ n. soap; soft soap
mylić /mí-leećh/ v. mislead;
 misguide; confuse; deceive
mysz /mish/ f. mouse
myśl /míshl/ f. thought; idea
myśleć /míśh-lećh/ v. think
myśliwy /mish-lée-vi/ m. hunter
na /na/ prep. on; upon; at;
 for; by; in; onto; to
nabierać /na-byé-raćh/ v. take;
 take in; tease; cheat; amass
nabożeństwo /na-bo-zhéń-stvo/
 n. church service
nachylać /na-khí-laćh/ v. stoop;
 bend; incline; lean
naczelny /na-chél-ni/ adj. m.
 chief; head; principal; main
nad /nad/ prep. over; above; on;
 upon; beyond; at; of; for
nadal /ná-dal/ adv. still; in
 future; continue /to do/
nadawać /na-dá-vaćh/ v. transmit
 post; register; bestow; grant;
 endow; christen
nadchodzić /nad-khó-dźheećh/ v.
 approach; arrive; come
nadjechać /nad- yé-khaćh/ v.
 drive up; come up; arrive
 /not on foot/
nadmiar /nád-myar/ m. excess
na dół /ná doow/ down; down
 stairs; downwards
nadwyżka /nad-vízh-ka/ f.
 surplus
nadzieja /na-dźhé-ya/ f. hope
nagi /ná-gee/ adj. m. naked;
 bare; nude; bald; empty
nagle /nág-le/ adv. suddenly
nagły /nág-wi/ adj. m. sudden;
 urgent; instant; abrupt; press-
 ing
naiwny /na-eév-ni/ adj. m.
 naive
najbardziej /nay-bár-dźhey/
 adv. most /of all/
najeść się /ná-yeśhćh śhắn/ v.
 eat plenty of; eat a lot
najgorzej /nay-gó-zhey/ adv.
 worst of all
najmniej /náy-mñey/ adv. least
najpierw /náy-pyerv/ adv. first
 of all; first

najwięcej /nay-vyáñ-tsey/ adv.
 most of all; /worst of all/
nakręcać /na-kráñ-tsach/ v. wind
 up; shoot /movie/; turn;direct
nakrętka /na-kráht-ka/ f.
 /screw/ nut; female screw; jam
 nut
nalewać /na-lé-vach/ v. pour in
na lewo /na lé-vo/ adv. to the
 left
należy się /na-lé-zhi śháñ/ v.
 it is due; costs;/I am/ owed
namawiać /na-má-vyach/ v. persuade; prompt; urge; egg on
na niby /na ñée-bi/ adv.
 make believe /pseudo/
na ogół /na ó-goow/ adv. /in
 general/ generally
na około/na-o-kó-wo/ adv. all
 around
napad /ná-pad/ m. assault
na pewno /na pév-no/ adv. surely
 certainly; for sure
napić się /ná-peech śháñ/ v.
 have a drink
napisac /na-pée-sach/ v.
 write; write down
na pomoc ! /na pó-mots/ excl.
 help !
napój /ná-pooy/.m. drink
naprawa /na-prá-va/ f. repair;
 redress
naprawdę /na-prá-vdáñ/ adv.
 indeed
naprawiać /na-prá-wyach/ v.
 repair
na prawo /na prá-vo/ adv.
 to the right
na próżno /na próozh-no/ adv.
 in vain
naprzód /ná-pzhoot/ adv. forwards; first; in the first
 place
naraz /ná-ras/ adv. suddenly
na razie /na rá-żhe/ adv. for
 the time being
nareszcie /na-résh-che/ adv.
 at last; finally
narodowy /na-ro-dó-vi/ adj. m.
 national

naród /ná-root/ m. nation
narzeczona /na-zhe-chó-na/ f.
 fiancee
narzeczony /na-zhe-chó-ni/ m.
 fiance
narzekać /na-zhé-kach/ v.
 complain
nas /nas/ pron. us
nastawiać /na-stáv-yach/ v. set
 up; set right; tune in
następny /na-stáñp-ni/ adj. m.
 next; following
nastrój /ná-strooy/ m. mood;
 spirits
nasz /nash/ pron. our; ours
naśladować /na-śhla-dó-vach/ v.
 imitate
natomiast /na-tó-myast/ adv. but;
 however; yet; on the contrary
naturalny /na-too-rál-ni/ adj.
 m. natural
natychmiast /na-tíkh-myast/ adv.
 at once; instantly
nauczyciel /na-oo-chí-chel/ m.
 teacher
nauka /na-oó-ka/ f. science;
 learning; study; teaching
nawet /ná-vet/ adv. even
nawzajem /na-vzá-yem/ adv. mutu-
 ally; same to you; each other
nazwisko /naz-veé-sko/ m.
 family name; surname
nazywać się /na-zí-vach śháñ/ v.
 be called; be named
nerka /nér-ka/ f. kidney
nerw /nerv/ m. nerve
nerwowy /ner-vó-vi/ adj. m.
 nervous
nędza /náñ-dza/ f. misery
niby /neé-bi/ adv. as if; pre-
 tending
nic /neets/ pron. nothing; nought
niczyj /neé-chiy/ adj. m. no-
 man's
nić /neech/ f. thread
nie /ñe/ part. no; not; non-;
 in-; un-;
niebieski /ñe-byé-skee/ adj. m.
 blue; heavenly
niebo /ñé-bo/ n. sky

niech /ńekh/ part. let
niecierpliwy /ńe-cher-plée-vi/
adj. m. impatient
nieco /ńé-tso/ adv. some;
a little
niedaleki /ńe-da-lé-kee/ adj.
m. near; not distant
niedawno /ńe-dáv-no/ adv. recently; not long ago
niedługo /ńe-dwóo-go/ adv. soon;
not long; before long
niedobrze /ńe-dób-zhe/ adv.
not well; badly
niedogodny /ńe-do-gód-ni/ adj.
m. inconvenient
niedozwolony /ńe-doz-vo-ló-ni/
adj. m. not allowed
niedziela /ńe-dzhé-la/ f.
Sunday
niegrzeczny /ńe-gzhéch-ni/ adj.
m. rude; impolite
niejeden /ńe-yé-den/ adj. m.
many; more than one
niekiedy /ńe-ḱyé-di/ adv. now
and then; sometimes
nieletni /ńe-lét-ńee/ adj. m.
under age
nieludzki /ńe-lóodz-kee/ adj.
inhuman
niełatwy /ńe-wát-vi/ adj. m.
not easy; fairly difficult
niemiły /ńe-mée-wi/ adj. m.
unpleasant
niemodny /ńe-mód-ni/ adj. m.
outmoded
niemowlę /ńe-móv-lâń/ n. baby
niemożliwy /ńe-mozh-lée-vi/ adj.
m. impossible
nieobecny /ńe-o-béts-ni/ adj.
m. absent
niepalący /ńe-pa-lówn-tsi/ adj.
m. not smoking
niepewny /ńe-pév-ni/ adj. m.
uncertain
niepodległość /ńe-pod-lég-
wośhćh/ f. independence
niepokój /ńe-pó-kooy/m. unrest
nieporozumienie /ńe-po-ro-zoo-
myé-ńe/ n. misunderstanding

nieporządek /ńe-po-zh'ówń-dek/
m. disorder
niepotrzebny /ńe-po-tzhéb-ni/
adj. m. unnecessary
nieprawda /ńe-prá-vda/ f. un-
truth; falsehood ; lie
nieprawdopodobny /ńe-pra-vdo-
po-dób-ni/ adj.m.improbable
niepunktualny /ńe-poon-ktoo-ál-
ni/ adj. m. unpunctual; late
nieraz /ńé-ras/ adv. often;
again and again
niesmak /ńé- smak/ m. bad taste;
disgust
niespodzianka /ńe-spo-dżhán-ka/
f. surprise
niestety /ńe-sté-ti/ adv. alas;
unfortunately
nieść /ńeśhćh/ v. carry; bring;
bear; lay; afford
nieuwaga /ńe-oo-vá-ga/ f. in-
attention; absentmindedness
nie warto /ńe-vár-to/ adv.
not worth /talking
niewątpliwy /ńe-vównt-plée-vi/
adj. m. sure; doubtless
niewiele /ne-vyé-le/ adv.
not much; not many
nie wolno /ńe vól-no/ v.not
allowed
niewygoda /ńe-vi-gó-da/ f. discomfort
niezadowolenie /ńe-za-do-vo-lé-
ńe/ n. discontent
niezbędny /ńe-zbâńd-ni/ adj. m.
indispensable
niezgoda /ńe-zgó-da/ f. discord;
disagreement
niezwykły /ńe-zvík-wi/ adj. m.
unusual
nieżonaty /ńe-zho-ná-ti/ adj.
m. unmarried /man/; bachelor
nigdy /ńée-gdi/ adv. never
nigdzie /ńée-gdźhe/ adv. nowhere
nikotyna /ńee-ko-tí-na/ f. nic-
otine
nikt /ńeekt/ pron. nobody
nim /ńeem/ conj. before
niski /ńée-skee/ adj. m. low
niszczyć /ńéesh-chićh/ v.
destroy

nizina /ńee-zhée-na/ f. lowland
niż /ńeesh/ conj. than
noc /nots/ f. night
nocny /nóts-ni/ adj. m. nocturnal; night-
nocować /no-tsó-vać/ v. spend a night
noga /nó-ga/ f. leg
normalny /nor-mál-ni/ adj. m. normal
nos /nos/ m. nose
nosić /nó-śheeć/ v. carry; wear
notować /no-tó-vać/ v. make notes; take notes
nowina /no-vee-na/ f. news
nowoczesny /no-vo-chés-ni/ adj. m. modern
nowy /nó-vi/ adj. m. new
nożyczki /no-zhích-kee/ pl. scissors
nóż /noosh/ m. knife
nudny /noó-dni/ adj. m. boring; nauseating
nudzić /noó-dżheeć/ v. bore
nudzic się /noó-dżheech śhan/ v. be bored
numer /noó-mer/ m. number
nylon /ní-lon/ m.nylon
o /o/ prep. of; for; at; by; about; against; with; concerning
obawiać się /o-bá-vyać śhán/ v. be anxious; fear
obcęgi /ob-tsán-gee/ pl. tongs
obchodzić /ob-khó-dżheeć/ v. go around; evade; celebrate
obcy /ób-tsi/ adj. m. strange; foreign
obecnie /o-béts-ńe/ adv. at present
obejrzeć /o-béy-zheć/ v. inspect; glance at; see
oberwać /o-bér-vać/ v. tear off
obiad /ób-yat/ m. dinner; lunch
obiecywać /o-bye-tsí-vać/ v. promise
objaśniać /ob-yáśh-ńać/ v. explain

objąć /ób-yównć/ v. embrace
obliczyć /ob-leé-chić/ v. count up; reckon; calculate
obniżać /ob-ńeé-zhać/ v. lower sink; drop; abate; level down
oboje /o-bó-ye/ num. both
obok /ó-bok/ adv. prep. beside; next; about
obowiązek /o-bo-vyówn-zek/ m. duty; obligation
obracać /ob-rá-tsać/ v. turnover; rotate
obraz /ób-raz/ m. picture; image
obrazek /ob-rá-zek/ m. little picture
obrazić /ob-rá-żheeć/ v. offend
obrączka / ob-równch-ka/ f.ring
obrona /ob-ró-na/ f. defense
obrócić /ob-roó-ćheeć/ v. rotate; revolve
obrywać /ob-rí-vać/ v. tear off
obserwować /ob-ser-vó-vać/ v. watch; observe
obudzić /o-boó-dżheeć/ v. wake up
obywatelstwo /o-bi-va-tél-stvo/ m. citizenship
ocalić /o-tsá-leeć/ v. rescue
ocean /o-tsé-an/ m ocean
ocena /o-tsé-na/ f. grade; estimate; appraisal
ochota /o-khó-ta/ f. eagerness; forwardness; willingness
oczekiwać /o-che-keé-vać/ v. wait for; await; expect; hope
oczywiście /o-chi-veéśh-će/ adv. obviously; of course
od /od/ prep. from; off; of; for; since; out of; with; per; by; then /idiomatic/
odbierać /od-byé-rać/ v. take away; deprive
odbiornik /od-byór-ńeek/ m. /radio/ receiver
odbudować /od-boo-dó-vać/ v. rebuild

odbywać /od-bí-vach/ v. do;
perform; be in progress
odchodzić /od-khó-dżheech/ v.
go away; leave; walk off
odczytać /od-chí-tach/ v. read
over
oddać /ód-dach/ v. give back;
pay back; render; deliver
od dawna /od dáv-na/ since a
long time
oddychać /od-dí-khach/ v.
breath
oddział /ód-dżhaw/ m. division;
section; ward; branch; detail
odejmować /o-dey-mó-vach/ v.
subtract; deduct; take away
odejść /ó-deyshch/ v. depart;
go away; leave; abandon
odjazd /ód-yazt/ m. departure
odkręcić /od-kráń-cheech/ v.
unscrew; turn around
odkryć /ód-krich/ v. discover;
uncover ;find
odległość /od-lég-woshch/ f.
distance
odlot /ód-lot/ m. departure
/by plane/; take off; start
odłożyć /od-wó-żhich/ v. set
aside; put off
odnajdywać /od-nay-dí-vach/ v.
recover; find; discover
odnieść /ód-ńeshch/ v. bring
back; take back; sustain
odpiąć /ód-pyóńch/ v. unfasten;
unbutton
odpisać /od-peé-sach/ v. copy;
write back; answer by a letter
odpłynąć /od-pwí-nównch/ v.
sail away; float away; swim
odpoczynek /od-po-chí-nek/ m.
rest; repose
odpoczywać /od-po-chí-vach/ v.
rest; have a rest
odpowiadać /od-po-vyá-dach/ v.
answer to; correspond to
odpowiedni /od-po-vyéd-ńee/ adj.
m. respective; adequate; suitable; fit; right; due
odprowadzać /od-pro-vá-dzach/v.
divert; drain off;escort /home/

odradzać /od-rá-dzach/ v.
advise against
odróżniać /od-róozh-ńach/ v.
distinguish
odrzutowiec /od-zhoo-tó-vyets/
m. jet /plane/
odstąpić /od-stówn-peech/ v.
step back; secede; cede
odsyłać /od-sí-wach/ v. send
back; refer ;return
odtąd /ód-tównt/ adv. hence-
forth; from now on; from here
odwaga /od-vá-ga/ f. courage
odważyć się /od-vá-zhich shán/
v. dare
odwiedzać /od-vyé-dzach/ v.
visit /someone/
odwijać /od-veé-yach/ v. unwrap
odwilż /ód-veelzh/ f. thaw
odwołać /od-vó-wach/ v. take
back; appeal; refer
odzież /ó-dżhezh/ f. clothes
odznaka /od-zná-ka/ f. badge
odzyskać /od-zís-kach/ v. re-
trieve
odzywać się /od-zi-vach shan/ v.
speak up; utter the first word
oferta /o-fér-ta/ f. offer
ogień /ó-ǵeń/ m. fire; flame
oglądać /o-glówn-dach/ v. inspect
ogolić /o-gó-leech/ v. shave
ogółem /o-góo-wem/ adv. on the
whole; as a whole; altogether
ogórek /o-góo-rek/ m. cucumber
ogromny /o-gróm-ni/ adj. m. huge
ogród /ó-groot/ m. garden
ogrzewać /o-gzhé-vach/ v. heat
o ile / o eé-le/ conj. as far as
ojciec /óy-chets/ m. father
ojczyzna /oy-chíz-na/ f. native
country
okazać /o-ká-zach/ v. show; dem-
onstrate; evidence
okazja /o-ká-zya/ f. opportunity
okno /ók-no/ n. window
oko /ó-ko/ n. eye
okolica /o-ko-leé-tsa/ f. region
około /o-kó-wo/ prep. near;
about

okres /ó-kres/ m. period
okręt /ó-kränt/ m. ship
okropny /o-króp-ni/ adj. m.
  horrible
okrutny /o-króbt-ni/ adj. m.
  cruel
okulary /o-koo-lá-ri/ pl.
  eyeglasses
olej /o-ley/ m. oil
ołówek /o-wóo-vek/ m. lead
  pencil
omal /ó-mal/ adv. nearly
omdlały /om-dlá-wi/ adj. m.
  fainted
on; ona; ono /on; ó-na; ó-no/
  pron. he; she; it
one /ó-ne/ f.pl. they
oni /ó-nee/ m. pl. they
opakowanie /o-pa-ko-vá-ńe/ n.
  wrapping
opalać się /o-pá-lach śháń/ v.
  suntan
opanować /o-pa-nó-vach/ v.
  master
opera /o-pé-ra/ f. opera /house/
opieka /o-pýe-ka/ f. care
opinia /o-peé-ńya/ f. opinion;
  view; reputation
opowiadać /o-po-vyá-dach/ v.
  tell /something/; tell tales
opowiadanie /o-po-vya-dá-ńe/ n.
  tale; narrative; story
opóźnienie /o-poożh-ńé-ńe/ n.
  delay
oprócz /óp-rooch/ prep. except;
  besides
oraz /ó-ras/ conj. as well as
organizm /or-gá-ńeesm/ m.
  organism
orkiestra /or-kés-tra/ f.
  orchestra
ortografia /or-to-grá-fya/ f.
  orthography
oryginalny /o-ri-gee-nál-ni/
  adj. m. original; genuine
osiedle /o-śhéd-le/ n. housing
  estate; settlement
osiem /ó-śhem/ num. eight
osiemdziesiąt /o-śhem-dżhé-
  shównt/ num. eighty

osiemnaście /o-śhem-násh-che/
  num. eighteen
osiemset /o-śhém-set/ num.
  eight hundred
oskarżać /o-skár-zhach/ v.
  accuse
osłabiać /o-swá-byach/ v.
  weaken
osoba /o-só-ba/ f. person
osobisty /o-so-beé-sti/ adj.
  m. personal; private
osobiście /o-so-beésh-che/ adv.
  personally
ostatecznie /o-sta-tech-ńe/ adv.
  finally; after all; at least
ostatni /o-stát-ńee/ adj. m.
  last; late; end
ostatnio /o-stát-ño/ adv.
  lately; not long ago; recently
oszczędności /osh-chánd-nósh-
  chee/ pl. savings
ość /ośhćh/ f. /fish/ bone
ośrodek /o-śhró-dek/ m. center
oświetlenie /o-śhvyet-lé-ńe/
  lighting
otrzymać /o-tzhi-mach/ v.
  receive; obtain; get
otwarcie /o-tvár-che/ adv.
  frankly
otwierać /ot-vyé-rach/ v. open
owad /ó-vat/ m. insect
owoc /ó-vots/ m. fruit
owszem /óf-shem/ part. yes;
  certainly
ósmy /óos-mi/ num. eighth
pachnąć /pákh-nównch/ v. smell
  /good/
pacjent /páts-yent/ m. patient
paczka /pách-ka/ f. parcel; pack
pakunek /pa-kóo-nek/ m.
  parcel; baggage
palec /pá-lets/ m. finger
palić /pá-leech/ v. burn; smoke
  cigarette
palto /pál-to/ n. overcoat
pałac /pá-wats/ m. palace
pamiętać /pa-myán-tach/ v.
  remember
pan /pan/ m. master; mister;
  you; gentleman; lord

pani /pa-ñee/ f. madam; Mrs;
  you; lady
państwo /pań-stvo/ n. state;
  married couple; Mr. and Mrs.
papieros /pa-pye-ros/ m.
  cigarette
papież /pá-pyesh/ m. pope
para /pa-ra/ f. couple; pair;
  steam
parasol /pa-rá-sol/ m. umbrella
parasolka /pa-ra-sól-ka/ f.
  woman's umbrella
parkować /par-kó-vać/ v. park
parter /pár-ter/ m. ground
  floor
partia /pár-tya/ f. party;
  group; card game
pas /pas/ m. belt; strip
pasażer /pa-sá-zher/ m.
  passenger
pasażerka /pa-sa-zhér-ka/ f.
  passenger /female/
pasek /pá-sek/ m. belt; band
pasować /pa-só-vać/ v. fit
pastylka /pas-tíl-ka/f.tablet
paszport /pásh-port/ m. passport
patelnia /pa-tél-ña/ f.
  fryingpan
patrzeć /pá-tzheć/ v. look
paznokieć /pa-znó-kyeć/ m.
  finger nail
październik /pażh-dżhér-ñeek/
  m. October
pchać /pkhać/ v. push; thrust
pchnięcie /pkhñáń-će/ n. push;
  thrust; jostle
pech /pekh/ m. bad luck
pełnoletni /pew-no-lét-ñee/
  adj. m. adult
pełny /péw-ni/ adj. m. full
pensja /pén-sya/ f. salary;
  pension; allowance
peron /pé-ron/ m. train-
  platform
pewien /pé-vyen/ adj. m.
  certain; one
pewnie /pé-vñe/ adv. surely;
  probably
pewny /pé-vni/ adj. m. sure

pędzić /páń-dzeeć/ v. drive;
  run; hurry; lead
pękać /páń-kać/ v. burst;
  crack
pianino /pya-ñée-no/ n. piano
piasek /pyá-sek/ m. sand
piątek /pyówn-tek/ m. Friday
piąty /pyówn-ti/ num. fifth
pić /peeć/ v. drink
piec /pyets/ v. bake; roast
piegi /pye-gee/ pl. freckles
piekarz /pye-kash/ m. baker
piekło /pye-kwo/ n. hell
pielęgniarka /pye-láńg-ñár-ka/
  f. nurse
pielęgnować /pye-láńg-nó-vać/
  v. nurse; tend
pieniądz /pye-ñównts/ m. money;
  coin
pieróg /pye-rook/ m. dumpling
pierś /pyerśh/ f. breast; chest
pierwszy /pye-rvshi/ num. first
pies /pyes/ m. dog
piesek /pye-sek/ m. little dog
pieszo /pye-sho/ adv. on foot
pieśń /pyeśhñ/ f. song
pięć /pyáńć/ num. five
pięćdziesiąt /pyáń-dżhé-shwnt/
  num. fifty
pięćset /pyáńć-set/ num.
  fivehundred
piękny /pyáń-kni/ adj. m.
  beautiful; lovely
pięść /pyáńśhć/ f. fist
pięta /pyáń-ta/ f. heel
piętnasty /pyáñt-ná-sti/ num.
  fifteen
piętro /pyáń-tro/ n. story;
  floor
pijany /pee-yá-ni/ adj. m.
  drunk
pilnować /peel-nó-vać/ v.
  watch; guard; look after
piła /pée-wa/ f. saw; bore
piłka /pée-wka/ f. ball; hand-
  saw
pionowy /pyo-nó-vi/ adj. m.
  vertical

piorun /pyó-roon/ m. thunder-
bolt
piosenka /pyo-sén-ka/ f. song
pióro /pyó-ro/ n. feather; pen
pisać /pee-saćh/ v. write
pisarz /pee-sash/ m. writer
pismo /pees-mo/ n. writing;
letter; newspaper; scripture
piwo /pee-vo/ n. beer
plac /plats/ m. square; ground
plama /plá-ma/ f. blot; stain
plan /plan/ m. plan
plastyk /plás-tik/ m. artist;
plastic
plaża /plá-zha/ f. beach
plecak /plé-tsak/ m. rucksack
plecy /plé-tsi/ pl. back
pluć /plooćh/ v. spit
płacić /pwá-ćheećh/ v. pay
płakać /pwá-kaćh/ v. cry; weep
płaski /pwá-skee/ adj. m. flat
płaszcz /pwashch/ m. overcoat
płuco /pwoó-tso/ n. lung
płynąć /pwí-nównćh/ v. flow;
swim; sail
płyta /pwí-ta/ f. plate; slab;
disk; /musical/ record
pływacki /pwi-váts-kee/ adj. m.
swimming
pływać /pwí-vaćh/ v. swim; float
navigate
po /po/ prep. after; to; up to;
till; upon; for; at; in; up;
of; next; along; about; over;
past; behind;
pobić /pó-beećh/ v. beat up;
defeat
pobierać się /po-byé-raćh śhán/
v. get married
pobyt /pó-bit/ m. stay
pocałować /po-tsa-wó-vaćh/ v.
kiss
pochodzenie /po-kho-dzé-ńe/ n.
origin;descent; ancestry
pochyły /po-khí-wi/ adj. m.
inclined; stooped
pociąg /pó-chównk/ m. train
po cichu /po ćheé-khoo/ adv.
secretly; silently; softly

pocieszać /po-ćhé-shaćh/ v.
console; comfort
początek /po-chówn-tek/ m.
beginning
poczekalnia /po-che-kál-ńa/ f.
waiting room
poczta /póch-ta/ f. post; mail
pocztówka /poch-toó-vka/ f.
postcard
pod /pot/ prep. under; below;
towards; on; in
podać /pó-daćh/ v. give; hand;
pass
podanie /po-dá-ńe/ n. application
podarek /po-dá-rek/ m. gift
podarty /po-dár-ti/ adj. m. torn
podatek /po-dá-tek/ m. tax
podbródek /pod-broó-dek/ m. chin
podejść /pó-deyśhćh/ v. walk up
to; advance; approach; come
near
podczas /pód-chas/ prep.
during; while
podejmowac /po-dey-mó-vaćh/ v.
take up; entertain
podejrzany /po-dey-zhá-ni/ adj.
m. suspect v. underline
podeszwa /po-déśh-va/ f. sole
podkreślać /pod-kréśh-laćh/ →
podłoga /pod-wó-ga/ f. floor
podług /pód-wook/ prep.
according to
podmiejski /pod-myéy-skee/ adj.
m. suburban
podmiot /pód-myot/ m. subject
podnieść /pód-ńeśhćh/ v. lift;
hoist
podobać się /po-dó-baćh śhán/
v. please
podobny /po-dób-ni/ adj. m.
similar; like
podpis /pód-pees/ m.signature
podręcznik /pod-ráńch-ńeek/ m.
handbook; textbook
podróż /pód-roozh/ f. travel;
voyage
podróżnik /pod-roózh-ńeek/ m.
traveler

po drugie /po droó-ǵe/ adv.
in the second place
podstawa /pod-stá-va/ f. base;
basis
podszewka /pod-shév-ka/ f.
lining
podwieczorek /pod-vye-chó-rek/
m. afternoon tea
podwładny /pod-vwád-ni/ adj. m.
subordinate
podwórko / pod-voór-ko/ n.
backyard
podział /pó-dzhaw/ m. division;
partition; distribution
podzielić /po-dżhé-leech/ v.
divide
poeta /po-é-ta/ m. poet
poetka /po-ét-ka/ f. poet
pogląd /pó-glównt/ m. opinion
pogoda /po-gó-da/ f. weather
cheerfulness
pogodny /po-gó-dni/ adj. m.
serene; cheerful
pogotowie /po-go-tó-vye/ n.
ambulance service: readiness
pojechać /po-yé-khach/ v.
go; leave
pojedynczy /po-ye-dín-chi/ adj.
m. single
pojęcie /po-yáń-che/ n. notion;
idea; concept
pojutrze /po-yoót-zhe/ adv.
day after tomorrow
pokazywać /po-ka-zí-vach/ v.
show; point
pokład /pók-wat/ m. deck; layer
pokoik /po-kó-eek/ m.a little
room
pokój /pó-kooy/ m. room; peace
po kryjomu /po kri-yó-moo/ adv.
secretly
pokwitować /po-kvee-tó-vach/
v. receipt
Polak /pó-lak/ m. Pole; Polo-
nian; Polonius; vulg.:Polack
pole /pó-le/ n. field
polegać /po-lé-gach/ v. rely
poleżeć /po-lé-zhech/ v. lie
for some time
policzek /po-lée-chek/ m. cheek

policzyć /po-lée-chich/ v.
count up; reckon; total
politechnika /po-lee-tekh-ńeé-
ka/ f. polytechnic
polka /pól-ka/ f. polka; Polish
girl
polski /pól-skee/ adj. m.
Polish
polubić /po-loó-beech/ v. get
to like ; acquire a taste
połknąć /pów-knównch/ v.
swallow
połowa /po-wó-va/ f. half
położyć /po-wó-zhich/ v. lay
down
południe /po-woód-ńe/ n. noon;
south
pomagać /po-má-gach/ v. help
pomnik /póm-ńeek/ m. monument
pomocnik /po-móts-ńeek/ m.
helper
pomóc /pó-moots/ v. help
pomyłka /po-mí-wka/ f. error
pomysł /pó-misw/ m. idea
ponad /pó-nat/ prep. above;
over
ponadto /po-nád-to/ prep.
moreover
poniedziałek /po-ńe-dżhá-wek/
m. Monday
ponieść /pó-neshch/ v. sustain;
carry; bear
ponieważ /po-ńé-vash/ conj.
because; as; since; for
poniżej /po-ńé-zhey/ adv.
below; beneath
ponowny /po-nó-vni/ adj. m.
repeated; renewed
pończocha /poń-chó-kha/ f.
stocking
popielniczka /po-pyel-ńeéch-ka/
f. ash-tray
popierać /po-pyé-rach/ v.
support; back up
popiół /pó-pyoow/ m. ashes;
cinders
popołudnie /po-po-woód-ńe/ n.
afternoon

poprawa /po-prá-va/ f. improvement

poprawiać /po-prá-vyach/ v. correct /something/

poprosić /po-pró-sheech/ v. ask; beg; demand

po prostu /po pró-stoo/ adv. simply

poprzedni /po-pzhéd-ñee/ adj. m. previous

popsuć się /pó-psooch sháñ/ v. break down; go bad

pora /pó-ra/ f. time; season

poradnik /po-rád-ñeek/ m. guide; handbook

poradzić /po-rá-dźhech/ v. advise

poranek /po-rá-nek/ m. morning

porcja /pór-tsya/ f. portion

poręcz /pó-ráñch/ f. banister

poród /pó-root/ m. child delivery

porównać /po-roóv-nach/ v. compare

port /port/ m. port

portrel /port-fel/ m. wallet

portier /pór-tyer/ m. doorman

poruszać /po-roó-shach/ v. move; touch

porywać /po-rí-vach/ v. snatch; carry out

porządek /po-zhówn-dek/ n. order

porządny /po-zhówn-dni/ adj. m. neat; decent

posada /po-sá-da/ f. employment

posiadać /po-shá-dach/ v. own; hold; possess

posiłek /po-shée-wek/ m. meal; refreshment

posłodzić /po-swó-dźheech/ v. sweeten

posłuchać /po-swoó-khach/ v. listen; obey; take advice

posłuszny /po-swoósh-ni/ adj. m. obedient

posolić /po-so-leech/ v. salt /once/

pospolity /po-spo-leé-ti/ adj. m. vulgar; common

postać /pó-stach/ f. form; shape; figure

postanowić /po-sta-nó-veech/ v. decide; enact

postawić /po-stá-veech/ v. set up; put up

posterunek /po-ste-roó-nek/ m. outpost; sentry

postępować /po-stáñ-po-vach/ v. act; behave; deal; proceed

postój /pó-stooy/ m. halt; stand; parking

posuwać /po-soó-vach/ v. move; shove; push on

posyłać /po-sí-wach/ v. send over

pościel /póśh-ćhel/ f. bedclothes

pośpiech /póśh-pyekh/ m. haste; hurry

pośpieszyć się /po-śhpyé-shych śháñ/ v. hurry

potąd /pó-tównt/ adv. up to here

potem /pó-tem/ adv. after; then; afterwards; later on

potrafić /po-trá-feech/ v. know how to do

potrawa /po-trá-va/ f. dish

po trochu /po tró-khoo/ adv. little by little

potrzeba /po-tzhé-ba/ f. need; want ; lack

potrzebny /po-tzhéb-ni/ adj. m. necessary

potrzymać /po-tzhí-mach/ hold for some time

poważny /po-vázh-ni/ adj. m. earnest; grave

powiedzieć /po-vyé-dźhech/ v. say; tell

powieka /po-vyé-ka/ f. eyelid

powierzchnia /po-vyézhkh-ña/ f. surface

powiesić /po-vyé-sheech/ v. hang

powietrze /po-vyé-tzhe/ n. air

powitać /po-veé-tach/ v. welcome; salute

powodować /po-vo-dó-vach/ v. cause; effect; bring about

powoli /po-vó-lee/ adv. slowly
powód /pó-voot/ m. cause;
 reason; ground; motive
powrót /pó-vroot/ m. return
powszedni /po-vshéd-ñee/ adj.
 m. everyday; commonplace
powtarzać /po-vtá-zhach/ v.
 say again; go over ; repeat
poza /pó-za/ prep. beyond;
 besides; except; apart
poziom /pó-żhom/ m. level
poznać /pó-znach/ v. get to
 know; recognize
pozostać /po-zó-stach/ v.
 remain; stay behind
pozwolić /po-zvó-leech/ v.
 allow; permit
pożar /pó-zhar/ m. fire /woods,
 buildings/ ; destructive fire
pożegnać /po-zhég-nach/ v. bid
 goodbye
pożyczka /po-zhích-ka/ f. loan
pożyczyć /po-zhí-chich/ v.
 lend; borrow
pożytek /po-zhí-tek/ m. use
pójść /pooyshch/ v. go; go away;
 go up... /on foot/
pół /poow/ num. half; semi-;
 demi-
półka /poow-ka/ f. shelf
północ /poow-nots/ f. midnight;
 north
północny /poow-nóts-ni/ adj.
 m. north
późny /poóżh-ni/ adj. m. late
praca /prá-tsa/ f. work; job
pracować /pra-tsó-vach/ v. work
prać /prach/ v. wash; beat up
pragnienie /prag-ñé-ñe/ n.
 thirst; desire
prasować /pra-só-vach/ v. iron
 /linen etc/
prawda /práv-da/ f. truth
prawie /prá-vye/ adv. almost;
 nearly
prawny /práv-ni/ adj. m. legal;
 lawful
prawo /prá-vo/ n. law; adv.
 right
prąd /prównt/ m. current; stream

prezent /pré-zent/ m. gift
prędki /práñd-kee/ adj. m.
 quick; rapid; fast
prędzej /pran-dzey/ adv.
 quicker; sooner
produkcja /pro-dóok-tsya/ f.
 production
profesor /pro-fé-sor/ m.
 professor
projektować /pro-yek-tó-vach/
 v. design
promień /pró-myeñ/ m. beam; ray;
 radius
proponować /pro-po-nó-vach/ v.
 propose
prosić /pró-sheech/ v. beg;
 ask; invite; request; pray
prosto /pró-sto/ adv. straight;
 directly
prosty /pró-sti/ adj. m. right;
 straight; direct; simple
proszę /pró-shañ/ please
prośba /pró-shba/ f. request;
 demand
protokół /pro-tó-koow/ m. record
prowadzić /pro-vá-dżheech/ v.
 lead; conduct; guide; keep
próba /próo-ba/ f. trial; test;
 proof; ordeal
próg /prook/ m. threshold
próżny /próozh-ni/ adj. m.
 empty; void; vain
prysznic /prísh-ñeets/ m.
 shower bath
prywatny /pri-vát-ni/ adj. m.
 private
przebaczać /pzhe-bá-chach/ v.
 forgive; pardon
przebierać /pzhe-bye-rach/ v.
 choose; sort ; select
przebrać się /pshé-brach shañ/
 v. change clothes; dress up
przebywać /pzhe-bí-vach/ v.
 stay; reside
przechadzka /pzhe-chádz-ka/ f.
 walk
przechodzić /pzhe-khó-dżheech/
 v. pass /through/; cross
przechowanie /pzhe-kho-vá-ñe/ n.
 safekeeping

przechylić /pzhe-khí-leeċh/ v.
tilt; lean; tip; incline
przecież /pzhé-ċhezh/ conj.
yet; still; after all; now
przeciętny / pzhe-ċháńt-ni/
adj. m. average
przeciw /pzhé-ċheev/ prep.
against; versus
przeciwko /pzhe-ċheév-ko/ prep.
against; contrary
przecznica /pzhech-neé-tsa/ f.
side-street; cross street
przeczyć /pzhé-chiċh/ v. deny;
belie; negate
przeczytać /pzhe-chí-taċh/ v.
read through
przed /pzhet/ prep. before; in
front of; ahead of; previous to
przede wszystkim /pzhé-de-
vshíst-keem/ adv. above all;
first; first of all
przedmieście /pzhed-myéśh-ċhe/
n. suburb
przedmiot /pzhéd-myot/ m. object; subject /matter/
przedpokoj /pzhed-pó-kooy/ m.
/waiting-room/ lobby
przedpołudnie /pzhed-po-woód-
ńe/ n. morning
przedstawić /pzhed-stá-veeċh/
v. present; represent
przedstawienie /pzhed-sta-vyé-
ńe/ n. performance
przedtem /pzhéd-tem/ adv.
before; formerly
przedwczoraj /pzhed-vchó-ray/
adv. the day before yesterday
przegrać /pzhé-graċh/ v. lose
/war,a game,etc./
przegryzać /pzhe-grí-zaċh/ v.
bite through; have a bite
przejazd /pzhé-yast/ m. crossing; passage
przejść /pzheyśhċh/ v. pass;
cross; walk; experience
przekaz /pzhé-kas/ m. transfer;
money order
przekonać /pzhe-kó-naċh/ v.
convince; persuade/oneself/

przekreślić /pzhe-kréśh-leeċh/
v. cross out; delete; annul
przekroczenie /pzhe-kro-ché-ńe/
n. trespass
przelot /pzhé-lot/ m. over-
flight; flight
przełożyć /pzhe-wó-żhiċh/ v.
transfer; prefer; shift
przemawiać /pzhe-má-vyaċh/ v.
speak; harangue; address
przemysł /pzhé-misw/ m. industry
przenieść /pzhé-ńeśhċh/ v.
transfer; carry over
przepis /pzhé-pees/ m. recipe;
regulation
przepisać /pzhe-peé-saċh/ v.
copy; prescribe
przepłynąć /pzhe-pwí-nównċh/ v.
swim across; sail across
przepraszać /pzhe-prá-shaċh/
v. apologize
przepustka /pzhe-poóst-ka/ f.
pass; permit
przerażenie /pzhe-ra-zhé-ńe/ n.
terror; horror
przerwa /pzhér-va/ f. break;
interruption; interval
przesadzać /pzhe-sá-dzaċh/ v.
exaggerate; transplant
przestać /pzhés-taċh/ v. cease
przestawiać /pzhe-stáv-yaċh/
v. displace; transpose; shift
przestępstwo /pzhe-stáńp-stvo/
n. offense; crime
przestraszyć /pzhe-strá-shiċh/
v. scare; frighten
przesuwać /pzhe-soó-vaċh/ v.
move; shift; shove; transfer
przeszkadzać /pzhe-shká-dzaċh/
v. hinder; trouble; prevent
przeszkoda /pzhesh-kó-da/ f.
obstacle; hitch; obstruction
przeszłość /pzhésh-wośhċh/ f.
past; record; antecedents
prześcieradło /pzhesh-ċhe-rád-
wo/ n. bedsheet
przetłumaczyć /pzhe-twoo-má-
chiċh/ v. translate; explain
przeważnie /pzhe-vázh-ńe/ adv.
mainly; mostly; chiefly

przewód /pzhé-voot/ m. wire;
conduit; channel
przez /pzhes/ prep. across; in;
over; through; during; within
przód /pzhoot/ m. front; ahead
przy /pzhi/ prep. by; at; near;
by; with; on; about; close to
przybywać /pzhi-bí-vach/ v.
arrive; increase
przychodzić /pzhi-khó-dżheech/
v. come over, aroud, along,
to, again; turn up; arrive
przyczyna /pzhi-chí-na/ f.cause
reason; ground
przydać się /pshí-dach shãn/ v.
be useful; be of use; come in
handy; be helpful
przydział /pzhí-dżhaw/ m.
allotment
przyglądać się /pzhi-glówn-dach
shãn/ v. observe; gaze; stare
przygnębienie /pzhi-gnãn-byé-
ñe/ n. depression
przygoda /pzhi-gó-da/ f. adventure; accident; event
przygotowac /pzhi-go-tó-vach/
v. prepare
przyjaciel /pzhi-yá-chel/ m.
friend
przyjaciółka /pzhi-ya-choów-ka/
f. /girl/ friend
przyjazd /pzhí-yast/ m.
arrival
przyjaźń /pzhí-yażhñ/ f.
friendship
przyjąć /pzhí-yównch/ v.
receive; accept
przyjechać /pzhi-yé-khach/ v.
come /over/; arrive /not on
przyjemność /pzhi-yém-noshćh/
f. pleasure
przyjęcie /pzhi-yãń-che/ n.
admission; adoption; reception
przyjść /pzhiyshćh/ v. /on foot/
come over; come along
przykład /pzhí-kwat/ m.
example; instance
przykrość /pzhí-kroshćh/ f.
annoyance

przykry /pzhí-kri/ adj. m.
disagreeable; painful
przylegać /pzhi-lé-gach/ v. fit;
cling; adjoin
przylot /pzhí-lot/ m. plane
arrival
przynajmniej /pzhi-naý-mñey/
adv. at least
przynosić /pzhi-nó-sheech/ v.
bring; fetch; bear; yield
przypadek /pzhi-pá-dek/ m.
event; chance; case; incident
przypiąć /pzhí-pyównch/ v. pin;
fasten
przypominać /pzhi-po-meé-nach/
v. remind; recollect ; recall
przypuszczać /pzhi-poósh-chach/
v. suppose
przyroda /pzhi-ró-da/ f. nature
przyrząd /pzhí-zhównd/ m.
instrument; tool
przyśpieszać /pzhish-pyé-shach/
v. accelerate; urge
przystanek /pzhi-stá-nek/ m.
/bus/ stop; station
przystojny /pzhi-stóy-ni/ adj.
m. handsome; decent
przystosować /pzhi-sto-só-vach/
v. adjust; fit
przysyłać /pzhi-sí-wach/ v.
send /something to someone/
przyszłość /pzhísh-woshćh/ f.
future
przyszły /pzhísh-wi/ adj. m.
next; future
przyszyć /pzhí-shich/ v. sew on
przytomność /pzhi-tóm-noshćh/
f. consciousness
przy tym /pzhí tim/ adv. besides
przywitać /pzhi-veé-tach/ v.
welcome; greet
przyznać się /pzhí-znach shãn/
v. admit; confess; avow
przyzwoity /pzhi-zvo-eé-ti/ adj.
m. decent
przyzwyczajać /pzhi-zvi-chá-
yach/ v. accustom
psuć /psooch/ v. spoil; decay;
waste; corrupt; damage
ptak /ptak/ m. bird

ptaszek /ptá-shek/ m. little
 bird
pudełko /poo-déw-ko/ n. box
puder /póo-der/ m. powder
pukać /poó-kaćh/ v. knock
punkt /poonkt/ m. point; mark
punktualny /poonk-too-ál-ni/
 adj. m. punctual
pusty /poós-ti/ adj. m. empty
puszczać/poósh-chaćh/ v. let
 go; free; fade; drop; emit
puszka blaszana /poósh-ka bla-
 shá-na/ tin can; box
pytać /pí-taćh/ v. ask;
 inquire; question
pytanie /pi-tá-ńe/ n.
 question; inquiry
rachować /ra-khó-vaćh/ v. calculate; **compute**
rachunek /ra-khoó-nek/ m. bill;
 account
racja /ráts-ya/ f. reason;
 ration
raczej /rá-chey/ adv. rather;
 sooner
rada /ra-da/ f. advice; counsel
radio /rá-dyo/ n, radio; wire-
 less
radość /rá-dośhćh/ f. joy; glad-
 ness
radzić /rá-dżheećh/ v. advise;
 suggest; deliberate
rana /rá-na/ f. wound
ranek /rá-nek/ m. morning;
 daybreak
ranny /rán-ni/ adj. m. wounded;
 injured; morning; early
rano /rá-no/ adv. morning; early
rasa /rá-sa/ f. race; stock;
 breed
rata /rá-ta/ f. instalment /pay-
 ment/
ratować /ra-tó-vaćh/ v. rescue;
 save
raz /ras/ m. one time; blow
raz /ras/ adv. once; at one
 time
razem /rá-zem/ adv. together
rączka /rówhch-ka/ f. handle;
 small hand

recepta /re-tsé-pta/ f. prescription
redaktor /re-dá-ktor/ m. editor
rejon /ré-yon/ m. region
religia /re-leé-gya/ f. religion
renta /rén-ta/ f. rent; fixed
 income
reperować /re-pe-ró-vaćh/ v.
 mend; repair
reportaż /re-pór-tash/ m.
 account; commentary
restauracja /res-taw-ráts-ya/
 f. restaurant; restoration
reszta /ré-shta/ f. rest;
 reminder; change
reumatyzm /re-oo-má-tism/ m.
 rheumatism
rezerwować /re-zer-vó-vaćh/ v.
 reserve; set aside; book
reżyser /re-zhí-ser/ m. stage
 manager; /film/ director
ręcznik /ráńch-ńeek/ m. towel
ręka /ráń-ka/ f. hand
rękaw /ráń-kav/ m. sleeve
rękawiczka /ráń-ka-veéch-ka/ f.
 glove
robak /ró-bak/ m. worm
robić /ró-beećh/ v. make; do;
 work
robota /ro-bó-ta/ f. work; job
robotnica /ro-bot-ńeé-tsa/ f.
 worker
robotnik /ro-bót-ńeek/ m.
 worker
roczny /róch-ni/ adj. m.
 annual
rodzaj /ró-dzay/ m. kind; sort;
 gender
rodzice /ro-dzheé-tse/ pl.
 parents
rodzina /ro-dżheé-na/ f. family
rok /rok/ m. year
rolnik /ról-ńeek/ m. farmer
ropa /ró-pa/ f. puss; crude oil
rosnąć /rós-nǒwnćh/ v. grow
rosół /ró-soow/ m. broth;
 bouillion
roślina /rośh-leé-na/ f. plant;
 vegetable

rower /ró-ver/ m. bike; cycle
rozbić /róz-beech/ v. smash;
defeat; wreck
rozbierać /roz-byé-rach/ v. undress; strip; dismount
rozdział /róz-dżhaw/ chapter;
distribution; disunion
rozebrać /ro-zé-brach/ v. undress; take apart; analyze
rozejść się /ró-zeyshch shan/
v. split; part; separate
rozgniewać /roz-gné-vach/ v.
anger; vex; irritate
rozkaz /róz-kas/ m. order
rozkazać /roz-ká-zach/ v. order
rozkosz /róz-kosh/ f. delight
rozkwit /róz-kveet/ m. bloom
rozładować /roz-wa-dó-vach/ v.
unload; discharge
rozłączyć /roz-wown-cich/ v.
disconnect; separate; disjoin
rozmaity /roz-ma-eé-ti/ adj. m.
various; miscellaneous
rozmawiać /roz-má-vyach/ v.
converse; talk
rozmiar /róz-myar/ m. dimension;
extent
rozmowa /roz-mó-va/ f.
conversation; talk
rozmyślić się /roz-mísh-leech
shan/ v. change one's mind
rozpacz /róz-pach/ f. despair
rozpakować /roz-pa-kó-vach/ v.
unpack
rozpęd /róz-pant/ m. impetus;
dash
rozpoczynać /roz-po-chí-nach/
v. begin; start going; open
rozporek /roz-pó-rek/ m. fly
rozprawa /roz-prá-va/ f. trial;
showdown; dissertation; debate
rozpusta /roz-póo-sta/ f. de-
bauch; riot; libertinism
rozrywka /roz-rí-vka/ f.
amusement; recreation
rozsądek /roz-sówn-dek/ m.
good sense; discretion
rozsądny /roz-sówn-dni/ adj. m.
sensible; reasonable

rozstać się /róz-stach shah/ v.
part; give up
rozstrój /róz-strooy/ m. upset;
disorder ; disarray
rozsypać /roz-si-pach/ v.
disperse ; scatter
rozszerzać /roz-shé-zhach/ v.
widen; broaden; enlarge; ex-
pand
roztargniony /roz-targ-nó-ni/
adj. m. absentminded; far-away
rozum /ró-zoom/ m. mind; intel-
lect; understanding; brains
rozumieć /ro-zóo-myech/ v.
understand; get; perceive
rozwiązać /roz-vyówn-zach/ v.
untie; solve; undo; dissolve
rozwód /róz-voot/ m. divorce
rozwój /róz-vooy/ m. development; evolution; growth
ród /root/ m. clan; breed; family; stock
róg /rook/ m. horn; corner;
bugle; antler
równać /roóv-nach/ v. equalize;
level; make even ; smooth
równie /roóv-ńe/ adv. equally
również /roóv-ńesh/ conj. also;
too; likewise; as well
równoczesny /roov-no-chés-ni
adj. m. simultaneous
równowaga /roov-no-vá-ga/ f.
equilibrium; balance; poise
równy /roóv-ni/ adj. m. equal;
even; plain; level; flat
róża /roó-zha/ f. rose
różnica /roozh-ńeé-tsa/ f.
difference; disparity; dissent
ruch /rookh/ m. move; movement;
traffic; motion; gesture
ruina /roo-eé-na/ f. ruin; wreck
rujnować /rooy-nó-vach/ v. ruin;
destroy; undo
rura /roó-ra/ f. tube; pipe
ruszać /roó-shach/ v. move;
stir; touch; start
ryba /rí-ba/ f. fish
rybak /rí-bak/ m. fisher

rynek /rí-nek/ m. market
rysunek /ri-sóo-nek/ m. sketch;
 drawing; draft
ryzyko /ri-zí-ko/ n. risk
rzadki /zhád-kee/ adj. m. rare
rzadko /zhád-ko/ adv. seldom;
 rarely
rząd /zhownt/ m. row; rank;
 file; line up; government
rzecz /zhech/. f. thing; matter;
 stuff; deal; work; subject
rzeczowo /zhe-chó-vo/ adv. fac-
 tually; terse; business like
rzeczpospolita /zhech-pos-po-
 lée-ta/ f. republic; common-
 wealth
rzeczywistość /zhe-chi-veés-
 toshćh/ f. reality
rzeka /zhé-ka/ f. river
rzekomo /zhe-kó-mo/ adv. would
 be; allegedly; supposedly
rzemieślnik /zhe-myéshl-ňeek/
 m. artisan; craftsman
rzeźnik /zhéźh-ňeek/ m. butcher
rzucać /zhoó-tsaćh/ v. throw;
 fling; dash; toss; cast
sala /sá-la/ f. hall
sałata /sa-wá-ta/ f. lettuce;
 salad
sam /sam/ adj. m. alone; oneself; m. selfservice shop
samica /sa-meé-tsa/ f. female
samiec /sá-myets/ m. male
samochód /sa-mó-khoot/ m.
 automobile; car
samolot /sa-mó-lot/ m. airplane
samouczek /sa-mo-oó-chek/ m.
 handbook /for self-instruction/
sąd /sownt/ m. court; judgement
sądzić /sówn-dżheećh/ v. judge;
 think; believe; expect; guess
sąsiad /sówn-shat/ m. neighbor
schody /skhó-di/ pl. stairs
schodzić /skhó-dżheećh/ v. get
 down; go down stairs
schronisko /skhro-ňeés-ko/ n.
 shelter; refuge; hostel
sekunda /se-koó-nda/ f. second
sen /sen/ m. sleep; dream
sens /sens/ m. sense; significance

ser /ser/ m. cheese
serce /sér-tse/ n. heart
serdeczny /ser-déch-ni/ adj. m.
 hearty; cordial
serio /sér-yo/ adv. seriously
serwus /sér-voos/ hallo! so
 long! cheerio!
setka /sét-ka/ f. hundred
sezon /sé-zon/ m. season
sędzia /sáň-dżha/ m. judge;
 umpire; referee
siadać /shá-daćh/ v. sit down;
 take a seat
siatka /shát-ka/ f. net; screen
siebie /shé-bye/ pron. /for/
 self
siedem /shé-dem/ num. seven
siedemdziesiąt /she-dem-dżhé-
 shównt/ num. seventy
siedemdziesiąty /she-dem-dżhe-
 shówn-ti/ num. seventieth
siedemnasty /she-dem-nás-ti/
 num. seventeenth
siedemnaście /she-dem-náśh-che/
 num. seventeen
siedemset /shé-dem-set/ num.
 seven hundred
siekiera /she-ké-ra/ f. axe
sień /sheň/ f. hallway; cor-
 ridor
sierota /she-ró-ta/ m. f.
 orphan
sierpień /shér-pyeň/ m.August
się /shäň/ pron. self /oneself;
 myself etc./
sięgać /shäň-gaćh/ v. reach
silnik /shíl-ňeek/ m. motor
silny /shíl-ni/ adj. m. strong;
 powerful
siła /sheé-wa/ f. force; power;
 strength
siostra /shós-tra/ f. sister
siódemka /shoo-dém-ka/ f. seven
siódmy /shoód-mi/ num. seventh
siwy /sheé-vi/ adj. m. gray;
 blue
skakać /ská-kaćh/ v. jump;
 spring; bounce; leap; skip
skaleczyć /ska-lé-chićh/ v.
 hurt; injure; cut

skała /ská-wa/ f. rock
skandal /skán-dal/ m. scandal
skarb /skarb/ m. treasure;
treasury
skarga /skár-ga/ f. complain;
suit; claim; charge
skarpetka /skar-pét-ka/ f. sock
skąd /skõwnt/ adv. from where;
since when
skąpy /skõwn-pi/ adj. m.
stingy; scanty; meager
skierować /ske-ró-vach/ v.
direct /to somewhere/
sklep /sklep/ m. store; shop
skład /skwat/ m. composition;
warehouse; store
składać /skwá-dach/ v. make up;
compose; piece
skłonny /skwón-ni/ adj. m.
disposed; inclined
skoczyć /skó-chich/ v. leap;
jump; spring
skok /skok/ m. jump; leap; hop
skomplikowany /skom-plee-ko-vá-
ni/ adj. m. complex; intricate
skończyć /skóń-chich/ v. finish
skoro /skó-ro/ conj. after;
since; as; adv. very soon
skorowidz /sko-ró-veets/ m.
index
skóra /skoó-ra/ f. skin; hide;
leather
skórka /skoór-ka/ f. skin; peel;
crust
skórzany /skoo-zhá-ni/ adj. m.
leather;made of leather
skradać się /skrá-dach shãń/
v. steal; creep
skromny /skróm-ni/ adj. m.
modest
skroń /skroń/ f. temple
skrócić /skroó-cheech/ v.
abbreviate; shorten
skrzydło /skzhíd-wo/ n. wing;
leaf; brim; /fan/ arm
skrzynia /skzhí-ña/ f. chest;
box
skrzyżowanie /skzhi-zho-vá-ñe/
pl. n. crossroads

skuteczny /skoo-téch-ni/ adj.
m. effective; efficient
skutek /skoó-tek/ m. effect;
result; outcome; consequence
słaby /swá-bi/ adj. m. weak;
feeble
sławny /swáv-ni/ adj. m.
famous; glorious
słodki /swód-kee/ adj. m. sweet
słony /swó-ni/ adj. m. salty
słoń /swoń/ m. elephant
słońce /swoń-tse/ n. sun
słota /swó-ta/ f. foul weather
Słowianin /swo-vyá-ñeen/ m.
Slav
słowo /swó-vo/ n. word; verb
słuch /swookh/ m. hearing
słuchać /swoó-khach/ v. hear;
obey
słuszny /swoósh-ni/ adj. m.
just; fair; right; apt
służbowy /swoozh-bó-vi/ adj. m.
official
słychać /swi-khach/ v. people
say; one hears
słynny /swin-ni/ adj. m. famous
słyszeć /swí-shech/ v. hear
smacznego! /smach-né-go/ exp.
good appetite!; enjoy your food!
smaczny /smách-ni/ adj. m. tasty
smak /smak/ m. taste; relish;
savor
smakować /sma-kó-vach/ v. taste
smażyć /smá-zhich/ v. fry
smutek /smoó-tek/ m. sorrow;
sadness; grief
smutny /smoót-ni/ adj. m. sad
sobota /so-bó-ta/ f. Saturday
sok /sok/ m. sap; juice
solidarność /so-lee-dár-noshch/
f. solidarity
solniczka /sol-ñéech-ka/ f.
saltshaker
sos /sos/ m. gravy; sauce
sól /sool/ f. salt
spacerować /spa-tse-ró-vach/
v. walk; stroll
spać /spach/ v. sleep
spakować /spa-kó-vach/ v. pack
up

specjalista /spets-ya-leé-sta/
  m. specialist
spełniać /spéw-ńaćh/ v. perform;
  fulfill
spędzać /spáň-dzaćh/ v. spend
  /time/; round up /cattle/
spis /spees/ m. list; register;
  inventory
spłacić /spwá-ćheećh/ v. pay
  off
spłukać /spwoó-kaćh/ v. rinse;
  flush
spod /spot/ prep. form under
spodnie /spód-ńe/ n. trousers;
  pants; slacks
spodziewać się /spo-dżhé-vaćh
  šháń/ v. expect; hope
spojrzeć /spóy-zhećh/ v. look;
  glance at
spokojny /spo-kóy-ni/ adj. m.
  quiet; calm; peaceful
spokój /spó-kooy/ m. peace;
  calm
sporo /spó-ro/ adv. good deal;
  a lot of; briskly
sportowiec /spor-tó-vyets/ m.
  sportsman
spory /spó-ri/ adj. m. pretty;
  big; fair sized; sizable
sposób /spó-soop/ m. means; way
spotkać /spót-kaćh/ v. come
  across; meet
spotkać się /spót-kaćh šháń/ v.
  meet; have appointment with;
  have a date with
spotkanie /spot-ká-ńe/ n.
  meeting; date; encounter
spożycie /spo-zhí-ćhe/ n.
  consumption
spód /spoot/ m. bottom; foot
spódnica /spood-ńeé-tsa/ f.
  skirt; petticoat
spółka /spoów-ka/ f. partner-
  ship; company
spóźniać się /spoóżh-ńaćh šháń/
  v, be late; be slow
spragniony /sprag-ńó-ni/ adj.
  m.thirsty
sprawa /sprá-va/ f. affair;
  matter; cause; case

sprawdzić /správ-dżheećh/ v.
  verify; examine; test; check
sprawiać /sprá-vyaćh/ v. cause;
  bring to pass
sprawunek /spra-voó-nek/ m.
  purchase
sprężyna /spráň-zhí-na/ f.
  spring; mainspring; impulse
sprytny /sprí-tni/ adj. m. cute;
  tricky; clever; cunning
sprzątać /spzhóẃn-taćh/ v.
  tidy up; clean up; clear up
sprzeciwiać się /spzhe-ćheé-
  vyaćh šháń/ v. object; oppose
sprzedać /spzhé-daćh/ v. sell;
  dispose of; trade away
sprzedawca /spzhe-dáv-tsa/ m.
  salesman
sprzedawczyni /spzhe-dav-chí-
  ńee/ f. saleslady
sprzęt /spzháńt/ m. furniture;
  accessories; utensils; outfit
spuszczać /spoósh-chaćh/ v. let
  down; drop; lower; drain
srebro /sréb-ro/ n. silver
stacja /státs-ya/ f. station
stacja benzynowa /státs-ya ben-
  zi-nó-va/ f. filling station
stać /staćh/ v. stand; be stop-
  ped; farewell;   afford
stal /stal/ f. steel
stały /stá-wi/ adj. m. stable;
  permanent; solid; fixed
stamtąd /stám-toẃnt/ adv. from
  there; from over there
stan /stan/ m. state; status;
  condition; order; estate
stanowić /sta-nó-veećh/ v.
  establish; determine; consti-
  tute; decide; proclaim
stanowisko /sta-no-veés-ko/ n.
  position; post; status; stand
starać się /stá-raćh šháń/ v.
  take care; try one's best
staranny /sta-rán-ni/ adj. m.
  careful; accurate; nice; exact
starczyć /stár-chićh/ v.suffice
stary /stá-ri/ adj. m.'old
statek /stá-tek/ m. ship;
  craft; vessel ;boat

stawać /stá-vach/ v. stop; stand
stawać się /stá-vach śhãh/ v.
become
stąd /stõwnt/ adv. from here;
away
sto /sto/ num. hundred
stocznia /stó-chña/ f. shipyard
stolica /sto-lée-tsa/ f.
capital
stolik /stó-leek/ m. small
table
stołek /stó-wek/ m. stool
sto.łówka /sto-wóbv-ka/ f. mess
hall;canteen
stopa /stó-pa/ f. foot
stopa życiowa /stó-pa zhi-chó-
va/ f. living standard
stopień /stó-pyeñ/ m. /stair/
step; degree; grade
stosunek /sto-soó-nek/ m. rate;
relation; proportion; inter-
course
stół /stoow/ m. table
strach /strakh/ m. fear; fright
strata /strá-ta/ f. loss
strawić /strá-veech/ v.
digest; consume
strefa /stré-fa/ f. zone
streszczenie /stresh-ché-ñe/
n. résumé; summary
stromy /stró-mi/ adj. m. steep
strona /stró-na/ f. side; page;
region; aspect; part; party
stryj /striy/ m. uncle
stryjek /strí-yek/ m. /paternal/
uncle
strzelac /stzhé-lach/ v. shoot
strzyc /stzhits/ v. cut; clip;
shear; cut /hair/
student /stoó-dent/ m. student
studia /stoó-dya/ n. pl.
studies
studiować /stoo-dyó-vach/ v.
study
styczeń /stí-cheň/ m. January
stygnąć /stíg-nõwnch/ v. cool
down
stykać się /stí-kach śhãh/ v.
contact; touch
suchy /soó-khi,' adj. m. dry

sukces /soók-tses/ m. success
sukienka /soo-kén-ka/ f. dress;
frock
suknia /soó-kña/ f. dress; gown
suma /soó-ma/ f. sum; total;
high mass
sumienie /soo-myé-ñe/ n.
conscience
surowy /soo-ró-vi/ adj. m.
severe; raw; coarse; harsh
swój /svooy/ pron. his;.hers;
its
sympatyczny /sim-pa-tích-ni/
adj. m. congenial
sympatyzować /sim-pa-ti-zó-vach/
v. like; go along; feel with
syn /sin/ m. son
synowa /si-nó-va/ f. daughter
in law
sypialnia /si-pyál-ña/ f.
bedroom
sypki /síp-kee/ adj. m. loose
/dry/
sytuacja /si-too-á-tsya/ f.
situation
szacny /shá-khi/ pl. chess
szacunek /sha-tsoó-nek/ m.
valuation; respect
szafa /shá-fa/ f. chest; wardrobe; bookcase; cupboard
szalenie /sha-lé-ñe/ adv.
madly; terribly
szanować /sha-nó-vach/ v.
respect; honor
szanowny /sha-nóv-ni/ adj. m.
honorable; worthy; dear /sir/
szary /shá-ri/ adj. m. gray
szatan /shá-tan/ m. satan; devil
very strong coffee
szatnia /shá-tña/ f. locker
room; coat room
szatynka /sha-tí-nka/ f. dark-
blond girl
szczególny /shchе-goól-ni/ adj.
m. peculiar; special; specific
szczegółowy /shche-goo-wó-vi/
adj. m. detailed; minute
szczelny /shchél-ni/ adj. m.
/water, air,etc./ tight

szczeniak /shché-ñak/ m.
 puppy; kid
szczepić /shché-peech/ v.
 vaccinate; inoculate
szczery /shché-ri/ adj. m.
 sincere; frank; candid
szczęka /shchán-ka/ f. jaw
szczęście /shcháñsh-che/ n.
 happiness; good luck
szczęśliwy /shcháñsh-lée-vi/
 adj. m. happy; lucky
szczupły /shchoóp-wi/ adj. n.
 slim; slender; thin; lean
szczyt /shchit/ m. top; summit
szef /shef/ m. boss; chief
szeptać /shép-tach/ v.whisper
szereg /shé-rek/ m. row; file;
 series
szeroki /she-ró-kee/ adj. m.
 wide; broad; ample
szesnasty /shes-nás-ti/ num.
 sixteenth
szesnaście /shes-násh-che/ num.
 sixteen
sześcian /shésh-chan/ m. cube
sześc /sheshch/ num. six
sześćdziesiąt /sheshch-dzhé-
 shównt / num. sixty
sześćdziesiąty /sheshch-dzhe-
 shówn-ti/ adj. m. sixtieth
sześćset /sheshch-set/ num.
 six hundred
szew /shev/ m. seam
szewc /shevts/ m. shoemaker
szklanka /shklán-ka/ f.
 /drinking/ glass
szkło /shkwo/ n. glass
szkoda /shkó-da/ f. damage;
 harm
szkodzić /shkó-dzheech/ v. harm;
 injure
szkoła /shkó+wa/ f. school
szlafrok /shláf-rok/ m. house
 robe; wrapper; dressing gown
szmata /shmá-ta/ f. clout; rag
szminka /shméen-ka/ f. lipstick; paint /cosmetic/
szofer /shó-fer/ m. chauffeur;
 driver
szowinizm /sho-vée-ñeezm/ m.
 chauvinism

szósty /shoós-ti/ adj. m. num.
 sixth
szpilka /speél-ka/ f. pin/small/
szpital /shpeé-tal/ m. hospital
sztandar /shtán-dar/ m. banner
sztuka /shtoó-ka/ f. art; piece
 /stage/ play; stunt; cattlehead
sztukować /shtoo-kó-vach/ v.
 piece; patch
sztywny /shtív-ni/ adj. m. stiff
szuflada /shoof-lá-da/ f.
 drawer
szukać /shoó-kach/ v.
 look for; seek ; search
szyba /shí-ba/ f. /glass/ pane
szybki /shíp-kee/ adj. m.
 quick; fast; prompt
szybko /shíp-ko/ adv. quickly;
 fast; promptly
szyć /shich/ v. sew
szyja /shí-ya/ f. neck
szykować /shi-kó-vach/ v. make
 ready; prepare
szynka /shín-ka/ f. ham
ściana /shchná-na/ f. wall
ścinać /shchée-nach/ v. cut
 off; cut down; fell /tree/
ściskać /shchées-kach/ v. com-
 press; shake /hand/; squeeze
ślad /shlat/ m. trace; track;
 /foot/ print
śledzić /shlé-dzheech/ v. spy;
 watch; investigate; observe
ślepy /shlé-pi/ adj. m. blind
śliczny /shleéch-ni/ adj. m.
 pretty; lovely; dandy
ślina /shlée-na/ f. saliva
śliski /shlées-kee/ adj. m.
 slippery; slimy
śliwka /shleéf-ka/ f. plum
ślub /shloop/ m. wedding; vow
śmiać się /shmyach shán/ v.
 laugh
śmiech /shmyekh/ m. laughter
śmiecie /shmyé-che/ pl.
 rubbish; garbage
śmieć /shmyech/ m. litter; rag
śmierć /shmyerch/ f. death

śmieszny /śhmyésh-ni/ adj. m.
 funny; ridiculous
śmietana /śhmye-tá-na/ f.
 sourcream
śmietnik /śhmyét-ñeek/ m.
 garbage can; garbage dump
śniadanie /śhña-dá-ñe/ n.
 breakfast
śnieg /śhñeg/ m. snow
śpieszyć się /śhpyé-shich śhåñ/
 v. hurry; be in a hurry; rush
śpiew /śhpyev/ m. song
śpiewaczka /śhpye-vách-ka/ f.
 singer
śpiewać /śhpyé-vach/ v. sing
śpiewak /śhpyé-vak/ m. singer
śpiwór /śhpeé-voor/ m.
 sleeping bag
średni /śhréd-ñee/ adj. m.
 average; medium
średnio /śhréd-ño/ adv.
 average; medium-
środa /śhró-da/ f. Wednesday
środowisko /śhro-do-veés-ko/ n.
 surroundings; environment
śruba /śhroó-ba/ f. screw
śrubokręt /śhroo-bó-krañt/ m.
 screwdriver
świadectwo /śhvya-déts-tvo/ n.
 certificate
świat /śhvyat/ m. world
światło /śhvyát-wo/ n. light
światowy /śhvya-tó-vi/ adj. m.
 world; worldly
świąteczny /śhvyőwn-téch-ni/
 adj. m. festive
świeca /śhvyé-tsa/ f. candle
świecić /śhvyé-cheech/ v. light
 up; shine; glitter; sparkle
świetny /śhvyét-ni/ adj. m.
 splendid
świeży /śhvyé-zhi/ adj. m.
 fresh; new
święcić /śhvyáñ-cheech/ v.
 celebrate
święta /śhvyáñ-ta/ pl. holidays
święto /śhvyáñ-to/ n. holiday
święty /śhvyáñ-ti/ adj. m. saint
świnia /śhveé-ña/ f. swine; hog;
 pig

śruba /śhroó-ba/ f. screw
śrubokręt /śhroo-bó-krañt/ m.
 screwdriver
świadectwo /śhvya-déts-tvo/ n.
 certificate
świat /śhvyat/ m. world
światło /śhvyát-wo/ n. light
światowy /śhvya-tó-vi/ adj. m.
 world; worldly
świąteczny /śhvyőwn-téch-ni/
 adj. m. festive
świeca /śhvyé-tsa/ f. candle
świecić /śhvyé-cheech/ v. light
 up; shine; glitter; sparkle
świetny /śhvyét-ni/ adj. m.
 splendid
świeży /śhvyé-zhi/ adj. m.
 fresh; new
święcić /śhvyáñ-cheech/ v.
 celebrate
święta /śhvyáñ-ta/ pl. holidays
święto /śhvyáñ-to/ n. holiday
święty /śhvyáñ-ti/ adj. m. saint
świnia /śhveé-ña/ f. swine; hog;
 pig
tancerz /tán-tsesh/ m. dancer
tani /tá-nee/ adj. m. cheap
tańczyć /táñ-chich/ v. dance
tapczan /táp-chan/ m. couch;
 convertible bed
taras /tá-ras/ m. terrace
targ /targ/ m. country market
targować /tar-gó-vach/ v. sell;
 bargain; trade; haggle
taśma /táśh-ma/ f. band; tape
tchórz /tkhoosh/ m. skunk;
 coward
teatr /té-atr/ m. theatre
teatralny /te-a-trál-ni/ adj.
 m. theatrical; scenic
techniczny /tekh-ñéech-ni/ adj.
 m. technical
teczka /téch-ka/ f. briefcase;
 folder
tekst /tekst/ m. text
telefon /te-lé-fon/ m.
 telephone
telefonować /te-le-fo-nó-vach/
 v. ring up; telephone ; call

telegraf /te-lé-graf/ m.
telegraph
telewizja /te-le-veéz-ya/ f.
television
telewizor /te-le-veé-zor/ m.
television set
temat /té-mat/ m. subject
temperatura /tem-pe-ra-toó-ra/
f. temperature
ten, ta, to /ten,ta,to/
m.f.n. pron. this
teoria /te-ó-rya/ f. theory
teraz /té-ras/ adv. now; nowadays
termin /tér-meen/ m. term;
apprenticeship
termometr /ter-mó-metr/ m.
thermometer
tędy /táň-di/ adv. this way
tęsknić /táňsk-ňeech/ v. long
/for/; yearn; be nostalgic
tętno /táňt-no/ n. pulse
tlen /tlen/ m. oxygen
tło /two/ n. background
tłuc /twoots/ v.pound; hammer
tłum /twoom/ m. crowd
tłumacz /twoó-mach/ m.
interpreter; translator
tłumaczyć /twoo-má-chich/ v.
translate; interpret
tłumaczyć się /twoo-má-chich
shañ/ v. apologize; explain
oneself; justify oneself
tłusty /twoós-ti/ adj. m. fat;
obese
tłuszcz /twooshch/ m. fat;
grease
to /to/ pron. it
toaleta /to-a-lé-ta/ f. toilet
toaletowe przybory /to-a-le-tó-
ve pzi-bó-ri/ pl. toilet-
articles; cosmetics
ton /ton/ m. sound; tone
tonąć /to-nównch/ v. drown
topić /tó-peech/ v. drown;
melt down
tor /tor/ m. track
torba /tór-ba/ f. bag
torować /to-ró-vach/ v. clear;
pave ; clear a path

tort /tort/ m. tort /multi-lay-
er/ fancy cake
towar /tó-var/ m. merchandise
towarzystwo /to-va-zhíst-vo/ n.
campany
towarzyszyć /to-va-zhí-shich/
v. accompany
tracić /trá-cheech/ v. lose;
waste
trafiać /trá-fyach/ v. hit /a
target/; guess right
trafny /trá-fni/ adj. m. exact;
correct; right; fit; apt
tragarz /trá-gash/ m. porter
traktować /trak-tó-vach/ v. deal;
treat; negotiate; discuss
tramwaj /trám-vay/ m.tramway;
tram
transport /tráns-port/ m. transport; haulage; consignment
trasa /trá-sa/ f. route
trawa /trá-va/ f. grass
trącać /trówn-tsach/ v. jostle;
elbow; tip; knock; nudge
treść /treshch/ f. content; gist
trochę /tró-khañ/ adv. a little
bit; a few; some
troszczyć się /trósh-chich shañ/
v. care; be anxious about
troszeczkę /tro-shéch-kañ/ adv.
little bit; tiny
trud /troot/ m. toil; pains
trudnić się /troód-ňeech shañ/
v. occupy oneself; take trouble
trumna /troo-mna/ f. coffin
truskawka /troos-káv-ka/ f.
strawberry
trwać /trvach/ v. last; persist;
stay; remain
trwały /trvá-wi/ adj. m. durable
trząść /tzhównshch/ v. shake
trzeba /tzhé-ba/ v. imp. ought
to; one should
trzeci /tzhé-chee/ num. third
trzeźwy /tzhéźh-vi/ adj. m.
sober
trzy /tzhi/ num. three
trzydziesty /tzhi-dżhés-ti/
num. thirtieth
trzydzieści /tzhi-dżhésh-chee/
num. thirty

trzymać /tzhí-mach/ v. hold;
 keep; retain
trzynasty /tzhi-nás-ti/ num.
 thirteenth
trzynaście /tzhi-násh-che/ num.
 thirteen
trzypiętrowy /tzi-pyãn-tró-vi/
 adj. m. three-story high
trzysta /tzhí-sta/ num.
 three hundred
tu /too/ adv. here
turysta /too-rís-ta/ m.tourist
turystyczny /too-ris-tích-ni/
 adj. m. tourist
tutaj /toó-tay/ adv. here
tutejszy /too-tey-shi/ adj. m.
 local
tuzin /toó-żheen/ m. dozen
tuż /toosh/ adv. near by; close
 by; just before; just after
twardy /tvár-di/ adj. m. hard
twarz /tvash/ f. face
tworzyć /tvó-zhich/ v. create;
 form; compose; produce; make
twój /tvooy/ pron. yours; your
ty /ti/ pron. you /familiar/
tyć /tich/ v. grow fat
tydzień /tí-dżheń/ m. week
tygodnik /ti-gód-ńeek/ m. weekly
tygrys /tíg-ris/ m. tiger
tyle /tí-le/ adv. so much; as
 many
tylko /tíl-ko/ adv. only; merely
tylny /tíl-ni/ adj. m. back;
 hind
tył /tiw/ m. back; rear
tymczasem /tim-chá-sem/ adv.
 meantime ; meanwhile
tysiąc /tí-shównts/ num.
 thousand
tysiąclecie /ti-shównts-lé-che/
 n. millennium
tytoń /tí-toń/ m. tobacco
tytuł /tí-toow/ m. title
u /oo/ prep. beside; at; with;
 by; on; from; in; /idiomatic/
ubiegły /oo-byé-gwi/ adj. m.
 past; last
ubierać /oo-byé-rach/ v. dress
ubierać się /shãń/ v. dress oneself

ubikacja /oo-bee-ká-tsya/ f.
 toilet
ubogi /oo-bó-gee/ adj. m. poor
ubranie /oob-rá-ńe/ n. clothes
ucho /oó-kho/ n. ear; handle;
 needle eye
uchwała /oo-khvá-wa/ f. reso-
 lution
ucieczka /oo-chéch-ka/ f. escape; flight; desertion
uciekać /oo-ché-kach/ v. flee
ucieszyć się /oo-ché-shich shãń/
 v. rejoice; be glad
ucisk /oó-cheesk/ m. oppression
uczciwy /ooch-cheé-vi/ adj. m.
 honest; upright; straight
uczelnia /oo-chél-ńa/ f. school;
 college; academy
uczeń /oó-cheń/ m. schoolboy
uczesać /oo-ché-sach/ v. comb
 /hair/
uczyć /oó-chich/ v. teach; train
uczyć się /oó-chich shãń/ v.
 learn; study; take lessons
udawać /oo-dá-vach/ v. pretend
uderzenie /oo-de-zhé-ńe/ n.
 blow; stroke; hit; bump
udo /oó-do/ n. thigh
udusić /oo-doó-sheech/ v.
 strangle; smother; stifle
udział /oó-dżhaw/ m. share; part
ufać /oó-fach/ v. trust
ufarbować /oo-far-bó-vach/ v.dye
ujechać /oo-yé-khach/ v. be well
 on one's way /on the trip/
ujemny /oo-yém-ni/ adj. negative
ukarać /oo-ká-rach/ v. punish
układ /oók-wat/ m.scheme; agre-
 ment; disposition; system
ukłonić się /oo-kwó-ńeech shãń/
 v. bow; tip one's hat; greet
ukochana /oo-ko-khá-na/ adj. f.
 beloved; darling; pet
ukochany /oo-ko-khá-ni/ adj. m.
 beloved; darling; pet
ul /ool/ m. beehive
ulatniać się /oo-lát-nach shãń/
 v. evaporate; vanish
uległy /oo-lég-wi/ adj. m.
 submissive; docile; compliant

ulewa /oo-lé-va/ f. rainstorm
ulga /óo-lga/ f. relief
ulica /oo-leé-tsa/ f. street
ulubiony /oo-loo-byó-ni/ adj. n.
beloved; favorite; pet
umawiać się /oo-má-vyach śhãń/
v. make a date /or plan/
umeblowanie /oo-me-blo-vá-ńe/
n. furniture; furnishings
umieć /óo-myech/ v. know how
umierać /oo-myé-rach/ v. die
umocnić /oo-móts-ńeech/ v.
strengthen; fortify
umowa /oo-inó-va/ f. contract;
agreement
umożliwić /oo-mozh-leé-veech/
v. make possible; enable
umyć /óo-mich/ v. wash/up/
umysł /óo-misw/ m. mind;intellect
umyślnie /oo-míshl-ńe/ adv.
on purpose; specially
umywalnia /oo-mi-vál-ńa/ f. wash-
basin; washroom; washstand
unieważnić /oo-ne-vázh-ńeech/ v.
annul; void; cancel; repeal
uniewinnić /oo-ńe-veén-neech/
y. acquit
unikać /oo-ńeé-kach/ v. avoid;
shun; steer clear; abstain from
uniwersytet /oo-ńee-ver-sí-tet/
m. university
upadać /oo-pá-dach/ v. fall
upaść /óo-pashch/ v. have a fall
upiec /óo-pyets/ v. bake; roast
upić się /óo-peech śhãń/ v.
get drunk; be intoxicated
upokorzyć /oo-po-kó-zhich/ v.
humiliate; make eat crow
upominać /oo-po-meé-nach/ v.
admonish; warn; scold; rebuke
upominek /oo-po-meé-nek/ m.
gift; souvenir
upoważnienie /oo-po-vazh-ńe-ńe/
n, authorization
upór /óo-poor/ m. obstinacy
uprzejmy /oo-pzheý-mi/ adj. m.
kind; polite; nice; suave
uratować /oo-ra-tó-vach/ v.
save; salvage; rescue
urazić /oo-rá-zeech/ v. hurt;
offend

urlop /óo-rlop/ m. leave; fur-
lough; vacation; holiday
uroczystość /oo-ro-chís-toshch/
f. celebration; festivity
uroda /oo-ró-da/ f. beauty;
loveliness; attraction; charm
urodzaj /oo-ró-dzay/ m. good
harvest; abundance; crop
urodziny /oo-ro-dżheé-ni/ n.
birthday
urok /óo-rok/ m. charm
urwać /óor-vach/ v. tear off;
pull off; wrench away; deduct
urząd /óozh-oẃnt/ m. office
urządzać /oo-zhóẃn-dzach/ v.
arrange; settle; set up
urządzenie /oo-zhóẃn-dzé-ńe/ n.
furniture; installation; gear
urządzić się /oo-zhóẃn-dżheech
śhãń/ v. fix oneself up
urzędnik /oo-zhãńd-neek/ m.
official; white collar worker
urzędowy /oo-zhãń-dó-vi/ adj.
m. official
usiąść /óo-shóẃnshch/ v. sit
down; take a seat
usiłować /oo-śhee-wó-vach/ v.
strive; try hard; attempt
usługa /oo-swoó-ga/ f. service;
favor; good turn; help
uspokoić się /oo-spo-kó-eech
śhãń/ v. calm down; soothe
usprawiedliwić /oo-spra-vyed-
leé-veech/ v. justify; explain
usta /óo-sta/ n. mouth
ustawa /oo-stá-va/ f. law; rule
ustawiać /oo-stá-vyach/ v. arrange; place; put; set up
ustąpić /oo-stóẃn-peech/ v.
yield; give up; cede; give way
ustęp /óo-stãńp/ m. restroom;
paragraph; passage
ustrój /óo-strooy/ m. structure;
government system; organism
usuwać /oo-soó-vach/v. remove
uszkodzenie /oo-shko-dzé-ńe/
n. damage; injury
uszyć /óo-shich/ v. sew /for
someone/

uścisk dłoni /oo-śh-čheesk dwó-ńee/ m. handshake
uśmiech /oósh-myekh/ m. smile
uśmiechać się /oosh-myé-khach śháń/ v. smile
uśmiechnięty /oosh-mye-khńáń-ti/ adj. m. smiling
utargować /oo-tar-gó-vach/ v. make a bargain; realize
uwaga /oo-vá-ga/ f. attention; remark; notice; exp: Caution!
uważać /oo-vá-zhach/ v. pay attention; be careful; mind
uważny /oo-vá-zhni/ adj. m. careful; attentive; watchful
uzasadnić /oo-za-sád-ńeech/ v. substantiate; justify
uzdrowisko /oo-zdro-veés-ko/ n. health resort
uzgadniać /oo-zgád-ńach/ v. reconcile
uznawać /oo-zná-vach/ v. acknowledge; do justice
uzyskać /oo-zís-kach/ v. gain; obtain; get; win; acquire
użyć /oó-zhich/ v. use; exert; take /medicine/; profit
użyteczny /oo-zhi-téch-ni/ adj. m. useful; serviceable
użytek /oo-zhí-tek/ m. use
używać /oo-zhí-vach/ v. use; enjoy; exercise right
używany /oo-zhi-vá-ni/ adj. m. used; second-hand; worn
w /v/ prep. in; into; at
we /ve/ prep. in; into; at
waga /vá-ga/ f. weight; balance; pair of scales
wagon /vá-gon/ m. car; wagon
wahać się /vá-khach śháń/ v. hesitate; sway; rock; swing
wakacje /va-ká-tsye/ pl. vacation; holidays
walizka /va-leé-zka/ f. suitcase
walka /vál-ka/ f. struggle; fight; war; battle; wrestling
waluta /va-loó-ta/ f. currency
wanna /ván-na/ f. bath tub
warga /vár-ga/ f. lip

wariat /vá-ryat/ n. insane; madman; fool; lunatic
warstwa /várs-tva/ f. layer
warto /vá-rto/ adv. it's worth while; it's proper
wartość /vár-toshch/ f. value; worth
warunek /va-roó-nek/ m. condition; requirement; term
wasz /vash/ pron. your; yours
ważny /vázh-ni/ adj. m. important; valid; significant
ważyć się /vá-zhich śháń/ v. dare; weigh oneself
wąchać /vówn-khach/ v. smell
wąski /vówn-skee/ adj. m.narrow
wątpić /vówht-peech/ v. doubt
wątroba /vowń-tró-ba/ f. liver
wąż /vównsh/ m. snake; hose
wcale /vtsá-le/ adv. quite
wcale nie /vtsá-le ne/ not at all /exp/
wchodzić /vkhó-dźheech/ v. enter; get in; set in; climb
wciąż /vchównsh/ adv. continually; constantly; always
w czas /v chas/ on time
wczasy /vchá-si/ pl. vacations
wczasowicz /vcha-só-veech/ m. holiday-maker; vacationist
wczesny /vchés-ni/ adj. m. early
wcześnie /vchésh-ńe/ adv. early
wczoraj /vchó-ray/ adv. yesterday
w dół /v doow/ adv. down; downwards
według /véd-wook/ prep. according to; after; along; near
wejście /veýśh-che/ n. entrance; way in; admission
wejść /veyśhch/ v. enter; get in
wełna /véw-na/ f. wool
wełniany /vew-ńá-ni/ adj. m. woolen; worsted
wesele /ve-sé-le/ n. wedding
wesoły /ve-só-wi/ adj. m. merry; gay; jolly; gleeful; funny
wewnątrz /vév-nówntsh/ prep., adv. inside; within; intrawęch /váńkh/ m. smell; nose
wędlina /vańd-leé-na/ f. meat products; pork products

węgiel /vấn-ǵel/ m. coal
wiadomo /vya-dố-mo/ v. /imp./
it is known; everybody knows
wiadomość /vya-dố-moshćh/ f.
news; information; message
wiadro /vyấ-dro/ n. bucket;pail
wiara /vyấ-ra/ f. faith
wiatr /vyatr/ m. wind; breeze
widelec /vee-dế-lets/ m. fork
widocznie /vee-dố-chńe/ adv.
evidently; apparently; clearly
widok /veế-dok/ m. view; sight
widywać /vee-dí-vach/ v. see
/often, regularly etc./
widz /veets/ m. spactator
widzieć /veế-dźhech/ v. see
wieczny /vyế-chni/ adj. m.
eternal; perpetual; endless
wieczór /vyế-choor/ m. evening
wiedza /vyế-dza/ f. knowledge
wiedzieć /vyế-dźhech/ v. know
wiejski /vyế y-skee/ adj. m.
village; rural; rustic
wiek /vyek/ m. age; century
wielce /vyếl-tse/ adv. very
wiele /vyế-le/ adv many;
a lot; much; far out
wielki /vyếl-kee/ adj.m. big;
large; great; vast; keen
wieprzowina /vyep-zho-veế-na/
f. pork
wierzyć /vyế-zhich/ v. believe;
trust; rely; believe in God
wieś /vyesh/ f. village; coun-
tryside; hamlet
wieźc /vyeżhćh/ v. carry /on
wheels/; transport
więc /vyấnts/ conj. now; well;
therefore; so; consequently
więcej /vyấń-tsey/ adv. more
większy /vyấnk-shi/ adj. m.
bigger; larger; greater
więzienie /vyấn-żhế-ńe/ n.
prison; confinement; jail
wilgotny /veel-gốt-ni/ adj. m.
moist; humid; damp; wet
wina /veế-na/ f. guilt; fault
winda /veến-da/ f. elevator
wino /veế-no/ n, wine
wiosło /vyốs-wo/ n. oar; paddle·

wiosna /vyố-sna/ f. Spring
wisieć /veế-śhech/ v. hang; sag
wiśnia /veếsh-ńa/ f. cherry/tree/
witać /veế-tach/ v. greet;
welcome; meet to welcome
witamina /vee-ta-meế-na/ f.
vitamin
wizyta /vee-zí-ta/ f. call;
visit; be on a visit
wjazd /vyazt/ m. /car/ entrance
wkładać /vkwấ-dach/ v. put in/on/
wkrótce /vkroốt-tse/ adv. soon
w lewo /v lế-vo/ adv. to the left
w lot /v lot/ adv. in a flash;
quickly
władza /vwấ-dza/ f. authority
własność /vwaś-noshćh/ f. property; characteristic feature
własny /vwaś-ni/ adj. m. own
właściciel /vwaśh-ćheế-ćhel/ m.
proprietor; holder
właściwy /vwaśh-ćheế-vi/ adj. m.
proper; right; suitable
właśnie /vwaśh-ńe/ adv. exactly;
just so; precisely; very
włożyć /vwố-zhich/ v. put in/on/
wnętrze /vńấn-tzhe/ n. interior
wniosek /vńố-sek/ m. conclusion;
proposition; suggestion
wnuczka /vnoố-chka/ f. grand-
daughter
wnuk /vnook/ m. grandson
wobec /vố-bets/ prep. in the
face of; before; towards
woda /vố-da/ f. water; froth
wodór /vố-door/ m. hydrogen
w ogóle /v o-goố-le/ adv. generally; on the whole
województwo /vo-ye-voốdz-tvo/
n. province; voivodeship
wojna /vốy-na/ f. war; warfare
wojsko/ voy-sko/ n. army; troops
wojskowy /voy-skố-vi/ adj .m.
military; army
wokoło /vo-kố-wo/ adv. round;
all around
woleć /vố-lech/ v. prefer
wolno /vốl-no/ adv. slowly
wolność /vốl-noshćh/ f. liberty;
freedom; independence

wolny /vól-ni/ adj. m. free
wołać /vó-wach/ v. call; cry
wołowina /vo-wo-veé-na/ f. beef
worek /vó-rek/ m. bag; sack
woźny /vóźh-ni/ m. janitor;
usher; office messenger
wódka /voót-ka/ f. vodka
wódz /voots/ m. commander; chief
wówczas /voóv-chas/ adv. then;
that time; at the time
wóz /voos/ m. car; cart; wagon
wpierw /vpyerv/ adv. first
wpłacać /vpwa-tsach/ v. pay in
wpływowy /vpwi-vó-vi/ adj. m.
influential
w pobliżu /v po-bleé-zhoo/ adv.
near; in the vicinity; close by
w poprzek /v pó-pzhek/ prep.
adv. across; crosswise
wprawdzie /vpráv-dźhe/ adv. in
truth; to be sure; indeed
w prawo /v prá-vo/ adv. to the
right
wprost /vprost/ adv. directly;
straight ahead; outright
wprowadzać /vpro-vá-dzach/ v.
usher; introduce; lead in; put
in
wprzód /vpshoot/ adv. ahead; before; first; in the first place
wracać /vrá-tsach/ v. return
wrażenie /vra-zhé-ńe/ n. impression
wreszcie /vrésh-che/ adv. at
last; finally; after all
wróg /vrook/ m. foe; enemy
wrzesień /vzhé-śheń/ m.
September
wschód słońca /vskhoot swóń-
tsa/ m. sunrise
wsiadać /vśha-dach/ v. get in;
mount; get on board; take seat
wskazówka /vska-zoóv-ka/ f. hint;
direction; /clock/ hand
wskutek /vskoó-tek/ prep. as
aresult; due to; thanks to
wspaniały /vspa-ńá-wi/ adj. m.
superb; glorious; grand
wspominać /vspo-meé-nach/ v.
remember; recall

współczesny /vspoow-chés-ni/ adj.
m. contemporary; modern
współczucie /vspoow-choó-che/ n.
sympathy; compassion
wstawać /vstá-vach/ v. get up
wstecz /vstech/ adv. backwards
wstęp /vstáňp/ m. entrance;
admission; preface; opening
wstrzymać /vstzhí-mach/ v. stop;
abstain; put off; hold back
wstyd /vstit/ m. shame; disgrace
wszechświat /vshékh-śhvyat/ m.
universe; cosmos
wszelki /vshél-kee/ adj. m.
every; all; any; whatever
wszędzie /vsháň-dźhe/ adv.
everywhere; on all sides
wszystko /vshíst-ko/ n. all;
everything
wtedy /vté-di/ adv. then
wtem /vtem/ adv. suddenly
wtorek /vtó-rek/ m. Tuesday
w tył /v tiw/ adv. back
wuj /vooy/ m. uncle
wy /vi/ pron. you; you people
wybierac /vi-byé-rach/ v. choose;
elect; select; pick out; mine
wybierać się /vi-byé-rach śháň/
v.set out; be about to go
wyborny /vi-bór-ni/ adj. m.
excellent; prime; choice
wybór /ví-boor/ m. choice; option
wybrzeże /vi-bzhé-zhe/ n. coast;
beach; sea-shore; sea-coast
wybuch /ví-bookh/ m. explosion;
eruption; outbreak; outburst
wychodzić /vi-khó-dźheech/ v.
get out; walk out; climb
wychowanie /vi-kho-vá-ńe/ n.
upbringing; manners; education
wychwalać /vi-khvá-lach/ v.
praise; exalt; extol
wyciągać /vi-chóŵn-gach/ v. pull
out; stretch out; derive
wycieczka /vi-chéch-ka/ f. trip;
excursion; outing
wycierać /vi-ché-rach/ v. wipe;
erase; efface; dust; wear out
wyciskać /vi-cheés-kach/ v.
squeeze out; impress; wring

wydarzenie /vi-da-zhé-ñe/ n.
event; happening
wydatek /vi-dá-tek/ m. expense
wydawać /vi-dá-vaćh/ v. spend;
give the change; publish
wydawać się /vi-dá-vaćh śháñ/
v. seem; appear
wydech /ví-dekh/ m. exhalation
wydział /ví-dżhaw/ m. department
wygląd /víg-lównt/ m. appearance; aspect; air
wyglądać /vig-lówn-daćh/ v.
look out; appear
wygoda /vi-gó-da/ f. comfort
wygrać /ví-graćh/ v. win; score
wyjaśnić /vi-yáśh-ñeećh/ v.
explain; clear up
wyjazd /ví-yazt/ m. departure
wyjątek /vi-yówn-tek/ m.
exception; excerpt; extract
wyjeżdzać /vi-yézh-dzhaćh/ v.
leave; drive away; set out
wyjście /víyśh-ćhe/ n. exit
wykład /ví-kwat/ m. lecture
wykonać /vi-kó-naćh/ v. execute;
do; fulfil; carry out; perform
wykorzystać /vi-ko-zhis-taćh/
v. take advantage; exploit
wyleczyć /vi-lé-chićh/ v. cure
wyliczać /vi-lée-chaćh/ v.
count up; count out; recite
wyładować /vi-wa-dó-vaćh/ v.
unload; discharge; cram
wymawiać /vi-má-vyaćh/ v.
pronounce; reproach; cancel
wymiana /vi-myá-na/ f. exchange
wymieniać /vi-myé-ñaćh/ v.
exchange; convert; replace
wymiotować /vi-myo-tó-vaćh/ v.
vomit; be sick
wymowa /vi-mó-va/ f. pronunciation; significance
wymówka /vi-móo-vka/ f. reproach; pretext; excuse; put-off
wymyślać /vi-míśh-laćh/ v. think
up; call names; invent; abuse
wynajmować /vi-nay-mó-vaćh/ v.
hire; rent
wynalazek /vi-na-lá-zek/ m.
invention; device
wynik /ví-ñeek/ m. result

wyobraźnia /vi-o-bráźh-ña/ f.
imagination; fancy
wypada /vi-pá-da/ v. it is proper; it is becoming
wypadek /vi-pá-dek/ m. accident;
case; event; chance
wypełniać /vi-péw-ñaćh/ v. fulfil; fill up; while away
wypijać /vi-pée-yaćh/ v. drink
/empty/; drink up; drink off
wypłata /vi-pwá-ta/ f. pay /day/
wypoczynek /vi-po-chí-nek/ m.
rest
wypowiadać /vi-po-vyá-daćh/ v.
pronounce; declare; express
wyprać /ví-praćh/ v. wash out;
launder
wyprawa /vi-prá-va/ f.
expedition; outfit; tanning
wyprowadzać się /vi-pro-vá-dzaćh
śháñ/ v. move out
wyprzedaż /vi-pzhé-dash/ f.
/clearance/ sale
wyrabiać /vi-rá-byaćh/ v. make;
form; play pranks
wyraz /vi-ras/ m. word; expression; look; term
wyraźny /vi-ráźh-ni/ adj. m.
explicit; clear; distinct
wyrażać /vi-rá-zhaćh/ v. express
wyrażenie /vi-ra-zhé-ñe/ n.
expression; utterance; phrase
wyrok /ví-rok/ m. sentence;
verdict; judgment
wyrób /ví-roop/ m. manufacture;
product
wyruszyć /vi-róo-shićh/ v. start
out; set out
wyrzucać /vi-zhóo-tsaćh/ v. ex-
pel; throw out; dump; reproach
wysiadać /vi-śhá-daćh/ v. get
out /from car etc./; go bust
wyskoczyć /vi-skó-chićh/ v.
jump out; pop up; run out
wyskrobać /vi-skró-baćh/ v.
scratch out; erase
wysłać /ví-swaćh/ v. send off;
dispatch; emit; let fly
wysoki /vi-só-kee/ m. tall;
high; soaring; lofty

wysokość /vi-só-koshch/ f.
height; altitude; level; extent
wyspa /vís-pa/ f. island; isle
wystarczyć /vi-stár-chich/ v.
suffice; do enough
wystawa /vi-stá-va/ f. exhibi-
tion; display /window dressing/
wystawiać /vi-stá-vyach/ v. put
out; sign /check/; exhibit
występ /ví-stanp/ m. pro-
trusion; /stage/ appearance
wysuwać /vi-sóo-vach/ v. shove
forward; protrude; put out
wytłumaczyć /vi-twoo-má-chich/
v. explain; excuse; justify
wytrwały /vi-trvá-wi/ adj. m.
enduring; persevering; dogged
wytrzymać /vi-tzhí-mach/ v.
endure; stand; hold out; keep
wywiad /ví-vyat/ m. interview;
reconnaissance; intelligence
wywierać /vi-vyé-rach/ v. exert;
wywóz /ví-voos/ m. export; re-
moval
wyzdrowieć /vi-zdró-vyech/ v.
recover; get well
wyzysk /ví-zisk/ m. exploit-
ation
wyżej /ví-zhey/ adv. higher;
above; mentioned above
wyższość /vízh-shoshch/ f.
superiority; excellence
wyżyna /vi-zhí-na/ f. high
ground; upland; highland
wyżywienie /vi-zhi-vyé-ñe/ n.
food; board; subsistence
wzajemny /vza-yém-ni/ adj. m.
mutual; reciprocal
w zamian /v zá-myan/ adv. in
exchange; instead
wzbudzać /vzbóo-dzach/ v. excite; inspire; arouse; stir
wzdłuż /vzdwoosh/ prep. along
względny /vzglánd-ni/ adj. m.
relative; indulgent; kind
wzgórze /vzgóo-zhe/ n. hill
wziąć /vźhownch/ v. take;
possess
wzmacniać /vzmáts-ñach/ v. re-
inforce; brace up; fortify
wznowić /vznó-veech/ v. renew

wzór /vzoor/ m. pattern; model;
formula; fashon; standard
wzrok /vzrok/ m. sight; vision
wzrost /vzrost/ m. growth; size;
height; increase; rise
wzruszać /vzróo-shach/ v. move;
touch; affect; thrill; stir
wzywać /vzí-vach/ v. call; call
in; summon; cite; ask in
z /z/ prep. with; off; together
ze /ze/ prep. with; off; together
za /za/ prep. behind; for; at;
by; beyond; over
zabawić się /za-bá-veech shan/
v. enjoy oneself; have a good
time
zabawka /za-báv-ka/ f. toy; trifle
zabezpieczyć /za-bez-pyé-chich/
v. safeguard; secure; protect
zabić /zá-beech/ v. kill; slay;
plug up; nail down; beat /card/
zabierać /za-byé-rach/ v. take
away; take along; take on /up/
zabłądzić /za-bwówn-dźheech/ v.
go astray; get lost; stray
zabytek /za-bí-tek/ m. relic;
monument
zachodzić /za-khó-dźheech/ v.
call on; occur; arise; become
zachodni /za-khód-ñee/ adj. m.
western; westerly
zachorować /za-kho-ró-vach/ v.
get sick; fall ill
zachowanie /za-kho-vá-ñe/ n.
behavior; maintainance
zachód /zá-khoot/ m. west;
sunset; pains; trouble
zachwycać się /za-khvi-tsach
shan/ v. be fascinated; admire
zaciekawić /za-che-ká-veech/ v.
interest; puzzle; intrigue
zacofany /za-tso-fá-ni/ adj. m.
backward
zacząć /zá-chownch/ v. start;
begin; go ahead; fire away
zacząć się /zá-chownch shan/ v.
begin; start a performance etc.
zaczekać /za-ché-kach/ v. wait
/for something/
zaczynać /za-chí-nach/ v. start;
begin; cut new loaf etc.

zadać /zá-daćh/ v. give; put;
  deal; associate; treat with
zadanie /za-dá-ńe/ n. task;
  charge; assignment; problem
zadowolić /za-do-vó-leećh/ v.
  satisfy; gratify; please
zadowolony /za-do-vo-ló-ni/ adj.
  m. satisfied; content
zadzwonić /za-dzvó-ńeećh/ v.
  ring; ring up; ring for; make
  a telephone call
zagadka /za-gád-ka/ f. puzzle;
  riddle; crux; problem
zagadnienie /za-gad-ńé-ńe/ n.
  problem; question
zagłębić /za-gwáń-beećh/ v.
  plunge; sink; dip
zagniewany /za-gńe-vá-ni/ adj.
  m. angry; cross; sore
zagotować /za-go-tó-vaćh/ v.
  boil; start boiling; flare up
zagranica /za-gra-ńeé-tsa/ f.
  foreign countries
zagraniczny /za-gra-ńeéch-ni/
  adj. m. foreign
zahamować /za-kha-mó-vaćh/ v.
  restrain; put brakes on
zaimek /za-eé-mek/ m. pronoun
zainteresowanie /za-een-te-re-
  so-vá-ńe/ n. interest
zając /zá-yownts/ m. hare
zajęcie /za-yáń-ćhe/ v. occupa-
  tion; work; trade; interest
zajmować /zay-mó-vaćh/ v. occupy
zakaz /zá-kas/ m. prohibition
zakąska /za-kówns-ka/ f. snack
zakład /zá-kwat/ m. plant; shop;
  institute; bet; wager; fold
zakładać /za-kwá-daćh/ v.
  found; initiate; put on; lay
zakochać się /za-kó-khaćh śháń/
  v. fall in love
zakończenie /za-koń-ché-ńe/ n.
  end; ending
zakres /zá-kres/ m. range; scope;
  domain; sphere
zakręcić /za-kráń-ćheećh/ v.
  turn; twist; turn off; curl
zakręt /zá-krańt/ m. curve;
  bend turn

zakryć /zá-krićh/ v. cover; hide
zakup /zá-koop/ m. purchase
zaledwie /za-léd-vye/ adv. barely; scarcely; merely; but
zaległy /za-lég-wi/ adj. m. unpaid; overdue
zależeć /za-lé-zhećh/ v. depend
zaliczać /za-lee-chaćh/ v.
  include; count in; credit
zaliczka /za-leéch-ka/ f. earnest
  money; down payment; installment
zaludnienie /za-lood-ńé-ńe/ n.
  population
załatwiać /za-wát-vyaćh/ v.
  settle; transact; deal; dispose
załatwienie /za-wat-vyé-ńe/ n.
  settlement; arrangement
załoga /za-wó-ga/ f. crew;
  garrison; staff; personnel
zamawiać /za-má-vyaćh/ v. reserve; order; book; engage
zamek /zá-mek/ m. lock; castle
zamek błyskawiczny /zá-mek
  bwis-ka-veéch-ni/ m. zipper
zamiana /za-myá-na/ f. exchange
zamiar /zá-myar/ m. purpose
zamiast /zá-myast/ prep.
  instead of
zamienić /za-myé-neećh/ v.
  change; convert; replace
zamieszkać /za-myésh-kaćh/ v.
  take up residence; put up; live
zamieszkiwać /za-myesh-keé-vaćh/
  v. inhabit; reside permanently
zaknąć /zám-knównćh/ v. close;
  shut; lock; wind up; fence in
zamówić /za-moó-veećh/ v. order;
  reserve; commission
zamówienie /za-moo-vyé-ńe/ n.
  order; commission
zanieść /zá-ńeśhćh/ v. carry to
  a destination
zanim /zá-ńeem/ conj. before;
  prior to
zaopatrzyć /za-o-pá-tzhićh/ v.
  provide; equip; supply
zaoszczędzić /za-osh-cháń-
  dźheećh/ v. save; spare
zapach /zá-pakh/ m. smell; aroma
  fragrance; scent; stench

zapakować /za-pa-kó-vaćh/ v.
pack up; stow away; pack off
zapalić /za-pá-leećh/ v. switch
on light; set fire; animate
zapalniczka /za-pal-ńeećh-ka/
f. /cigarette/ lighter
zapałka /za-páw-ka/ f. match
zapamiętać /za-pa-mýáń-taćh/ v.
remember; memorize
zapas /zá-pas/ m. stock; store;
reserve; supply
zapełnić /za-péw-ńeećh/ v. fill
up; stop a gap
zapewnić /za-pév-ńeećh/ v.
assure; guarantee
zapiąć /zá-pýównćh/ v. button
up; fasten
zapisać /za-pée-saćh/ v. write
down; prescribe; record; enroll
zapisek /za-pée-sek/ m. note
zaplanować /za-pla-nó-vaćh/ v.
make plans for; plan
zapłacić /za-pwá-ćheećh/ v. pay
zapominać /za-po-mée-naćh/ v.
forget; neglect; unlearn
za pomocą /za po-mó-tsówn/ adv.
by means; with help
zapotrzebowanie /za-po-tzhe-bo-
vá-ńe/ n. /demand/ requisition
zapoznać /za-póz-naćh/ v. ac-
quaint; introduce; instruct
zapraszać /za-prá-shaćh/ v.
invite
zaproszenie /za-pro-shé-ńe/ n.
invitation
zapuszczać /za-poósh-chaćh/ v.
let in /dye/; grow /hair/;
neglect; let down; start up
zapytywać /za-pi-tí-vaćh/ v.ask
zarabiać /za-rá-byaćh/ v. earn
zaraz /zá-ras/ adv. at once;
directly; right away; soon
zaraza /za-rá-za/ f. infection;
plague; epidemic
zarazem /za-rá-zem/ adv. at the
same time; as well; also
zarobek /za-ró-bek/ m. gain;
earnings; wages
zarost /zá-rost/ m.beard; hair
zarośla /za-róśh-la/ pl. thicket

zarówno /za-roóv-no/ adv. equally; as well; alike
zarząd /zá-zhównd/ m. management;
administration
zarzut /zá-zhoot/ m. accusation;
objection; reproach
zasada /za-sá-da/ f. principle
zaskoczyć /za-skó-chićh/ v. surprise; attack unawares; click
zasłonić /za-swó-ńeećh/ v. curtain; shade; shield
zasługiwać /za-swoo-geé-vaćh/
v. deserve; be worthy
zasnąć /zá-snównćh/ v. fall a-
sleep; sleep
zaspać /zás-paćh/ v. oversleep
zastać /zá-staćh/ v. find somebody at home
zastanowić się /za-sta-nó-veećh
śháń/ v. reflect; puzzle
zastępca /za-stáńp-tsa/ adj. m.
proxy; substitute; deputy
zastosować /za-sto-só-vaćh/ v.
adopt; apply; employ
zastosować się /za-sto-só-vaćh
śháń/ v. comply; toe the line
zastrzyk /zá-stzhik/ m.
injection; shot
zaszczyt /zásh-chit/ m. honor;
distinction; privilege
zaszkodzić /za-shkó-dżheećh/ v.
harm; hurt; damage
zaszyć /zá-shich/ v. sew up
zaśmiecić /za-shmyé-ćheećh/ v.
litter; clutter up
zaświadczenie /za-śhvyat-ché-
ńe/ n. certificate; affidavit
zatarg /zá-tark/ m. conflict
zatoka /za-tó-ka/ f. bay; gulf
zatrucie /za-troó-ćhe/ n. poisoning; intoxication
zatruć /zá-trooćh/ v. poison
zatrudniać /za-troó-dńaćh/ v.
employ; engage
zatrzask /zá-tzhask/ m. /door/
latch; /snap/ fastener lock
zatrzymać /za-tzhí-maćh/ v. stop;
retain; detain; arrest; hold
zatwierdzać /za-tvyér-dzaćh/ v.
approve; confirm; ratify
zawartość /za-vár-tośhćh/ f.
contents; subject

zawdzięczać /za-vdzhǎn-chaćh/ v.
owe /gratitude/; be indebted
zawiadomienie /za-vya-do-myé-
ňe/ n. notification; information
zawiązać /za-vyǒwn-zaćh/ v.
tie up; bind; set up
zawijać /za-veé-yaćh/ v. wrap
up; tuck in; put in at a port
zawinić /za-veé-ňeećh/ v. be
guilty; commit an offense
zawodnik /za-vód-ňeek/ m. competitor /in sport/; contestant
zawołać /za-vó-waćh/ v. call
out; shout; cry out; summon
zawód /zá-voot/ m. profession;
disappointment; deception
zawsze /záv-she/ adv. always;
evermore; /for/ever; at all
times
zazdrość /záz-drośhćh/ f. envy
zaziębić się /za-zhǎn-beećh
shan/ v. catch a cold
zażalenie /za-zha-lé-ňe/ n.
complaint; grievance
ząb /zǒwnp/ m. tooth; fang;
prong; cog
zbadać /zbá-dach/ v. investigate;
examine; probe into
zbieg okoliczności /zbyek o-ko-
leech-nóśh-ćhee/ m. coincidence
zbierać /zbyé-raćh/ v. gather;
pick; summon; clear; take in
z bliska /z bleés-ka/ adv. from
near; close up
zbliżyć się /zbleé-zhićh śhǎn/
v. approach; become close
zboże /zbó-zhe/ n. corn; grain
zbrodnia /zbró-dňa/ f. crime
zbroić /zbró-eećh/ v. arm
zbyt wiele /zbit vyé-le/ adv.
too much; excessively
z czasem /z chá-sem/ adv.
with time; eventually
z daleka /z da-lé-ka/ adv.
from far; from afar; away
zdanie /zdá-ňe/ n. opinion;
judgment; sentence; proposition
zdarzać się /zdá-zhaćh śhǎn/ v.
happen; take place; occur
zdarzenie /zda-zhé-ňe/ n. happening; event; incident

zdawać /zdá-vaćh/ v. entrust;
submit
zdawać się /zdá-vaćh śhǎn/ v.
seem; surrender; rely
z dawna /z dáv-na/ adv. since
a long time
zdążyć /zdǒwn-zhićh/ v. come
on time; keep pace; tend
zdecydować się /zde-tsi-dó-vaćh
śhǎn/ v. decide; determine
zdenerwować się /zde-ner-vó-
vaćh śhǎn/ v. get upset
zdenerwowany /zde-ner-vo-vá-ni/
adj. m. nervous; excited
zdjąć /zdyǒwnćh/ v. take off;
take a photo of
zdolny /zdó-lni/ adj. m. clever;
able; capable; fit
zdrada /zdrá-da/ f. treason
zdrowie /zdró-vye/ n. health
zdrowotne jedzenie /zdro-vót-ne
ye-dzé-ňe/ n. health food
zdrowy /zdró-vi/ adj. m.
healthy; sound; mighty
zdrzemnąć się /zdzhém-nǒwnćh
śhǎn/ v. doze off; sleep;nap
zdumienie /zdoo-myé-ňe/ n.
astonishment; amazement
zdziwienie /zdźhee-vyé-ňe/ n.
surprise; wonderment
zebranie /ze-brá-ňe/ n. meeting
zegar /zé-gar/ m. clock
zegarek /ze-gá-rek/ m. watch
zejść /zeyśhćh/ v. descent; get
down
zejść się /zeyśhćh śhǎn/ v.
meet; rendez vous
zepsuć /zép-soоćh/ v. damage;
spoil; worsen; pervert
zepsuć się /zép-sooćh śhǎn/ v.
go bad; go wrong; break down
zepsuty /zep-soó-ti/ adj. m.
damaged; spoiled; corrupt
zestarzeć się /ze-stá-zhećh
shan/ v. grow old; age; stale
zeszyt /zé-shit/ m. notebook
zewnątrz /zév-nǒwntsh/ adv.prep.
out; outside; outwards
zez /zez/ m. squint
zęby /zǎn-bi/ pl. teeth
zgadzać się /zgá-dzaćh śhǎn/ v.
agree; fit in; see eye-to-eye

zgága /zgá-ga/ f. heartburn
zgasić /zgá-śheećh/ v. put out;
extinguish; switch off; dim
zginać /zgeé-naćh/ v. bend
/over/; fold; stoop; bow
zginąć /zgeé-nównćh/ v. perish;
die; get lost
zgłosić /zgwó-śheećh/ v. notify
zgłoska /zgwó-ska/ f. syllable
zgniły /zgñeé-wi/ adj. m. rotten
zgoda /zgó-da/ f. concord;
consent; unity; approval
zgodny /zgód-ni/ adj. m.
compatible; good-natured
zgon /zgon/ m. death; decease
z góry /z góó-ri/ adv. in advance
zgrabny /zgráb-ni/ adj. m. skillful; clever; deft; smart; neat
zgromadzenie /zgro-ma-dzé-ñe/ n.
assembly; congress; meeting
zgubić /zgoó-beećh/ v. lose
zgubiony /zgoo-byó-ñi/ adj. m.
lost
ziarno /żhár-no/ n. grain; corn
zielony /żhe-ló-ni/ adj.m.green
ziemniak /żhám-ñak/ m. potato
ziewać /żhé-vaćh/ v. yawn; gape
zięć /żháñćh/ m. son-in-law
zima /żheé-ma/ f. winter
zimny /żheém-ni/ adj. m. cold
zjawić się /zyá-veećh śháñ/ v.
appear; make one's appearance
zjazd /zyazt/ m. meeting; co-
ming; descent; downhill drive
zjeść /zyeśhćh/ v. eat up
zlecenie /zle-tsé-ñe/ n. commission; order; errand; message
z lekka /z lék-ka/ adv. lightly;
softly; slightly; gently
zlew /zlef/ m. sink
złamać /zwá-maćh/ v. break;smash
zło /zwo/ n. evil; devil; harm
złodziej /zwó-dżhey/ m. thief
złość /zwośhćh/ f. anger; malice
złoto /zwó-to/ n. gold
złoty /zwó-ti/ adj. m. golden;
Polish money unit
złożyć /zwó-żhich/ v. deposit
zły /zwi/ adj. m. bad; evil; ill;
vicious;cross; poor; rotten

zmarły /zmár-wi/ adj. m.
deceased; dead; defunct
zmarszczka /zmárshch-ka/ f.
wrinkle; crease; fold
zmartwienie /zmar-tvyé-ñe/ n.
worry; sorrow; grief; trouble
zmartwiony /zmar-tvyó-ni/ adj. m.
sad; sorrowful
zmienić /zmyé-ñeećh/ v. change;
alter; vary
zmrok /zmrok/ m. dusk; twilight
zmuszać /zmoó-shaćh/ v. coerce;
compel; force; oblige
zmysł /zmisw/ m. sense; in-
stict
zmywanie /zmi-vá-ñe/ n.washing
up; washing /dishes etc./
znaczek /zná-chek/ m. sign;
postal stamp; badge
znaczyć /zná-chićh/ v. mean;
signify; imply; denote; matter
znać /znaćh/ v. know; show
znajdować /znay-dó-vaćh/ v.
find; see; meet; experience
znajomy /zna-yó-mi/ adj. m.
acquaintance; familiar
znak /znak/ m. mark; sign; stamp
znany /zná-ni/ adj. m. noted;
known; famed; familiar
znaleźć /zná-leżhćh/ v. find
/something/
znienacka /zñe-náts-ka/ adv.
all of a sudden; unawares
znikać /zñeé-kaćh/ v. vanish
znikąd /zñeé-kównt/ adv. from
nowhere; out of nowhere
zniszczyć /zñéesh-chićh/ v.
destroy; ruin; wear out
znosić /znó-śheećh/ v. annul;
endure; carry down; ware out
znowu /znó-voo/ adv. again; anew
zobaczyć /zo-bá-chićh/ v. see
zobowiązać /zo-bo-vyówn-zaćh/
v. oblige; obligate
zogniskować /zo-gñee-skó-vaćh/
v. focus; concentrate
zostać /zós-taćh/ v. remain;
stay; become; get to be; be left
zostawiać /zos-tá-vyaćh/ v.
leave; abandon; put aside
z powodu /z po-vó-doo/ prep.
because of; owing to

z powrotem /z po-vró-tem/ adv.
 back; backwards
zranić /zrá-ńeećh/ v. wound;
 injure; hurt
zresztą /zrésh-tõwn/ adv. moreover; besides; after all;though
zręczny /zrãńch-ni/ adj. m.
 clever; skillful
zrobić /zró-beećh/ v. make; do;
 turn; execute; perform
zrozumieć /zro-zoó-myećh/ v.
 understand; grasp; see; make out
zrównać /zroóv-naćh/ v. level;
 make even; align; equalize
zrywać /zrí-vaćh/ v. rip; tear
 off; tear down; pick; quarrel
z rzadka /z żhád-ka/ adv. rarely
zszyć /zshićh/ v. sew together
zupa /zoó-pa/ f. soup
zupełny /zoo-péw-ni/ adj. m.
 entire; whole; total; complete
zużyty /zoo-żhí-ti/ adj. m. worn
 out; used up; wasted; trite
zwarcie /zvár-ćhe/ n. short
 /circuit/; contraction
związać /zvyóẃn-zaćh/ v. bind;
 fasten; join; tie
związek /zvyõwn-zek/ m. alliance;
 connection; bond; compound; tie
zwiedzać /zvyé-dzaćh/ v. visit;
 see the sights; tour; see
zwierzchnik /zvyézh-khńeek/ m.
 boss; superior; chief; lord
zwierzę /zvyé-zhãń/ n. animal
zwlekać /zvlé-kaćh/ v. delay
zwłaszcza /zvwásh-cha/ adv.
 particularly; especially
zwłoki /zvwó-kee/ pl. corpse
zwolnienie /zvol-ńé-ńe/ n.
 dismissal; release; slowing
zwracać /zvrá-tsaćh/ v. return;
 give back; pay /attention/
zwracać się /zvrá-tsaćh śhãń/
 v.address
zwrot /zvrot/ m. turn; phrase;
 restitution; revulsion
zwycięstwo /zvi-chãńs-tvo/ n.
 victory; triumph
zwyczaj /zví-chay/ m. custom;
 habit; fashion; usage; practice

zwyczajny /zvi-cháy-ni/ adj. m.
 usual; ordinary; common; simple
zwykle /zví-kle/ adv. usually
zysk /zisk/ m. gain; profit
zyskać /zís-kaćh/ v. gain
zza /z-za/ prep. from behind
źle /żhle/ adj. n., adv. ill;
 wrong; badly; falsely
źrenica /żhre-ńée-tsa/ f. pupil
źródło /żhroód-wo/ n. spring;
 well; source; fountain head
żaden /żhá-den/ pron. none;
 neither; not any; no one
żagiel /żhá-ǵel/ m. sail
żakiet /żhá-ḱet/ m. jacket
żal /zhal/ m. regret; grief
żałoba /zha-wó-ba/ f. mourning
żałować /zha-wó-vaćh/ v. regret
żart /zhart/ m. joke; jest; quip
żartować /zhar-tó-vaćh/ v. joke;
 make fun; poke fun; trifle
żądać /zhõẃn-daćh/ v. demand;
 require; exact; stipulate
że /zhe/ conj. that; then; as
żeby /zhé-bi/ conj. so as; in
 order that; if; may; if only
żeglarz /zhé-glash/ m. seaman;
 sailor; mariner; seafarer
żegnać /zhég-naćh/ v. bid farewell; bless
żelazko /zhe-láz-ko/ n. press-
 iron; cutting iron; edger
żelazo /zhe-lá-zo/ n. iron
żenić się /zhé-ńeećh śhãń/ v.
 marry /a girl/
żeński /zhéń-skee/ adj. m. female
żmija /zhmée-ya/ f. viper;
 adder; poisonous snake
żołądek /zho-wõẃn-dek/ m.
 stomach
żołnierz /zhów-ńesh/ m. soldier
żona /zhó-na/ f. wife
żonaty /zho-ná-ti/ adj. m.
 married; family man
żółty /zhóẃ-ti/ adj. m. yellow
żwawo /zhvá-vo/ adv. briskly;
 alertly; apace
życie /zhí-ćhe/ n. life; pep;
 upkeep
życiorys /zhi-ćhó-ris/ m. bio-
 graphy; life history

życiowy /zhi-ćhó-vi/ adj. m.
 vital; of life
życzenie /zhi-ché-ńe/ n. wish;
 desire; request
życzliwy /zhich-leé-vi/ adj. m.
 favourable; friendly; kindly
życzyć /zhí-chich/ v. wish
 /someone something/
żyć /zhićh/ v. be alive; live;
 exist; subsist; get along
żyła /zhí-wa/ f. vein; seam
żyrować /zhi-ró-vaćh/ v. endorse

żyto /zhí-to/ n. rye
żywić /zhí-veećh/ v. feed;
 nourish; cherish; feel
żywność /zhív-noshćh/ f. food;
 provisions; eatables; fodder
żywo /zhí-vo/ adv. quickly;
 briskly; exp. make it snappy!
żywy /zhí-vi/ adj. m. alive;
 lively; vivid; gay; brisk
żyzny /zhiź-ni/ adj.m.
fertile; fruitful; rich; fat:
generous

ENGLISH-POLISH

a /ej/ art. jeden; pewien
ability /e'bylyty/ s. zdolność
able /'ejbl/ adj. zdolny
aboard /e'bo:rd/ adv. na pokładzie
about /e'baut/ prep. o; przy; odnośnie
above /e'baw/ prep. nad; ponad; adj. powyższy
abroad /e'bro:d/ adv. za granicą; zewnątrz
absence /'aebsens/ s. brak; nieobecność
absent /'aebsent/ adj. nieobecny
absolutely /'aebselu:tly/ adv. absolutnie
accept /ek'sept/ v. zgadzać się; zaakceptować
accident /'aeksydent/ s. traf; wypadek
accord /e'ko:rd/ s. zgoda; v. uzgadniać; dać
according /e'ko:rdyŋg/ prep. według; zgodnie
accordingly /e'ko:rdyngly/ adv. odpowiednio; więc; zatem
account /e'kaunt/ s. rachunek; sprawozdanie; v. wyliczać
accuse /e'kju:z/ v. oskarżać
accustom /e'kastem/ v. przyzwyczajać
ache /ejk/ s. ból; v. boleć
across /e'kros/ adv. w poprzek; na krzyż; prep. przez; na przełaj; po drugiej stronie
act /aekt/ v. czynić; działać; postępować; s. akt; uczynek
action /'aekszyn/ s. działanie; czyn; akcja
active /'aektyw/ adj. czynny; obrotny; rzutki
activity /aek'tywyty/ s. działalność; czynność
actor /'aekter/ s. aktor
actual /'aekczuel/ adj. istotny; faktyczny; bieżący; obecny
actually /'aekczuely/ adv. rzeczywiście; obecnie
add /aed/ v. dodać; doliczyć

address /e'dres/ s. adres; mowa; odezwa; v. zwracać się; adresować
admiration /aedmy'rejszyn/ s. podziw
admire /ed'majer/ v. podziwiać
admission /ed'myszyn/ s. wstęp; dostęp; przyznanie; uznanie
admit /ed'myt/ v. wpuszczać; uznać; przyjmować; przyznać
adopt /e'dopt/ adoptować; przyjmować
advance /ed'waens/ v. iść naprzód; awansować adj. wysunięty; wcześniejszy
advantage /ed'waentydż/ s. korzyść; pożytek; przewaga
adventure /ed'wenczer/ s. przygoda
advertise /'aedwertajz/ v. ogłaszać; reklamować
advice /ed'wajs/ s. rada
advise /ed'wajz/ v. radzić; powiadamiać
aeroplane /'eereplejn/s.samolot
affair /e'feer/ s. sprawa; interes; romans; zdarzenie
affidavit /aef'ydejwyt/ s. poręczenie pod przysięgą
afford /e'fo:rd/ v. zdobyć się; dostarczyć; stać na coś
afraid /e'frejd/ adj. przestraszony; niespokojny
after /'a:fte:r/ prep. po; za; odnośnie; według
after all /'a:fte: o:l/ prep. jednak; przecież; mimo wszystko
afternoon /'a:fte:rnu:n/ s. popołudnie; adj. popołudniowy
afterwards /'aftełerdz/ adv. później; potem
again /e'gen/ adv. ponownie; znowu
against /e'genst/ prep. przeciw; wbrew; na; pod
age /ejdż/ s. wiek; epoka
agent /'ejdżent/ s. pośrednik; ajent; czynnik
ago /e'gou/ adv. przed;...temu
agony /'aegeny/ s. śmiertelna męka; agonia

agree /e'gri:/ v. godzić się;
zgadzać się; uzgadniać
agreement /e'gri:ment/ s. zgoda; umowa
agriculture /,aegry'kalczer/ s.
rolnictwo
ahead /e'hed/ adv. naprzód; dalej; na przedzie
aid /ejd/ s. pomoc; pomocnik;
v. pomagać
aim /ejm/ s. zamiar; cel; v. ce-
lować; mierzyć; zamierzać
air /eer/ s. powietrze; mina;
postawa; v. wietrzyć; obnosić
się; nadawać
airplane /'eerplejn/ s. samolot
airtight /'eertajt/ adj. her-
metyczny
alcohol /'aelkehol/ s. alkohol
alien /'ejljen/ adj. obcy
alike /e'lajk/ adj. jednakowy;
podobny; adv. tak samo; jedna-
ko; podobnie; jednakowo
alive /e'lajw/ adj. żywy; żyjący; ożywiony; żwawy
all /o:l/ adj. and pron. cały;
wszystek; każdy; adv. całkowicie; w pełni
all of us /o:l of as/ my;
wszyscy
all at once /o:l et łans/
wszyscy na raz
all over /o:l,ower/ adv. całkiem;
jeszcze raz; zupełnie
allow /e'lau/ v. pozwalać;
uznawać; uwzględniać
allowance /e'lauens/ s. przydział; pozwolenie
almost /'o:lmoust/ adv. prawie;
niemal
aloft /e'loft/ adv. wysoko;
wgórze; w górę
alone /e'loun/ adj. sam; samotny
along /e'lo:ng/ adv. naprzód;
wzdłuż
alongside /e'lo:ngsajd/ adv.
obok; wzdłuż
aloud /e'laud/ adv. głośno
already /o:l'redy/ adv. już

also /o:lsou/ adv. także
although /o:lzou/ conj. chociaż
altogether /o:lte'gedze:r/ adv.
zupełnie; całkowicie
always /'o:lłejz/ adv. stale;
zawsze
am /aem/ v. jestem /I am/
ambition /aem'byszyn/ s.
ambicja
ambitious /aem'byszes/ adj.
ambitny
American /e'meryken/ s. Amerykanin; adj. amerykański
among /e'mang/ prep. wśród;
pomiędzy
amongst /e'mangst/ prep. wśród;
pomiędzy
amount /e'maunt/ v. wynosić;
s. suma; kwote; wynik
amuse /e'mju:z/ v. bawić;
śmieszyć
amusement /e'mju:zment/ s.
rozrywka
an /aen; en/ art. jeden; jakiś
ancestor /'aensester/ s. przodek
ancient /'ejnszent/ adj. staro-
dawny; stary
and /aend; end/ conj. i
anew /e'nju:/ adv. na nowo
anger /'aenger/ s. gniew; złość
angle /aengl/ s. kąt; narożnik;
kątówka; v. kluczyć
angry /'aengry/ adj. zagniewany
animal /'aenymel/ s. zwierzę;
stworzenie; adj. zwierzęcy
annoy /e'noj/ v. dokuczać;
drażnić; nękać
another /e'nadzer/ adj. and pron.
drugi; inny; jeszcze jeden
answer /'aenser/ s. odpowiedź;
v. odpowiadać
anticipate /aen'tysypejt/ v.
przewidywać; uprzedzać
antifreeze /'aentyfri:z/ s. mieszanka niemarznąca
anxiety /aeng'zajety/ s. niepokój; troska; pożądanie
anxious /'aenkszes/ adj. zaniepokojony; zabiegający
anybody /'eny,body/ pron. ktoko-
lwiek

anyhow /'enyhau/ adv. jakkolwiek
anything /'enyţyng/ pron. coś;
cokolwiek; wszystko
anyway /'enyłej/ adv. w każdym
razie; jakkolwiek
anywhere /'enyhłe:r/ adv. gdziekolwiek
apart /e'pa:rt/ adv. osobno;
niezależnie
apartment /e'pa:rtment/ s.
mieszkanie
apologize /e'poledżajz/ v.
usprawiedliwiać; przepraszać
appear /e'pier/ v. ukazywać
się; zjawiać się
appearance /e'pierens/ s. wygląd; pozór; wystąpienie
applause /e'plo:z/ s. aplauz;
oklaski
apple /aepl/ s. jabłko
application /,aeply'keiszyn/ s.
podanie; użycie; zastosowanie
apply /e'plaj/ v. używać; stosować; odnosić się
appoint /e'point/ v. mianować;
wyznaczać; ustanowić
appointment /e'pointment/ s.
nominacja; oznaczenie czasu
i miejsca; umówione spotkanie
approve /e'pru:w/ v. zatwierdzać; pochwalać
arch /a:rch/ s. łuk; sklepienie;
podbicie; adj. chytry; wierut-
ny; arcy...
archway /'a:rczłej/ s. sklepione
przejście
are /a:r/ v. są
argue /'a:rgju:/ v. rozumować;
spierać się; dowodzić
argument /'a:rgjument/ s. argument; dowód;sprzeczka
arise /e'rajz/ v. powstawać;
wstawać; wynikać
arm /a:rm/ s. ramię; odnoga;
konar; rękaw; poręcz; broń;
v. uzbroić; opancerzyć
armor /'a:rmer/ s. zbroja;
opancerzenie
army /'a:rmy/ s. wojsko; armia
around /e'raund/ prep. dokoła;
naokoło; adv. wokół; tu i tam

arrange /e'rejndż/ v. układać;
szykować
arrangement /e'rejndżment/ s.
układ; ułożenie się; urządzenie; zaaranżowanie
arrest /e'rest/ s. areszt;
aresztowanie; zatrzymanie;
v. aresztować; zatrzymywać
arrival /e'rajwel/ s. przyjazd;
przybysz; rzecz nadeszła
arrive /e'rajw/ v. przybyć;
dojść; osiągnąć
arrow /'aerou/ s. strzała;
strzałka
art /a:rt/ sztuka; chytrość;
zręczność; rzemiosło
article /'a:rtykl/ s. rodzajnik;
artykuł; warunek
artificial /,a:rty'fyszel/ adj.
sztuczny
artist /'a:rtyst/ s. artysta;
artystka
as /aez; ez/ adv, pron, conj.
jak; tak; co; jako; jaki; skoro; żeby; choć; z /dniem/
as well /ez łel/ również
as for /ez fo:r/ co się tyczy
ash /aesz/ s. popiół
ashamed /e'szejmd/ adj.
zawstydzony
aside /e'sajd/ adv. na stronę;
na stronie; na boku
ask /a:sk/ v. pytać; prosić
asleep /e'sli:p/ adv.we śnie;
adj. śpiący
association /e,souszy'ejszyn/ s.
współpraca; kojarzenie
astonish /es'tonysz/ v.
zadziwiać; zdumiewać
at /aet; et/ prep. w; na; u;
przy; pod; z
attack /e'taek/ v. napadać;
atakować; s. atak; uderzenie
attempt /e'tempt/ v. usiłować;
robić zamach; próbować
s. próba; usiłowanie; zamach
attend /e'tend/ v. uczęszczać;
leczyć; obsługiwać
attention /e'tenszyn/ s. uwaga;
uprzejmość

attract /e'traekt/ v. przyciągać
attraction /e'traekszyn/ s.
przyciąganie
attractive /e'traektyw/ adj.
pociągający
audience /'o:djens/ s.
publiczność; audiencja
aunt /aent/ s. ciotka; wujenka;
stryjenka
autumn /'o:tem/ s. jesień
avenue /'aewynju:/ s. bulwar;
aleja
average /'aewerydż/ adj. przeciętny; średni; s. średnia;
przeciętna; v. osiągać średnią
avoid /e'wojd/ v. unikać
awake /e'łejk/ v. budzić się;
adj. czujny; przebudzony
awaken /e'łejkn/ v. budzić
away /e'łej/ adv. precz; z dala
awful /'o:ful/ adj. straszny
ax /aeks/ s. siekiera v. obcinać
baby /'bejby/ s. niemowle
back /baek/ s. tył; grzbiet;
v. cofać się; adv. do tyłu
bad /baed/ adj. zły; przykry
badly /'baedly/ adv. źle; bardzo
bag /baeg/ s. torba; worek;
babsztyl; v. pakować; zwędzić
baggage /'baegydż/ s. bagaż
bake /bejk/ v. piec; wypalać
balance /'baelens/ s. waga; równowaga; v. równoważyć; balan-
sować
ball /bo:l/ s. piłka; pocisk;
kłębek; bal
band /baend/ s. szajka; kapela;
taśma; v. wiązać się; przepa-
sywać opaską
bank /'baenk/ s. łacha; nasyp;
bank; stół roboczy; rząd; v.
składać w banku; piętrzyć;
pochylać; polegać
bar /ba:r/ s. izba adwokacka,
sądowa; bar; bufet z wyszynkiem;
barber /'ba:rber/ s. fryzjer
/męski/
bare /beer/ adj. nagi; goły;
łysy; v. obnażać
barely /'beerly/ adv. ledwie

bargain /'ba:rgyn/ s. ubicie
targu; dobre kupno; targować
się; spodziewać się
barrel /'baerel/ s. beczka
base /bejs/ n. podstawa; adj.
niski; v. opierać się
basin /'bejsn/ s. miednica;
zbiornik; dorzecze; zagłębie
basis /'bejsys/ pl. podstawy
basket /'ba:skyt/ s. kosz /yk/
bath /ba:s/ s. kąpiel; łazienka
bathe /bejz/ v. kąpać; moczyć
bathing suit /'bejzyng sju:t/
strój kąpielowy
battle /'baetl/ s. bitwa
be; was; been /bi:; łoz; bi:n/
v. być; żyć; trwać; dziać się
beam /bi:m/ s. belka; dźwigar;
promień; radosny uśmiech;
v. promieniować
bean /bi:n/ s. fasola; bób;
ziarnko
bear; bore; borne /beer; bo:r;
bo:rn/ v. dźwigać; ponosić;
znosić; trzymać się; rodzić
beard /bierd/ s. broda /zarost/
beast /bi:st/ s. bestia; bydle
beat; beat; beaten /bi:t; bi:t;
bi:tn/ v. bić; bić się; ubijać
beautiful /'bju:teful/ adj.
piękny
beauty /'bju:ty/ s. piękność;
piękno
because /bi'ko:z/ conj. dlatego;
że; gdyż; adv. z powodu
become; became; become /bi'kam;
bi'kejm; bi'kam/ v. stawać się;
nadawać się
bed /bed/ s. łóżko; grządka
before /by'fo:r/ adv. przedtem;
dawniej; z przodu
beg /beg/ v. prosić; żebrać
beggar /'beger/ s. żebrak
begin; began; begun /by'gyn;
by'gaen; by'gan/ v. zaczynać
beginning /by'gynyng/ s.
początek
behavior /by'hejwjer/ v. postę-
powanie; zachowanie się
behind /by'hajnd/ adv. w tyle

being /'by:yŋg/ s. byt; istnie-
nie; istota
belief /by'li:f/ s. wiara;
wierzenie
believe /by'li:w/ v. wierzyć;
sądzić
bell /bel/ s. dzwon; dzwonek
belong /by'long/ v. należeć
below /by'lou/ adv. niżej; w
dole; na dół; pod spodem;
prep. poniżej; pod
belt /belt/ s. pas; pasek;
strefa; v. bić pasem
bend; bent; bent /bend/ bent;
bent/ v. giąć; s. zgięcie;
krzywa
beneath /by'ni:s̱/ prep. pod;
poniżej; pod spodem; na dół
beside /by'sajd/ adv. poza tym;
ponadto; inaczej; prep. obok;
przy; w pobliżu; w porównaniu
besides /by'sajdz/ adv. prócz
tego; poza tym; prep. oprócz
poza
best /best/ adj., adv. najlepszy; najlepiej
better /'beter/ adv. lepiej;
lepszy; v. poprawić; prze-
wyższyć
between /by'tłi:n/prep. między;
adv. pośrodku; tymczasem
beyond /by'jond/ adv., prep.
za; poza;dalej niż; nad; ponad
big /byg/ adj., adv. duży;
wielki; ważny; dużo; wiele
bike /bajk/ s. rower
bill /byl/ s. rachunek; kwit;
afisz; plakat; v. ogłaszać
bind /bajnd/ v. wiązać; zobowiązać; opatrywać; oprawiać
bird /be:rd/ s. ptak
birth /be:rt/ s. urodzenie
bit /byt/ s. wędzidło; ostrze;
wiertło; ząb; odrobina
bite; bit; bitten /bajt; byt;
bitn/ v. gryźć; kąsać; docinać;
s. pokarm; przynęta; ukąszenie
bitter /'byter/ adj. gorzki;
ostry; zły
black /blaek/ adj. czarny; ponury; s. murzyn

blade /blejd/ s. źdźbło; liść;
ostrze
bleed; bled; bled /bli:d; bled;
bled/ v. krwawić
bless /bles/ v. błogosławić
blind /blajnd/ adj. ślepy; v.
oślepić; s. zasłona
block /blok/ s. blok; kloc; zeszyt; przeszkoda; v. tamować
wstrzymywać
blood /blad/ s. krew
bloody /'blady/ adj. krwawy
blouse /blauz/ s. bluza
blow; blew; blown /blou; blu;
bloĺn/ v. rozkwitać; dmuchać;
sapać; s. cios; podmuch; wybuch
blow up /blou ap/ v. wybuchać
blue /blu:/ adj. niebieski; smutny; v. farbować na niebiesko
board /bo:rd/ s. deska; władza
naczelna
boast /boust/ v. chwalić się;
s. samochwalstwo
boat /bout/ s. łódź; statek
body /'body/ s. ciało; karoseria; korpus
boil /bojl/ v. wrzeć; kipieć;
gotować; s. wrzenie; czyrak
bold /bould/ adj. śmiały; zuchwały; zauważalny
boldly /bouldly/ adv. śmiało;
zuchwale
bone /boun/ s. kość; v. wkuwać
się
book /buk/ s. książka; v. księ-
gować; rezerwować;aresztować
border /'bo:rder/ s. granica;
brzeg; rąbek; v. graniczyć
born /bo:rn/ adj. urodzony
borrow /'borou/ v. /za/pożyczać
both /bous̱/ pron.,adj. obaj;
obydwaj
bottle /'botl/ s. butelka
bottom /'botem/ s. dno; spód;
adj. dolny; spodni; v. sięgać
dna; wstawiać dno
bound /baund/ s. skok; adj.
będący w drodze; v. ograniczać
boundary /'baundry/ s. granica
bow /bau/ s. łuk; kabłąk; smy-
czek; ukłon; v. kłaniać się

bowl /boul/ s. miska; czerpak;
v. grać w kręgle
box /boks/ s. skrzynka; pudełko;
loża; boks; v. pakować; oddzielać; uderzać pięścią
boy /boj/ s. chłopak; służący
brain /brejn/ s. mózg; rozum
branch /bra:ncz/ s. gałąź; odnoga; filja; v. odgałęziać się;
zbaczać
brass /braes/ s. mosiądz; spiż;
starszyzna
brave /brejw/ adj. dzielny /zuch/;
v. stawiać czoło
bread /bred/ s. chleb; forsa
breadth /bredş/ s. szerokość;
rozmach
brake; broke; broken /brek; bro-
uk; brouken/ v. łamać; przery-
wać; rujnować; s. załamanie
breakfast /'brekfest/ s. śniadanie; v. jeść śniadanie
breath /breş/ s. oddech
breathe /brî:z/ v. oddychać;
żyć; dać wytchnąć; powiewać
brick /bryk/ s. cegła; kostka;
adj. ceglany; ·v. murować
bridge /brydż/ s. most; mostek;
v. łączyć mostem
bright /brajt/ adj. jasny;
świetny; bystry; adv. jasno
bring; brought; brought /bryng;
bro:t; bro:t/ v. przynosię;
przyprowadzać
broad /bro:d/ adj. szeroki; wyraźny; obszerny; s. szeroka
płaszczyzna; adv. szeroko
broadcast /'bro:dka:st/ v. trans-
mitować; rozsiewać; szerzyć
brother /'bradzer/ s. brat
brown /braun/ adj. brunatny; brązowy; opalony; v brązowieć
brush /brasz/ s. szczotka; pędzel; draśnięcie; v.szczotkować
bucket /'bakyt/ s. wiadro
build; built; built /byld; bylt;
bylt/ v. budować; rozbudować
building /'byldyng/ s. budowla
bunch /bancz/ s. pęk; banda;guz;
v. składać w pęki; kulić się

bundle /'bandl/ s. tłumok;
wiązka
burn; burnt; burnt /be:rn;
be:rnt; be:rnt/ v. palić; płonąć; s. oparzelina
burst; burst; burst /be:rst;
be:rst; be:rst/ v. rosadzać;
rozrywać; s. wybuch; pęknięcie;
salwa; zryw
bury /'bery/ v. pochować; zagrze-
bać; chować
bus /bas/ s. autobus
bush /busz/ s. krzak; gąszcz
business /'byznys/ s. interes;
zajęcie; sprawa
busy /'byzy/ adj. zajęty;
skrzętny; wścibski; ruchliwy
but /bat/ adv., conj, prep. lecz;
ale; jednak; natomiast; tylko;
inaczej niż; z wyjątkiem
but once /bat łans/ exp. tylko
raz
butcher /'buczer/ s. rzeźnik
butter /'bater/ s. masło; v. smarować masłem
button /batn/ s. guzik
buy; bought; bought /baj; bo:t;
bo:t/ v. kupować
by /baj/ prep. przy; koło; z;
przez; po; obok
by myself /baj maj'self/ ja sam
cab /kaeb/ s. taksówka; dorożka;
szoferka
cabbage /'kaebydż/ s. kapusta
cage /kejdż/ s. klatka; kosz;
v. zamykać w klatce
cake /kejk/ s. ciastko; kostka
/mydła/; v. zlepiać się
calculate /'kaelkjulejt/ v.
rachować; sądzić; oceniać
call /ko:l/ v. wołać; wzywać;
telefonować; odwiedzać; zawijać
do portu; s. krzyk; wezwanie;
apel; powołanie; wizyta
calm /ka:m/ adj. spokojny; cichy; s. spokój cisza;
v. uspakajać; uciszać
camera /'kaemere/ s. aparat
fotograficzny; prywatna izba
camp /kaemp/ s.obóz; v.obozować

camp out /kaemp aut/ v. obozo-
wać w namiocie
can /kaen/ v. móc; konserwować;
wyrzucać; umieć; s. puszка blaszana; ustęp
canal /ke'nael/ s. kanał
cap /kaep/ s. czapka; pokrywa
cape /kejp/ s. przylądek; pele-
ryna
capital /'kaepytl/ s. stolica;
kapitał; adj. główny; zasadni-
czy; stołeczny
captain /'kaeptyn/ s. kapitan
car /ka:r/ s. samochód; wóz
card /ka:rd/ s. karta; bilet
care /keer/ s. opieka; troska;
ostrożność; v. troszczyć się
careful /'keerful/ adj. ostrożny; troskliwy
careless /'keerles/ adj. niedba-
ły; nieuważny
carriage /'kaerydż/ s. wagon;
powóz; postawa
carry /'kaery/ v. nosić; wozić;
zanieść; unosić
cart /'ka:rt/ s. wóz
case /kejs/ s. wypadek; sprawa;
dowód; skrzynie; pochwa; torba;
sprawa sądowa; v. otaczać czymś
cash /kaesz/ s. gotówka; pieniądze; v. spieniężać; płacić
castle /'ka:sl/ s. zamek
cat /kaet/ s.kot
catch; caught; caught /kaecz;
ko:t; ko:t/ v. łapać; łowić;
słyszeć; s. łup; połów
cattle /kaetl/ s. bydło rogate
cause /ko:z/ s. przyczyna;
sprawa; v. powodować
caution /'ko:szyn/ s. ostrożność; uwaga; v. ostrzegać
cave /kejw/ s. jaskinia; v. za-
padać się; drążyć
cent /sent/ s.cent
center /'senter/ s. ośrodek;
v. ześrodkowywać
century /'senczury/ s. stulecie
ceremony /'serymeny/ s. cere-
monia
certain /'se:rtn/ adj. pewien

chain /czejn/ s. łańcuch; v .
wiązać na łańcuchu; mierzyć
chair /czeer/ s. krzesło; stołek; fotel; katedra; v. prze-
wodniczyć
chance /cza:ns/ s. okazja; przypadek;; szansa; ryzyko; adj.
przypadkowy; v. zdarzać się;
ryzykować; próbować
change /czejndż/ s. zmiana; wymiana; drobne; v. zmienić;
przebierać /się/; wymieniać
character /'kaerykter/ s. charakter; typ; cecha; znak
charge /cza:rdż/ s. ciężar; ładunek; obowiązek; piecza; zarzut; opłata; v. ładować; obciążać; oskarżać; szarżować
charm /cza:rm/ s. czar; urok;
amulet; v. czarować; oczarować
cheap /czi:p/ adj. tani; marny
cheat /czi:t/ s. oszust; oszustwo; v. oszukiwać; zdradzać
check /czek/ s. wstrzymanie;
przerwa; sprawdzenie; czek
check /czek/ adj. szachownicowy;
kontrolny; v. hamować; spraw-
dzać; zgadzać się
cheer /czier/ s. brawo; hurra;
radość; v. rozweselać; dodawać
otuchy
chest /czest/ s. skrzynia; ko-
moda; pierś
chicken /'czykyn/ s. kurcze;
adj. tchórzliwy
chief /czy:f/ s. wódz; szef;
adj. główny; naczelny
chiefly /'czy:fly/ adv. głównie
child /czajld/ s. dziecko
childish /'czajldysz/ adj.
dziecinny
chimney /'czymny/ s. komin
choice /czojs/ s. wybór; wybran-
ka; adj. wyborowy; doborowy
choose; chose; chosen /czu:z;
czouz; czouzn/ v. wybierać
Christmas /'krysmas/ s. Boże
Narodzenie
church /cze:rcz/ s. kościół
cinema /'syneme/ s. kino

circle /se:rkl/ s. koło; krąg;
obwód; v. otaczać; kręcić się
w koło
circular /'se:rkjuler/ s. okól-
nik; adj. okrągły; kolisty
citizen /'sytyzn/ s. obywatel
city /'syty/ s./wielkie/ miasto
civilization /,sywylaj'sejszyn/
s. cywilizacja
civilize /'sywylajz/ v. ciwili-
zować
claim /klejm/ v. żądać; twier-
dzić; s. żądanie; twierdzenie
class /klaes/ s. klasa; lekcja;
grupa; v. klasyfikować
classify /'klaesyfaj/ v. klasyfikować; sortować
clay /klej/ s. glina
clean /kli:n/ adj. czysty; wyraźny; adv. całkiem; zupełnie;
poprostu; v. oczyścić; ogołocić
clear /klier/ adj. jasny; czysty;
bystry; adv. jasno; wyraźnie;
s. wolna przestrzeń
clear up /'klier,ap/ v.wyjaśnić
clearly /'klierly/ adv. jasno;
wyraźnie; oczywiście
clerk /kla:rk/ s. subjekt;
urzędnik; pisarz
clever /'klewer/ adj. zdolny;
sprytny; zręczny
cliff /klyf/ s. urwisko; stroma
ściana
climb /klajm/ s. wspinaczka;v.:
wspinać się; wzbijać się
clock /klok/ s. zegar ścienny
close /klouz/ v. zamykać; zaty-
kać; zakończyć; s. koniec; adv.
szczelnie; blisko; prawie; adj.
zamknięty; bliski
cloth /kloş/ s. materiał; szmata; obrus
clothes /klouzyz/pl. ubranie;
pościel
cloud /klaud/ s. chmura; obłok;
v. chmurzyć; rzucać cień
cloudy /'klaudy/ adj. chmurny;
posępny; zamglony; mętny
club /klab/ s. klub; pałka; kij;
v. bić pałką; łączyć
coal /koul/ s. węgiel

coarse /ko:rs/ adj. pospolity;
gruboziarnisty; szorstki
coast /koust/ s. brzeg; v. jechać bez napędu
coat /kout/ s marynarka; powłoka;
v. okrywać; pokrywać
coffee /'kofy/ s. kawa
coffeepot /'kofypot/ s. maszyn-
ka do kawy
coin /koyn/ s. moneta; v. bić
monety
cold /kould/ s. zimno; przeziębienie
collar /'koler/ s. kołnierz;
szyjka; obroża; dać obrożę
collect /ke'lekt/ v. zbierać;
odbierać; inkasować
collection /ke'lekszyn/ s.
zbiór; kolekcja; inkaso
college /'kolydż/ s. uczelnia;
kolegium
colonial /ke'lounjel/ a. kolo-
nialny
colonist /'kolenyst/ s. osadnik
colony /'koleny/ s. kolonia
color /'kaler/ s. barwa; farba;
koloryt; v. barwić; farbować
coloring /'kaleryng/ s. koloryt; kolorowanie; rumieńce
comb /koum/ s. grzebień; v. czesać
combination /komby'nejszyn/ s.
kombinacja; zespół
combine /kom'bajn/ v. łączyć
come; came; come /kam; kejm;
kam/ v. przybyć; pochodzić
comeback /'kam'baek/ s. powrót; bystra odpowiedź; poprawa
comfort /'kamfert/ s. wygoda;
pociecha; v. pocieszać
command /ke'maend/ v. rozkazy-
wać; kazać; dowodzić; s. rozkaz; komenda
commerce /'kome:rs/ s. handel
commercial /ke'me:rszel/ adj.
handlowy
committee /ke'myti:/ s. komitet;
komisja
common /'komen/ adj. wspólny;
ogólny; pospolity; zwyczajny

common sense /'komen,sens/
zdrowy rozsądek
companion /kem'paenjen/ s. towarzysz; coś do pary
company /'kampeny/ s. towarzystwo; goście; kompania
comparative /kem'paeretyw/ adj.
porównawczy; stosunkowy
compare /kem'peer/ v. porówny-
wać; dawać się porównać
comparison /kem'paeryson/ s.
porównanie
compete /kem'pi:t/ v. konkuro-
wać; rywalizować; ubiegać się
competition /,kompy'tyszyn/ s.
konkurencja; konkurs; zawody
competitor /kem'petyter/ s.
rywal; konkurent
complain /kem'plejn/ v. żalić
się; narzekać; skarżyć
complaint /kem'plejnt/ s.
skarga; zażalenie
complete /kem'pli:t/ adj. całkowity; zupełny; kompletny v.
uzupełniać; ukończyć
complicate /'komply,kejt/ v.
komplikować; wikłać; splątać
compose /kem'pouz/ v. układać;
tworzyć; komponować; skupiać
myśli; łagodzić
composer /kem'pouzer/ s. kompo-
zytor
composition /,kempe'zyszyn/ s.
skład; układ; ugoda; wypraco-
wanie; budowa
concern /ken'se:rn/ s. interes;
troska; związek; v. tyczyć
się; obchodzić; niepokoić się o
condition /ken'dyszyn/ s. stan;
warunek; zastrzeżenie; v. uwa-
runkować; naprawiać; przygotować
confess /ken'fes/ v. wyznać;
przyznać się; spowiadać się
confidence /'konfydens/ s. zaufanie; bezczelność; pewność;
confident /'konfydent/ adj.
dufny; bezczelny; przekonany
confuse /ken'fju:z/ v. zmieszać
się; zmieszać kogoś

confusion /ken'fju:żyn/ s. nie-
ład; zamieszanie
connect /ke'nekt/ v. łączyć;
wiązać
connection /xion/ /ke'nekszyn/
s. połączenie; pokrewieństwo
conquer /'konker/ v. zdobyć;
zwyciężyć
conquest /'konkłest/ s. pod-
bój; zdobycie
conscience /'konszyns/ s. sumienie
conscious /'konszes/ adj. przytomny; świadomy
consciousness /'konszesnys/ s.
świadomość
consider /ken'syder/ v. rozwa-
żać; uważać; szanować
considerable /ken'syderebl/ adj.
znaczny
consideration /ken,syde'rejszyn/
s. wzgląd; uprzejmość
consulate /'konsjulyt/ s. kon-
sulat
contain /ken'tejn/ v. zawierać
content /ken'tent/ adj. zadowolony; s. zadowolenie; v. zado-
walać
content /'kontent/ s. zawartość;
tersc; objętość
continue /ken'tynju:/ v. kontynuować; ciągnąć dalej; trwać
continuous /ken'tynjues/ adj.
nieprzerwany; ciągły
control /ken'troul/ v. spraw-
dzać; rządzić; kontrolować;
opanować; s. kontrola; stero-
wanie; regulowanie; ster
convenience /ken'wi:njens/ s.
wygoda; korzyść
convenient /ken'wi:njent/ adj.
wygodny
conversation /,konwer'sejszyn/
s. rozmowa
cook /kuk/ s. kucharz; kucharka;
v. gotować
cool /ku:l/ adj. chłodny
copper /'koper/ s. miedź; v. mie-
dziować; slang: policjant
copy /'kopy/v.kopiować s. kopia

cork /ko:rk/ s. korek
corkscrew /'ko:rk,skru:/ s. korkociąg
corn /ko:rn/ s. ziarno; zboże;
kukurydza; nagniotek
corner /'ko:rner/ s. róg; kąt;
v. zapędzać do kąta
correct /ke'rekt/ adj. poprawny;
v. poprawiać
cost; cost; cost /kost/ kost;
kost/ v. kosztować; s. koszt
cottage /'kotydż/ s. domek
cotton /kotn/ s. bawełna
cough /kof/ s. kaszel; v. kasz-
leć
could /kud/ v. mógłby; zob.: can
council /'kaunsyl/ s. rada
count /kaunt/ v. liczyć; liczyć
się; s. rachunek
country /'kantry/ s. kraj; ojczyzna; wieś
courage /'karydż/ s. odwaga
course /ko:rs/ s. kurs; bieg;
kierunek; droga; danie; ciąg;
v. gnać; uganiać się
court /ko:rt/ s. podwórze; ha-
la; dwór; hotel; sąd; v. zale-
cać się ; wabić; zabiegać
cousin /'kazyn/ s. kuzyn; kuzynka; krewny
cover /'kawer/ s. koc; wieko;
oprawa; osłona; koperta; nakry-
cie stołu; pokrycie; v. kryć
cow /kał/ s. krowa
coward /'kauerd/ s. tchórz;
adj. tchórzliwy
crack /kraek/ s. rysa; szpara;
trzask; dowcip; v. trzaskać;
żartować; łupać; uderzyć;
adj. wysokiej jakości
crash /kraesz/ s. huk; łomot;
upadek; katastrofa; ruina;
v. trzaskać; huczeć; wpaść na;
adv. z trzaskiem; z hukiem;
adj. przyspieszony
creature /'kry:czer/ s. stwór;
istota; kreatura
creep; crept; crept /kri:p;
krept; krept/ v. pełzać; wkra-
dać się; s. pełzanie; poślizg

crime /krajm/ s. zbrodnia
criminal /'krymynl/ s. zbrod-
niarz; kryminalista; adj.
zbrodniczy; kryminalny
critic /'krytyk/ s krytyk
critical /'krytykl / adj. kry-
tyczny; krytykujący
crop /krop/ s. plon; biczysko;
całość; przycinanie; krótko
strzyżone włosy; grupa; v.
strzyc; zbierać; zasiewać
cross /kros/ s. krzyż; skrzyżowanie; mieszaniec; kant; upo-
śledzenie; v. żegnać się;
krzyżować; iść w poprzek; adj.
poprzeczny; krzyżujący; przeci-
wny; gniewny; opryskliwy
crowd /kraud/ s tłum; tłok; banda; mnóstwo; v. tłoczyć; na-
pierać; wpychać
crown/kraun/ s. korona; wieniec;
v. wieńczyć; koronować
cruel /kruel/ adj. okrutny
crush /krasz/ v. miażdżyć; miąć;
s. miażdżenie; tłok; ciżba
cry /kraj/ s. krzyk; płacz; v.
krzyczeć; płakać; urągać
cry out /kraj aut/ v. wrzasnąć;
wykrzyknąć
cultivate /'kaltywejt/ s. uprawiać; rozwijać; kultywować
cultivation /,kalty'wejszyn/ s.
uprawa; kultywowanie
cup /kap/ s. kubek; kielich; filiżanka; v. wgłębiać
cure /kjuer/ s. kuracja; lek;
lekarstwo; v. leczyć
curiosity /,kjurj'osyty/ n. cie-
kawość; osobliwość
curious /'kjuerjes/ adj. ciekawy
currency /'karensy/ s. waluta
current /'karent/ adj. bieżący;
obiegowy; s. prąd; bieg; tok
curse /ke:rs/ s. przekleństwo;
v. przeklinać; bluźnić
curtain /'ke:rtn/ s. zasłona;
firanka; kurtyna; v. zasłaniać
curve /ke:rw/ s. krzywa; krzywiz-
na; v. wykrzywiać /się/
cushion /'kuszyn/ s. poduszka

custom /'kastem/ s. zwyczaj;
adj. zrobiony na zamówienie
cut; cut; cut /kat; kat; kat/
v. ciąć; zaciąć; skaleczyć;
kroić; kosić; obcinać; s. cię-
cie; odrzynek; krój; styl /kra-
wiecki/; wykop; drzeworyt
cutting /'katyng/ adj. bolesny;
przenikliwy; cięty
daily /'dejly/ adj. codzienny;
adv. codziennie; s. dziennik
damage /'daemydż/ s. szkoda;
uszkodzenie; odszkodowanie;
v. uszkodzić
damp /daemp/ v. zwilżyć; s. wilgoć
dance /da:ns/ s. taniec; zabawa
taneczna; v. tańczyć
danger /'dejndżer/ s. niebezpieczeństwo
dangerous /'dejndżeres/ adj.
niebezpieczny
dare /deer/ v. śmieć; ważyć się;
s. wyzwanie
dark /da:rk/ adj. ciemny; ponury; s. ciemność; mrok
darkness /'da:rknys/ s. ciemność;
ciemnota; śniadość
date /dejt/ v. datować; nosić
datę; chodzić z kimś; s. data;
randka
daughter /'do:ter/ s. córka
day /dej/ s. dzień; doba
dead /ded/ adj., s. zmarły; martwy; adv. zupełnie
deaf /def/ adj. głuchy
deal; dealt; dealt /di:l; delt;
delt/ v. zajmować się; traktować o; załatwiać; handlować;
rozdzielać karty; s. ilość;
sprawa
dear /dier/ adj. kochany; drogi
death /des/ s. śmierć
debt /det/ s. dług
decay /dy'kej/ v. gnić; psuć
się; s. upadek; rozkład
deceive /dy'si:w/ v. okłamywać;
zwodzić; łudzić; zawodzić
decide /dy'sajd/ v. roztrzygać;
postanowić; decydować się;
zadecydować; skłaniać się

decision /dy'syżyn/ s. roztrzyg-
nięcie; postanowienie; decyzja;
stanowczość
decisive /dy'sajsyw/ adj. decy-
dujący; roztrzygający; zdecydo-
wany
declaration /dekle'rejszyn/ s.
deklaracja; oświadczenie
declare /dy'kle:r/ v. oświadczyć;
zeznawać; uznawać za
decrease /'dy:kri:s/ v. zmniejszać; słabnąć; obniżać; s. spadek; zmniejszenie
deed /di:d/ s. czyn; akt; v.
przekazywać /własność/
deep /di:p/ adj. głęboki; s.
głębia; adv. głęboko
deer /dier/ s. jeleń; sarna;
łoś; łania
defeat /dy'fi:t/ v. pokonać; pobić; unicestwić; udaremnić
defend /dy'fend/ v. bronić
defense /dy'fens/ s. obrona
degree /dy'gri:/ s. stopień/na-
ukowy, ciepła etc./
delay /dy'lej/ v. odraczać;
zwlekać; s. zwłoka
delicate /'delykyt/ adj. delikatny; wyśmienity
delight /dy'lajt/ s. rozkosz;
v. zachwycać się
delightful /dy'lajtful/ adj.
zachwycający; czarujący
deliver /dy'lywer/ v. doręczać;
wydawać; wygłaszać; uwalniać
delivery /dy'lywery/ s. dostawa;
wygłaszanie; poród
demand /dy'ma:nd/ s. żadanie;
pobyt; v. żadać; dopytywać się
department /dy'pa:rtment/ s.
wydział; ministerstwo; dział
depend on /dy'pend on/ v. polegać na; zależeć od
dependent /dy'pendent/ adj.
zależny
depth /deps/ s. głębokość
dictionary /'dykszeneeri/ s.
słownik
die /daj/ v. umierać; zdechnąć;
zginać: s. matryca

difference /'dyferens/ s różnica
different /'dyferent/ adj. różny; odmienny; niezwykły
difficult /'dyfykelt/ adj.
trudny
difficulty /'dyfykelty/ s.
trudność; przeszkoda
dig; dug; dug /dyg; dag; dag/
v. kopać; ryć; rozumieć; kuć
się; s. przytyk; kujon
dine /dajn/ v. jeść obiad; jeść
dinner /'dyner/ s. obiad
direct /dy'rekt/ v. kierować;
kazać; zarządzić; adj. prosty;
bezpośredni; adv. wprost; bezpośrednio
direction /dy'rekszyn/ s.kieru-
nek; kierownictwo; wskazówka
directly /dy'rektly/ adv. bezpośrednio; wprost; od razu;
zaraz
director /dy'rektor/ s dyrektor;
reżyser; celownik
dirt /de:rt/ s. brud; ziemia
dirty /de:rty/ adj. brudny;
sprośny; podły; wstrętny
disadvantage /dysed'wa:ntydż/ s.
niekorzyść; wada; strata; nie-
korzystne położenie
disagree /dyse'gri:/ v. nie
zgadzać się; różnić się; nie
służyć /jedzenie, klimat/
disappear /,dyse'pier/ v. znikać
disappearance /,dyse'pierens/
s. zniknięcie
disappoint /dyse'point/ v. za-
wieść; rozczarować
disapprove /dyse'pru:w/ v. po-
tępieć; ganić
discipline /'dyscyplyn/ s.
dyscyplina; karność; v.karać;
ćwiczyć; musztrować
discomfort /dys'kamfert/ s. niewygoda; niepokój; v. sprawiać
niewygody
discontent /'dysken'tent/ s.
niezadowolenie; adj. niezadowolony; v. wywołać niezadowolenie

discontented /'dysken'tentyd/
adj. niezadowolony; rozgory-
czony
discover /dys'kawer/ v. wyna-
leźć; odkryć; odsłaniać
discovery /dys'kawery/ s. wynalazek; odkrycie
discuss /dys'kas/ v. dyskutować;
roztrząsać
discussion /dys'kaszyn/ s. dyskusja; debate
disease /dy'zi:z/ s. choroba
disgust /dys'gast/ s. odraza;
wstręt; v. budzić odrazę
dish /dysz/ s. półmisek; danie;
v. nakładać; podawać
dismiss /dys'mys/ v. odprawiać;
zwalniać; odsuwać od siebie
disobey /,dyse'bej/ v. nie
słuchać; być nieposłusznym
displease /dys'pli:z/ v. ura-
żać; gniewać; oburzać
distance /'dystens/ s. odległość
distant /'dystent/ adj. daleki
odległy; powściągliwy
distinguish /dys'tyngłysz/ v.
rozróżniać; klasyfikować
district /'dystrykt/ s. okręg;
dystrykt
disturb /dys'te:rb/ v. przeszkadzać; niepokoić; mącić
disturbance /dys'te:rbens/ s.
zakłócenie; zaburzenie
dive /dajw/ v. nurkować; skakać
z trampoliny; s. nurkowanie;
zanurzenie; melina
divide /dy'wajd/ v. dzielić;
rozdzielać; oddzielać; różnić
division /dy'wyżyn/ s. podział;
dzielenie; dział; dywizja
do; did; done /du:; dyd; dan/
v. czynić; robić; wykonać;
zwiedzać;
do well /,du'łel/ v. mieć się
dobrze
do without /,du'łysaut/ v. oby-
wać się bez
doctor /'dakter/ s. doktor
dog /dog/ s. pies
dollar /'doler/ s. dolar

door /do:r/ s. drzwi
doorway /'do:r,łej/ s. wejście
dot /dot/ s. kropka; punkt;
v. kropkować; rozsiewać
double /dabl/ adj. podwójny;
v. podwajać; adv. podwójnie
doubt /daut/ s. wątpliwość; v.
wątpić; niedowierzać
doubtful /'dautful/ adj. wątpliwy; niepewny
doubtless /'dautlys/ adv. niewątpliwie
down /dałn/ adv. na dół; niżej;
nisko; v. obniżać; przełknąć
downstairs /'dałn'steerz/ adv.
na dół; w dole
downwards /'dałnłodz/ adv.
wdół; ku dołowi
dozen /dazn/ s. tuzin
drag /draeg/ v. wlec /się/; s.
wleczenie; opór czołowy
draw; drew; drawn /dro:; dru:;
dro:n/ v. ciągnąć; czerpać;
wdychać; wlec; rysować; kreślić
drawback /dro:baek/ s. strona
ujemna; v. cofać się
drawer /'dro:er/ s. szuflada;
kreślarz; rysownik
dream; dreamt; dreamt /dri:m;
dremt; dremt/ v. śnić; marzyć
dress /dres/ s. suknia; v. ubierać się
drink; drank; drunk /drynk;
draenk; drank/ v. pić; s. napój
drive; drove; driven /drajw;
drouw; drywn/ v. pędzić; prowadzić; wieźć; jechać; s. napęd; droga; dojazd
drop /drop/ v. kapać; opadać;
s. kropla; spadek /temperatury/
drown /draun/ v. tonąć; topić
drum /dram/ s. bęben; v. bębnić
dry /draj/ adj. suchy; v. suszyć
duck /dak/ s. kaczka; unik; v.
zanurzyć; zrobić unik
duct /dakt/ s. przewód; kanał

due /dju:/ adj. należny; adv. w
kierunku na /wschód/ s. to co
się należy
due to /'dju:,tu/ exp. z powodu
dull /dal/ adj. tępy; głuchy;
ospały; niemrawy; nudny; ponury; ciemny
during /'djueryng/ prep. podczas; w czasie; w ciągu; przez;
za
dust /dast/ s. pył; kurz; v.
odkurzać; kurzyć się
duty /'dju:ty/ s. powinność; obowiązek; służba; cło
each /i:cz/ pron. każdy
eager /'i:ger/ adj. gorliwy; żądny; chętny
eagerly /'i:gerly/ adv. gorliwie
ear /ier/ s. ucho
early /'e:rly/ adj. wczesny; adv.
wcześnie
earn /e:rn/ v.zarabiać
earnest /'e:rnyst/ adj. poważny;
przejęty; s. powaga
earth /e:rs/ s. ziemia
earthly /'e:rsly/ adj.ziemski
ease /i:z/ v. łagodzić; uspokoić; odciążyć; s. spokój;
wygoda; beztroska
easily /'i:zyly/ adv. łatwo;
lekko; swobodnie
east /i:st/ s. wschód; adj.
wschodni; adv. na wschód
eastern /'i:stern/ adj.
wschodni
easy /i:zy/ adj. łatwy; beztroski; wygodny; adv. łatwo; swobodnie; lekko
eat; ate; eaten /i:t; ejt; i:tn/
v. jeść; zjeść
edge /edż/ s. ostrze; krawędź;
kraj; v. ostrzyć; obszywać
educate /'edju:kejt/ v. kształcić; wychowywać
education /,edju'kejszyn/ s.
wykształcenie; wychowanie
educational /,edju'kejszenl/ adj.
kształcący; wychowawczy
effect /i'fekt/ s. skutek; wrażenie; v. wykonywać; dokonywać

effective /i'fektyw/ adj. skuteczny; wydajny; rzeczywisty
efficiency /i'fyszensy/ s. wydajność; skteczność; sprawn-
ność
efficient /i'fyszent/ adj. skuteczny; wydajny; sprawny
effort /'efert/ s. wysiłek
egg /eg/ s. jajko; v. zachęcać
either /'ajdzer/ pron. każdy
/z dwu/; obaj; obie; oboje;
jeden lub drugi
elastic /i'lastyk/ adj. sprężys-
ty; rozciągliwy; s. guma
elder /'elder/ s. człowiek starszy; adj. starszy
elect /i'lekt/ v. wybrać; decydować; adj. wybrany
election /i'lekszyn/ s. wybory
electric /i'lektryk/ adj. elektryczny
electrical engineer /e'lektry-
kel,endży'nier/ s. inżynier
elektryk
electricity /ilek'trysyty/ s.
elektryczność
elephant /'elyfent/ s. słoń
eleven /i'lewn/ num. jedenaście;
jedenastka
else /els/ adv. inaczej; bo inaczej; w przeciwnym razie; poza
tym; jeszcze
elsewhere /els'hłer/ adv.
gdzieindziej
emergency /y'me:rdżensy/ s. na-
gła potrzeba; stan wyjątkowy
empire /'empajer/ s. cesarstwo;
imperium
employ /ym'ploj/ v. zatrudniać
employee /,emploj'i:/ s. pracownik
employer /em'plojer/ s. pra-
codawca
employment /ym'plojment/ s. za-
trudnienie; używanie; zajęcie
empty /'empty/ adj. pusty; v.
wypróżniać; wysypywać; wylewać
enclose /yn'klouz/ v. ogradzać;
zamykać; załączać; zawierać
encourage /yn'ka:rdż/ v. zachęcać; ośmielać

encouragement /yn'ka:rydżment/
s. zachęta; ośmielenie
end /end/ s. koniec; cel;
skrzydłowy w piłce nożnej;
v. skończyć; kończyć /się/;
dokończyć
endless /'endlys/ adj. nieko-
ńczący się; ustawiczny
enemy /'enymy/ s. wróg; prze-
ciwnik; adj. wrogi
engine /'endżyn/ s. silnik;
parowóz; maszyna; motor
engineer /,endży'nier/ s. inżynier
English /'ynglysz/ adj. angielski /język/
enjoy /yn'dżoj/ v. cieszyć się;
rozkoszować
enough /y'naf/ adj., s., adv.
dosyć; dość
enquire /yn'kłajer/ v. pytać;
dowiadywać się
enter /'enter/ v. wchodzić
entertain /,enter'tejn/ v. za-
bawiać; gościć; nosić
entertainment /,enter'tejnment/
s. rozrywka; zabawa
entire /yn'tajer/ adj. cały;
całkowity
entirely /yn'tajerly/ adv.
całkowicie; jedynie
entrance /'entrens/ s. wejście;
wstęp
envelope /'enweloup/ s. koperta;
otoczka
envy /'enwy/ s. zawiść; zazdrość; przedmiot zazdrości
equal /'i:kłel/ adj. równy; v.
równać się
equality /i'kłolyty/ s. równość
equally /i:'kłely/ adv. jednakowo; równo; również
escape /ys'kejp/ s. ucieczka;
v. wymknąć się; zbiec
especial /ys'peszel/ adj. szczególny; wyjątkowy; specjalny
especially /ys'peszely/ adv.
szczególnie; zwłaszcza
essence /'esens/ s. esencja;
istota czegoś; wyciąg

essential /y'senszel/ adj. niezbędny; s. cecha istotna
European /,ju:re'pi:en/ adj.
europejski; s. Europejczyk
even /'i:wen/ adj. równy; adv.
nawet; v. wyrównać
evening /'i:wnyŋg/ s. wieczór
event /y'went/ s. wydarzenie
ever /'ewer/ adv. w ogóle; kiedyś; kiedykolwiek
every /'ewry/ adj. każdy
everybody /'ewrybody/ pron.
każdy; wszyscy
everyday /'ewrydej/ adj. codzienny; powszedni
everyone /'ewryłan/ pron.
każdy; wszyscy
everything /'ewrytyŋg/ pron.
wszystko
everywhere /'ewryhłer/ adv.
wszędzie
evil /'i:wl/ adj. zły
exact /yg'zaekt/ adj. dokładny;
v. wymagać; egzekwować
exactly /yg'zaektly/ adv. właśnie
examination /yg,zaemy'nejszyn/
s. egzamin; badanie
examine /yg'zaemyn/ v. badać;
egzaminować; przesłuchiwać
example /yg'za:mpl/ s. przykład
excellence /yk'selens/ s. wyższość; doskonałość
excellent /yk'selent/ adj. doskonały; wyborny
except /yk'sept/ v. wykluczać;
wyłączać; prep. z wyjątkiem;
oprócz
exception /yk'sepszyn/ s. wyjątek; zarzut
excess /yk'ses/ s. nadmiar; nadwyżka
excessive /yk'sesyw/ adj. nad-
mierny
exchange /yks'czendż/ s. wymiana; giełda; v. wymienić
excite /yk'sajt/ v. pobudzać;
podniecać
excitement /yk'sajtment/ s. pod-
niecenie
excursion /yks'ke:rżyn/ s. wycieczka

excuse /yks'kju:z/ v. usprawiedliwiać s. usprawiedliwienie
exercise /'eksersajz/ s. ćwicze-
nie; v. ćwiczyć
exist /yg'zyst/ v. istnieć
existance /yg'zystens/ s. ist-
nienie; byt; egzystencja
expect /yks'pekt/ v. spodziewać
się; przypuszczać
expectation /,ekspek'tejszyn/
s. oczekiwanie; nadzieja
expense /yks'pens/ s. koszt;
wydatek
expensive /yks'pensyw/ adj.
drogi; kosztowny
experience /yks'pierjens/ s.
doświadczenie; przeżycie; v.
doświadczać; doznawać
experiment /yks'peryment/ s. doświadczenie; v. eksperymentować
explain /yks'plejn/ v. wyjaśnić;
objaśnić; wytłumaczyć
explanation /,eks'plaenejszyn/
s. wyjaśnienie
explode /yks'ploud/ v.wybuchać
explorer /yks'plo:rer/ s. ba-
dacz; sonda
explosive /yks'plousyw/ s. materiał wybuchowy; adj. wybuchowy
express /yks'pres/ s. ekspress;
adj. wyraźny; adv. pośpiesznie;
v. wyrażać
extend /yks'tend/ v. wyciągać
/się/; rozciągać /się/; powięk-
szać
extension /yks'tenszyn/ s. roz-
ciąganie; przedłużenie; rozmiar; zakres
extensive /yks'tensyw/ adj.
obszerny; rozległy
extent /yks'tent/ s. rozmiar;
zasięg; stopień
extra /'ekstre/ adj. specjalny;
dodatkowy; adv. nadzwyczajnie;
s. dodatek
extraordinary /yks'tro:rdnery/
adj. niezwykły; nadzwyczajny
extreme /yks'tri:m/ adj. skraj-
ny; s. ostateczna granica
eye /aj/ s. oko v.patrzyć

face /fejs/ s. twarz; oblicze;
mina; grymas; śmiałość; prawa
strona; v. stawiać czoła; stanąć wobec; napotykać
fact /faekt/ s. fakt; stan
rzeczywisty
factor /'faekter/ s. czynnik;
współczynnik; część
factory /'faektery/ s. fabryka;
adj. fabryczny
fade /fejd/ v. więdnąć; blednąć; zanikać
fail /feil/ v. chybić; zawodzić; nie udać się
failure /'fejljer/ s. niepowo-
dzenie; upadek; niezdara
faint /fejnt/ adj. słaby; omdlały; s. omdlenie; v. mdleć
fair /feer/ adj. piękny; jasny;
adv. pięknie; v. wypogadzać
się; s. targi
fairly /'feerly/ adv. słusznie;
uczciwie; całkowicie; zupełnie
faith /fejs/ s. wiara; wierność
faithful /'fejsful/ adj. wierny
fall; fell; fallen /fo:l; fe:l;
fo:len/ v. padać; opadać; wpa-
dać; s. upadek; jesień
false /fo:ls/ adj. fałszywy;
kłamliwy
familiar /fe'mýljer/ adj. za-
żyły; poufały; znany; obeznany
family /'faemyly/ s. rodzina;
adj. rodzinny
famous /'fejmes/ adj. sławny
fan /faen/ v. wachlować; wiać;
s. wachlarz; wentylator
fancy /'faensy/ s. fantazja;
kaprys; chętka
far /fa:r/ adv. daleko
far from /'fa:r,from/ adv.
bynajmniej
farm /fa:rm/ s. ferma; gospodarstwo rolne; v. uprawiać
farmer /'fa:rmer/ s. rolnik
farther /'fa:rdzer/ adj. dalszy; adv. dalej
fashion /'faeszyn/ s. moda;
sposób; v. kształtować; faso-
nować

fast /faest/ adj. szybki; mocny; adv. mocno; v. pościć
s. post
fasten /'faesn/ v. umocować;
zamykać
fat /faet/ s. tłuszcz; tusza;
adj. tłusty; głupi; tępy
fate /'fejt/ s. los; przezna-
czenie
father /'fa:dzer/ s. ojciec
fault /'fo:lt/ s. błąd;
wina; uskok
favor /'fejwer/ s. łuska; uprzejmość; upominek; v. sprzyjać
favorable /'fejwerebl/ adj. życzliwy; łaskawy; sprzyjający
favorite /'fejweryt/ s. ulubieniec; faworyt; adj. ulubiony
fear /fier/ s. strach; obawa;
v. bać się; obawiać się
feast /fi:st/ s. święto; odpust;
biesiada; v. ucztować
feather /'fedzer/ s. pióro
feed; fed; fed /fi:d; fed; fed/
v. karmić; s. pasza; posuw
feel; felt; felt /fi:l; felt;
felt/ v. czuć /się/; odczuwać; macać; dotykać
feeling /'fi:lyng/ s. uczucie;
dotyk; adj. wrażliwy; czuły
fellow /'felou/ s. towarzysz;
człowiek; facet; odpowiednik
female /'fi:mejl/ s. kobieta;
niewiasta; samica; adj. żeński
fence /fens/ s. płot; v. ogro-
dzić; fechtować się
feverish /'fy:werysz/ adj. go-
rączkowy
few /fju:/ adj., pron. mało;
niewielki; nieliczny
field /fi:ld/ s. pole; boisko;
v. ustawiać na boisku
fierce /fiers/ adj. dziki; srogi;
zażarty; zawzięty
fight; fought; fought / fajt;
fo:t; fo:t/ v. walczyć s. walka; duch do walki
figure /'fy'ger/ s. kształt;
cyfra; v. figurować; liczyć
fill /fyl/ v. napełniać; s.nasyp

fill up /'fyl,ap/ v. wypełniać
film /fylm/ s. powłoka; błona;
film; v. pokrywać błoną; filmo-
wać
find; found; found /fajnd;
faund; faund/ v. znajdować
fine /fajn/ adj. piękny; świetny adv. świetnie; s. grzywna;
v. ukarać grzywną
finger /'fynger/ s. palec; v.
wskazywać palcem
finish /'fynysz/ s. koniec; wy-
kończenie; v. kończyć
fire /'fajer/ s. ogień; pożar
firearm /'fajera:rm/ s. broń
palna
firm /fe:rm/ s. firma; adv. mocno; adj. pewny; trwały; v.
ubijać; osadzać
firmly /fe:rmly/ adv. stanowczo;
mocno; trwale
first /fe:rst/ adj. pierwszy;
adv. najpierw; po raz pierwszy
fish /fysz/ s. ryba
fit /fyt/ s. atak /choroby,
gniewu etc./; krój; adj. dopa-
sowany; odpowiedni; v. spro-
stać; dobrze leżeć
fitting /'fytyng/ s. okucie;
oprawa; adj. odpowiedni
five /fajw/ num. pięć
fix /fyks/ v. umocować; ustalać; krzepnąć; s. kłopot
flag /flaeg/ s. flaga; wywieszać
flagę
flame /flejm/ s. płomień; v.
zionąć; błyszczeć; płonąć
flash /flaesz/ s. błysk; blask;
adj. błyskotliwy; fałszywy; v.
zabłysnąć; pędzić; mknąć
flashlight /'flaeszlajt/ s.
latarka /elektryczna/
flat /flaet/ adj. płask; płytki;
nudny; równy; stanowczy; matowy; adv. płasko; stanowczo; s.
płaszczyzna; przedziurawiona
dętka
flavor /'flejwer/ s. zapach; smak

flesh /flesz/ s. ciało; miąższ
float /flout/ v. unosić się;
pływać na powierzchni; s. pły-
wak; tratwa
flood /flad/ s. powódź; wylew;
potok; v. zalewać; nawadniać
floor /flo:r/ s. podłoga
flour /flauer/ s. mąka; v. mleć
na mąkę
flow /flou/ s. strumień; prąd;
v. płynąć; lać się; zalewać
flower /flauer/ s. kwiat; v.
kwitnąć
fly; flew; flown /flaj; flu;
floun/ v. lecieć; uciekać
focus /'foukes/ s. ognisko;
ogniskowa; v. skupiać
fold /fould/ s. fałda; zagięcie;
zagroda /owiec/; v. zaginać
/się/; składać
follow /'folou/ v. iść za; następować za; śledzić; wnikać
follower /'folouer/ s. stronnik;
zwolennik; uczeń
fond /fond/ adj. czuły
food /fu:d/ s. żywność; pokarm
fool /fu:l/ s. głupiec; błazen;
v. błaznować; oszukiwać
foolishness /'fu:lysznys/ s.
głupota
foot /fut/ s. stopa; dół; spód;
miara /30,5 cm/
football /'fut,bo:l/ s. piłka
nożna; futbol
for /fo:r/ prep. dla; zamiast;
z; do; na; żeby; że; po; za;
co do; co się tyczy; jak na;
conj. ponieważ; bowiem; gdyż
forbid; forbade; forbidden
/fer'byd; fe:r'bejd; fer'bydn/
v. zakazywać; niedopuszczać;
uniemożliwiać
force /fo:rs/ s. siła; moc;
v. zmuszać; wpychać; forsować
foreign /'foryn/ adj. obcy;
obcokrajowy
foreigner /'foryner/ s. cudzoziemiec; cudzoziemka
forget; forgot; forgotten/fer'get
fer'got; fer'gotn/ v. zapominać

forgive; forgave; forgiven
/fer'gyw; fer'gejw; fer'gywn/
v. przebaczać; darować
fork /fo:rk/ s. widły; widelec;
v. rozwidlać się
form /fo:rm/ v. utworzyć /się/;
s. kształt; formularz
formal /'fo:rmel/ adj. formalny
formally /'fo:rmelly/ adv. for-
malnie; urzędowo; oficjalnie
former /'fo:rmer/ adj., pron.
poprzedni; były; dawny
forth /fo:rs/ adv. naprzód
fortune /'fo:rczen/ s. szczęście; los; majątek
forward /'fo:rłerd/ adj. przedni; chętny; v. przyśpieszać;
ekspediować
forwards /'fo:rłerds/ adv. naprzód; dalej
frame /frejm/ s. oprawa; rama;
v. oprawiać; kształtować
free /fri:/ adj. wolny; bez-
płatny; v. uwolnić; adv. wolno
freedom /'fri:dem/ s. wolność
freely /'fri:ly/ adv. wolno;
swobodnie
freeze; froze; frozen /fr:z;
frouz; frouzn/ v. marznąć
frequent /'fri:kłent/ adj. częsty; rozpowszechniony; v. u-
częszczać; odwiedzać; bywać
frequently /'fri:kłently/ adv.
często
fresh /fresz/ adj. świeży; nowy;
zuchwały; niedoświadczony; adv.
świeżo; niedawno
friend /frend/ s. znajomy; znajo-
ma; przyjaciel
friendly /'frendly/ adj. przy-
jazny; przychylny; życzliwy
friendship /'frendszyp/ s. przyjaźń; znajomość
fright /frajt/ s. strach
frighten /'frajtn/ v. straszyć
from /from/ prep. od; z; ze
front /frant/ s. przód; front;
adj. frontowy; v. stać frontem
frost /frost/ s. mróz
frosty /'frosty/ adj. mroźny

fruit /fru:t/ s. owoc; v. owo-
cować
fry /fraj/ v. smażyć
full /ful/ adj. pełny; cały;
adv; w pełni; całkowicie
fun /fan/ s. uciecha; zabawa;
wesołość
funeral /'fju:nerel/ s. pogrzeb;
adj. pogrzebowy
funny /'fany/ adj. zabawny;
śmieszny; dziwny
fur /fe:r/ s. futro
furnish /'fe:rnysz/ v. zaopatrzyć; umeblować; wyposażyć
furniture /'fe:rnyczer/ s. umeblowanie; urządzenie
further /'fe:rdzer/ adv. dalej;
adj. dalszy
future /'fju:tczer/ s. przyszłość; adj. przyszły
gain /gejn/ s. zysk; v. zyski-
wać; zdobywać; wygrywać
gallon /'gaelen/ s. miara płynu
ok. 4,5 litra/ang./ 3,8 l /US/
gamble /'gaembl/ s. hazard; v.
ryzykować
game /gejm/ s. gra; zabawa; zawody; zwierzyna; adj. dzielny
v. uprawiać hazard
gap /gaep/ s. szpara; luka
garage /gaera:dż/ s. garaż;
v. garażować
garbage /'ga:rbydż/ s. odpadki;
śmieci
garden /'ga:rdn/ s. ogród
gas /gaes/ s. gaz; benzyna
gate /gejt/ s. brama; furtka
gateway /'gejtłej/ s. przejście; wjazd; brama
gather /'gaedzer/ v. zbierać
/się/; wnioskować
gay /gej/ adj. wesoły; żywy; roz-
pustny; s. pederasta
general /'dżenarel/ adj. ogólny;
powszechny; s. generał
generally /'dżenerely/ adv. ogólnie; zazwyczaj
generous /'dżeneres/ adj. hojny;
wielkoduszny; suty; bogaty
gentle /dżentl/ adj. łagodny;
delikatny; subtelny

gentleman /'dżentlmen/ s. pan;
człowiek honorowy; dżentelmen
gently /'dżently/ adv. łagodnie;
cicho; ostrożnie
get; got; got /get; got; got/ v.
dostać; nabyć; zmusić; musieć;
mieć
get along /,get e'long/ v. dawać sobie radę; współpracować
get off /,get'of/ v. wysiąść
get out /,get'aut/ v. wyjmować;
wysiąść
get up /,get'ap/ v. wstać
get to know /'get,tu'nou/ v. zapoznać się
girl /ge:rl/ s,dziewczyna
give; gave; given /gyw; gejw;
gywn/ v. dać; dawać
give away /,gyw e'łej/ v. wydawać; zdradzać
give in /,gyw'yn/ v. ustępować;
poddawac się
give up /,gyw'ap/ v. poddać się;
ustąpić; zaniechać
glad /glaed/ adj. zadowolony
gladly /'glaedly/ adv. chętnie
glass /gla:s/ s. szkło; szklanka
glorious /'glo:rjes/ adj. sławny; wspaniały
glory /'glo:ry/ s. chwała; sława; v. szczycić się; chlubic
się
go; went; gone /gou/ żent; gon/
v. iść; jechać; stać się
go along /,gou e'long/ v. towarzyszyć; zgadzać się
go away /,goue'łej/ v. odchodzić
go back /,gou'bek/ v. wracać;
cofać się
go by /,gou'baj/ v. mijać
go on /,gou'on/ v. iść naprzód;
ciągnąć dalej; kontynuować
go between /,gouby'tły:n/ s.
pośrednik
god /god/ s. Bóg
goddess /'godys/ s. bogini
gold /gould/ s. złoto
golden /'gouldn/ adj. złoty
gold-plated /'gould,plejtyd/
adj. pozłacany

good /gud/ adj. dobry
s. dobro; pożytek
better /'beter/ lepszy
best /best/ najlepszy
good-bye /,gud'baj/ s. do widzenia
goodness /'gudnys/ s. dobroć
good will /'gud'łyl/ s. dobra
wola
govern /'gawern/ v. rządzić;
kierować; dowodzić
government /'gawernment/ s.
rząd; ustrój
governor /'gawerner/ s. guber-
nator; zarządca
grace /grejs/ s. łaska; v. czcić
graceful /'grejsful/ adj. pełen
wdzięku
gradual /'gaedżuel/ adj. stop-
niowy
gradually /'graedżuely/ adv.
stopniowo
grain /grejn/ s. ziarno; zboże
grammar /'graemer/ s. gramatyka
grand /graend/ adj. wielki;
wspaniały
grass /gra:s/ s. trawa
grateful /'grejtful/ adj.
wdzięczny
grave /grejw/ s. grób; adj.
poważny; v. wyryć
grease /gri:s/ s. tłuszcz; smar;
v. brudzić; smarować
great /grejt/ adj. wielki; duży;
świetny; znakomity; wspaniały
greatly /'grejtly/ adv. wielce;
bardzo; znacznie
greatness /'grejtnys/ s. wielkość; ogrom
greed /gri:d/ s. chciwość
green /gri:n/ adj. zielony;
naiwny; s. zieleń
greet /gri:t/ v. pozdrawiać
grey /grej/ adj. szary; siwy;
s. szarość; v. siwieć
grind; ground; ground /grajnd;
graund; graund/ v. ostrzyć;
mleć; zgrzytać; s. mlenie;
harówka
ground /graund/ s. grunt; ziemia; v. gruntować; zagruntować

group /gru:p/ s. grupa v. gru-
pować
grow; grew; grown /grou/ gru;
groun/ v. rosnąć; stawać się;
dojrzewać; hodować; sadzić
grown-up /'groun,ap/ adj. dorosły; s. dorosły człowiek
growth/grous/ s. rozwój; wzrost
guard /ga:rd/ v. pilnować; chronić; s. strażnik; opiekun
guess /ges/ v. zgadywać; przypuszczać; s. przypuszczenie
guest /gest/ s. gość
guide /gajd/ s. przewodnik;
doradca; v. pokierować
guilt /gylt/ s. wina
guilty /'gylty/ adj. winny
gun /gan/ s. strzelba; armata;
pistolet; rewolwer
habit /'haebyt/ s. zwyczaj; na-
łóg; habit
hair /heer/ s. włos; włosy
half /ha:f/ s. połowa; adj. pół;
adv. na pół; po połowie
half an hour /'ha:f,en'aur/
s. pół godziny
hall /ho:l/ s. sień; sala; ha-
la; dwór; gmach publiczny
hammer /'haemer/ s. młotek; v.
bić młotkiem; walić
hand /haend/ s. ręka; v. podać
handful /'haendful/ s. garść
handkerchief /'henkerczy:f/ s.
apaszka; chustka do nosa
handle /'haendl/ s. trzonek
handy /'haendy/ adj. zręczny;
wygodny; poręczny
hang; hung; hung /haeng; hang;
hang/ v. wieszać; zwisać;
s. nachylenie
happen /'haepen/ v. zdarzać się
happily /'haepyly/ adv. szczęs-
liwie
happy /'haepy/ adj. szczęśliwy;
zadowolony
harbor /'ha:rber/ s. przystań;
port; v. gościć; chronić się
hard /ha:rd/ adj. twardy; trudny; adv. usilnie; ciężko
hardly /'ha:rdly/ adv. ledwie;
prawie; z trudem; surowo
harm /ha:rm/ s. krzywda

harvest /'ha:rwyst/ s. żniwa;
zbiory; v. zbierać
haste /hejst/ s. pośpiech
hasten /hejstn/ v. spieszyć
hastily /'hejstly/ adv. pos-
piesznie
hat /haet/ s. kapelusz
hate /hejt/ s. nienawiść;
v. nienawidzieć
hatred /'hejtryd/ s. nienawiść
have; had; had /haew; haed;
haed/ v. mieć; otrzymać; zawierać; nabyć
have been /haew,bi:n/ v.
czas przeszły od "być"
have to /'haew,tu/ musieć
hay /hej/ s. siano
he /hi:/ pron. on
head /hed/ s. głowa; szef;
szczyt; v. prowadzić; kierować
/się/
headlong /'hedlong/ adv. na łeb
na szyję; na oślep
heal /hi:l/ v. leczyć /się/
health /hels/ s. zdrowie
healthy /'helsy/ adj. zdrowy
heap /hi:p/ s. stos; v. gromadzić
hear; heard; heard /hier; he:rd;
he:rd/ v. słyszeć; słuchać
heart /ha:rt/ s. serce; sedno
heartily /ha:rtly/ adv. serdecz-
nie
heat /hi:t/ s. gorąco; upał;
żar; ciepło; uniesienie; pasja;
popęd płciowy /zwierząt/
heaven /'hewn/ s. niebo; raj
heavenly /'hewnly/ adj. niebieski; niebiański; boski
heavily /'hewli/ adv. ciężko;
ociężale; silnie; mocno; dużo
heavy /'hewy/ adj. ciężki
height /hajt/ s. wysokość; wy-
niosłość; szczyt
help /help/ v. pomagać s. pomoc
helpful /'helpful/ adj. pomoc
ny; przydatny; użyteczny
helpless /'helplys/adj. bezradny
her /he:r/ pron. ją; jej; adj.
jej

here /hier/ adv. tu; tutaj; oto
hers /he:rz/ pron. jej
herself /he:r'self/ pron. sama;
sobie
hesitate /'hezytejt/ v. wahać
się
hi /haj/ excl. hej! /pozdrowie-
nie/
hide; hid; hidden /hajd; hyd;
hydn/ v. chować /się/; ukrywać /się/
high /haj/ adj. wysoki; pijany;
podniecony; adv. wysoko
highly /'hajly/ adv. wysoko;
wysoce; wielce; pomyślnie
highway /'haj'łej/ s. szosa
hill /hyl/ s. górka; wzgórze
hillside /'hyl'sajd/ s. stok
hinder /'hynder/ v. przeszkadzać; powstrzymywać
hire /hajer/ s. najem; v. wynajmować; dzierżawić
his /hyz/ pron. jego
historic /hys'toryk/ adj. histo-
ryczny
history /'hystory/ s. historia;
dzieje; przeszłość
hit; hit; hit /hyt; hyt; hyt/
v. uderzyć; utrafić; zabić;
s. uderzenie; sukces; sensacja
hold; held; held /hould; held;
held/ v. trzymać; posiadać;
zawierać; powstrzymywać;
s. chwyt; więzienie; twierdza
hole /houl/ s. dziura; nora;
v. dziurawić; przedziurawić
holiday /'holedy/ s. święto;
wakacje; urlop
hollow /'holou/ s. dziura; adj.
wklęsły; v. drążyć
holy /'holy/ adj. święty
home /houm/ s. dom; adj. domo-
wy; adv. do domu
honest /'onyst/ adj. uczciwy;
prawy; adv. naprawdę
honesty /'onesty/ s. zacność;
prawość; uczciwość
honor /'oner/ s. cześć; cnota;
v. czcić
honorable /'onerebl/ adj.czcigod-
ny; szanowny; honorowy

history /'hystory/ s. historia;
dzieje; przeszłość
hit; hit; hit /hyt; hyt; hyt/
v. uderzyć; utrafić; zabić;
s. uderzenie; sukces; sensacja
hold; held; held /hould; held;
held/ v. trzymać; posiadać;
zawierać; powstrzymywać;
s. chwyt; więzienie; twierdza
hole /houl/ s. dziura; nora;
v. dziurawić; przedziurawić
holiday /'holedy/ s. święto;
wakacje; urlop
hollow /'holou/ s. dziura; adj.
wklęsły; v. drążyć
holy /'holy/ adj. święty
home /houm/ s. dom; adj. domo-
wy; adv. do domu
honest /'onyst/ adj. uczciwy;
prawy; adv. naprawdę
honesty /'onesty/ s. zacność;
prawość; uczciwość
honor /'oner/ s. cześć; cnota;
v. czcić
honorable /'onerebl/ adj.czcigod-
ny; szanowny; honorowy
however /hau'ewer/ adv. jakkolwiek; jednak; niemniej
human /'hju: men/ adj. ludzki;
s. istota ludzka
humble /hambl/ adj. pokorny;
skromny; v. poniżać
hundred /'handred/ num. sto;
setka
hunger /'hanger/ s. głód; v.
głodować; głodzić
hungry /'hangry/ adj. głodny
hunt /hant/ s. polowanie; teren
łowiecki; v. polować; gonić;
poszukiwać
hunter /'hanter/ s. myśliwy
hurry /'hary/ s. pośpiech
hurt; hurt; hurt /he:rt; he:rt;
he:rt/ v. ranić; boleć; s. ska-
leczenie; uraz
husband /'hazbend/ s. mąż
hut /hat/ s. chata; chałupa
I /aj/ pron. ja
ice /ajs/ s. lód
ice-cream /'ajskri:m/ s. lody
icy /'ajsy/ adj. lodowaty

idea /aj'die/ s. idea; pomysł
ideal /aj'diel/ adj. idealny
idle /'ajdl/ adj. bezczynny
idleness /'ajdlnys/ s. bezczyn-
ność; lenistwo; próżniactwo
if /yf/ conj. jeżeli; jeśli;
gdyby; o ile; czy
ill /yl/ adj. zły; chory; słaby; lichy; s. zło; adv. źle
illness /'ylnys/ s. choroba
imaginary /y'maedżynery/ adj.
urojony; zmyślony
imagination /y,maedży'nejszyn/
s. wyobraźnia; fantazja
imagine /y'maedżyn/ v. wyobrażać sobie
imitate /'ymytejt/ v. naśladować
imitation /,ymy'tejszyn/ s. na-
śladowanie; imitacja
immediate /y'mi:djet/ adj. bezpośredni; natychmiastowy
immediately /y'mi:djetly/ adv.
natychmiast; bezpośrednio
immense /y'mens/ adj.olbrzymi
importance /ym'po:rtens/ s.
znaczenie; ważność
important /ym'po:rtent/ adj.
ważny; znaczący
improve /ym'pru:w/ v. poprawić;
udoskonalić; ulepszyć
improvement /ym'pru:wment/ s.
poprawa; udoskonalenie
in /yn/ prep. w; we; na; za; po;
do; u
in a week /'yn,e'łi:k/ exp. za
tydzień
inch /yncz/ s. cal /2.54 cm/
include /yn'klu:d/ v. zawierać;
włączać
inconvenience /,ynken'wi:njens/
s. niewygoda; kłopot; v. niepokoić; przeszkadzać
inconvenient /,ynken'wi:njent/
adj. niewygodny; kłopotliwy
incorrect /,ynke'rekt/ adj. nie-
poprawny; nieścisły; błędny
increase /yn'kri:s/ v. wzrastać;
zwiększać się; pomnażać się; s.
/'ynkri:s/ przyrost; podwyżka

indeed /yn'di:d/ adv. naprawdę;
istotnie; rzeczywiście
independence /,yndy'pendens/ s.
niezależność; niepodległość
independent/,yndy'pendent/ adj.
niepodległy; niezależny /ma-
terialnie/
indoors /'yndo:rz/ adv. w domu
industrial /yn'dastrjel/ adj.
przemysłowy
industry /'yndastry/ s. przemysł; pilność; pracowitość
inexpensive /,ynyks'pensyw/ adj.
niedrogi; tani
infect /yn'fekt/ v. zakazić;
zarazić; zatruwać
influence /'ynfluens/ s. wpływ;
v. wywierać wpływ
influential /,ynflu'enszel/
adj. wpływowy
inform /yn'fo:rm/ v. powiado-
mić; nadawać; donosić
information /,ynfer'mejszyn/ s.
wiadomość; objaśnienie
ink /ynk/ s. atrament; tusz
inn /yn/ s. gospoda; oberża
inquire /yn'kłajer/ s. pytać
się; dowiadywać się
inquiry /yn'kłajry/ s. badanie;
śledztwo; poszukiwanie
insect /'ynsekt/ s. owad
inside /'ynsajd/ s. wnętrze;
adv. wewnątrz
instant /'ynstent/ adj. nagły;
natychmiastowy; s. moment
instantly /yn'stently/ adv.
natychmiast
instead /yn'sted/ adv. zamiast
tego; natomiast
instrument /'ynstrument/ s.
instrument; przyrząd
insult /'ynsalt/ s. zniewaga;
/yn'salt/ v. lżyć; znieważać
insurance policy /yn'szurens'-
polysy/ s. polisa ubezpieczeniowa
intend /yn'tend/ v. zamierzać
przeznaczać; mieć na myśli
intention /yn'tenszyn/ s. cel;
zamiar

inn /yn/ s. gospoda; oberża
inquire /yn'kłajer/ s. pytać
się; dowiadywać się
inquiry /yn'kłajry/ s. badanie;
śledztwo; poszukiwanie
insect /'ynsekt/ s. owad
inside /'ynsajd/ s. wnętrze;
adv. wewnątrz
instant /'ynstent/ adj. nagły;
natychmiastowy; s. moment
instantly /yn'stently/ adv.
natychmiast
instead /yn'sted/ adv. zamiast
tego; natomiast
instrument /'ynstrument/ s.
instrument; przyrząd
insult /'ynsalt/ s. zniewaga;
/yn'salt/ v. lżyć; znieważać
insurance policy /yn'szurens'-
polysy/ s. polisa ubezpieczeniowa
intend /yn'tend/ v. zamierzać
przeznaczać; mieć na myśli
intention /yn'tenszyn/ s. cel;
zamiar
inward /'ynłerd/ adj. wewnętrzny; adv. wewnątrz
inwards /'ynłerds/ adv. wewnątrz
iron /'ajern/ s. żelazo; żelazko; adj. żelazny; v. prasować
irregular /y'regjuler/ adj. nie-
regularny; nierówny; niepoząd-
ny; nielegalny
is /yz/ v. jest; zob "be"
island /'ajlend/ s. wyspa
it /yt/ pron. to; ono
its /yts/ pron. jego; jej; swój
itself /yt'self/ pron. się; siebie; sobie; sam; sama; samo
jaw /dżo:/ s. szczęka; v. glę-
dzić; gadać
jealous /'dżeles/ adj. zazdrosny
jewel /'dżu:el/ s. klejnot;
drogi kamień; v. ozdabiać
join /dżoyn/ v. łączyć; przy-
łączać /się/; przytykać do
joint /dżoynt/ v. spajać; łączyć; s. złącze; melina; adj.
wspólny; połączony

joke /dżouk/ s. żart; figiel; v.
żartować /z kogoś/
journey /'dże:rny/ v. podróżować;
s. podróż
joy /dżoj/ s. radość; uciecha
judge /dżadż/ v. sądzić; s. sędzia
judgment /'dżadżment/ s. wyrok;
opinia; ocena
juice /dżu:s/ s. sok; treść;
v. wyciskać sok; doić
jump /dżamp/ s. skok; podskok;
v. skakać
just /dżast/ adj. sprawiedliwy;
adv. właśnie; po prostu; zaledwie
justice /'dżastys/ s. sprawied-
liwość; sędzia
justly /'dżastly/ adv. słusznie
keep; kept; kept /ki:p; kept;
kept/ v. dochować; strzec; trzymać /się/; kontynuować; s. ut-
rzymanie
keep talking /'ki:p'to:kyng/
v. mówić dalej
keeper /'ki:per/ s. opiekun;
dozorca; strażnik
key /ki:/ s. klucz; v. stroić
kick /kyk/ s. kopniak v. kopać
kill /kyl/ v. zabijać
kind /kajnd/ s. rodzaj; jakość
kindly /'kajndly/ adj. życzli-
wie; adj. dobrotliwy; życzliwy
kindness /'kajndnys/ s. dobroć;
uprzejmość; życzliwość
king /kyng/ s. król
kingdom /'kyngdom/ s. królestwo
kiss /kys/ s. pocałunek; v. całować
kitchen /'kyczn/ s. kuchnia
knee /'ni:/ s. kolano
kneel; knelt; knelt /ni:l; nelt;
nelt/ v. klękać
knife /najf/ s. nóż; v. krajać
knock /nok/ s. uderzenie; puka-
nie; v. /za/pukać; uderzyć;
szturchać
knot /not/ s. węzeł /1853 m/;
v. wiązać; zawiązać; komplikować

know; knew; known /nou; nju:
noun/ v. wiedzieć; znać
knowledge /'noulydż/ s. wiedza
lack /laek/ s. brak; v. brakować
ladder /'laeder/ s. drabina
lady /'lejdy/ s. pani; dama
lake /lejk/ s. jezioro
lamp /laemp/ s. lampa; v. świecić
land /laend/ s. ziemia; grunt;
kraj; v. lądować
landlord /'laend,lo:rd/ s.
właściciel domu czynszowego
language /'laengłydż/ s. mowa;
język
large /la:rdż/ adj. wielki
largely /'la:rdżly/ adv. znacznie; hojnie; suto
last /laest/ adj. ostatni; adv.
ostatnio; v. trwać; s. kres;
wytrzymałość
late /lejt/ adj., s. późny;
zmarły; adv. późno; niegdyś
lately /'lejtly/ adv. ostatnio
latter /'laeter/ adj. końcowy
laugh /laef/ v. śmiać się; za-
śmiać się
laughter /'laefter/ s. śmiech
law /lo:/ s. prawo; ustawa; re-
guła; sądy
lawyer /'lo:jer/ s. prawnik;
adwokat
lay; laid; laid /lej; lejd;
lejd/ v. kłaść; skręcać /się/;
zaczaić się; spać z kimś; s.
położenie; układ; adj. świecki;
niefachowy
lazy /'lejzy/ adj. leniwy;
próżniaczy
lead /led/ s. ołów
lead; led; led /li:d; led; led/
v. prowadzić; kierować; dowodzić; naprowadzać; przewodzić;
s. kierownictwo; przewodnictwo;
wskazówka
leader /'li:der/ s. przywódca;
przewodnik
leadership /'li:der,szyp/ s.
przywództwo; kierownictwo
leading /'li:dyng/ adj. kierow-
niczy s. przewodnictwo

leaf /li:f/ s. liść; kartka;
pl. leaves /li:wz/
leak /li:k/ s. przeciek; v. prze-
ciekać
lean; leant; leant /li:n; lent;
lent/ v. nachylać /się/; adj.
chudy
learn; learnt; learnt /le:rn;
le:rnt; le:rnt/ v. uczyć się
learning /'le:rnyng/ s. nauka
least /li:st/ adj. najmniejszy;
adv. najmniej; s. drobnostka
leather /'ledzer/ s. skóra; adj.
skórzany; v. pokrywać skórą
leave; left; left /li:w; left;
left/ v. zostawić; opuszczać;
odchodzić; odjeżdżać; pozosta-
wiać; s. urlop
left /left/ adj. lewy; adv. na
lewo; s. lewa strona
leg /leg/ s. noga; nóżka; pod-
pórka; odcinek
lend; lent; lent /lend; lent;
lent/ v. pożyczać; udzielać
length /lenks/ s. długość
less /les/ adj. mniejszy; adv.
mniej; s. coś mniejszego;
prep. bez
lessen /lesn/ v. zmniejszać
/się/
lesson /lesn/ s. lekcja
lest /lest/ conj. ażeby nie; że
let; let; let /let; let; let/
v. zostawić; wynajmować; dawać;
puszczać; pozwalać
letter /'leter/ s. litera; list
level /'lewl/ s. poziom; adj.
poziomy; adv. poziomo; v.
zrównywać
library /'lajbrery/ s. biblio-
ka; księgozbiór
lid /lyd/ s. wieko; pokrywa
lie; lay; lain /laj; lej; lejn/
v. leżeć; s. położenie
lie; lied; lied /laj; lajd; lajd/
v. kłamać; s. kłamstwo
life /lajf/ s. życie; życiorys
lift /lyft/ s. dźwig; winda; v.
podnieść; dźwignąć; kraść

light; lit; lit /lajt; lyt; lyt/
v. świecić; zapalać; ujawnić;
adj. lekki; adv. lekko
lighten /'lajtn/ v. ulżyć; zel-
żyć; oświecać; rozjaśnić się;
błyskać /się/
lightly /'lajtly/ adv. lekko;
lekceważąco
like /lajk/ v. lubieć; mieć o-
chotę; adj. podobny; adv. podobnie; w ten sam sposób; s.
drugi taki sam; rzecz podobna;
conj. jak; tak jak; w ten sposób
likely /'lajkly/ adj. możliwy;
nadający się; adv. pewnie;
prawdopodobnie
limb /lym/ s. kończyna
limit /'lymyt/ s. granica; kres;
v. ograniczać
limitation /,lymy'tejszyn/ s.
ograniczenie; zastrzeżenie
line /lajn/ s. linia; lina;
szereg; v. liniować; wyścielać
liner /'lajner/ s. samolot pasażerski; statek pasażerski
lip /lyp/ s. warga
liquid /'lykłyd/ s. płyn; adj.
płynny
list /lyst/ s. lista; spis; v.
wciągać na listę; pochylać
się; s. pochylenie
listen /'lysen/ v. słuchać
literary /'lyterery/ adj. li-
teracki
literature /'lytereczer/ s. li-
teratura; piśmiennictwo
little /lytl/ adj. mały; niski;
nieduży; adv. mało; niewiele
live /lyw/ v. żyć; mieszkać;
przeżywać; przetrwać; ocalić
lives /lajws/ pl. żywoty
zob. "life"
living /'lywyng/ s. życie; u-
trzymanie; adj. żyjący
load /loud/ s. ładunek; waga;
ciężar; obciążenie; v. ładować;obciążać; fałszować
loaf /louf/ s. bochenek; głowa
cukru; pl. loaves /louvz/
loan /loun/ s. pożyczka; v.
pożyczać

local /'loukel/ adj. miejscowy
lock /lok/ s. zamek; v. zamykać
/na klucz/
lodging /'lodżyng/ s. mieszkanie
log /log/ s. kłoda
lonely /'lounly/ adj. samotny
long /long/ adj. długi; v. tęsknić;· adv. długo; dawno
look /luk/ s. spojrzenie; wygląd;
v. patrzeć; wyglądać
look after /'luk,a:fter/ v. doglądać
look for /'luk,fo:r/ v. szukać
look forwards /'luk,fo:rłerds/
v. oczekiwać
loose /lu:s/ adj. luźny; wolny;
rzadki; sypki; s. upust; v.
obluźniać; zwalniać
loosen /lu:sn/ v. rozluźniać
/się/; obluźniać /się/
lord /lo:rd/ s. pan; władca;
Bóg; v. grać pana
lose; lost; lost /lu:z; lost;
lost/ v. stracić; przegrać;
być pokonanym
lot /lot/ s. udział; parcela;
grupa; zespół; adv. sporo;
wiele; v. dzielić; losować
loud /laud/ adj. głośny; adv.
głośno
love /law/ s. kochanie; miłość;
v. kochać; lubić
lovely /'lawly/ adj. śliczny;
uroczy; rozkoszny
lover /'lawer/ s. kochanek;
miłosnik; amator czegoś
low /lou/ s. ryk /bydła/; v.
ryczeć; adj. niski; słaby;
przygnębiony; cichy; podły;
adv. nisko; słabo; cicho
lower /'louer/ adj. niższy; dolny; adv. niżej; v. obniżać;
spuszczać; ściszyć; zmniejszyć
loyal /lojel/ adj. lojalny;
wierny
loyalty /'lojelty/ s. lojalność
lubricant /'lu:brykent/ s. smar;
adj. smarujący; smarowniczy
luck /lak/ s. los; traf;
szczęście

lucky /'laky/ adj. szczęśliwy
luggage /'lagydż/ s. bagaż;
walizki
lump /lamp/ s. bryła; guz; v.
gromadzić
lunch /lancz/ s. obiad / połu-
dniowy/; v. jeść obiad
lung /lang/ s. płuco
machine /me'szi:n/ s. maszyna;
v. obrabiać maszynowo
machinary /me'szi:nery/ s. ma-
szyneria
mad /maed/ adj. szalony
mail /mejl/ s. poczta; v. wysy-
łać pocztą
main /mejn/ adj. główny
mainly /'mejnly/ adv. głównie
make; made; made /mejk; mejd;
mejd/ v. robić s. wyrób
maker /'mejker/ s. wytwórca;
sprawca; producent
male /mejl/ s. mężczyzna; samiec; adj. męski; samczy
man /maen/ s. człowiek; mężczyzna; mąż; pl. men /men/
manage /'maenydż/ v. kierować;
zarządzać; radzić sobie
management /'maenydżment/ s. zarząd; dyrekcja; posługiwanie
się; obchodzenie się
manager /'maenydżer/ s. kierownik; zarządzający; gospodarz
manhood /'maenhud/ s. męskość
mankind /,maen'kajnd/ s ludzkość; rodzaj ludzki
manner /'maener/ s. sposób; zachowanie /się/; wychowanie
manufacture /,maenju'faekczer/
v. wyrabiać; s. wyrób; produkt
manufacturer /,maenju'faekczerer/
s. wytwórca; fabrykant
many /'meny/ adj. dużo; wiele
map /maep/ s. mapa; plan; v.
planować; robić mapę
March /ma:rcz/ s. marzec
march /ma:rcz/ s. marsz; v. ma-
szerować
mark /ma:rk/ s. marka /pieniądz/
ślad; znak; oznaczenie; cel;
v. oznaczać; określać; notować

market /'ma:rkyt/ s. rynek; zbyt;
targ; v. sprzedawać; kupować
marriage /'maerydż/ s. małżeństwo
marry /'maery/ v. poślubić; u-
dzielać ślubu; ożenić się
mass /maes/ s. msza; masa; rze-
sza; v. gromadzić; zrzeszać
master /'ma:ster/ s. mistrz; nauczyciel; pan; gospodarz; v.
panować; kierować
masterpiece /'ma:sterpi:s/ s.
arcydzieło
mat /maet/ s. mata; v. plątać;
adj. matowy
match /maecz/ s. zapałka; lont;
mecz; dobór; małżeństwo; v.
swatać; dobierać
material /me'tierjal/ s. materiał; adj. materialny
matter /'maeter/ s. rzecz;
treść; materiał; v. znaczyć;
mieć znaczenie
May /mej/ s. maj
may /mej/ v. być może; might
/majt/ mógłby
maybe /'mejbi:/ adv. być może;
może być
me /mi:/ pron. mi; mnie; mną;
/slang/: ja
meal /mi:l/ s. posiłek; grubo
mielona mąka
mean; meant; meant /mi:n; ment;
ment/ v. znaczyć; przypuszczać;
s. przeciętna; średnia; adj.
ubogi; marny; skąpy
meaning /'mi:nyng/ s. znaczenie; treść; adj. znaczący
meantime /'mi:ntajm/ adv.
tymczasem
meanwhile /'mi:n,hłajl/ adv.
tymczasem
measure /'meżer/ s. miara; środek; sposób; v. mierzyć; osza-
cować
meat /mi:t/ s. mięso
mechanical /my'kaenykel/ adj.
mechaniczny
medical /'medykel/ adj. lekarski; medyczny
medically /'medykely/ adv. medy-
cznie

medicine /'medysyn/ s. medycyna;
lek; lekarstwo
meet; met; met /mi:t/ met; met/
v. spotykać; gromadzić; s.
spotkanie /sportowe/
meeting /'mi:tyng/ s. spotkanie;
posiedzenie; zgromadzenie; zawody
melt /melt/ s. stop; v. topić
member /'member/ s. członek
membership /'memberszyp/ s.
członkostwo; przynależność
memorial /my'mo:riel/ s. pomnik; memoriał; petycja
memory /'memery/ s. pamięć
mend /mend/ s. naprawa; v. reperować; zaszyć
mention /'menszyn/ v. wspominać; wzmianka
merchant /'me:rczent/ s. kupiec;
handlowiec; adj. handlowy
mercy /'me:rsy/ s. miłosierdzie
mere /mjer/ adj. zwykły
merely /'mjerly/ adv. tylko; jedynie; zaledwie; po prostu
merry /'mery/ adj. wesoły;
radosny; podochocony
mess /mes/ s. nieporządek
message /'mesydż/ s. wiadomość;
orędzie; morał; wypowiedź
messenger /'mesyndżer/ s. po-
słaniec; zwiastun
metal /'metl/ s. metal
middle /mydl/ s. środek; kibić;
stan; adj. środkowy; v. składać w środku
middle aged /'mydl'ejdżd/ adj.
w średnim wieku
middle class /'mydl,kla:s/ s.
klasa średnia
midnight /'mydnajt/ s. północ;
adj. północny
midway /'myd'łej/ s. połowa drogi; adv. w połowie drogi
might /majt/ s. moc; potęga;
v. mógłby; zob: "may"
mighty /'majty/ adj. potężny;
adv. bardzo wiele
mild /majld/ adj. łagodny
mile /majl/ s. mila; 1,609 km

milk /mylk/ s. mleko; v. doić
mill /myl/ s. młyn; v. mleć
mind /majnd/ s. umysł; pamięć;
zdanie; v. pamiętać; baczyć
mine /mejn/ pron. mój; moja;
moje; s. kopalnia; mina; v. kopać; exploatować; minować
miner /'majner/ s. górnik
mineral /'mynerel/ s. minarał;
adj. mineralny
minister /'mynyster/ s. duchow-
ny; minister; v. stosować; u-
dzielać
minute /'mynyt/ s. minuta
miserable /'myzerebl/ adj. nę-
dzny; chory; marny; żałosny
misery /'myzery/ s. nędza
Miss /mys/ s. panna; panienka
miss /mys/ v. chybić; brakować;
tęsknić; s. pudło
mistake /mys'tejk/ s. omyłka;
v. pomylić się
misunderstanding /'mysander-
'staendyng/ s. nieporozumienie
mix /myks/ v. mieszać; obcować;
s. mieszanka; zamieszanie
mixture /'myksczer/ s. mieszanka; mieszanina
model /'modl/ s. model; wzór; mo-
delka; manekin; v. modelować
moderate /'moderyt/ adj. umiar-
kowany; średni; s. człowiek u-
miarkowany /w poglądach etc./
/'moderejt/ v. powściągać;
uspokoić /się/
modern /'modern/ adj. współczesny; nowoczesny; nowożytny
modest /'modyst/ adj. skromny
moment /'moument/ s. chwila;
moment; znaczenie; motyw
money /'many/ s. pieniądze
monkey /'manky/ s. małpa; v. do-
kazywać; małpować
month /mant/ s. miesiąc
monthly /'mantly/ adj. miesię-
czny; adv. miesięcznie; s.
miesięcznik
moon /mu:n/ s. księżyc
moonlight /'mu:nlajt/ s. światło księżyca; v. mieć kilka
posad równocześnie
moral /'morel/ s. morał

morality /me'raelyty/ s. moral-
ność; moralizowanie
more /mo:r/ adv. bardziej; więcej; adj. liczniejszy
moreover /mo:'rouwer/ adv. co
więcej; prócz tego
morning /'mo:rnyng/ s. rano;
poranek; przedpołudnie
most /moust/ adj. największy;
adv. najbardziej; najwięcej;
s. największa ilość
mostly /'moustly/ adv. przeważnie; głównie; najczęściej
mother /'madzer/ s. matka
motion /'mouszyn/ s. ruch; wniosek; v. dawać znak
motor /'mouter/ s. motor; adj.
ruchowy; mechaniczny; samochodowy; v. jeździć samochodem
mountain /'mauntyn/ s. góra; sterta; adj. górski; górzysty
mouse /maus/ s. mysz; pl. mice
/majs/
mouth /maus/ s. usta; ujście
move /mu:w/ s. ruch v. ruszać
się; wzruszać
movement /mu:wment/s. ruch
much /macz/ adj., adv. wiele;
bardzo; dużo; sporo; niemało
mud /mad/ s. błoto; brud
multiply /'maltyplaj/ v. mnożyć /się/
murder /'me:rder/ s. mord; mor-
derstwo; v. mordować
music /'mju:zyk/ s muzyka
musical /'mju:zykel/ adj. muzyczny; muzykalny; s. komedia
lub film muzyczny
musician /'mju:zyszen/ s. muzyk
must /mast/ v. musieć; adj. konieczny; s. stęchlizna; szał
my /maj/ pron. mój
myself /maj'self/ pron. ja sam
mysterious /mys'tierjes/ adj.
tajemniczy
mystery /'mystery/ s. tajemnica
nail /nejl/ s. gwóźdź; paznokieć; pazur; v. przybijać
name /nejm/ s. imię; nazwa;
nazwisko; v. nazywać
namely /'nejmly/ adv. mianowicie

narrow /'naerou/ adj. wąski;
ciasny; ograniczony; s. prze-
smyk; cieśnina; v. zwężać
nation /'nejszyn/ s. naród;
kraj; państwo
national /'naeszenl/ adj. narodowy; państwowy; s. członek
narodu; obywatel; ziomek
native /'nejtyw/ adj. rodzinny;
miejscowy; wrodzony; s. tubylec
natural /'naeczrel/ adj. naturalny; przyrodzony; nieślubny
naturally /'naeczrely/ adv. na-
turalnie
nature /'nejczer/ s. natura;
przyroda; usposobienie; rodzaj
near /nier/ adj. bliski; adv.
blisko; v. zbliżać się
nearly /'nierly/ adv. prawie;
blisko; oszczędnie; skąpo
neat /ni:t/ adj. schludny;
zgrabny; trafny; elegancki
necessary /'nesysery/ adj. konieczny; potrzebny
neck /nek/ s. szyja; v.pieścić
need /ni:d/ s. potrzeba; bieda;
v. potrzebować; musieć
needle /ni:dl/ s. igła
neglect /ny'glekt/ v. zaniedbywać; s. zaniedbanie
neighbor /'nejber/ s. sąsiad
neighborhood /'nejberhud/ s. są-
siedzi; sąsiedztwo; okolica
neither /'ni:dzer/ pron., adj.
żaden /z dwóch/; ani jeden ani
drugi; ani ten ani tamten;
conj. też nie
nephew /'newju:/ s. siostrze-
niec; bratanek
nest /nest/ s. gniazdo; v. gnie-
ździć się
net /net/ adj. czysty; netto;
s. siatka; sieć; v. łowić sie-
cią; zarobić na czysto
never /'newer/ adv. nigdy;
chyba nie; wcale; ani nawet
new /nju:/ adj. nowy; świeży
news /nju:z/ s. wiadomości
newspaper /'nju:s,pejper/ s.
dziennik /gazeta/

need /ni:d/ s. potrzeba; bieda;
v. potrzebować; musieć
needle /ni:dl/ s. igła
neglect /ny'glekt/ v. zaniedbywać; s. zaniedbanie
neighbor /'nejber/ s. sąsiad
neighborhood /'nejberhud/ s. są-
siedzi; sąsiedztwo; okolica
neither /'ni:dzer/ pron., adj.
żaden /z dwóch/; ani jeden ani
drugi; ani ten ani tamten;
conj. też nie
nephew /'newju:/ s. siostrze-
niec; bratanek
nest /nest/ s. gniazdo; v. gnie-
ździć się
net /net/ adj. czysty; netto;
s. siatka; sieć; v. łowić sie-
cią; zarobić na czysto
never /'newer/ adv. nigdy;
chyba nie; wcale; ani nawet
new /nju:/ adj. nowy; świeży
news /nju:z/ s. wiadomości
newspaper /'nju:s,pejper/ s.
dziennik /gazeta/
not /not/ adv. nie
not a /not ej/ adv. żaden
note /nout/ s. nuta; notatka;
banknot; v. zapisywać; zauważać
nothing /'nasyng/ s. nic; dro-
biazg; adv. nic; nie
notice /'noutys/ v. zauważyć;
s. zawiadomienie; uwaga
noticeable /'noutysebl/ adj.
godny uwagi; widoczny
now /nał/ adv. teraz; conj. skoro; s. chwila obecna
nowadays /'nałe,dejz/ adv.
obecnie; s. obecne czasy
nowhere /'nouhłer/ adv. nigdzie
nude /nju:d/ adj. nagi; s. człowiek nagi; nagość; akt
nuisance /'nju:sns/ s. zawada;
osoba sprawiająca zawadę
number /'namber/ s. liczba;
numer; v. liczyć; numerować
numerous /'nju:meres/ adj. liczny; obfity
nurse /ne:rs/ s. pielęgniarka

oar /o:r/ s. wiosło; v. wiosłować
obedient /e'bi:djent/ adj. posłuszny
obey /e'bej/ v. słuchać; być
posłusznym
object /'obdżykt/ s. przedmiot;
cel; dopełnienie; v. zarzucać
coś; być przeciwnym
objection /eb'dżekszyn/ s. zarzut; sprzeciw; przeszkoda
observation /,obzer'wejszyn/
s. obserwacja; uwaga
observe /eb'ze:rw/ v. obserwować; zauważać; robić uwagi
occasion /e'kejżyn/ s. sposobność;okazja; v. powodować
occasional /e'kejżenl/ adj.
przypadkowy; okazyjny
occasionally /e'kejżenly/ adv.
od czasu do czasu; nieraz
ocean /'ouszen/ s. ocean
odd /od/ adj. nieparzysty; dziwny; bez pary
of /ow/ prep. od; z; o; w
off /of/ adv. od; z; na boku;
precz; zdala; przy
offend /e'fend/ v. obrażać; wy-
stępować przeciw /np. prawu/
offer /'ofer/ s. oferta; v. ofia-
rować /się/; oświadczyć /się/
office /'ofys/ s. biuro; urząd
officer /'ofyser/ s. urzędnik;
oficer; policjant
official /e'fyszel/ s. urzędnik;
adj. urzędowy; oficjalny
often /'o:fn/ adv. często
oil /ojl/ s. olej; v. oliwić
O.K., okay /'ou'kej/ adv. w porządku; tak adj. bardzo dobry;
s.zgoda; v. zaaprobować /slang/
old /ould/ adj. stary; dawny
old-fashioned /'ould'faeszend/
adj. staromodny; staroświecki
omit /ou'myt/ v. opuszczać; po-
mijać; zaniedbywać
on /on/ prep. na; ku; przy; nad;
u; po; adv. dalej; przed siebie;
naprzód
on to /'ontu/ exp. na; do

once /łans/ adv. raz; nagle; naraz;zaraz; kiedyś; conj. raz
one /łan/ num. jeden; adj. pierwszy; pojedyńczy; jedyny; pewien; pron. ten; który; ktoś
only /'ounly/ adj. jedyny; adv.
tylko; ledwo; dopiero; conj.
tylko
open /'oupen/ adj. otwarty; dos-
tępny; jawny; v. otworzyć
openly /'oupnly/ adv. otwarcie
operate /'operejt/ v. działać;
pracować; operować
operation /,ope'rejszyn/ s. o-
peracja; działanie; czynności
opinion /e'pynjen/ s. pogląd;
opinia; zdanie
opportunity /,oper'tju:nyty/
s. sposobność
oppose /e'pouz/ v. przeciwsta-
wiać; sprzeciwiać się
opposite /'epezyt/ adj. prze-
ciwny; przeciwległy; adv. na
przeciwko
oppression /e'preszyn/ s. ucisk
or /o:r/ conj. lub; albo; czy;
ani; inaczej; czyli
orange /'oryndż/ s. pomarańcza;
adj. pomarańczowy
order /'o:rder/ s. rozkaz; przekaz; szyk; stan; order; zamówienie; v. rozkazać; zamawiać
ordinary /'o:rdnry/ adj. zwyczajny; zwykły; przeciętny
organ /'o:rgen/ s. narząd; organ;
organy
organization /,o:rgenaj'zejszyn/
s. organizacja; organizowanie
organize /'o:genajz/ v. organi-
zować
origin /'orydżyn/ s. pochodzenie;
początek
original /e'rydżynel/ adj. oryginalny; początkowy; s. oryginał
originally /e'rydżynly/ adv.
początkowo
ornament /'o:rnament/ s. ozdoba;
v. ozdabiać
other /'adzer/ pron. inny; drugi; adv. inaczej

otherwise /'adzerłajz/ adv.
inaczej; poza tym; skądinąd
ought /o:t/ v. powinien; trzeba
żeby; należy
our /'aur/ adj. nasz
out /aut/ adv. na zewnątrz;
precz; poza; na dworze; poza
domem
out of /'autow/ adv. z; bez;
poza
outbreak /'autbrejk/ s. wybuch
/np. wojny/
outcome /'autkam/ s. wynik
outdoors /'aut'do:rz/ adj. na
wolnym powietrzu; s. wolna
przestrzeń
outer /'auter/ adj. zewnętrzny
outlet /'autlet/ s. wylot; rynek zbytu; wyjście; ujście
outline /'autlajn/ s. zarys; v.
konturować; szkicować
outside /'aut'sajd/ s. strona
zewnętrzna; adj. zewnętrzny;
adv. zewnątrz
outward /'autłerd/ adj. zewnętrzny; s. strona zewnętrzna
over /'ouwer/ prep. na; po; w;
przez; ponad; nad; powyżej;
adv. na drugą stronę; po powierzchni; całkowicie; od początku;
zbytnio; znowu
overcome /,ouwer'kam/ v. pokonać
overlook /,ouwer'luk/ v. przeo-
czyć; nadzorować
owe /oł/ v. być winnym; zawdzięczać
own /ołn/ v. mieć; posiadać;
adj. własny
owner /'ołner/ s. własciciel
pack /paek/ s. pakunek; tłumok;
okład; kupa; v. pakować
package /'paekydż/ s. pakunek;
paczka
page /pejdż/ s. stronnica; karta; paź; goniec
pain /pejn/ s. ból; trud; v.
zadawać ból; boleć
painful /'pejnful/ adj. bolesny
paint /pejnt/ s. farba; v. malować
painter /'pejnter/ s. malarz
painting /'pejntyŋg/ s. obraz

pair /peer/ s. para; stadło; v. dobierać do pary

pale /pejl/ s. pal; adj. blady; v. blednąć

pan /paen/ s. patelnia; gęba; kra; v. udawać się; krytykować

paper /'pejper/ s. papier; gazeta; rozprawa naukowa; adj. papierowy

pardon /'pa:rdn/ s. ułaskawienie; przebaczenie; v. przebaczać

parent /'peerent/ s. ojciec; matka; pl. rodzice

park /pa:rk/ s. park; v. parkować

part /pa:rt/ s. część; rola; strona; v. rozchodzić się; rozdzielać

particular /'per'tykjuler/ adj. szczególny; szczegółowy; specjalny; dziwny; niezwyczajny; ostrożny; s. szczegół; fakt

particularly /per,tykju'laerly/ adv. osobliwie; szczególnie

partly /'pa:rtly/ adv. częściowo

party /'pa:rty/ s. partia; przyjęcie towarzyskie; towarzystwo; grupa; strona; uczestnik; osobnik

pass /pa:s/ s. przełęcz; odnoga rzeki; przepustka; bilet; umizg; v. przechodzić; mijać; przewyższać; podawać; umierać

passage /'paesydż/ s. przejście; przejazd; przelot; upływ

passenger /'paesyndżer/ s. pasażer; pasażerka

past /pa:st/ adj. przeszły; prep. za; obok; po; przed; adv. obok; s. przeszłość

path /pa:s/ s. ścieżka; tor

patience /'pejszens/ s cierpliwość; pasjans

patient /'pejszent/ adj. cierpliwy; wytrwały; s. pacjent

patriotic /,paetry'otyk/ adj. patriotyczny

pattern /'paetern/ s. próbka; wzór; cecha charakterystyczna; v. wzorować; modelować

pause /po:z/ s. przerwa; pauza; v. robić przerwę; wahać się

pay; paid; paid /pej; peid; peid/ v. płacić; udzielać /uwagi/; opłacać /się/; s. płaca; pobory; adj. płatny

payment /'pejment/ s. wypłata

peace /pi:s/ s. pokój; spokój

peaceful /'pi:sful/ adj. spokojny; pokojowy

pearl /pe:rl/ s. perła

peculiar /py'kju:ljer/ adj. szczególny; dziwny; osobliwy

pen /pen/ s. pióro; ogrodzenie; v. pisać

pencil /pensl/ s. ołówek; v. rysować; pisać

penny /'peny/ s. cent; grosz; pl. pennies /'penyz/; Br. pl. pence /pens/

people /pi:pl/ s. ludzie; ludność; v. zaludniać

pepper /'peper/ s. pieprz; papryka; v. pieprzyć; kropić; v. dać lanie

per /pe:r/ prep. przez; za; na; według; co do

perfect /'pe:rfykt/ adj. doskonały; zupełny; v. udoskonalić

perfection /per'fekszyn/ s. doskonałość; udoskonalenie

perfectly /'pe:rfyktly/ adv. doskonale

perform /per'fo:rm/ v. wykonywać odgrywać; spełniać

performance /per'fo:rmens/ s. przedstawienie; wykonanie

perhaps /per'haeps, praeps/ adv. może; przypadkiem

permanent /'pe:rmenent/ adj. trwały

permit /per'myt/ s. pozwolenie; v. pozwalać

person /'pe:rson/ s. osoba

personal /'pe:rsenel/ adj. osobisty; s. wiadomość osobista

personally /'pe:rsenly/ adv. osobiście

persuade /pe:r'słejd/ v. przekonywać; namawiać

pet /pet/ s. ulubieniec; adj.
ulubiony; v. pieścić
photograph /'foute,gra:f/ s.
fotografia; v. fotografować
pick /pyk/ v. wybierać krytykować; dłubać; kraść; s. kilof;
dłuto; wybór
picture /'pykczer/ s. obraz;
film; v. przedstawiać; opisy-
wać; wyobrażać sobie
piece /pi:s/ s. kawałek; cześć;
utwór; v. łączyć; łatać
pig /pyg/ s. wieprz; świnia
pile /pail/ s. stos; sterta;
kupa; pal; v. gromadzić
pin /pyn/ s. szpilka; sztyft;
v. przyszpilić; przymocować
pinch /pynch/ v. szczypać;
gnieść; s. uszczypnięcie
pink /pynk/ s. różowy kolor
pint /pajnt/ s. półkwarcie;
0,47 litra
pipe /pajp/ s. rura; przewód;
v. doprowadzić rurami; grać
na fujarce
pity /'pyty/ s. litość; współczucie; szkoda; v. litować się;
współczuć; żałować kogoś
place /plejs/ s. miejsce; miej-
cowość; v. umieszczać; położyć
plain /plejn/ adj. wyraźny; prosty; gładki; adv. jasno; wyraźnie; s. równina
plan /paen/ s. plan; v. planowć;
zamierzać
plant /pla:nt/ s. roślina; fabryka; v. zasadzać
plate /plejt/ s. talerz; płyta
play /plej/ s. gra; zabawa;
v. grać; bawić się
player /'plejer/ s. gracz; muzyk; aktor; zawodnik
pleasant /'plesnt/ s. przyjemny
please /pli:z/ v. podobać się
please! /pli:z/ v. proszę
pleasure /'pleżer/ s. przyjemność; adj. rozrywkowy
plenty /'plenty/ s. obfitość;
mnóstwo; adv. zupełnie
plough /plau/ s. pług; v. orać

plural /'plu:rel/ s. liczba
mnoga; adj. mnogi
pocket /'pokyt/ s. kieszeń; v.
wkładać do kieszeni
pocketbook /'pokyt,buk/ s. notes
poet /pouyt/ s. poeta
point /point/ s. punkt; ostry
koniec; sedno; v. zaostrzać;
wskazywać
poison /'pojzn/ s. trucizna;
v. truć; zatruć; zakazić
police /pe'li:s/ s. policja;
v. rządzić; pilnować
policeman /pe'li:smen/ s. policjant
Polish /'poulysz/ adj. polski
/język/
polish /'polysz/ v. polerować;
s. pasta do butów
polite /pe'lajt/ adj. grzeczny;
uprzejmy; kulturalny
political /pe'lytykel/ adj.
polityczny
politics /'polytyks/ s. polityka
pool /pu:l/ s. kałuża; pływalnia; v. składać się razem
poor /puer/ adj. biedny; ubogi;
lichy; marny; słaby
popular /'popjuler/ adj. ludo-
wy; popularny /tani/
popularity /,popju'laeryty/ s.
popularność
population /'popjulejszyn/ s.
ludność
position /pe'zyszyn/ s. położenie; postawa; v. umieszczać
possess /pe'zes/ v. posiadać
possession /pe'zeszyn/ s. po-
siadanie; posiadłość; własność
possibility /pose'bylyty/ s.
możliwość; możność
possible /'posebl/ adj. możliwy; ewentualny
possibly /'posebly/ adv. może;
możliwie
post /poust/ s. słup; posterunek; poczta; v. ogłaszać
postal /'poustel/ adj. pocztowy

post-office /'poust,ofys/ s.
poczta
postpone /poust'poun/ v. odłożyć; odroczyć; odwlekać
pot /pot/ s. garnek; czajnik;
haszysz
pound /paund/ s. funt /pieniądz,
waga/; v. tłuc
pour /po:r/ v. wysypać; lać /się/
poverty /'powerty/ s. ubóstwo
powder /'pałder/ s. proch; puder; pudrować; proszkować
power /'pałer/ s. potęga; siła;
v. napędzać
powerful /'pałerful/ adj. potężny; mocny
practical /'praektykel/ adj.
praktyczny
practically /'praektykly/ adv.
prawie; praktycznie; właściwie
practice /'praektys/ s. praktyka;
v. praktykować; ćwiczyć
practise /'praektys/ v. = practice
praise /prejz/ s. pochwała;
v. chwalić; sławić
pray /prej/ v. modlić się;
prosić; błagać
prayer /'prejer/ s. modlitwa;
prośba
preach /pri:cz/ v. głosić; kazać
preacher /pri:czer/ s. kaznodzie-
ja
precious /'preszes/ adj. drogi;
cenny; adv. bardzo; niezwykle
prefer /pry'fe:r/ v. woleć
prejudice /'predżudys/ s. up-
rzedzenie; v. uprzedzać do
kogoś
preparation /,prepe'rejszyn/ s.
przygotowanie; przyrządzanie
prepare /pry'peer/ v. przygotowywać /się/; szykować /się/
presence /'presens/ v. obecność
present /'preznt/ s. prezent;
teraźniejszość; adj. obecny
preserve /pry'ze:rw/ v. zachowy-
wać; chronić; s. konserwa
president /'prezydent/ s. prezydent
presidential /'prezydenczjal/
adj. prezydencki; jak prezydent

press /pres/ s. prasa; dzienniki;
tłocznie; ścisk; v. ściskać;
naglić; tłoczyć
pressure /'preszer/ s. ciśnienie; napór; parcie
pretend /pry'tend/ v. udawać;
pretendować
pretty /'pryty/ adj. ładny;
adv. dość; dosyć
prevent /pry'went/ v. zapobiec;
powstrzymywać
price /prajs/ s. cena; koszt
pride /prajd/ s. duma; chluba
priest /pri:st/ s. kapłan
print /prynt/ s. ślad; druk;
fotka; v. wydrukować
prison /pryzn/ s. więzienie
prisoner /'pryzner/ s. więzień
private /'prajwyt/ adj. prywatny; tajny; s. szeregowiec
prize /prajz/ v. cenić; s. nagroda; premia; wygrana
probability /proba'bylyty/ s.
prawdopodobieństwo
probably /'probebly/ adv. prawdopodobnie; przypuszczalnie
problem /'problem/ s. problem;
zadanie; zagadnienie
process /'prouses/ s. przebieg;
postęp; v. załatwiać
produce /pre'dju:s/ v. wytwa-
rzać; produkować
product /'predakt/ s produkt;
wynik; iloczyn
production /pre'dakszyn/ s. wy-
twórczość; wydobycie; utwór
profession /pre'feszyn/ s. zawód;
wyznanie; oświadczenie
professional /pre'feszenl/ s.
zawodowiec; adj. zawodowy
profit /'profyt/ s. zysk; dochód; v. korzystać
program /'prougraem/ s. program;
plan; v. planować
progress /'prougres/ s. postęp
promise /'promys/ s. obietnica;
v. obiecywać; zaręczać
prompt /prompt/ adj. szybki;
natychmiastowy; v. nakłaniać
pronounce /pre'nauns/ v. oświad-
czać; wymawiać

proof /pru:f/ s. dowód; próba;
odbitka; adj. odporny; wypró-
bowany
proper /'proper/ adj. właściwy;
własny; odpowiedni
properly /'properly/ adv. właściwie; słusznie; przyzwoicie
property /'property/ s. własn-
ność
proposal /pre'pouzel/ s. propo-
zycja; projekt; oświadczyny
propose /pre'pouz/ v. proponować; przedkładać; zamierzać
protect /pre'tekt/ v. chronić
protection /pre'tekszyn/ s. o-
chrona; opieka; protekcja
proud /praud/ adj. dumny
prove /pru:w/ v. udowadniać;
poddawać próbie; okazywać się
provide /pre'wajd/ v. zaopatrywać; przygotowywać
provide for /pre'wajd,fo:r/ v.
zaspokajać potrzeby
public /'pablyk/ s. publiczność;
adj. publiczny; obywatelski
pull /pul/ v. pociągnąć; szarpnąć; wyrwać; wyciągnąć
pump /pamp/ s. pompa; v. pom-
pować
punish /'panysz/ v. karać
punishment /'panyszment/ s. kara
pupil /'pju:pl/ s. źrenica;
uczeń; wychowanek
puppet /'papyt/ s. marionetka
purchase /'pe:rczes/ s. zakup;
kupno; v. kupić
pure /pjuer/ adj. czysty
purely /pjuerly/ adv. czysto;
zupełnie
purpose /'pe:rpes/ s. cel; zamiar; v. zamierzać
push /pusz/ s. pchnięcie; suw;
nacisk; v. pchać; posunąć
put; put; put /put; put; put/
v. kłaść; wlewać; s. rzut
puzzle /pazl/ s. zagadka
qualified /'kłolyfajd/ adj. wy-
kwalifikowany; uwarunkowany
quality /'kłolyty/ s. jakość;
gatunek; właściwość; zaleta

quantity/'kłontyty/ s. ilość;
wielkość; hurt; obfitość
quarrel /'kło:rel/ s. kłótnia;
zerwanie; v. kłócić się
quarter /'kło:ter/ v. ćwiarto-
wać; kwaterować; s.ćwierć;
dzielnica
queen /kłi:n/ s. królowa
question /'kłesczyn/ s. pytanie;
v. badać; pytać się
quick /kłyk/ adj. szybki; bystry; adv. szybko; v. przyspieszać;
quickly /'kłykly/ adv. szybko
quiet /'kłajet/ adj. spokojny;
cichy; s. spokój; cisza
quietly /'kłajetly/ adv. spo-
kojnie; cicho
quite /kłajt/ adv. całkowicie;
zupełnie; raczej; wcale
race /rejs/ s. rasa; rodzaj;
bieg; v. ścigać się
radio /'rejdjou/ s. radio
rail /rejl/ s. poręcz; szyna;
v. przewozić koleją
railing /'rejlyng/ s. sztache-
ty; ogrodzenie; poręcz
railroad /'rejlroud/ s. kolej; v.
przewozić koleją
railway /'rejlłej/ s. kolej
rain /rejn/ s. deszcz; v. pada
deszcz
raise /rejz/ v. podnosić; s.
podwyżka /płac/
rank /raenk/ s. ranga; stan;
adj. wybujały; zjełczały;
v. zaszeregować
rapid /'raepyd/ adj. prędki;
szybki; bystry; stromy
rapidly /'raepydly/ adv. szybko; bystro; stromo
rare /reer/ adj. rzadki
rarely /raerly/ adv. rzadko
rat /raet/ s. szczur; łamistrajk
rate /rejt/ s. stopa; stosunek;
cena; stawka; v. szacować; o-
ceniać; ustalać
rather /'raedzer/ adv. raczej;
chętniej; dość; nieco
raw /ro:/ adj. surowy

ray /rej/ s. promień; promyk
razor blade /'rejzer'blejd/ s.
żyletka
reach /ri:cz/ v. sięgnąć; s. zasięg
read; read; read /ri:d/ red;
red/ v. czytać; tłumaczyć
reader /'ri:der/ s. czytelnik
ready /'redy/ adj., adv. gotowy;
v. przygotowywać
real /ryel/ adj. prawdziwy; rzeczywisty; realny; istotny
reality /ry'aelyty/ s. rzeczywistość; realizm; prawdziwość
realize /'ry:e,lajz/ v. urzeczy-
wistnić; realizować; uprzytam-
niać; zdawać sobie sprawę
really /'ryely/ adv. rzeczywiście; naprawdę; doprawdy; faktycznie; istotnie
reason /'ri:zn/ s. rozum; powód;
rozsądek; v. rozumować
reasonable /'ri:znebl/ adj. ro-
zumny; rozsądny; słuszny
receipt /ry'si:t/ s. pokwitowanie; odbiór; recepta
receive /ry'si:w/ v. otrzymywać;
dostawać; przyjmować /np. gości/
recent /'ri:snt/ adj. niedawny
reckless /'reklys/ adj. /niebez-
piecznie/ lekkomyślny
recognition /,rekeg'nyszyn/ v.
rozpoznanie; uznanie
recognize /'rekeg,najz/ v. roz-
poznawać; pozdrowić uznawać
recommend /reke'mend/ v. polecać
record /'reko:rd/ v. zapisywać;
notować; s. zapis;   nagranie;
rekord
red /red/ adj. czerwony; rudy;
s. czerwień
Red Cross /red kros/ s. Czerwony Krzyż
reduce /ry'dju:s/ v. zmniejszać
/się/; chudnąć; ograniczać
reduction /ry'dakszyn/ s. zmniejszenie; obniżka
refer /ry'fe:r/ v. odsyłać; po-
wiązywać; skierować
reference /'refrens/ s. odnośnik;
aluzja; referencja; stosunek

reflect /ry'flekt/ v. odbijać;
odzwierciedlać; rozmyślać
reflection /ry'flekszyn/ s. od-
bicie; zarzut; namysł
refresh /ry'fresz/ v. odświeżyć
refusal /ry'fju:zel/ s. odmowa
refuse /ry'fju:z/ v. odmawiać;
adj. odpadowy; s. odpadki
regard /ry'ga:rd/ v. spoglądać;
dotyczyć; s. wzgląd; szacunek
regardless /ry'ga:rdlys/ adv.
w każdym razie; adj. nie zwa-
żający; bez względu
regret /ry'gret/ s. ubolewanie;
żal; v. żałować czegoś
regular /'regjuler/ adj. regularny; stały; zawodowy; poprawny; przepisowy
regularly /'regjulerly/ adv.
regularnie; stale
rejoice /ry'dżojs/ v. cieszyć
się; weselić się
relate /ry'lejt/ v. opowiadać;
referować; łączyć się
related /ry'lejtyd/ adj. bliski
relation /ry'lejszyn/ s. sprawozdanie; stosunek; pokrewieństwo
relative /'reletyw/ adj.
względny; zależny; adv. odnośnie; s. krewny
relief /ry'li:f/ s. ulga
relieve /ry'li:w/ v. ulżyć /so-
bie/
religion /ry'lydżyn/ s. religia
religious /ry'lydżes/ adj. po-
bożny
remain /ry'mejn/ v. pozostawać
remark /ry'ma:rk/ v. zauważyć;
zrobić uwagę; s. uwaga
remedy /'remydy/ s. lekarstwo;
v. leczyć; zaradzać
remember /ry'member/ v. pamiętać
remind /ry'majnd/ v. przypominać
repair /ry'peer/ v. naprawiać;
s. naprawa
repeat /ry:'pi:t/ v. powtarzać
/się/; s. powtórzenie
replace /ry'plejs/ v. zastępo-
wać; oddawać; wymienić

reply /ry'plaj/ v. odpowiadać;
s. odpowiedź
report /ry'po:rt/ v. opowiadać;
zdawać sprawę; referować; s.
sprawozdanie; opinia
reporter /ry'po:rter/ s. dziennikarz; sprawozdawca; reporter
represent /,repry'zent/ v. przedstawiać; reprezentować
representative /,repry'zente-
tyw/ adj. reprezentujący; s.
przedstawiciel
reproduce /,rypre'du:s/ v. od-
twarzać; rozmnażać
republic /ry'pablyk/ s. repu-
blika; rzeczpospolita
reputation /,repju'tejszyn/ s.
reputacja; sława; dobre imię
request /ry'kłest/ s. prośba;
v. prosić o pozwolenie
rescue /'reskju:/ v. ratować;
s. ratunek
reserve /ry'ze:rw/ v. zastrze-
gać; zarezerwować; s. rezerwa
resign /ry'zajn/ v. zrzekać się
resist /ry'zyst/ v. opierać
się; powstrzymywać się
resistance /ry'zystens/ s. opór
responsibility /rys,ponse'by-
lyty/ s. odpowiedzialność
responsible /rys'ponsebl/ adj.
odpowiedzialny /wobec; przed/
rest /rest/ s. odpoczynek; reszta; v. odpoczywać
restaurant /'resterent/ s. restauracja
restroom /'rest,rum/ s. ustęp;
toaleta
result /ry'zalt/ s. rezultat;
wynik; v. dawać w wyniku
retire /ry'tajer/ v. wycofać
/się/; iść na spoczynek
retirement /ry'tajerment/ s.
przejście w stan spoczynku;
ustronie; wycofanie
return /ry'te:rn/ v. wracać;
obracać w; oddawać; odwzajem-
nić; odpowiedzieć; wybrać;
s. powrót; nawrót; dochód
revenge /ry'wendż/ s. zemsta;
v. zemścić się

review /ry'wju:/ v. przeglądać;
pisać recenzje; s. recenzja
reward /ry'ło:rd/ s. nagroda
rice /rajs/ s. ryż
rich /rycz/ adj. bogaty; obfity;
pełny; tłusty /np. pokarm/
rid; rid; ridded /ryd; ryd;
'rydyd/ v. uwalniać się od;
pozbywać się; adj. wolny
ride; rode; ridden /rajd; roud;
rydn/ v. pojechać; jechać; s.
jazda; droga
right /rajt/ adj. prawy; adv. w
prawo; na prawo; prosto; dobrze; s. prawa strona; prawo;
dobro; v. naprawić; sprosto-
wać; odpłacać
rightly /'rajtly/ adv. spra-
wiedliwie; słusznie
ring; rang; rung /ryng; raeng;
rang/ v. dzwonić; telefonować;
s. dzwonek; telefonowanie
ripe /rajp/ adj. dojrzały
ripen /rajpn/ v. dojrzewać;
przyspieszać dojrzewanie
rise; rose; risen /rajz; rouz;
ryzn/ v. ponieść się; wstawać; s. wschód; podwyżka
risk /rysk/ s. ryzyko; v. nara-
żać się; ryzykować
rival /'rajwel/ s. rywal;
współzawodnik; v. rywalizować
river /'rywer/ s. rzeka
road /roud/ s. droga
roar /ro:r/ v. ryczeć; s. ryk
roast beef /'roust,bi:f/ s.
pieczeń wołowa
rob /rob/ v. grabić; rabować
rock /rok/ s. kamień; skała;
kołysanie; v. kołysać się
rod /rod/ s. pręt /=5,03m/; róz-
ga; drąg; wędka
roll /roul/ s. rolka; zwój; spis;
wałek; walec; kołysanie /się/;
v. toczyć; wałkować
roof /ru:f/ s, dach
room /rum/ s. pokój; miejsce;
wolna przestrzeń; powód
root /ru:t/ s. korzeń; sedno;
v. posadzić; ryć; szperać

rope /roup/ s. sznur; lina;
stryczek; v. związać
rough /raf/ adj. szorstki; nieo-
krzesany; adv. ostro; szorstko;
s. nierówny teren; v. być szor-
stkim; szkicować
roughly /'rafly/ adv. szorstko;
w przybliżeniu
round /raund/ adj. okrągły;
adv. wkoło; kołem; dookoła;
prep. dookoła; s. koło; krąg;
v. zaokrąglać
row /roł/ s. szereg; rząd; jazda łodzią; v. wiosłować
royal /'rojel/ adj. królewski
rub /rab/ v. trzeć; nacierać;
s. tarcie; nacieranie
rubber /'raber/ s. guma; masa-
żysta; pl. kalosze
rude /ru:d/ adj. szorstki; niegrzeczny; ostry; surowy
rug /rag/ s. kilim; dywan
ruin /ruyn/ s. ruina; v. rujnować /się/; zniszczyć /się/
rule /ru:l/ s. przepis; prawo;
rządy; miarka; v. rządzić
ruler /'ruler/ s. władca
run; ran; ran /ran; raen;
raen/ v. biegać; pędzić; działać; uciekać; prowadzić; spotykać; s. bieg; przebieg; roz-
bieg; okres; wybieg; tor
rush /rasz/ v. pędzić; poganiać;
ponaglać; s. pęd; ruch
rust /rast/ s. rdza; v. rdzewieć
sacred /'sejkryd/ adj. poświę-
cony; nienaruszalny
sacrifice /'saekryfajs/ s. ofiara; v. ofiarowywać
sad /saed/ adj. smutny; bolesny
saddle /saedl/ s. siodło; v.
siodłać; obarczać
safe /sejf/ adj. pewny; bez-
pieczny; s. schowek /bankowy/
safety /'sejfty/ s. bezpieczeństwo; zabezpieczenie
sail /sejl/ s. żagiel; v. żaglo-
wać
sailor /'sejlor/ s. żeglarz;
marynarz
sake /sejk/ s. czyjeś dobro;
wzgląd

salary /'saelery/ s. pensja
sale /sejl/ s. sprzedaż
salesman /'sejlsmen/ s. sprzedawca
salt /so:lt/ s. sól; adj. słony; v. solić
same /sejm/ adj. ten sam; taki
sam; jednostajny; adv. tak samo
pron. to samo
sample /'sa:mpl/ s. próbka
sand /saend/ s. piasek
satisfaction /,saetys'faekszyn/
s. zadowolenie; satysfakcja
satisfactory /,saetys'faektery/
adj. zadawalający; odpowiedni
satisfy /'saetys,faj/ v. zaspo-
koić; spełnić; przekonywać
sauce /so:s/ s. sos
sausage /'sosydż/ s. kiełbasa
save /sejw/ v. ratować; oszczędzać; prep. oprócz; wyjąwszy;
poza; conj. że; poza tym; chyba że; z wyjątkiem
saw; sawed; sawn /so:; so:d;
so:n/ v. piłować; s. piła
say; said; said /sej; sed; sed/
v. mówić; powiedzieć
scale /skejl/ s. skala; łuska;
v. wyłazić; mierzyć; ważyć
scar /ska:r/ s. blizna
scarce/skeers/ adj. rzadki;
niewystarczający
scarcely /'skeersly/ adv. zaledwie; ledwo; z trudem
scatter /'skaeter/ v. rozpraszać
/się/; rozsypywać
scene /si:n/ s. scena; widok; o-
braz; awantura
scent /sent/ v. węszyć; s. zapach; nos /węch/; perfumy
school /sku:l/ s. szkoła; nauka;
adj. szkolny; v. kształcić
science /'sajens/ s. wiedza;
nauka; umiejętność
scientific /'sajentyfyk/ adj.
naukowy; umiejętny
scientist /'sajentyst/ s. uczo-
ny; przyrodnik; naukowiec
scissors /'syzez/ s. nożyce
scold /skould/ v. besztać

scorn /sko:rn/ s. lekceważenie;
v. lekceważyć; gardzić
scrape /skrejp/ s. skrobanie;
v. skrobnąć; drasnąć
scratch /skraecz/ s. draśnięcie;
v. drapać /się/
screen /skri:n/ s. zasłona; ekran; sito; v. zasłaniać; sortować
screw /skru:/ s. śruba; śmigło;
v. przyśrubować; naciskać
sea /si:/ s. morze; fala
seaman /'si:men/ s. marynarz
search /se:rcz/ s. poszukiwanie; v. badać; dociekać
seaside /'si:sajd/ s. wybrzeże
morskie
season /'si:zn/ s. pora roku;
sezon; v. zaprawiać; okrasić
seat /si:t/ s. siedzenie; sie-
dziba; v. posadzić; usadowić
second /'sekend/ adj. drugi;
drugorzędny; v. poprzeć; se-
kundować; s. sekunda; chwila
secondly /'sekendly/ adv. po
drugie
secret /'si:kryt/ adj. tajny;
s. tajemnica; sekret
secretary /'sekretry/ s. sekre-
tarz; sekretarka; sekretarzyk
see; saw; seen /si:; so:; si:n/
v. zobaczyć; widzieć; ujrzeć;
zauważyć; spostrzegać; zwiedzać; zrozumieć; odwiedzać;
dążyć; dopilnować
see off /'si:,of/ v. odprowadzać
seed /si:d/ v. zasiewać; s. na-
sienie; zarodek
seem /si:m/ v. zdawać się; robić
wrażenie; okazywać się; mieć
wrażenie
seize /si:z/ v. uchwycić
seldom /'seldem/ adv. rzadko
self /self/ prefix. samo;
pron. sam; s. jaźń; własne
dobro
selfish /'selfysz/ adj. samo-
lubny; egoistyczny
sell; sold; sold / sel; sould;
sould/ v. sprzedawać
sell out /'selaut/ v. wyprzeda-
wać

seller /'seler/ s. sprzedawca
send; sent; sent /send; sent;
sent/ v. posyłać; nadawać
sense /sens/ s. zmysł; sens; v.
wyczuwać; czuć; rozumieć
sensible /'sensybl/ adj. rozsądny; świadomy; przytomny
sentence /'sentens/ s. zdanie;
wyrok; v. skazywać
separate /'seperejt/ v. rozłączyć; odseparować /się/
separate /'sepryt/ adj. odrębny;
oddzielny; osobny
separation /,sepe'rejszyn/ s.
separacja; rozdzielenie
serious /'sierjes/ adj. poważny
seriously /'sierjesly/ adv.
poważnie
servant /'se:rwent/ s. służący
serve /se:rw/ s. służyć
service /'se:rwys/ s. służba;
urząd; uprzejmość; pomoc; ser-
wis; v. doglądać
service-station /'se:rwys-'stej-
szyn/ s. stacja obsługi
set; set; set /set; set; set/
v. stawiać; umieszczać; nastawiać; osadzać; ustalać; nakry-
wać; składać; okrzepnąć; adj.
zastygły; nieruchomy; stały;
s. seria; skład; komplet; zespół; zachód; układ; twardnie-
nie; rozstęp
settle /setl/ v. osiedlić /się/;
uspokoić /się/; układać /się/
settlement /'setlment/ s. osiedle; osada; osiadanie
settler /'setler/ s. osadnik
several /'sewrel/ adj. kilku;
kilka; kilkoro; różny
severe /sy'wier/ adj. surowy;
ostry; dotkliwy; zacięty
sew; sewed; sewn /sou; soud;
soun/ v. szyć
shade /szejd/ s. cień; abażur;
stora; v. zasłaniać
shadow /'szaedou/ s. cień
/czyjś/; v. pokrywać cieniem;
śledzić kogoś

shake; shook; shaken /szejk;
szuk; szejken/ v. potrząsać;
dygotać; s. dygotanie; dreszcze; drżenie
shall /szael/ v. będę; będziemy;
musisz; musi; muszą /zrobić/
shallow /'szaelou/ s. mielizna;
adj. płytki; v. spłycać
shame /szejm/ s. wstyd; v. wsty-
dzić /się/
shape /szejp/ v. kształtować;
s. kształt; postać; model
share /szeer/ s. udział; v.
dzielić /się/; podzielać
sharp /sza:rp/ adj. ostry; bystry; chytry; adv. punktualnie;
szybko
shave /szejw/ v. golić /się/;
strugać; s. golenie
she /szi:/ pron. ona
sheep /szi:p/ pl. owce
sheet /szi:t/ s. arkusz; prześcieradło; gazeta
shelf /szelf/ s. półka; rafa;
mielizna; pl. shelves /szelwz/
shell /szel/ s. łupina; skoru-
pa; muszla; łuska; pocisk
shelter /'szelter/ s. schronie-
nie; v. chronić; osłaniać
shield /szi:ld/ s. tarcza; osłona; v. osłaniać; ochraniać
shine /szajn/ shone; shone; /szajn;
szon; szon/ v. zabłyszczeć;
jaśnieć; s. blask
ship /szyp/ s. okręt; statek;
samolot; v. załadować; posyłać
shipment /'szypment/ s. załadu-
nek; przesyłka; fracht
shirt /sze:rt/ s. koszula
shock /szok/ s. wstrząs; cios;
v. wstrząsnąć; porazić
shoe; shod; shod /szu:; szod;
szod/ v. obuwać; podkuć; s.
but; półbucik; podkowa
shoot; shot; shot /szu:t; szot;
szot/ v. strzelić; zastrzelić;
zrobić zdjęcie; s. polowanie
shop /szop/ s. sklep; pracownia;
zakład; v. robić zakupy
shore /szo:r/ s. brzeg; wybrzeże

short /szo:rt/ adj. krótki; adv.
krótko; nagle; s. skrót; zwarcie
shortly /'szo:rtly/ adv. wkrótce; niebawem
should /szud/ v. tryb warunkowy
od shall /zob. "shall"/
shoulder /'szoulder/ s. ramię;
pobocze; v. rozpychać się
shout /szałt/ s. krzyk; wrzask;
v. krzyczeć; wykrzykiwać
show /szou/ v. pokazywać /się/;
s. wystawa; przedstawienie;
pokaz
shower /'szałer/ s. tusz; prysznic; przelotny deszcz; grad;
stek; v. przelotnie kropić;
obsypywać; oblewać
shut /szat/ v. zamykać /się/;
adj. zamknięty
shut down /'szat,dałn/ s. zam-
knięcie; wstrzymanie pracy;
v. zamykać; /o zakładzie/ stanąć
sick /syk/ adj. chory
side /sajd/ s. strona; adj. u-
boczny; v. stać na stronie
sight /sajt/ s. wzrok; widok;
celownik; v. zobaczyć
sign /sajn/ s. znak; wywieszka;
v. znaczyć
signal /'sygnl/ s. sygnał; znak;
v. sygnalizować; dawać znak
silence /'sajlens/ s. milczenie;
cisza; v. nakazywać milczenie
silent /'sajlent/ adj. milczący
silk /sylk/s. jedwab; adj. jed-
wabny
silver /'sylwer/ s srebro; v.
posrebrzać; adj. srebrny
simple /'sympl/ adj. prosty;
naiwny; zwyczajny
simplicity /sym'plysyty/ s.
prostota
simply /'symply/ adv. po prostu
since /syns/ adv. odkąd; odtąd;
potem; temu; conj. skoro; ponieważ; od czasu jak
sincere /syn'sier/ adj. szczery

sing; sang; sung /syng; saeng;
sang/ v. śpiewać; s. śpiew
single /'syngl/ adj. pojedyńczy; samotny; s. gra pojedyń-
cza; v. wybierać
sink; sank; sunk /synk; saenk;
sank/ v. zatonąć; zatopić; zagłębić się; obniżyć; ukrywać;
wyryć; s. zlew; ściek
sir /se:r/ s. pan; v. nazywać
panem; exp. proszę pana!
sit; sat; sat /syt; saet; saet/
v. siedzieć; obradować
situation /,sytu'ejszyn/ s. położenie; posada; sytuacja
size /sajz/ s. wielkość; v. sortować według wielkości; nadawać się
skill /'skyl/ s. wprawa
skillful /'skylful/ adj. zręczny; wprawny
skin /skyn/ s. skóra; cera
skirt /ske:rt/ s. spódnica
sky /skaj/ s. niebo; klimat
Slav /sla:v/ adj. słowiański
slave /slejw/ adj. niewolniczy;
s. niewolnik; v. harować
slavery /'slejwery/ s. niewol-
nictwo
sleep; slept; slept / sli:p;
slept; slept/ v. spać; s. sen
slide; slid; slid /slajd; slyd;
slyd/ v. suwać /się/; ślizgać
/się/; s. ślizganie się; poślizg; przezrocze
slight /slajt/ adj. wątły; nie-
znaczny; v. lekceważyć
slightly /slajtly/ adv. z lekka;
lekko; nieco
slip /slyp/ v. poślizgnąć /się/;
s. poślizg; błąd; halka
slope /sloup/ s. pochyłość; zbo-
cze; v. być pochylonym; pochylać; adj. pochyły
slow /sloł/ adj. powolny; adv.
powoli; v. zwalniać
slowly /słołly/ adv. powoli; po-
mału
small /smo:l/ adj. mały; drobny;
adv. drobno; s drobna rzecz

smell; smelt; smelled /smel;
smelt; smeld/ v. pachnieć; po-
czuć; s. węch; zapach; woń; o-
dór; smród
smile /smajl/ v. uśmiechać się;
uśmiech
smoke /smouk/ s. dym; palenie;
v. dymić; palić /tytoń/
smoker /'smouker/ s. palący; pa-
lacz
smooth /smu:s/ adj. gładki; v.
gładzić; adv. gładko; s. wygła-
dzenie
snake /snejk/ s. wąż; v. wić
się; wlec /za sobą/
sneeze /sni:z/ v. kichać; s. ki-
chnięcie
snooze /snu:z/ s. drzemka; v.
drzemać; zdrzemnąć się
snore /sno:r/ v. chrapać; s.
chrapanie
snow /snou/ s. śnieg; /slang/:
kokaina; heroina ; v. ośnieżyć;
śnieg pada; zasypać śniegiem
snowy /'snoły/ adj. śnieżny
so /sou/ adv. tak; a więc; w ta-
kim razie; a zatem; też; tak
samo; bardzo; to; także; excl.
to tak! no, no!
so-called /sou-ko:ld/ adj. tak
zwany /nieprawdziwy/
soap /soup/ s. mydło; pochleb-
stwo; v. mydlić /się/; adj.
mydlany
social /'souszel/ adj. społecz-
ny; s. zebranie towarzyskie
society /so'sajety/ s. towarzystwo; społeczeństwo
soft /soft/ adj. miękki; łagodny; bezalkoholowy
soften /softn/ v. zmiękczyć
soil /sojl/ s. gleba; ziemia;
brud; v. zabrudzić
soldier /'souldżer/ s. żołnierz;
adj. żołnierski; v. służyć
w wojsku
solemn /'solem/ adj. uroczysty
solid /'solyd/ adj. stały; lity;
s. ciało stałe; bryła
solidarity /,soly'daeryty/ s.
solidarność

solution /so'ljuszyn/ s. roztwór;
rozwiązanie /problemu/
solve /solw/ v. rozwiązywać
some /sam/ adj. jakiś; pewien;
trochę; kilka; niektóre; sporo;
adv. niemało; mniej więcej; jakieś; pron. niektórzy; kilka
somebody /'sambedy/ pron. ktoś
somehow /'samhał/ adv. jakoś
something /'samsyng/ s. coś;
adv. trochę; nieco
sometimes /'samtajmz/ adv. niekiedy; czasem; czasami
somewhat /'samhłot/ adv. nieco;
do pewnego stopnia; niejaki
son /san/ s. syn
song /song/ s. pieśń; śpiew
son-in-law /'san,ynlo:/ s. zięć
soon /su:n/ adv. wnet; niebawem; wkrótce; zaraz; niedługo
sore /so:r/ adj. bolesny; dot-
knięty; adv. srodze; bardzo;
s. bolące miejsce
sorrow /'sorou/ s. zmartwienie;
smutek; v. martwić się
sort /so:rt/ s. rodzaj; gatunek;
v. sortować
soul /soul/ s. dusza
sound /saund/ s. dźwięk; adj.
zdrowy; v. brzmieć
soup /su:p/ s. zupa
sour /'sauer/ adj. kwaśny; cier-
pki; v. kisnąć; kwasić się
south /saus/ adj. południowy;
adv. na południe
southern /'sadzern/ adj. południowy; s. południowiec
sow; sowed; sown /sou; soud;
soun/ v. siac
space /spejs/ s. przestrzeń;
v. robić odstępy; rozstawiać
spade /spejd/ s. łopata
spare /speer/ v. oszczędzać;
adj. zapasowy; s. część zapasowa; koło zapasowe
speak; spoke; spoken /spi:k;
spo:k; 'spoken/ v. mówić; przemawiać
speaker /'spi:ker/ s. mówca;
głośnik; przewodniczący

special /'speszel/ adj. specjalny; s. wydanie nadzwyczajne
specially /'speszely/ adv. spe-
cjalnie; szczególnie
speech /spi:cz/ s. mowa
speed; sped; sped /spi:d; sped;
sped/ v. pośpieszyć; pędzić;
s. szybkość; prędkość; bieg
spell; spelled; spelt /spel;
speld; spelt/ v. przeliterować;
znaczyć; sylabizować; urzec;
odpoczywać; s. chwila; okres;
czar
spend; spent; spent /spend;
spent; spent/ v. wydawać /np.
pieniądze/; spędzać /czas/;
tracić /np. siły/
spill; spilled; spilt /spyl;
spyld; spylt/ v. rozlewać /się/;
rozsypywać /się/; wygadać /się/;
s. rozlanie; rozsypanie
spin; spun; span /spyn; span;
spaen/ v. snuć; prząść; toczyć
na tokarni; zawirować; s. krę-
cenie /sie/; zawirowanie; prze-
jażdżka
spirit /'spyryt/ s. duch; umysł;
zjawa; odwaga; v. zachęcać;
ożywiać; rozweselać
spit; spat; spat /spyt; spaet;
spaet/ v. pluć; lekceważyć;
pryskać; s. plucie; ślina
spite /spajt/ s. złość; uraz;
złośliwość; v. zrobić na złość;
in spite of = wbrew; pomimo
splendid /'splendyd/ adj.
wspaniały; świetny; doskonały
split; split; split /splyt;
splyt; splyt/ v. łupać; oddzielać /się/; odchodzić; s. pęknięcie; rozszczepienie
spoil; spoilt; spoiled /spojl;
spojlt; spojld/ v. psuć się
spoon /spu:n/ s. łyżka
sport /spo:rt/ s. sport; zawody;
zabawa; rozrywka; sportowiec;
/slang/: człowiek dobry; v. bawić się; uprawiać sport; popi-
sywać się
spot /spot/ s. plama; v. plamić
/się/; adj. gotówkowy; dorywczy

spread; spread; spread /spred;
spred; spred/ v. rozpościerać
/się/; pokrywać; s. rozpiętość;
zasięg
spring; sprang; sprung /sprypg;
spraepg; sprapg/ v. skakać;
pękać; s wiosna; skok; sprężyna; źródło; adj. wiosenny;
sprężynowy; źródlany
square /skłeer/ s. kwadrat; ką-
townik; adj. prostokątny; uczciwy; v. podnosić do kwadratu;
adv. w sedno; rzetelnie; wprost
staff /staef/ s. laska; sztab;
adj. sztabowy; v. obsadzać
personelem
stage /stejdż/ s. scena; etap;
v. urządzać; adj. sceniczny
stain /stejn/ v. plamić /się/;
s. plama; barwnik
stair /steer/ s. stopień; pl.
schody
stair case /'ster,kejs/ s.
klatka schodowa
stamp /staemp/ v. stemplować;
s. znaczek
stand; stood; stood /staend;
stud; stud/ v. stać; wytrzymać;
zostać; stawiać opór; być; postawić; s. stanowisko; stojak;
postój; umywalka
standard /'staenderd/ s. sztandar; norma; wzorzec; adj.typowy
star /sta:r/ s. gwiazda; v. być
gwiazdorem; adj. gwiezdny
start /sta:rt/ v. zacząć; ruszyć;
startować; s. początek; start
state /stejt/ s. państwo; stan;
adj. państwowy; stanowy; uroczysty; v. stwierdzać; wyrażać
statement /'stejtment/ s. twierdzenie; oświadczenie; deklaracja
statesman /'stejsmen/ s. mąż sta-
nu
station /'stejszyn/ s. stacja;
stanowisko; v. umieszczać
stay /stej/ s. pobyt; zatrzymanie; v. zostać; przebywać
steadily /'stedyly/ adv. mocno;
stale; pewnie
steady /'stedy/ adj. pewny; stały; axcl.: powoli! prosto!

steal; stole; stolen /sti:l;
stoul; stoulen/ v. kraść; za-
kradać się; s. kradzież
steam /sti:m/ s. para; v. parować
steamer /'sti:mer/ s. parowiec
steel /sti:l/ s. stal; adj. sta-
lowy
steep /sti:p/ v. moczyć /się/;
adj. stromy
steer /stier/ v. sterować; prowadzić; s. wół·
stem /stem/ s. pień; łodyga;
trzon; v. pochodzić; tamować
step /step/ s. krok; stopień;
v. stąpać; kroczyć; wzmagać
stick; stuck; stuck /styk;
stak; stak/ v. wtykać; kłuć;
naklejać; s. patyk; laska;
żerdź
stiff /styf/ adj. sztywny; twardy; zdrętwiały; s. umrzyk
still /styl/ adj. spokojny; cichy; adv. jeszcze; jednak;
wciąż; dotąd; v. uspokoić /się/
uciszyć; s. cisza
sting; stung; stung /styng;
stang; stang/ v. kłuć; parzyć;
szczypać; palić; rwać; s. żąd-
ło; ukłucie; uszczypliwość
stir /ste:r/ v. ruszać; s. poru-
szenie
stock /stok/ s. zapas; bydło;
pień; ród; v. zaopatrywać;
adj. typowy; seryjny
stocky /'stoky/ adj. krępy
stomach /'stamek/ s. żołądek;
ochota; v. jeść
stone /stoun/ s. kamień; adj.
kamienny; v. ukamieniować
stony /'stouny/ adj. kamienny;
kamienisty; skamieniały
stop /stop/ v. zatrzymywać /się/;
s. stop; postój
store /'sto:r/ s. zapas; sklep;
v. magazynować
storm /sto:rm/ s. burza; wichura;
zawierucha; v. szaleć
stormy /'sto:rmy/ adj. burzliwy;
zwiastujący burzę
story /'sto:ry/ s. opowiadanie

stove /stouw/ s. piec
straight /strejt/ adj. prosty;
szczery; s. linia prosta;
adv. prosto; ciągiem
strange /strejndż/ adj. obcy;
dziwny; nieznany; niewprawny
stranger /'strejndżer/ s. obcy
strap /straep/ s. rzemień; pasek; taśma; uchwyt; rączka
straw /stro:/ s. słoma
stream /stri:m/ s. strumień;
prąd; v. ociekać tryskać
street /stri:t/ s. ulica
strength /strenks/ s. siła
stretch /strecz/ v. rozciągać
/się/ s. napięcie; obszar
strict /strykt/ adj. ścisły;
dokładny; zupełny; surowy
strictly /'stryktly/ adv. ściśle;
dokładnie; surowo
strike; struck; stricken /strajk;
strak; strykn/ v. uderzać;
kuć; zastrajkować; s. strajk
string /stryng/ v. zawiązać;
przywiązać; s. sznurek
strip /stryp/ v. obnażać; rozbierać /się/; s. pasek
stripes /strajps/ pl. paski;
prążki; naszywki; cięgi
stroke /strouk/ s. uderzenie;
porażenie; v. znaczyć; głaskać
strong /strong/ adj. mocny;
silny; solidny
struggle /stragl/ v. szarpać
się; walczyć; s. walka
study /'stady/ s. pracownia;
v. badać; uczyć się
stuff /staf/ v. napychać /się/;
s. materiał; rzecz
stupid /'stu:pyd/ adj. głupi;
nudny; s. głupiec
subject /'sabdżykt/ s. podmiot;
przedmiot; treść; v. podporządkować; adj. poddany; uległy;
adv. pod warunkiem
substance /'sabstens/ s. istota; treść; substancja
subway /'sabłej/ s. kolejka
podziemna
succeed /sek'si:d/ v. udawać
się; następować po kimś

success /sek'ses/ s. powodzenie;
sukces; rzecz udana
successful /sek'sesful/ adj.
udały; mający powodzenie
successfully /sek'sesfuly/ adv.
z powodzeniem
such /sacz/ adj. taki; tego rodzaju; pron. taki; tym podobny
suddenly /'sadnly/ adv. nagle
suffer /'safer/ v. cierpieć;
doznać; tolerować
sugar /'szuger/ s. cukier;
v. słodzić
suggest /se'dżest/ v. sugero-
wać; proponować; nasuwać
suit /su:t/ v. dostosować; odpowiadać; służyć; pasować; s.
garnitur; ubranie; skarga;
prośba; zaloty; zestaw
summer /'samer/ s. lato;
v. spędzać lato
sun /san/ s. słońce; v. nasło-
neczniać /się/
sunshine /'sanszajn/ s. blask
słońca; pogoda; wesołość
supper /'saper/ s. kolacja;
wieczerza
supply /se'plaj/ s. zapas;
zaopatrzenie; podaż; v. dos-
tarczać; zaopatrywać
support /se'po:rt/ s. utrzyma-
nie; podpora; v. utrzymywać;
podpierać; popierać
suppose /se'pouz/ v. przypuszczać; sądzić
sure /szuer/ adj. pewny; adv.
z pewnością; napewno
surely /'szuerly/ adv. pewnie;
z pewnością
surface /se:rfys/ s. powierzchnia; v. wypływać na powierzch-
nię
surprise /ser'prajz/ s. niespodzianka; zdziwienie; v. zaskoczyć; adj. nieoczekiwany
surrender /se'render/ s. podda-
nie się; v. poddawać się
surround /se'raund/ v. otaczać
suspect /ses'pekt/ v. podejrzewać; /'saspekt/ adj. podejrzany

suspicion /ses'pyszyn/ s. po-
dejrzenie; v. podejrzewać
swallow /'słolou/ v. połykać;
s. łyk; kęs; jaskółka
swear; sware; sworn /słeer;
sło:r; sło:rn/ v. przysięgać;
poprzysiąc; kląć
sweat /słet/ s. pot; harówka; v.
pocić się; harować
sweep; swept; swept /słi:p;
słept; słept/ v. zamiatać; o-
czyszczać; rozciągać się; śmigać; s. zamiatanie; zdobycie;
śmieci; zasięg
sweet /słi:t/ adj. słodki; miły;
łagodny; zakochany
sweetly /słi:tly/ adv. słodko;
rozkosznie; łagodnie
swell; swollen; swelled /słel;
słoulen; słeld/ v. puchnąć;
rozdymać; wzbierać; s wydęcie;
wzbieranie
swim; swam; swum /słym; słaem;
słam/ v. płynąć; przepłynąć;
pławić; s. pływanie; nurt /ży-
cia/
swindle /słyndl/ s. oszustwo;
v. oszukiwać
swing; swung; swang /słyng;
słang; słaeng/ v. huśtać się;
wahać /się/; machać; s. huśta-
nie /się/
sword /so:rd/ s. miecz; szabla
sympathetic /,sympe'tetyk/ adj.
współczujący; życzliwy
sympathy /'sympety/ s. współczucie; solidarność; sympatia
system /'systym/ s. system
table /tejbl/ s. stół; tablica;
tabela; adj. stołowy
tail /tejl/ s. ogon; tył; pośląd-
ki; v. śledzić
tailor /'tejler/ s. krawiec;
v. szyć odzież
take; took; taken /tejk; tuk;
tejkn/ v. brać ; wziąć; łapać;
zerwać;pić; jeść; odczuwać;
zrobić zdjęcie; godzić się
/na traktowanie/; iść /za przy-
kładem/; s. połów; zdjęcie; wpły-
wy /do kasy/

talk /to:k/ v. mówić; rozmawiać;
s. rozmowa; plotka
tall /to:l/ adj. wysoki
tame /tejm/ v. oswajać; poskra-
miać; adj. oswojony
tap /taep/ v. stuknąć; s. czop;
kurek; zawór
taste /tejst/ s. smak; v. smakować; kosztować
tax /taeks/ s. podatek; obciążenie; v. opodatkować; obciążać
taxi /'taeksy/ s. taksówka; v.
jechać taksówką; dowozić
tea /ti:/ s. herbata; herbatka
teach; taught; taught /ti:cz;
to:t; to:t/ v. uczyć /się/
teacher /ti:czer/ s. nauczyciel
team /ti:m/ s. zespół; zaprzęg;
v. zaprzęgać
tear; tore; torn /teer; to:r;
to:rn/ v. drzeć /się/; s. roz-
darcie; łza
tease /ti:z/ v. drażnić; nudzić;
s. dokuczanie; nudziarstwo
tedious /'ti:dies/ adj. nudny
telegraph /'telygra:f/ s. telegraf
telephone /'telyfoun/ s. telefon; v. telefonować
television /'telywyżyn/ v. telewizja
tell; told; told /tel; tould;
tould/ v. mówić; opowiadać;
wiedzieć; donieść; skarżyć;
odróżniać
temper /'temper/ s. usposobienie;
humor; v. hartować
temperature /'tempereczer/ s.
temperatura; ciepłota
temple /templ/ s. świątynia;
skroń; ucho od okularów
tempt /tempt/ v. kusić; nęcić
tend /tend/ v. skłaniać się;
zmierzać; służyć; doglądać
tendency /'tendensy/ s. skłon-
ność; tendencja
tender /'tender/ adj. delikatny;
czuły; v. oferować; założyć;
s. oferta
tent /tent/ s. namiot

telegraph /'telygra:f/ s. telegraf
telephone /'telyfoun/ s. telefon; v. telefonować
television /'telywyżyn/ v. telewizja
tell; told; told /tel; tould;
tould/ v. mówić; opowiadać;
wiedzieć; donieść; skarżyć;
odróżniać
temper /'temper/ s. usposobienie;
humor; v. hartować
temperature /'tempereczer/ s.
temperatura; ciepłota
temple /templ/ s. świątynia;
skroń; ucho od okularów
tempt /tempt/ v. kusić; nęcić
tend /tend/ v. skłaniać się;
zmierzać; służyć; doglądać
tendency /'tendensy/ s. skłon-
ność; tendencja
tender /'tender/ adj. delikatny;
czuły; v. oferować; założyć;
s. oferta
tent /tent/ s. namiot
theirs /dzeers/ pron. /dzierżaw-
czy/ ich
them /dzem/ /od "they"/ im; nimi;
nich
then /dzen/ adv. wtedy; wówczas;
po czym; potem; następnie; później; zatem; zaraz; poza tym;
ponadto; conj. a więc; no to;
wobec tego; ale przecież; adj.
ówczesny; s. przedtem; uprzed-
nio; dotąd; odtąd
there /dzeer/ adv. tam; w tym;
co do tego; oto; własnie; s.
to miejsce
therefore /'dzeer,fo:r/ adv.
dlatego; zatem; więc
these /di:z/ pl. od this
they /dzej/ pl. pron. oni; one;
/ci; którzy/
thick /tyk/ adj. gruby; gęsty;
adv. gęsto; grubo; tępo
thickness /'tyknys/ s. grubość
thief /ti:f/ s. złodziej; pl.
thieves /ti:ws/
thin /tyn/ adj. cienki; rzadki;
szczupły; v. rozcieńczać

thing /tyng/ s. rzecz; przedmiot
think; thought; thought /tynk;
to:t; to:t/ v. myśleć; rozwa-
żać; wymyślić; uważać za; rozwiązywać
thirst /te:rst/ s. pragnienie;
żądza; v. pragnąć
thirsty /'te:rsty/ adj. spragniony; żądny; suchy
this /tys/ adj., pron. pl.
these /ti:z/ ten; ta; to; tak;
w ten sposób; tyle; obecny;
bieżący; adv. tak; tak daleko;
tyle; tak dużo
thorn /to:rn/ s. kolec; v. kłuć
thorough /terou/ adj. dokładny;
zupełny; adv. na wskroś
thoroughly /te:rouly/ adv. zupełnie; dokładnie; całkowicie
those /douz/ pl. od "that"
though /tou/ conj. chociaż;
choćby; gdyby; adv. a jednak
thought /to:t/ v. zob. "think";
s. myśl; pomysł
thoughtful /'to:tful/ adj. za-
myślony; zadumany; rozważny
thread /tred/ s. nić; nitka;
gwint; v. nawlekać
threaten /tretn/ v. grozić
throat /trout/ s. gardło
through /tru:/ prep. przez; po-
przez; po; wskros; na wylot;
adv. na wskroś; adj. przeloto-
wy; skończony
throw; threw; thrown /trou:;
tru:; troun/ v. rzucać; powa-
lić; s. rzut; ryzyko; narzuta
thumb /tam/ s. kciuk; v. kartko-
wać; brudzić palcami
thunder /'tander/ s. grzmot;
v. grzmieć
thus /tas/ adv. tak; w ten sposób; tak więc; a zatem
ticket /'tykyt/ s. bilet; kwit;
v. zaopatrywać w bilet
tide /tajd/ s. przypływ i od-
pływ morza; fala; okres
tie /taj/ v. wiązać; przywiązać;
sznurować; s. węzeł; krawat
tiger /'tajger/ s. tygrys
tight /tajt/ adj. ciasny; na-
pięty; adv. ciasno; mocno

till /tyl/ prep. aż do; dopiero; dotąd; uprawiać /ziemię/; s. szufladka

time /tajm/ s. czas; pora; raz; v. obliczać czas; excl.: czas!

tin /tyn/ s. cyna; blacha; blaszanka; adj. blaszany; v. cynować

tip /typ/ s. koniec; szpic; napiwek; v. przechylać /się/; dać napiwek

tire /'tajer/ v. męczyć /się/; nudzić /się/; s. opona

tired /'tajerd/ adj. zmęczony; znużony; znudzony

title /tajtl/ s. tytuł

to /tu:/ tu/ prep. do; aż do; ku; przy: w stosunku do; w porównaniu z; w stosunku jak; stosownie do; dla; wobec

tobacco /te'baekou/ s. tytoń

today /te'dej/ adv. dzisiaj; dziś; s. dzień dzisiejszy

toe /tou/ s. palec u nogi; szpic; v. kopnąć; podporządkować się

together /te'gedzer/ adv. razem; wspólnie; naraz; równocześnie

tomorrow /te'mo:rou/ s., adv. jutro

ton /tan/ s. tona /2000 funtów/

tongue /tan/ s. język; mowa; ozór; v. dotykać językiem

tonight /te'najt/ s. dziś wieczór; dzisiejsza noc

too /tu:/ adv. tak; także; ponadto; zbyt; za; na dodatek

tool /tu:l/ s. narzędzie; obrabiarka; v. obrabiać

tooth /tu:s/ s. ząb; pl. teeth /ti:s/

top /top/ s. wierzchołek; szczyt; adj. najwyższy; v. przewyższać

torture /'to:rczer/ s. tortura; męka; v. torturować; męczyć

total /'total/ adj. całkowity; totalny; v. zliczyć

touch /tacz/ v. dotykać; wzruszać /się/; s. dotyk

tough /taf/ adj. twardy; trudny; adv. trudno; s. człowiek trudny; łobuz; chuligan

tour /tuer/ s. objazd; wycieczka; tura; v. objeżdżać; obwozić

tourist /'tueryst/ s. turysta

towards /to:rdz; 'tołerdz/ prep. ku; w kierunku; dla; w celu

towel /'tauel/ s. ręcznik

tower /'tauer/ s. wieża; v. wznosić /się/; sterczeć

town /tałn/ s. miasto

toy /toj/ s. zabawka; v. bawić się; robić niedbale

track /traek/ s. tor; ścieżka; ślad; v. tropić; zabłocić

trade /trejd/ s. rzemiosło; handel; wymiana; v. handlować

trader /'trejder/ s. handlowiec; statek handlowy

traffic /'traefyk/ s. ruch /kołowy, telefoniczny etc./

trail /trejl/ v. powlec /się/; pozostawać w tyle; s. szlak; ścieżka; trop; koleina

train /trejn/ v. szkolić; trenować /się/; s. pociąg

traitor /'trejtor/ s. zdrajca

translate /traens'lejt/ v. przetłumaczyć; przełożyć

translation /traens'lejszyn/ s. tłumaczenie; przekład

trap /traep/ s. pułapka; v. złapać w pułapkę

travel /traewl/ v. podróżować; s. podróż

tray /trej/ s. taca ; szufladka

treasure /'treżer/ s. skarb; zaskarbiać

treasury /'treżery/ s. urząd skarbowy; skarbiec

treat /tri:t/ v. traktować; uważać /za/; leczyć; s. uczta

tree /tri:/ s. drzewo

tremble /trembl/ v. trząść się; dygotać; s. drżenie

trend / trend/ s. dążność; v. dążyć

trial /'trajel/ s. próba; proces; adj. próbny

tribe /trajb/ s. plemię; szczep
trick /tryk/ s. podstęp; chwyt;
v. oszukać; okpić
trip /tryp/ s. podróż; wycieczka; potknięcie; v. podtknąć
się
trouble /trabl/ s. kłopot; niepokój; v. martwić się
trousers /'trauzez/ pl. spodnie
truce /tru:s/ s. rozejm; zawie-
szenie broni
truck /trak/ s. ciężarówka; v.
przewozić wozem
true /tru:/ adj. prawdziwy; lojalny; s. prawda; v. regulować;
exp.: to jest prawda!
truly /'tru:ly/ adv. prawdziwie
trunk /trank/ s. pień; kufer
trust /trast/ s. zaufanie; v.
ufać; wierzyć
truth /tru:s/ s. prawda
truthful /'tru:sful/ adj. praw-
domówny; prawdziwy /np. opis/
try /traj/ v. probować; spraw-
dzać; starać /się/; s. próba
tub /tab/ s. balia; wanna; kąpiel; v. wsadzać do wanny;
prać
tube /tju:b/ s. rura; wąż; dętka; tubka; tunel /metra/
tuition /tju'yszyn/ s. czesne;
nauczanie;/płatne/ lekcje
tune /tu:n/ s. melodia; v. stroić; dostroić
tune in /'tu:n,yn/ v. nastawiać
/radio etc./
tune up /'tu:n,ap/ v. ustawiać
zapłon w silniku samochodowym
turkey /'te:rky/ s. indyk
turn /te:rn/ v. odwrócić /się/;
skręcać /się/; nawracać /się/;
s. obrót; z kolei; tura; zakręt; punkt zwrotny
turn back /'te:rn,baek/ v.
zawrócić z drogi
turn off /'te:rn,of/ v. zakręcić /kurek/; wyłączyć /światło/
turn on /'te:rn,on/ v. puszczać
/wodę/; włączać /światło/; od-
kręcać /kurek/

twice /tłajs/ adv. dwa razy
twin /tłyn/ s. bliźniak
twist /tłyst/ v. skręcać /się/;
s. skręt; obrót
two /tu:/ num. dwa; s. dwójka
type /tajp/ s. typ; wzór; okaz;
v. pisać na maszynie
typical /'typykel/ adj. typowy;
charakterystyczny
tyre /'tajer/ s. opona; obręcz;
v. zakładać oponę
ugly /'agly/ adj. brzydki
ultimate /'altymyt/ adj. ostateczny; s. ostateczny wynik
umbrella /am'brela/ s. parasol
unable /'an'ejbl/ adj. nie-
zdolny; nieudolny
unacceptable /'ane'kseptebl/
adj. nie do przyjęcia
unarmed /'an'a:rmd/ adj. bez-
bronny; nieuzbrojony
unbutton /'an'batn/ v. odpiąć
uncle /'ankl/ s. wujek; stryjek
unconscious /an'kouszes/ adj.
nieprzytomny; zemdlony
unconsciousness /an'konszesnys/
omdlenie; nieprzytomność
under /'ander/ prep. pod; poniżej; w; w trakcie; zgodnie
z; z; adv. poniżej; pod spodem; adj. spodni; niższy
underneath /,ander'ni:s/ adv.
pod spodem; poniżej; na dole
understand; understood; understood /,ander'staend; ,ander-
'stud; ,ander'stud/ v. rozumieć; domyślać się; oriento-
wać się; znać
understandable /,ander'staend-
ebl/ adj. zrozumiały
unemployment /an'emplojment/
s. bezrobocie
unfasten /'an'fa:sn/ v. odcze-
pić /się/; odpiąć /się/
unfold /'an'fould/ v. ujawniać
/się/; rozwijać /się/
uniform /'ju:nyfo:rm/ adj. jed-
nolity; równomierny; s. uniform
union /'ju:njen/ s. połączenie;
związek; unia

unique /ju:'ni:k/ adj. wyjątkowy; jedyny; niezrównany
unit /'ju:nyt/ s. jednostka
unite /ju:'najt/ v. łączyć;
jednoczyć; zjednoczyć
unity /'ju:nyty/ s. jedność
universal /ju:ny've:rsel/ adj.
powszechny; ogólny; uniwersalny
universe /'ju:nywers/ s. wszechświat; świat; ludzkość
university /,ju:ny'wersyty/ s.
uniwersytet; uczelnia
unjust /'an'dżast/ adj. nie-
sprawiedliwy
unless /an'les/ conj. jeżeli
nie; chyba że
unlikely /an'lajkly/ adj. nieprawdopodobny; nieoczekiwany
unpack /'an'paek/ v. rozpako-
wywać /się/
unpaid /'an'pejd/ adj. nieza-
płacony /bezinteresowny/
unpleasant /an'plezent/ adj.
nieprzyjemny; przykry
unreliable /'anry'lajebl/ adj.
niepewny; niesolidny
unrest /'an'rest/ s. niepokój;
zamieszki; niepokoje
unsatisfactory /'an,saetys'faek-
tery/ adj. niedostateczny
untidy /an'tajdy/ adj. nie-
chlujny; zaniedbany
until /an'tyl/ prep., conj.
do; dotychczas; dopiero; aż
unwilling /'an'łylyng/ adj.
niechętny
up /ap/ adv. do góry; w górę;
aż /do/; aż /po/; na /piętro/;
pod /górę/; v. podnosić
up to /'ap,tu/ adv. aż do
upon /e'pon/ prep. ="on"; na; po
upper /'aper/ adj. wyższy; górny; wierzchni
upright /'ap'rajt/ adj. prosty;
uczciwy; adv. pionowo; s. pionowy słup; podpora
uprising /ap'rajzyng/ s. pow-
stanie; wstawanie
upset /'apset/ v. zob. "set";
przewracać /się/; wzburzać; s.
porażka; roztrój; niepokój

upside-down /'apsajd'dałn/ adv.
do góry nogami; do góry dnem;
adj. odwrócony do góry nogami
upstairs /'ap'steerz/ adv. na
górę; na górze
up-to-date /'ap-tu-'dejt/ adj.
bieżący; nowoczesny
upwards /'apłerdz/ adv. w górę;
ku górze; na wierzch; wyżej
urge /e:rdż/ v. ponaglać; na-
legać; s. pragnienie
urgent /e:rdżent/ adj. pilny;
naglacy; gwałtowny
urine /'jueryn/ s. mocz
use /ju:s/ s. używanie; pożytek; zwyczaj; v. używać
used /ju:zd/ adj. przyzwyczajo-
ny; używany; stosowany
useful /'ju:zful/ adj. pożyte-
czny; dogodny
useless /'ju:zlys/ adj. niepotrzebny; bezużyteczny
usher /'aszer/ s. odźwierny;
woźny; bileter
usual /'ju:żuel/ adj. zwykły;
zwyczajny; normalny
usually /'ju:żuely/ adv. zwykle;
zazwyczaj
vacant /'wejkent/ adj. pusty;
wolny /np. pokój hotelowy/
vacation /we'kejszyn/ s. wakacje;
ferie; zwolnienie/mieszkania/
vaccinate /'weeksynejt/ v.
szczepić
vaccination /'waeksynejszyn/
s. szczepienie
vague /wejg/ adj. niejasny; nie-
wyraźny; nieokreślony
vain /wejn/ adj. próżny; pusty
valid /'waelyd/ adj. słuszny;
ważny; uzasadniony
valley /'waely/ s. dolina
valuable /'waeljuebl/ adj. wartościowy; cenny; kosztowny
value /'waelju:/ s. wartość; cenić; szacować; oceniać
vanish /'waenysz/ v. znikać
vanity /'waenyty/ s. próżność
variety /we'rajety/ s. rozmai-
tość; kabaret; odmiana
various /'weerjes/ adj. różny;
rozmaity; urozmaicony

vault /wo:lt/ s. sklepienie;
podziemie; piwnica; grobowiec;
v. przesklepiać
vegetable /'wedżytebl/ s. ja-
rzyna
vehicle /'wi:ykl/ s. pojazd
veil /wejl/ s. welon; woalka
verb /we:rb/ s. czasownik
vernacular /we:r'naekjuler/ adj.
rodzimy; miejscowy; krajowy;
s. gwara; język rodzinny
verse /we:rs/ s. wiersz; strofa
vertical /'we:rtykel/ adj. pionowy; linia pionowa
very /'wery/ adv. bardzo; absolutnie; adj. prawdziwy
vessel /'wesl/ s. naczynie; pojemnik; statek; okręt
vicinity /wy'synyty/ s. sąsiedztwo
vicious /'wy'szes/ adj. błędny;
występny; złośliwy; wadliwy
victim /'wyktym/ s. ofiara
victor /'wykter/ s. zwycięzca
victorious /wyk'to:rjes/ adj.
zwycięski
victory /'wyktery/ s. zwycięstwo
view /wju:/ v. oglądać; s. widok; pogląd; cel; ocena
village /'wylydż/ s. wieś
violence /'wajelens/ s. gwał-
towność; gwałt; przemoc
violent /'wajelent/ adj. gwałtowny; wściekły
viper /'wajper/ s. żmija
virtue /'we:rczju:/ s. cnota
virus /'wajeres/ s. wirus
visibility /wyzy'bylyty/ s. wi-
doczność
visit /'wyzyt/ v. odwiedzać;
zwiedzać; s. wizyta; pobyt
visitor /'wyzyter/ s. gość
vitamin /'wajtemyn/ s. witamina
vogue /woug/ s. moda; popularność
voice /wojs/ s. głos; v. wymawiać dźwięcznie; wyrażać
void /woid/ s. próżnia; pustka;
adj. próżny; pusty; pozbawiony
czegoś; v. unieważnić

volume /'wolju:m/ s. tom; masa;
objętość; ilość
vomit /'womyt/ v. wymiotować;
s. wymioty
vote /wout/ s. głos; głosowanie;
prawo głosowania; v. głosować
voucher /'wauczer/ s. dowód
kasowy
voyage /'wojydż/ s. podróż
/statkiem/
vulgar /'walger/ adj. ordynarny;
wulgarny; prostacki
vulnerable /'walnerebl/ adj.
czuły; wrażliwy; mający słabe
miejsce; narażony na cios
wage /łejdż/ s. płaca; zarobek
waist /łejst/ s. talia; pas
wait /łejt/ v. czekać; oczekiwać; obsłużyć; s. czekanie
waiting room /łejtynrum/ s. poczekalnia
waitress /łejtryss/ s. kelnerka
wake; woke; woken/łejk; łouk;
łoukn/ v. obudzić /się/; s.
niespanie; ślad /po kimś etc./
wake up /'łejk,ap/ v. obudzić
/się/; ocknąć się
walk /ło:k/ v. przechadzać się;
chód; przechadzka; deptak
walk out /'ło:k,aut/ v. wyjść;
opuścić
walk over /'ło:k,ouwer/ v. wygrywać łatwo; traktować pogard-
liwie
walker /'ło:ke:/ s. piechur
wall /ło:l/ s. ściana; mur;
wał; v. obmurować
wander /'łonder/ v. wędrować
want /ło:nt/ s. brak; potrzeba;
v. brakować; potrzebować
war /łor/ s. wojna; v. wojować
ward /ło:rd/ s. cela; sala; oddział; straż; v. odparować
cios
wardrobe /'ło:droub/ s. garderoba; szafa na ubranie
warehouse /'łeerhaus/ s. magazyn; dom składowy; v. składować
warm /ło:rm/ adj. ciepły; v.
ogrzewać /się/

warmth /'ło:rms/ s. ciepło;
serdeczność; zapał
warn /ło:rn/ v. ostrzegać
warning /'ło:rnyng/ adj. ostrze-
gawczy; s. ostrzeżenie
wary /'łeery/ adj. ostrożny
wash /ło:sz/ v. myć /się/;
prać; s. mycie; pranie
wash and wear /'ło:sz,end'łeer/
s. bielizna i odzież gotowa
do noszenia po praniu bez prasowania
washing machine /'ło:szyng,me-
'szi:n/ s. pralka automatyczna
waste /łejst/ adj. pustynny;
pusty; nieużyty; v. pustoszyć;
psuć; s. pustynia; marnowanie
watch /ło:cz/ s. czuwanie; zegarek; v. czuwać; patrzyć;
mieć się na baczności
watchmaker /'ło:cz,mejker/ s.
zegarmistrz
water /ło:ter/ s. woda; morze;
v. podlewać
watermelon /'ło:ter,melen/ s.
arbuz; kawon
waterproof /'ło:ter,pru:f/
adj. nieprzemakalny
wave /łejw/ s. fala; gest ręką;
v. falować; machać; kiwać
wavy /'łejwy/ adj. falisty
wax /łaeks/ s. wosk; adj. wos-
kowy; v. woskować; stawać się
way /łej/ s. droga; sposób
we /łi:/ pron. my
weak /łi:k/ adj. słaby
weaken /łi:kn/ v. osłabiać
weakly /'łi:kly/ adj. słabo-
wity; adv. słabo
weakness /łi:knys/ s. słabość
wealth /łels/ s. bogactwo
wealthy /'łelsy/ adj. bogaty
weapon /'łepon/ s. broń
wear; wore; worn /łeer; ło:r;
ło:rn/ v. nosić; chodzić w
czyms; zużywać; długo służyć;
s. moda; zużycie
wear off /'łeer,of/ v. zetrzeć
/się/; zacierać /się/
weary /'łiery/ adj. zmęczony;
znużony; v. męczyć; nudzić

weather /'łedzer/ s. pogoda;
adj. atmosferyczny; wietrzeć
weave; wove; woven /łi:w; łouw;
łouwn/ v. tkać; spleść
wedding /'łedyng/ s. ślub; wesele; adj. ślubny; weselny
we'd /łi:d/ = we had; we would;
we should
weed /łi:d/ s. chwast; v. pielić
week /łi:k/ s. tydzień
weekly /'łi:kly/ adj. tygodnio-
wy; adv. tygodniowo; s. tygodnik
weep; wept; wept /łi:p/ łept;
łept/ v. płakać; ciekną ; s.
płacz; cieknięcie
weigh /łej/ v. ważyć /się/; równoważyć; s. ważenie
weight /łejt/ s. ciężar; waga;
znaczenie; v. obciążać
weird /łierd/ adj. niesamowity;
tajemniczy; dziwny; s. los
welcome /'łekem/ exp. witaj!
s. powitanie; adj. mile widziany; v. powitać
well; better; best /łel; beter;
best/ adv. dobrze; lepiej;
najlepiej
well /łel/ s. studnia; źródło;
klatka /schodowa/ adv. dobrze;
porządnie; całkiem; wyraźnie;
adj. dobry; w porządku; exp.
dobrze! a więc?
well-being /'łel'bi:yng/ s.
dobrobyt; powodzenie
west /łest/ s. zachód adj. zachodni; adv. na zachód
western /'łestern/ adj. zachodni; pochodzący z zachodu
wet /łet/ adj. mokry; wilgotny;
s. wilgoć; v. moczyć /się/
what /hłot/ adj. jaki; jaki tylko; ten; który; ten...co; taki...jaki; tyle...ile; pron.
co; to co; coś; excl. co?
jak to!
whatever /'hłot'ewer/ adj.
jakikolwiek; pron. cokolwiek;
wszystko co; co tylko; bez
względu; obojętnie co

wheat /hłi:t/ s. pszenica
wheel /'hłi:l/ s. koło; kółko;
v. obracać /się/; wozić tacz-
kami etc.
when /hłen/ adv. kiedy; kiedyż;
wtedy; kiedy to; gdy; przy;
podczas gdy; s. czas /zdarze-
nia/
whenever /'hłenewer/ adv. kiedy
tylko; skoro tylko
where /hłeer/ adv., conj. gdzie;
dokąd
wherever /,hłeer'ever/ adv.
wszędzie; gdziekolwiek
whether /'hłedzer/ conj. czy-
czy; czy tak; czy owak
which /hłycz/ pron. który; co;
którędy; dokąd; w jaki /spo-
sób/
while /hłajl/ s. chwila; conj.
podczas gdy
whip /hłyp/ s. bicz; v. chło-
stać; zacinać batem
whipped cream /'hłypt'kri:m/ s.
bita śmietana
whisper /'hłysper/ v. szeptać;
szemrać; s. szept; szmer
whistle /hłysl/ v. gwizdać; s.
gwizd; świst; gwizdek
white /hłajt/ adj. biały; s.
biel; biały człowiek
who /hu:/ pron. kto; który
whoever /hu:'ewer/ pron. kto-
kolwiek
whole /houl/ adj. cały; pełno-
wartościowy; zdrowy; s. całość
wholesale /'houl,sejl/ s. hurt;
adj. hurtowy; adv. hurtem
whom /hu:m/ pron. kogo? zob.who
whose /hu:z/ pron., adj. czyj;
czyja; czyje; którego
why /hłaj/ adv. dlaczego; s.
przyczyna; powód
wicked /'łykyd/ adj. niegodzi-
wy; niedobry; paskudny
wide /łajd/ adj. szeroki; adv.
szeroko; z dala /od czegoś/
widely /'łajdly/ adv. szeroko;
znacznie
widow /'łydou/ s. wdowa

width /łyds/ s. szerokość
wife /łajf/ s. żona
wig /łyg/ s. peruka
wild /łajld/ adj. dziki; s. pustynia; adv. na chybił trafił
will /łyl/ s. wola; testament;
v. postanowić; chcieć
willing /,łylyng/ adj. skłonny;
chętny
win; won; won /łyn; łon; łon/
v. wygrywać; zdobywać; przezwy-
ciężać; s. wygrana; zwycięstwo
wind /łajnd/ v. nawijać; zwijać;
/łynd/ s. wiatr; oddech
winding /łajndyng/ adj. kręco-
ny; kręcący się
window /'łyndou/ s. okno
windshield /'łyndszyld/ s. szyba /przednia/ w samochodzie
wine /łajn/ s. wino
wing /łyng/ s. skrzydło; v. lecieć; szybować; uskrzydlać
winner /'łyner/ s. zwycięzca;
laureat
winter /'łynter/ s. zima; adj.
zimowy; v. zimować
wipe /łajp/ v. wycierać s. star-
cie; wytarcie
wipe off /'łajp,o:f/ v. ze-
trzec /plamę etc/
wire /łajer/ s. drut; telegram;
v. drutować; zatelegrafować
wisdom /'łyzdem/ s. mądrość
wise /łajz/ s. sposób; adj. mądry; roztropny
wish /łysz/ v. życzyć /sobie/;
s. pragnienie; życzenie; chęć
wit /łyt/ s. umysł; rozum; dowcip; inteligencja
witch /łycz/ s. czarownica
with /łys/ prep. z /kimś; czymś/
u /kogoś/; przy /kimś/; za /po-
mocą/; /stosownie/ do
within /łys'yn/ adv. wewnątrz;
w domu; w zasięgu; s. wnętrze
without /łysaut/ prep. bez;
na zewnątrz; adv. poza domem
witness /'łytnys/ s. świadek

witty /'łyty/ adj. dowcipny
woe /łou/ s. nieszczęście; prr
wolf /łulf/ s. pl. wolves
  /łulvz/ wilk
woman /'łumen/ s. pl. women
  /'łymyn/ kobieta
wonder /'łander/ s. cud; v.
  dziwić się; być ciekawym
won't /łount/ = will not
wood /łud/ s. drzewo; drewno;
  lasek
wool /łul/ s. wełna
woolen /łuln/ adj. wełniany
word /łe:rd/ s. słowo; wyraz;
  adv. ustnie; słownie; adj.
  wyrażony słowami; v. wyrazić
work; worked; worked /łe:rk;
  łe:rkt; łe:rkt/ v. pracować;
  s. praca; pl. fabryka; forty-
  fikacje; ozdoby
worker /'łe:rker/ s. pracownik;
  robotnik
world /łe:rld/ s. świat; ziemia; adj. światowy
worm /łe:rm/ s. robak
worm-out /'ło:rn,aut/ adj. zużyty; zniszczony; wynoszony
worried /'łe:ryd/ adj. zatros-
  kany; zaniepokojony
worry /łe:ry/ v. martwić /się/;
  narzucać /się/; s. zmartwienie
worse /łe:rs/ adj. gorszy /niż/;
  s. coś gorszego; to co najgor-
  sze; v. pogarszać się; adv.
  gorzej
worsen /'łe:rsn/ v. pogorszyć
  /się/
worship /'łe:rszyp/ s. cześć;
  kult; v. czcić; uwielbiać
worst /łe:rst/ adj. najgorszy;
  s. coś najgorszego; adj. najgorzej; najbardziej; v. pokonać
worth /łe:rs/ s. wartość; cena
  adj. wart; opłacający się
worthless /'łe:rslys/ adj. bez-
  wartościowy
worthwhile /'łe:rshłajl/ adj.
  wart zachodu; opłacający się
would /łud/ v. zob. "will"
  /forma warunkowa/

wound /łu:nd/ s. rana; v. ranić
wrap /raep/ v. zawijać; owijać;
  zapakować; s. okrycie
wreck /rek/ s. wrak; rozbicie
  się /np. statku/ v. rozbić
  /się/; zniweczyć nadzieje
wrench /rencz/ s. gwałtowne
  skręcenie; klucz nasadowy;
  v. szarpnąć
wrestling /'reslyng/ s. zapaś-
  nictwo
wring; wrung; wrung /ryng;
  rang; rang/ v. wyżymać; wykrę-
  cać; s. wyżymanie; uścisk
wrinkle /rynkl/ s. zmarszczka;
  marszczyć /się/
wrist /ryst/ s. przegub
write; wrote; written /rajt;
  rout; rytn/ v. pisać
write down /'rajt,dałn/ v. notować; spisywać
writer /'rajter/ s. pisarz
wrong /ro:ng/ adj. zły; nie-
  właściwy; błędny; s. zło; v.
  skrzywdzić; adv. mylnie
wry /raj/ adj. krzywy; skrzy-
  wiony
yacht /jot/ s. jacht; v. płynąć jachtem
yard /ja:rd/ s. jard /91,44cm/;
  podwórze; dziedziniec
yawn /jo:n/ v. ziewać; s. ziew-
  nięcie; ziewanie
year /je:r/ s. rok
yearly /je:rly/ adj. roczny;
  coroczny; adv. corocznie; s.
  rocznik
yell /jel/ v. wrzeszczeć; s.
  wrzask
yellow /'jelou/ adj. żółty;
  v. żółknąć
yes /jes/ adv. tak
yesterday /'jesterdy/ adv., s.
  wczoraj
yet /jet/ adv., conj. dotąd; na
  razie; jak dotąd; jednak; ani
  też; mimo to
yield /ji:ld/ v. dawać; ustępować; s. plon; wydajność
yogurt /'jouguert/ s. jogurt

you /ju:/ pron. ty; wy; pan;
pani; panowie; panie
young /jang/ adj. młody
your /jo:r/ adj. twój; wasz;
pański
you're = you are
yours /juers/ pron. twój; wasz
yourself /,juer'self/ pron.
ty sam
yourselves /,juer'selwz/ pron.
wy sami
youth /ju:s/ s. młodość
youths /ju:dz/ pl. młodzież;
młodzieniec

zero /'zierou/ s. zero; v. ustawiać na zero; brać na cel
zipper /'zyper/ s. zamek błyskawiczny
zloty /'zlouty/ s. złoty /pie-
niądz polski/
zone /zoun/ s. strefa; zona
zoom /zu:m/ v. wzlatywać; wzbijać się szybko; śmigać; s.
soczewka zbliżająca w apara-
cie fotograficznym

ABBREVIATIONS - SKRÓTY

adj.   -adjective   -przymiotnik
adj.f.-adjective fem.   " żeński
adj.m.-adjective masc.   " męski
adj.n.-adjective neutr." nijaki
adv.   -adverb   -przysłówek
conj. -conjunction -spójnik
f.   -substantive -rzeczownik
       feminine   żeński
m.   -substantive -rzeczownik
       masculine   męski
n.   -substantive -rzeczownik
       neuter   nijaki

part. -particle   -partykuła
pl.   -substantive -rzeczownik
       plural   liczba
                    mnoga
prep. -preposition -przyimek
pron. -pronoun   -zaimek
s.   -substantive -rzeczownik
see   -see   -zobacz
v.   -verb   -czasownik
wg.   -according to-według
zob.   -see   -zobacz

POLISH VOWELS

Schematic ellipse of the tip
of the tongue positions

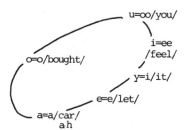

u=oo/you/

i=ee
/feel/

o=o/bought/

y=i/it/

e=e/let/

a=a/car/
a·h

Polish nasalized vowels:
A, ą /oⁿn/ one nasalized sound
E, ę /aⁿn/ two sounds:
short "a" and nasalized "n"
dąb /doⁿnp/   kęs /kaⁿns/
wąs /voⁿns/   gęś /gaⁿnsh/

SPEECH ORGAN DIAGRAM
for Polish consonants
not used in the English language

vocal
chords

"dź","dzi"/dżh/ and "ć","ci"/čh/
air compressed behind lips and
teeth then suddenly released
/ex-plosives/;
"ź","zi"/żh/ and "ś","si"/śh/
air flow with continuous fric-
tion /fricatives/;
In each case the tip of the
tongue is at the tooth ridge.

POLISH CONSONANTS

UNVOICED	VOICED	NASALS
p	b	m
t	d	n
k and ƙ	g and ǵ	ń and ni
f	w /v/	/ň/
s	z	
ś /śh/	ź /żh/	GLIDES
sz /sh/	ż /zh/	r /flut-
c /ts/	dz	tered/
ć /čh/	dź /dżh/	j /y/
cz /ch/	dż /j/	ł /w/
h and ch=		
= /kh/		

NOTE: A trace of the sound "ee"
as in "feel" is typical in soften-
ing of Polish consonants as in:
"kie","gie","pie","bie","mie",and
"wie" in the phonetic notation:"ƙ",
"ǵ","pye","bye","mye" and "vye".
The softened consonant is followed by vowel "e" /as in "let"/,
without which it is impossible
to pronounce.

POLISH SOUND "R"
is fluttered and may be pronounced alone like Scottish "R"

vocal
chords

Mouth is slightly open; tip of
the tongue is raised; it vibr-
ates on exhaling impulse and
strikes the toothridge; sides of
the tongue touch back teeth.
Tongue does not glide as far as
needed to pronounce the English
"R"

103

SAMOGŁOSKI ANGIELSKIE

Schematyczna elipsa pozycji języka dla dwunastu samogłosek angielskich /wymowa amerykańska/.

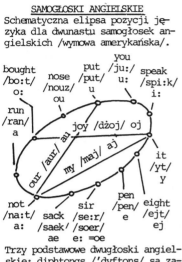

bought /bo:t/ o:
nose /nouz/ ou
run /ran/ a
put /put/ u
you /ju:/ u:
speak /spi:k/ i:
joy /dżoj/ oj
my /maj/ aj
our /aur/
it /yt/ y
not /na:t/ a:
sir /se:r/
sack /saek/ ae
/soer/ e: =oe
pen /pen/ e
eight /ejt/ ej

Trzy podstawowe dwugłoski angielskie: diphtongs /'dyftons/ są zaznaczone wewnątrz elipsy

ANGIELSKI DŹWIĘK "TH"

struny głosowe

angielska spółgłoska "th" "sepleniona", koniec i przód języka szeroko spłaszczony, widzialny między zębami; ciągły przelot powietrza między zębami i wargami.

Bezdźwięczna: thank /taenk/
bath /ba:s/
Dźwięczna: they /dzej/
those /douz/
bathing /bejzyng/

SPÓŁGŁOSKI ANGIELSKIE

Bezdzwięczne Dzwięczne Nosowe

p b m
t d n
k g ŋ jak w "ng"i"nk"
f v /w/
th /t/ /s/ th /d/ przejś-
strona: /dz/ /z/ ciowe:
s ⌐406 z r strona:
sh /sz/ /ż/ vision ⌐407
/'wyżyn/ y /j/aj/
ch /cz/ j /dż/ w /l/
h hw /hl/ ł
why /hłaj/

Uwaga: Często spółgłoski angielskie dźwięczne na końcu słowa są wymawiane dźwięcznie / w przeciwieństwie do polskich, które na końcu słowa wymawia się bezdźwięcznie/.

ANGIELSKI DŹWIĘK "R"

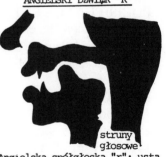

struny głosowe

Angielska spółgłoska "r": usta nieco otwarte; koniec języka uniesiony wklęsłym podgięciem ku tyłowi, nie dotyka podniebienia; boki języka dotykają zębów; wymowa możliwa tylko w przejściu od lub do samogłoski. Dźwięk angielski spółgłoski "r" przypomina lekkie rzężenie.

Also of Polish Interest from Hippocrene . . .

MASTERING POLISH
Unique combination of practical exercises and step-by-step grammar.
288 pages 5½ x 8½ $14.95pb, 0-7818-0015-3
2 cassette set: $12.95, 0-7818-0016-1

BEGINNER'S POLISH
A modern, up-to-date language instruction guide for students with little or no background in Polish.
200 pages 5½ x 8½ $9.95pb, 0-7818-0299-7
2 cassette set: $12.95, 0-7818-0330-6

**HIGHLANDER POLISH-ENGLISH /
ENGLISH-HIGHLANDER POLISH**
"... allow[s] the richness and beauty of the *gwara goralska* to become more available to the English-speaking world."
111 pages 4 x 6 $9.95pb, 0-7818-0303-9

POLISH HANDY EXTRA
For the traveler who must communicate without any knowledge of the native language. Expressions listed by key words.
125 pages 5 x 7 $11.95pb, 0-7818-0504-X

DICTIONARY OF 1000 POLISH PROVERBS
An anthology of Polish proverbs organized by key words and arranged side-by-side with English equivalents.
141 pages 5 x 7 $11.95pb, 0-7818-0482-5

All prices subject to change. **TO PURCHASE HIPPOCRENE BOOKS** contact your local bookstore, call (718) 454-2366, or write to: HIPPOCRENE BOOKS, 171 Madison Avenue, New York, NY 10016. Please enclose check or money order, adding $5.00 shipping (UPS) for the first book and $.50 for each additional book.